Chivalry of a Failed Knight

RAKUDAI KISHI NO CAVALRY Vol. 5

First published in Japan in 2015 by SQUARE ENIX CO., LTD.
German translation rights arranged with
SQUARE ENIX CO., LTD. and
VIZ MEDIA SWITZERLAND SA through
Tuttle-Mori Agency, Inc.

Deutschsprachige Ausgabe / German Edition
2019 VIZ MEDIA SWITZERLAND SA
CH-1007 Lausanne

Verlegt unter dem Label KAZÉ MANGA
durch VIZ Media Switzerland SA

Aus dem Japanischen von Martin Bachernegg

Redaktion: Christopher Micksch
Produktion: Dorothea Styra
Lettering: Datagrafix Inc.
Druck und Bindung: GGP Media GmbH, Pößneck

ISBN: 978-2-88951-

NACHWORT

VIELEN HERZLICHEN DANK, DASS IHR DEN FÜNFTEN BAND DER MANGAVERSION VON „CHIVALRY OF A FAILED KNIGHT" ZUR HAND GENOMMEN HABT!

IM NÄCHSTEN BAND BEGINNT EIN NEUER KAMPF, DARUM HOFFE ICH SEHR, DASS IHR WIEDER MIT DABEI SEID!

Special Thanks!

☆ ASSISTENTEN ☆

SHURA YAMADA
NAMIKI TSUKIYAMA
YUKA HATTORI
KOARA KISHIDA
AKIRA MURAI

☆ REDAKTEURE ☆

HERR NAKAGAWA
HERR IWATA

☆ MEINER FAMILIE UND MEINEN FREUNDEN ☆

☆ UND EUCH! ☆

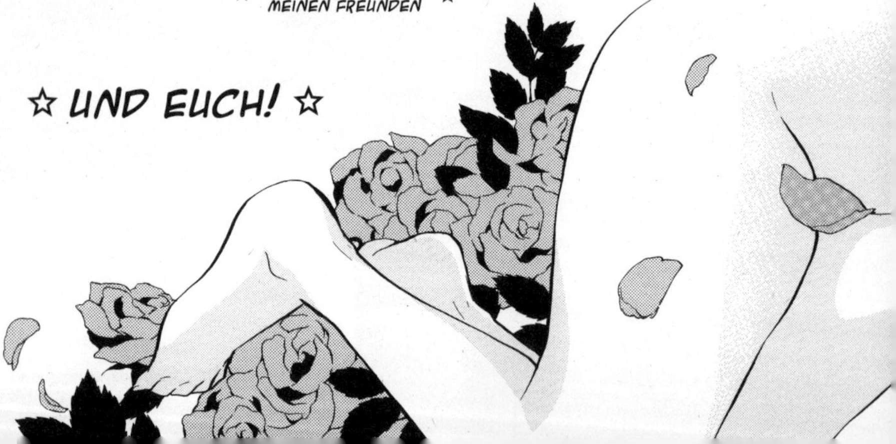

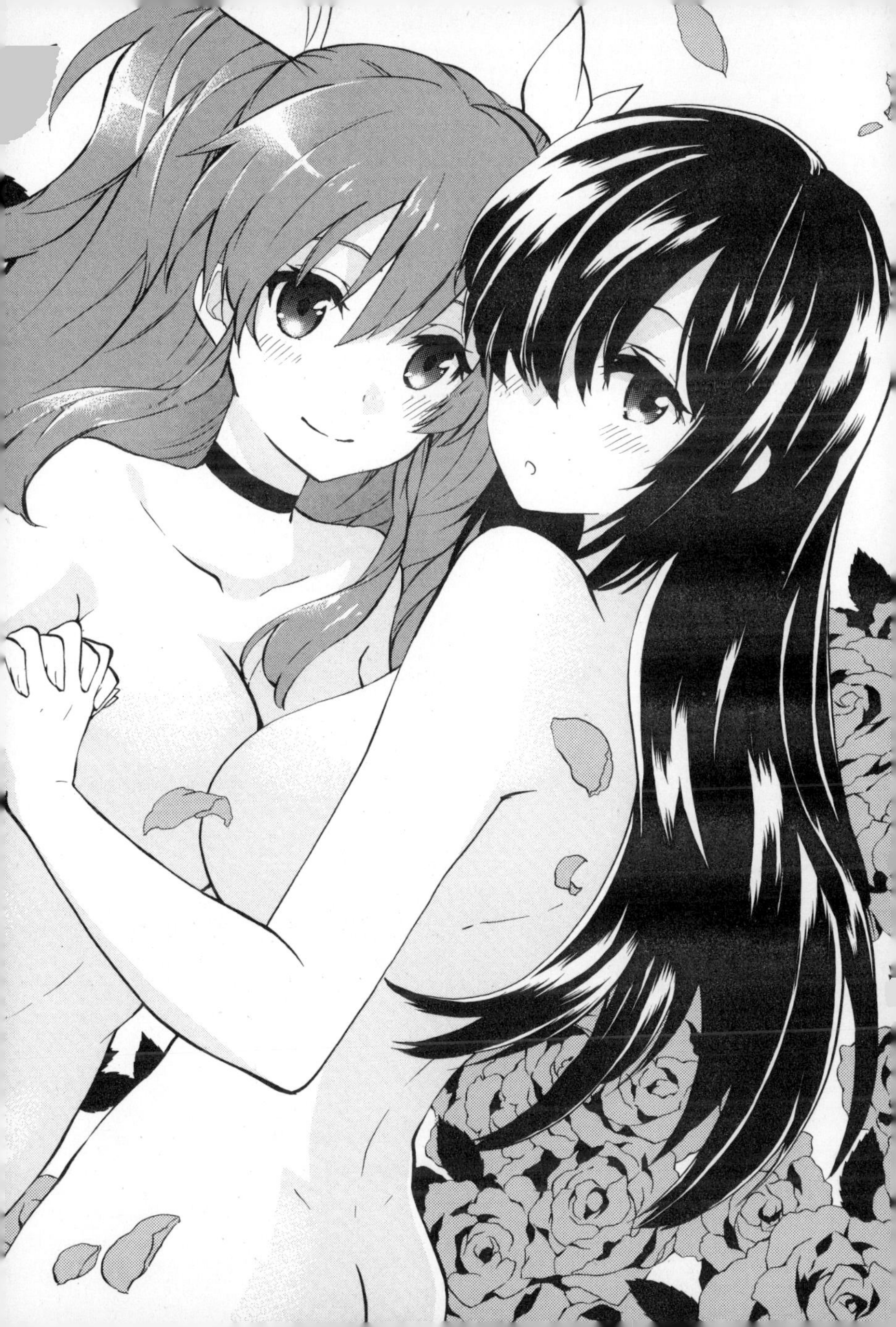

Chivalry of a Failed Knight

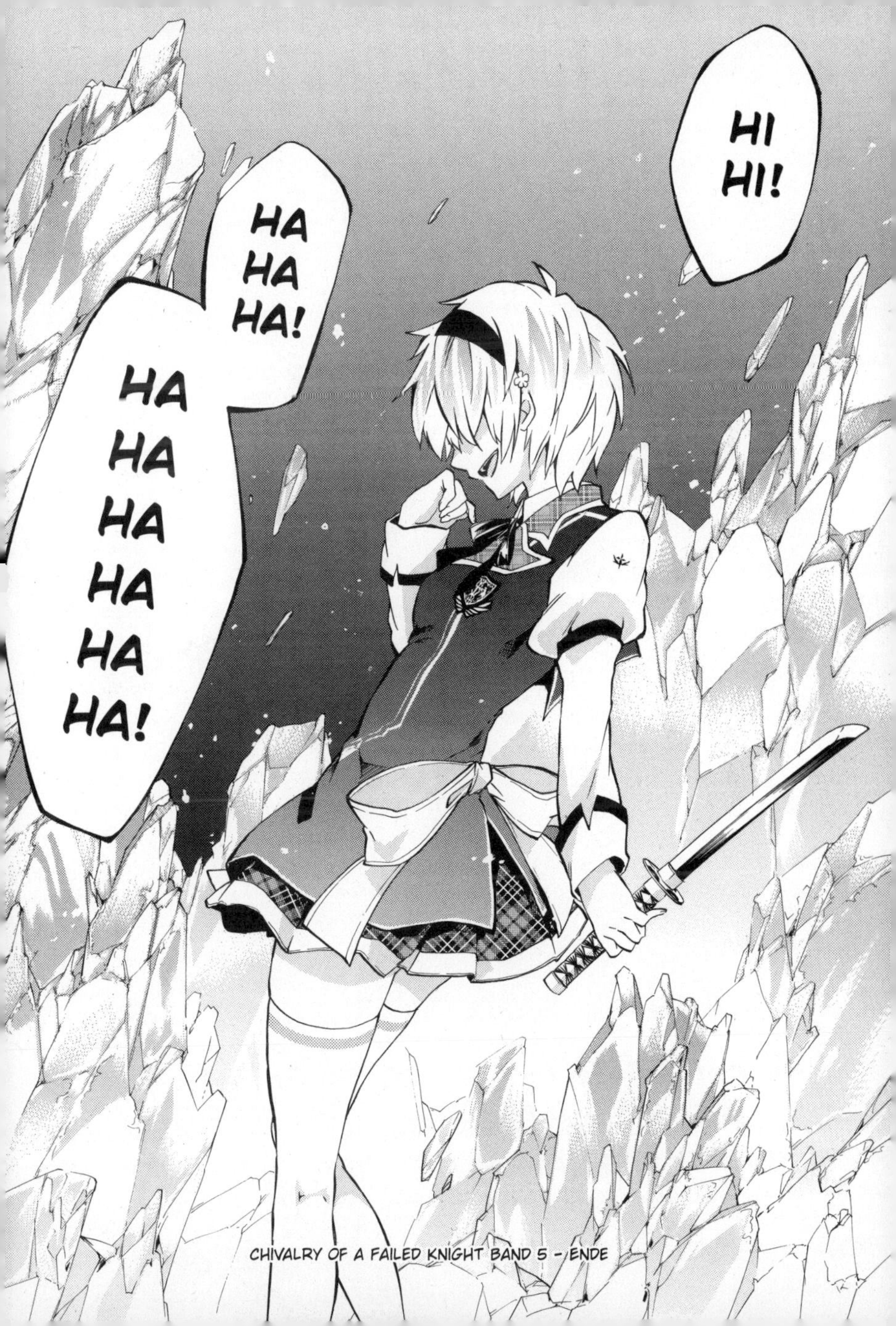
HI
HI!
HA
HA
HA!
HA
HA
HA
HA
HA
HA!
CHIVALRY OF A FAILED KNIGHT BAND 5 - ENDE

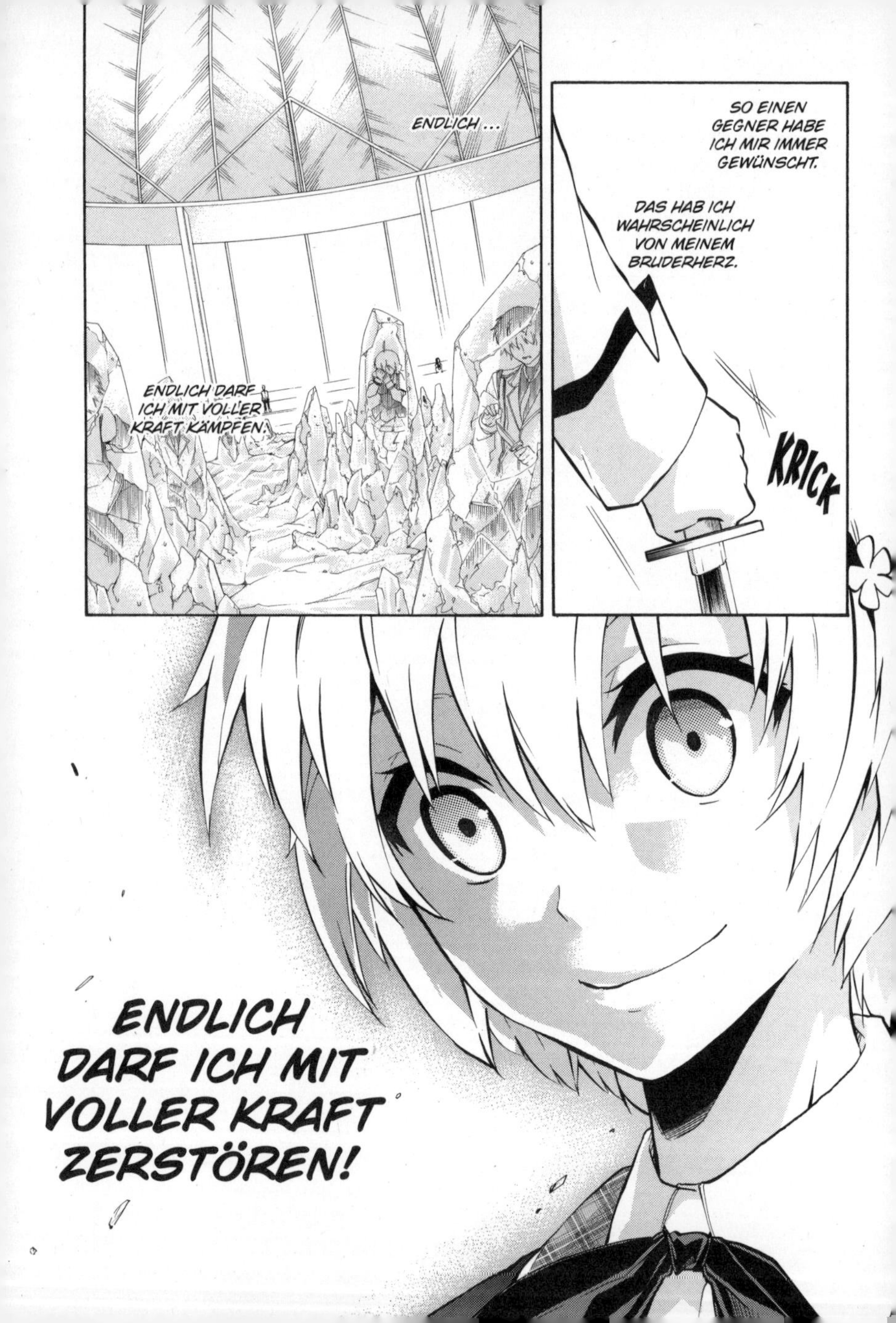
SO EINEN GEGNER HABE ICH MIR IMMER GEWÜNSCHT.
DAS HAB ICH WAHRSCHEINLICH VON MEINEM BRUDERHERZ.
KRICK
ENDLICH ...
ENDLICH DARF ICH MIT VOLLER KRAFT KÄMPFEN.
ENDLICH DARF ICH MIT VOLLER KRAFT ZERSTÖREN!

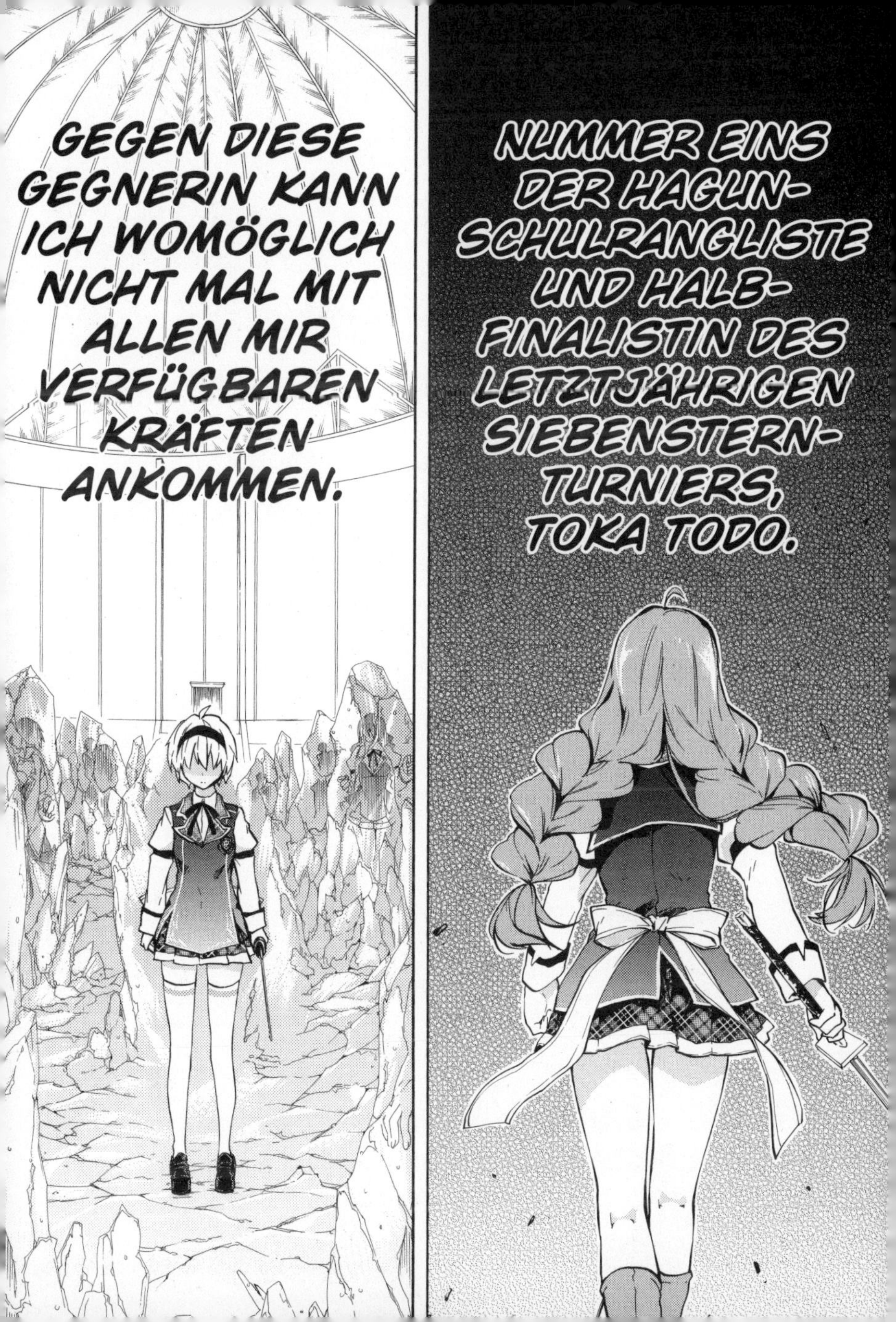
NUMMER EINS DER HAGUN-SCHULRANGLISTE UND HALBFINALISTIN DES LETZTJÄHRIGEN SIEBENSTERN-TURNIERS, TOKA TODO.
GEGEN DIESE GEGNERIN KANN ICH WOMÖGLICH NICHT MAL MIT ALLEN MIR VERFÜGBAREN KRÄFTEN ANKOMMEN.

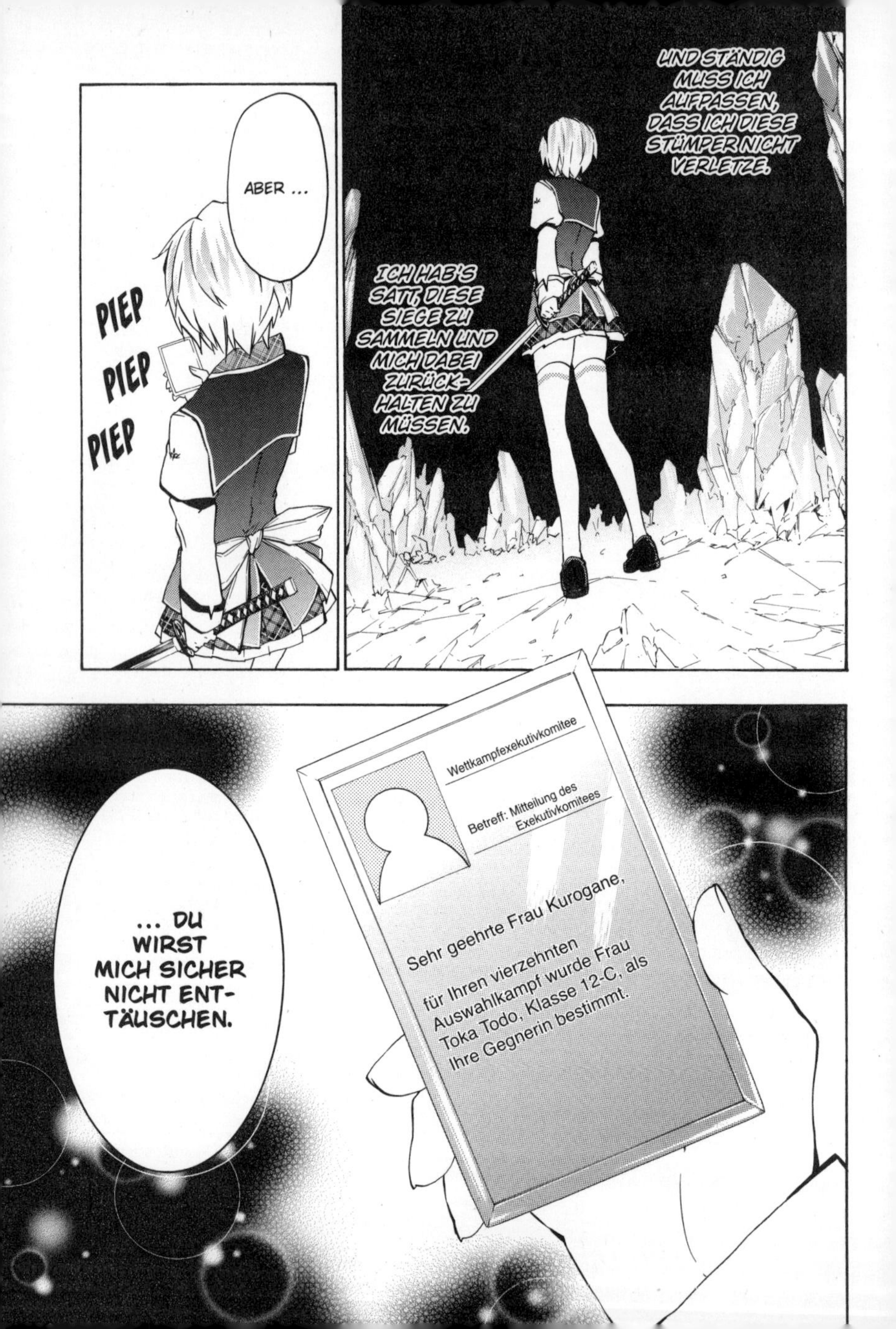
UND STÄNDIG MUSS ICH AUFPASSEN, DASS ICH DIESE STÜMPER NICHT VERLETZE.
ICH HAB'S SATT, DIESE SIEGE ZU SAMMELN UND MICH DABEI ZURÜCK-HALTEN ZU MÜSSEN.
ABER ...
PIEP
PIEP
PIEP
Wettkampfexekutivkomitee
Betreff: Mitteilung des Exekutivkomitees
Sehr geehrte Frau Kurogane,
für Ihren vierzehnten Auswahlkampf wurde Frau Toka Todo, Klasse 12-C, als Ihre Gegnerin bestimmt.
... DU WIRST MICH SICHER NICHT ENT-TÄUSCHEN.

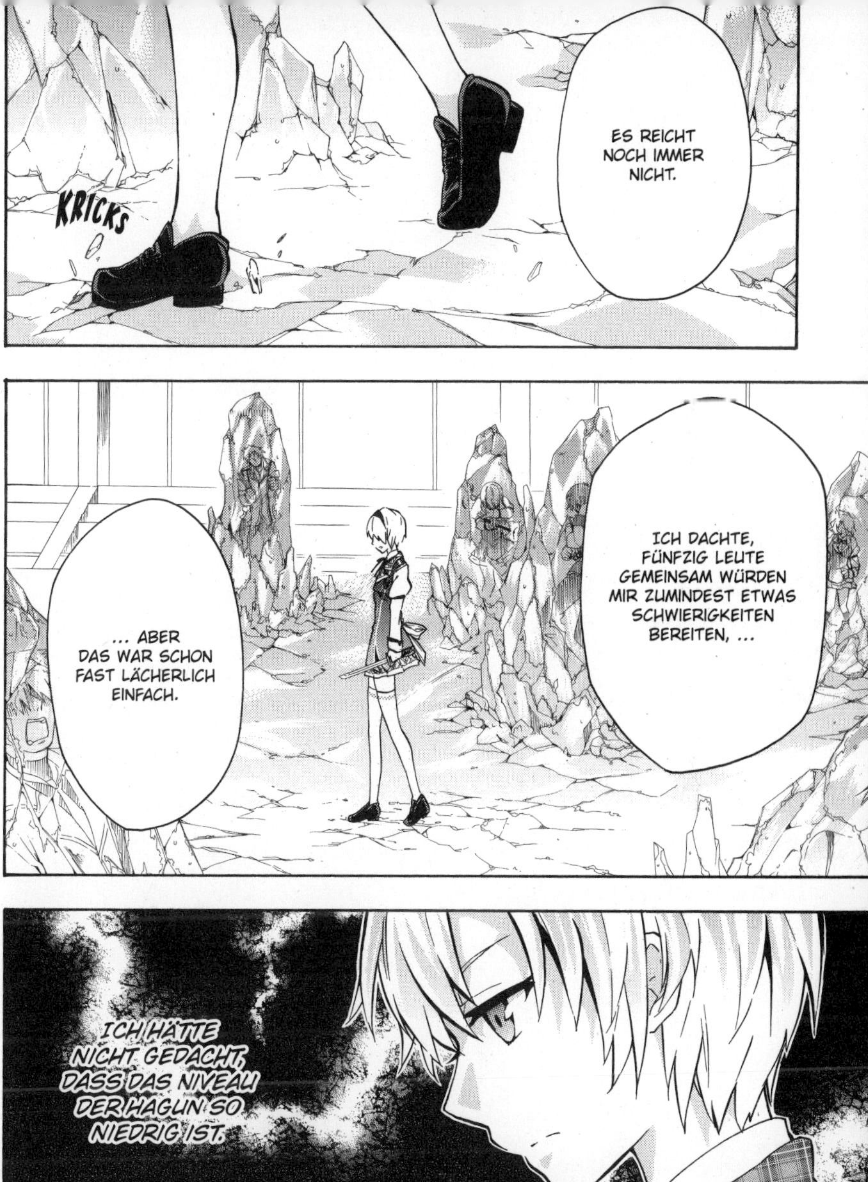
ES REICHT NOCH IMMER NICHT.
KRICKS
ICH DACHTE, FÜNFZIG LEUTE GEMEINSAM WÜRDEN MIR ZUMINDEST ETWAS SCHWIERIGKEITEN BEREITEN, ...
... ABER DAS WAR SCHON FAST LÄCHERLICH EINFACH.
ICH HÄTTE NICHT GEDACHT, DASS DAS NIVEAU DER HAGUN SO NIEDRIG IST.

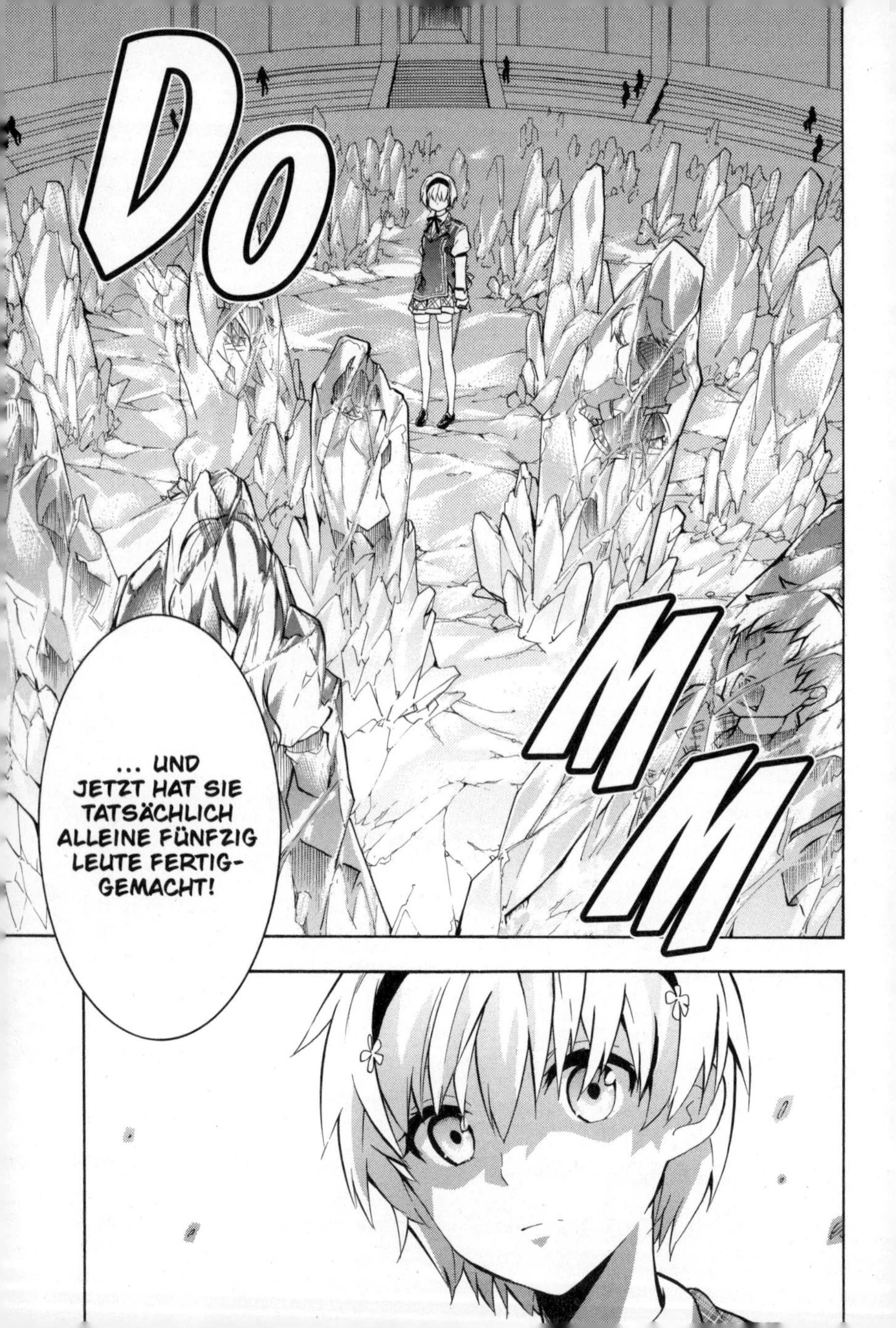
DOMM
... UND JETZT HAT SIE TATSÄCHLICH ALLEINE FÜNFZIG LEUTE FERTIG-GEMACHT!

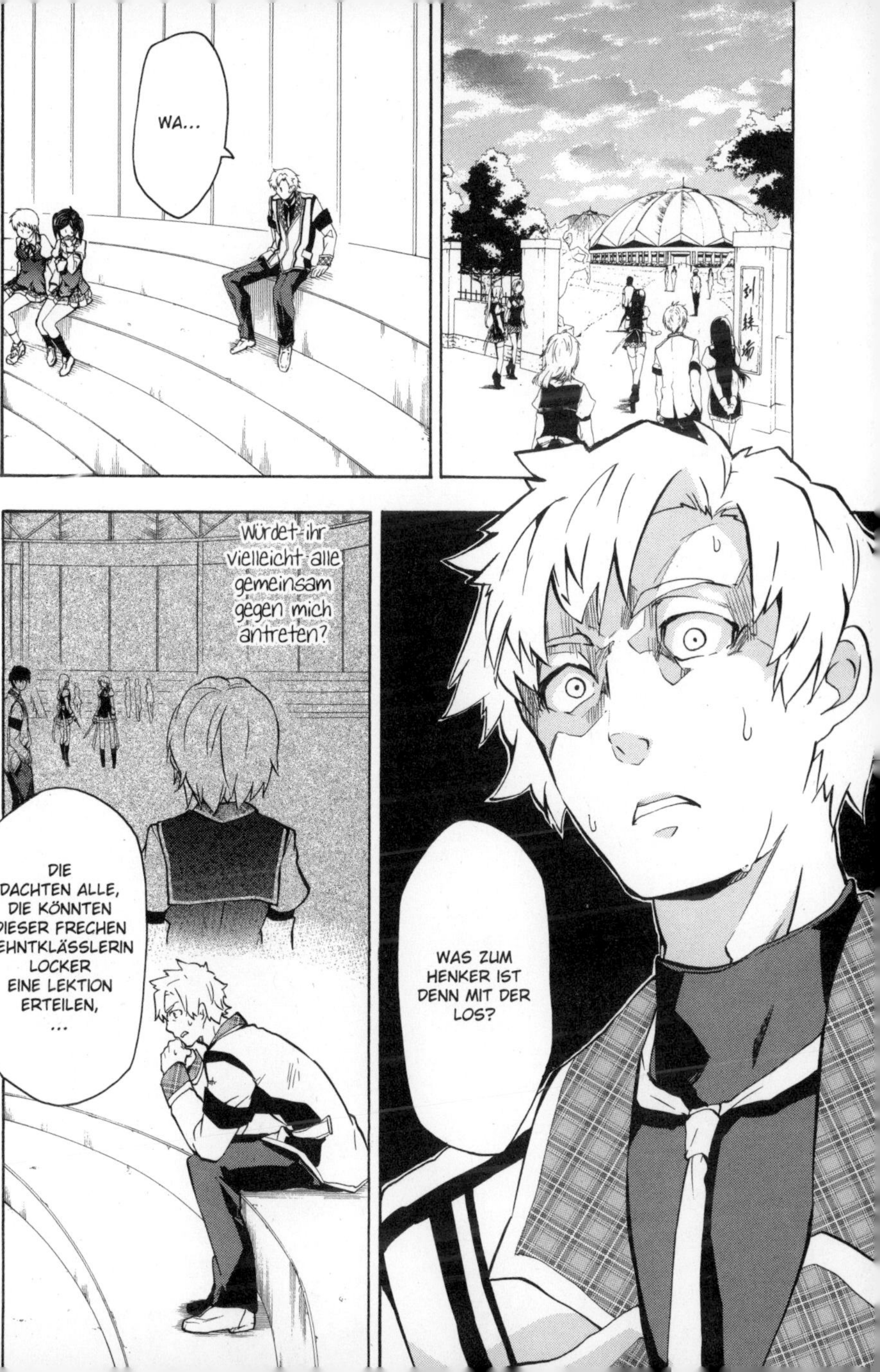
WA…
Würdet ihr vielleicht alle gemeinsam gegen mich antreten?
WAS ZUM HENKER IST DENN MIT DER LOS?
DIE DACHTEN ALLE, DIE KÖNNTEN DIESER FRECHEN ZEHNTKLÄSSLERIN LOCKER EINE LEKTION ERTEILEN, …

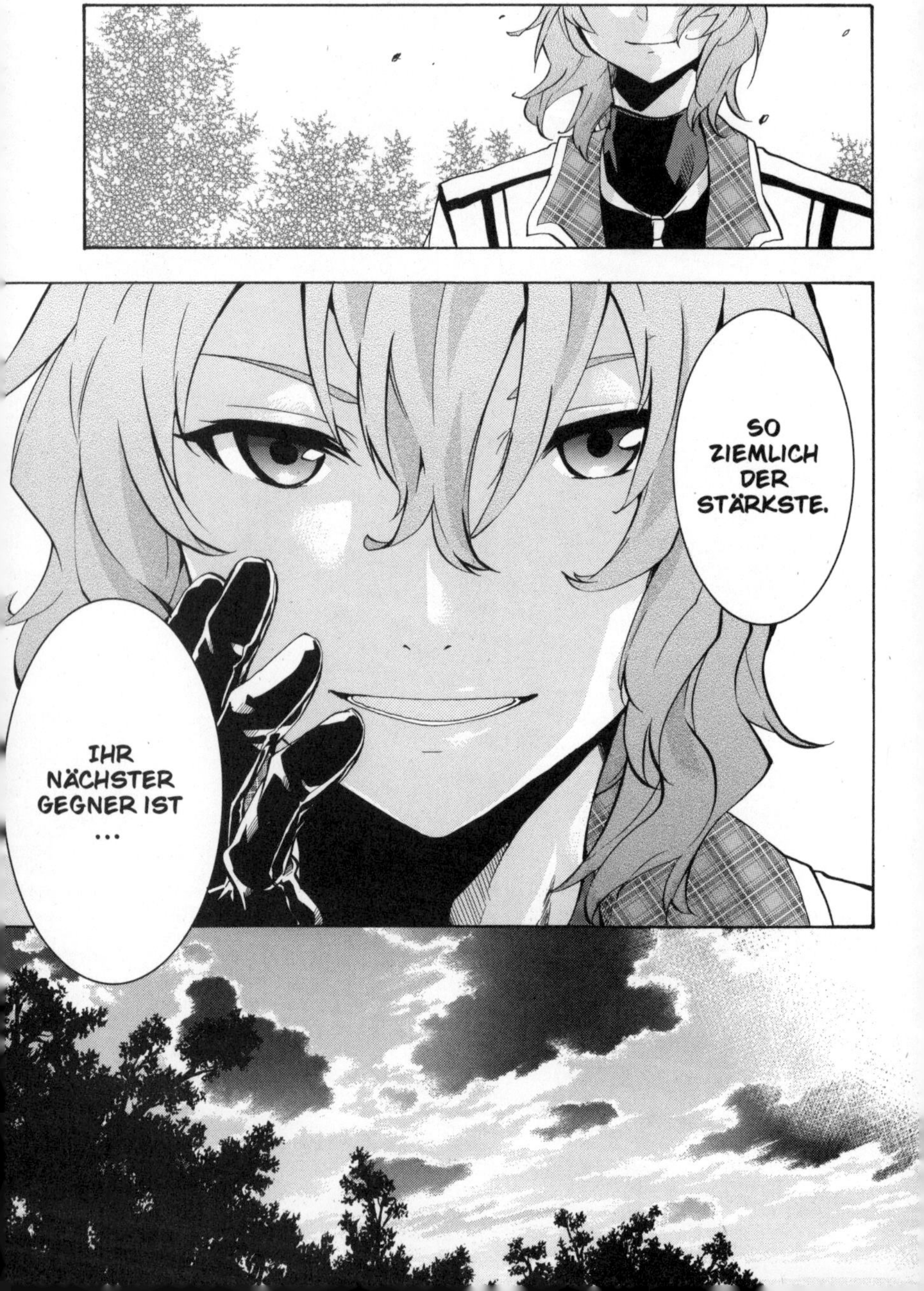
SO ZIEMLICH DER STÄRKSTE.
IHR NÄCHSTER GEGNER IST ...

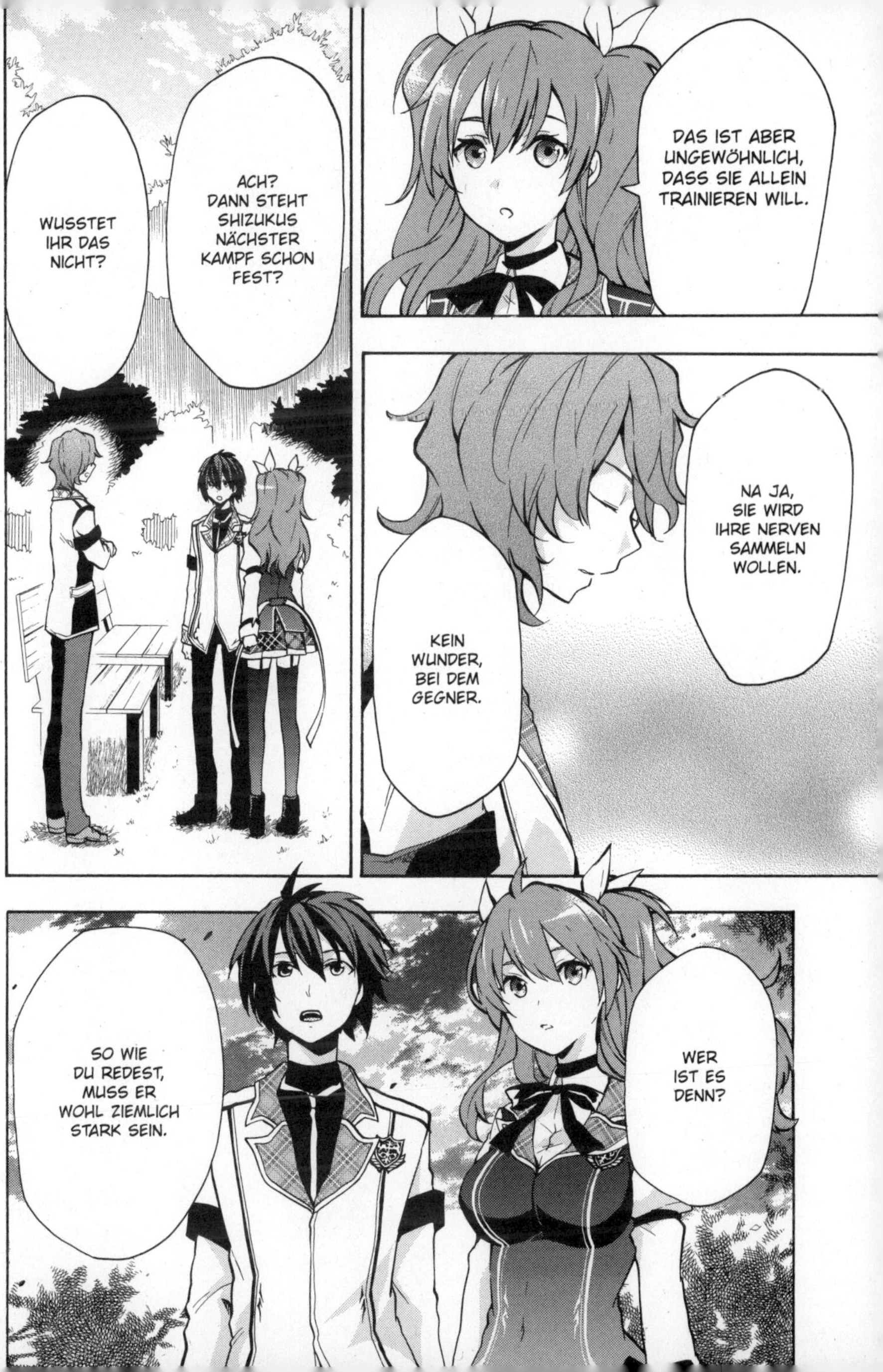
DAS IST ABER UNGEWÖHNLICH, DASS SIE ALLEIN TRAINIEREN WILL.
ACH? DANN STEHT SHIZUKUS NÄCHSTER KAMPF SCHON FEST?
WUSSTET IHR DAS NICHT?
NA JA, SIE WIRD IHRE NERVEN SAMMELN WOLLEN.
KEIN WUNDER, BEI DEM GEGNER.
WER IST ES DENN?
SO WIE DU REDEST, MUSS ER WOHL ZIEMLICH STARK SEIN.

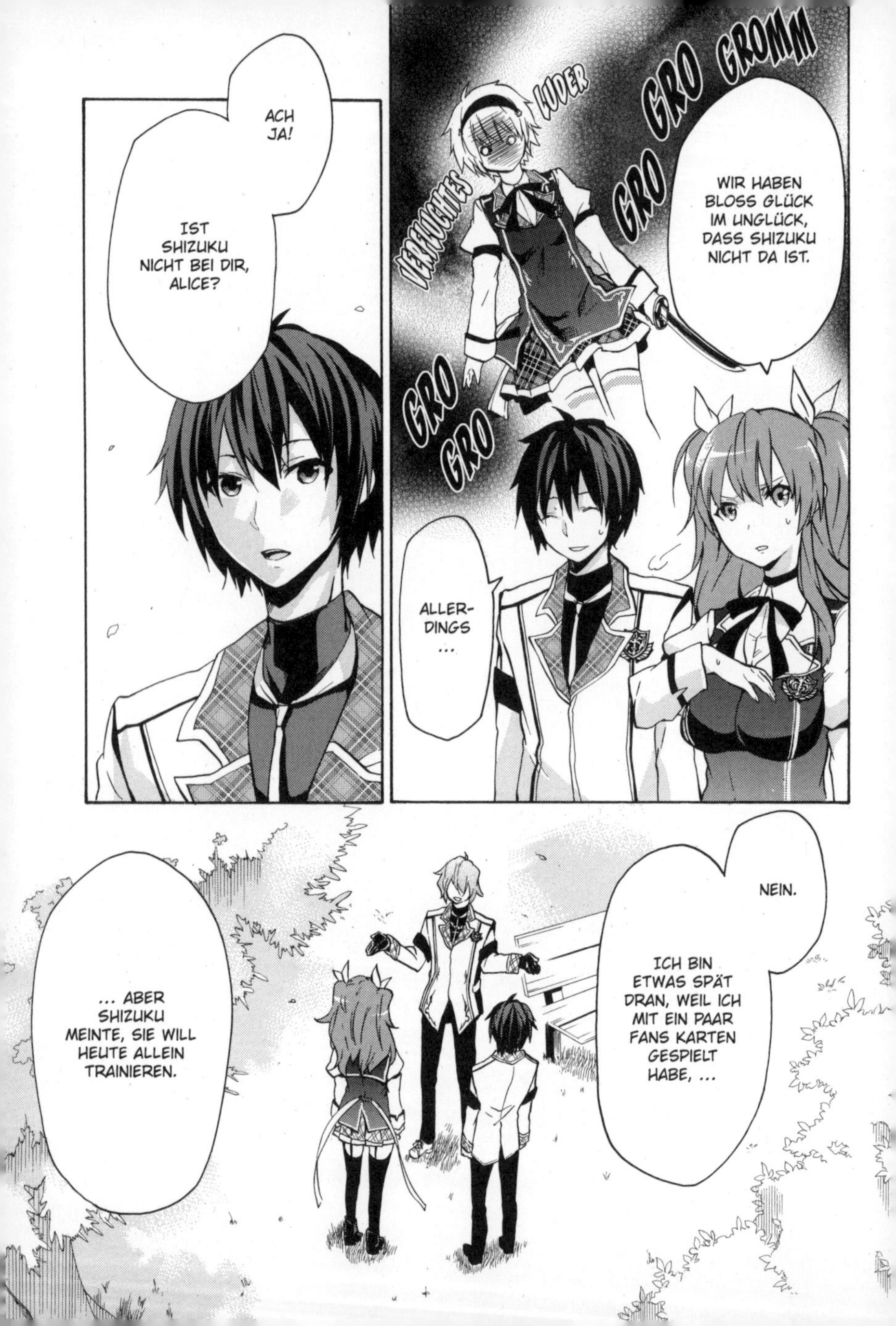

GRO GRO GROMM
WIR HABEN BLOSS GLÜCK IM UNGLÜCK, DASS SHIZUKU NICHT DA IST.
VERFLUCHTES LUDER
GRO GRO
ALLER-DINGS ...
ACH JA!
IST SHIZUKU NICHT BEI DIR, ALICE?
NEIN.
ICH BIN ETWAS SPÄT DRAN, WEIL ICH MIT EIN PAAR FANS KARTEN GESPIELT HABE, ...
... ABER SHIZUKU MEINTE, SIE WILL HEUTE ALLEIN TRAINIEREN.

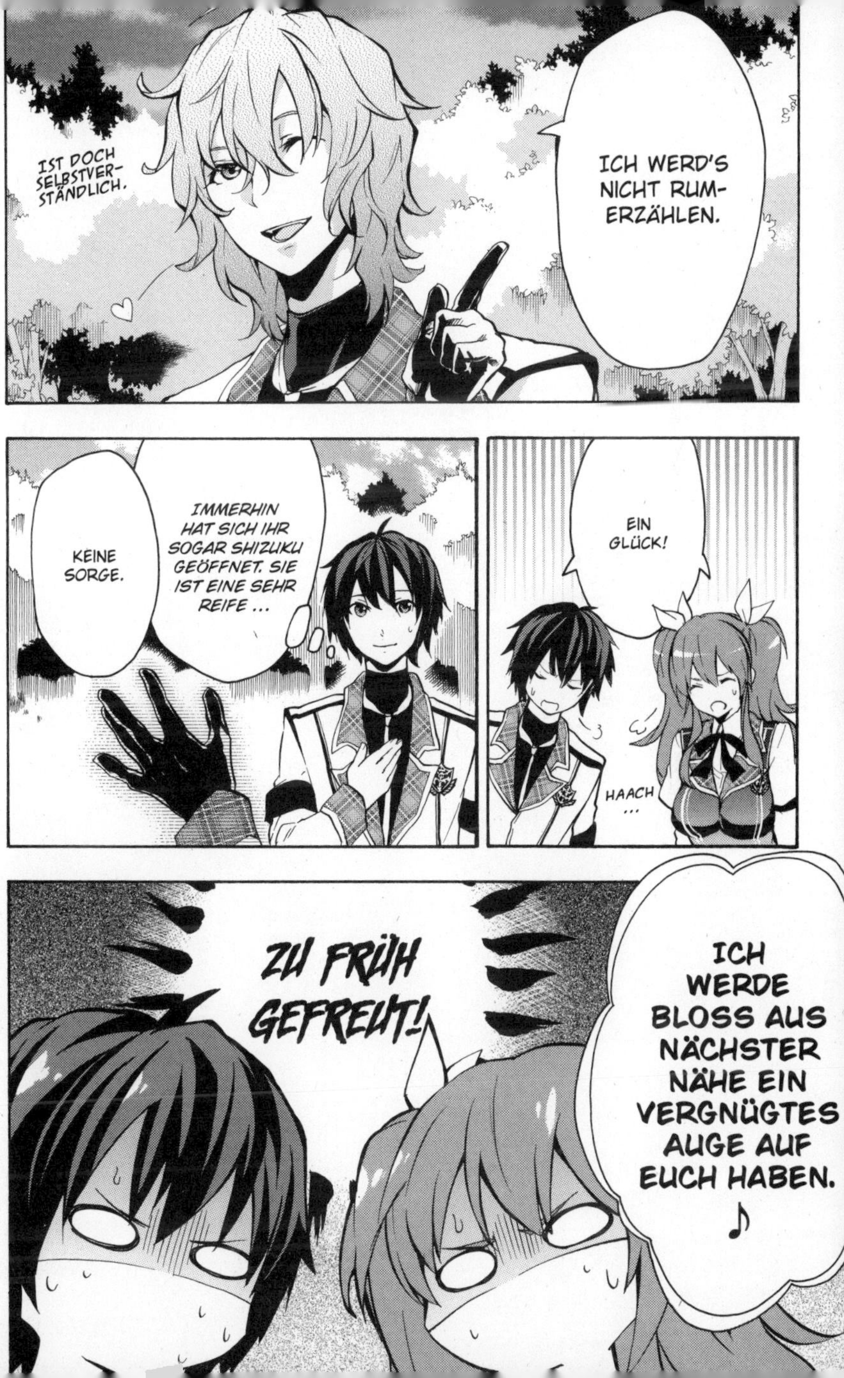
ICH WERD'S NICHT RUM-ERZÄHLEN.
IST DOCH SELBSTVER-STÄNDLICH.
EIN GLÜCK!
HAACH …
IMMERHIN HAT SICH IHR SOGAR SHIZUKU GEÖFFNET. SIE IST EINE SEHR REIFE …
KEINE SORGE.
ICH WERDE BLOSS AUS NÄCHSTER NÄHE EIN VERGNÜGTES AUGE AUF EUCH HABEN. ♪
ZU FRÜH GEFREUT!

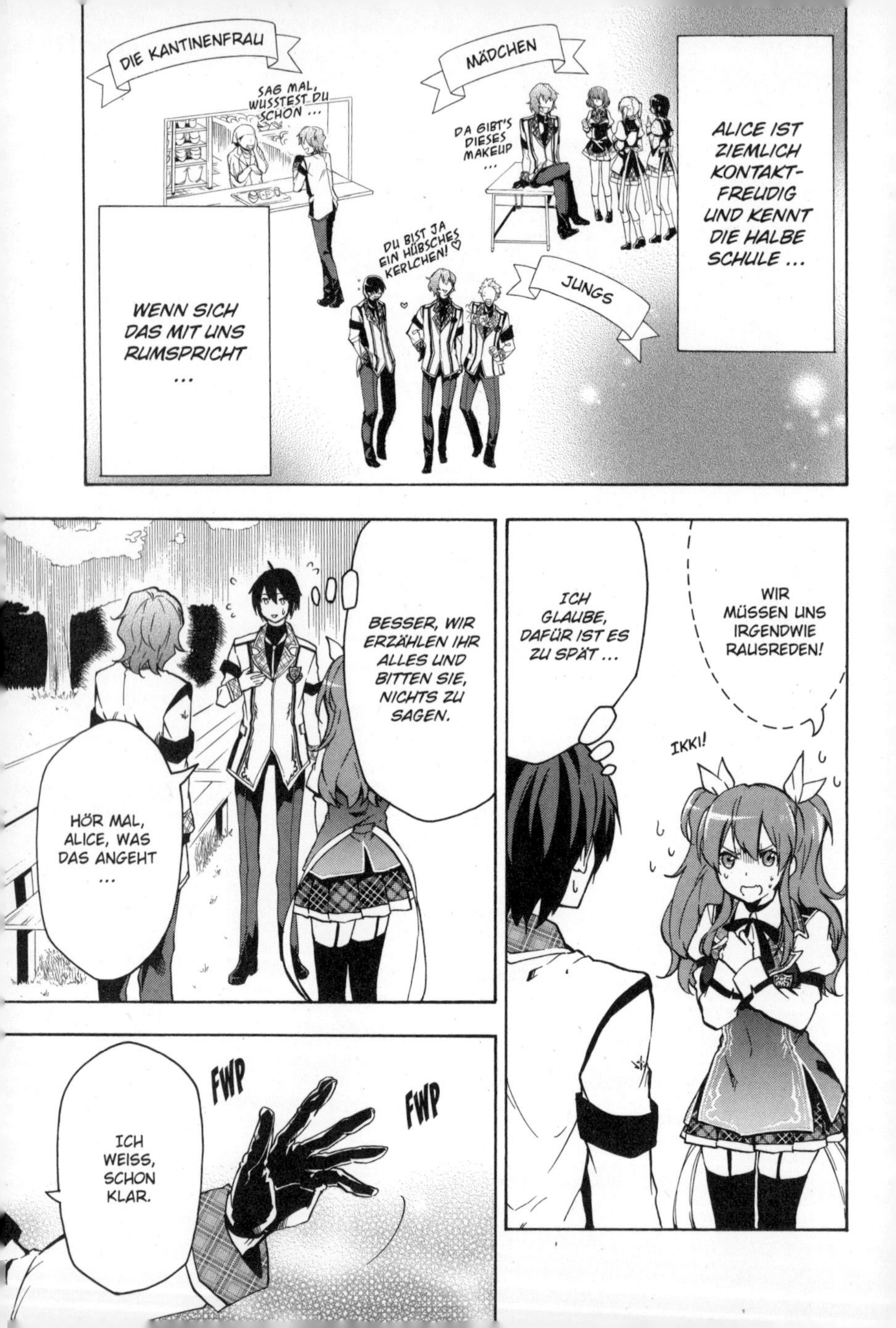

ALICE IST ZIEMLICH KONTAKT-FREUDIG UND KENNT DIE HALBE SCHULE …
MÄDCHEN
DA GIBT'S DIESES MAKEUP …
DIE KANTINENFRAU
SAG MAL, WUSSTEST DU SCHON …
JUNGS
DU BIST JA EIN HÜBSCHES KERLCHEN! ♡
WENN SICH DAS MIT UNS RUMSPRICHT …
WIR MÜSSEN UNS IRGENDWIE RAUSREDEN!
IKKI!
ICH GLAUBE, DAFÜR IST ES ZU SPÄT …
BESSER, WIR ERZÄHLEN IHR ALLES UND BITTEN SIE, NICHTS ZU SAGEN.
HÖR MAL, ALICE, WAS DAS ANGEHT …
FWP
FWP
ICH WEISS, SCHON KLAR.

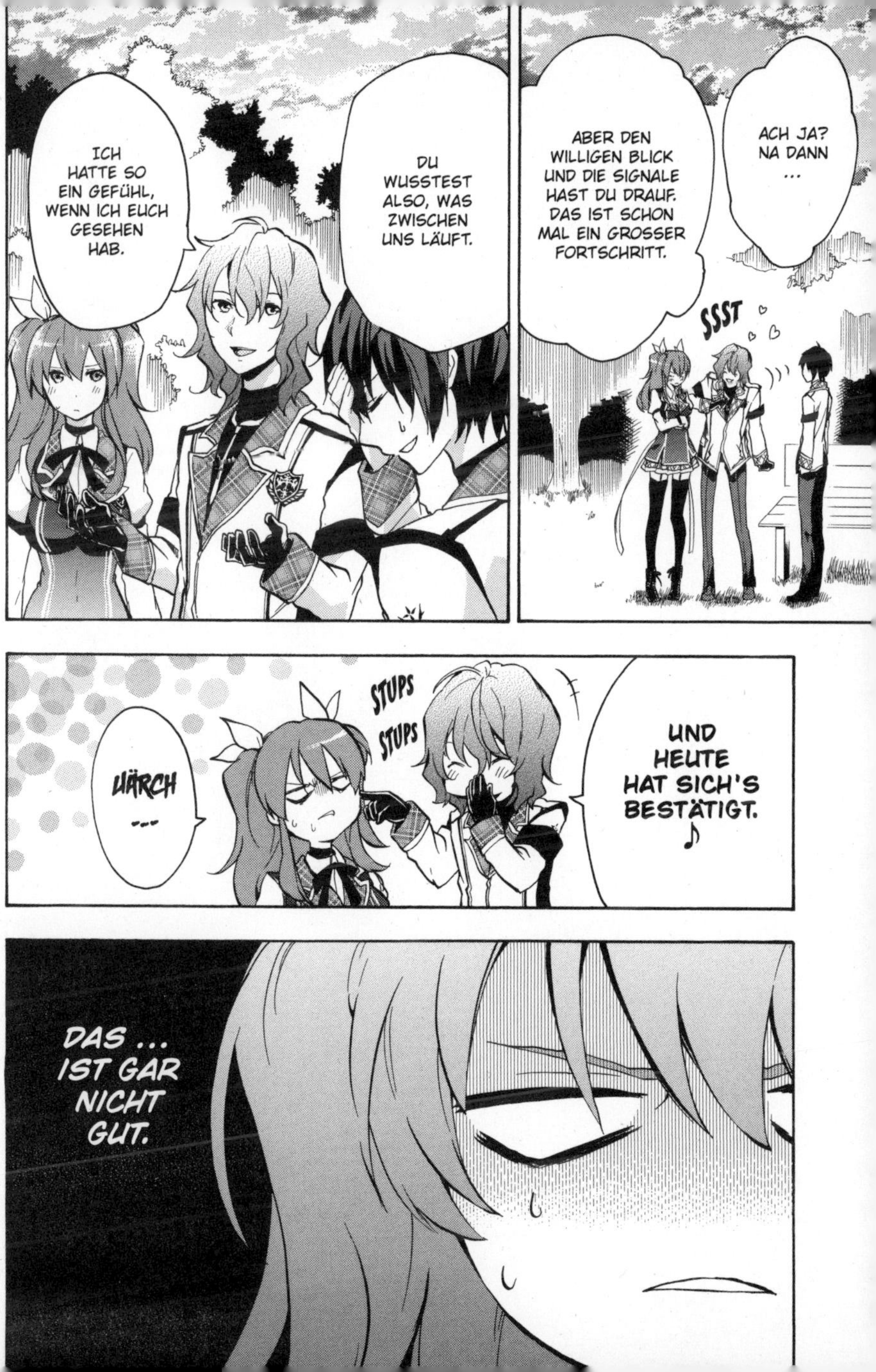
ACH JA? NA DANN …
ABER DEN WILLIGEN BLICK UND DIE SIGNALE HAST DU DRAUF. DAS IST SCHON MAL EIN GROSSER FORTSCHRITT.
SSST
DU WUSSTEST ALSO, WAS ZWISCHEN UNS LÄUFT.
ICH HATTE SO EIN GEFÜHL, WENN ICH EUCH GESEHEN HAB.
UND HEUTE HAT SICH'S BESTÄTIGT. ♪
STUPS
STUPS
UÄRCH …
DAS … IST GAR NICHT GUT.

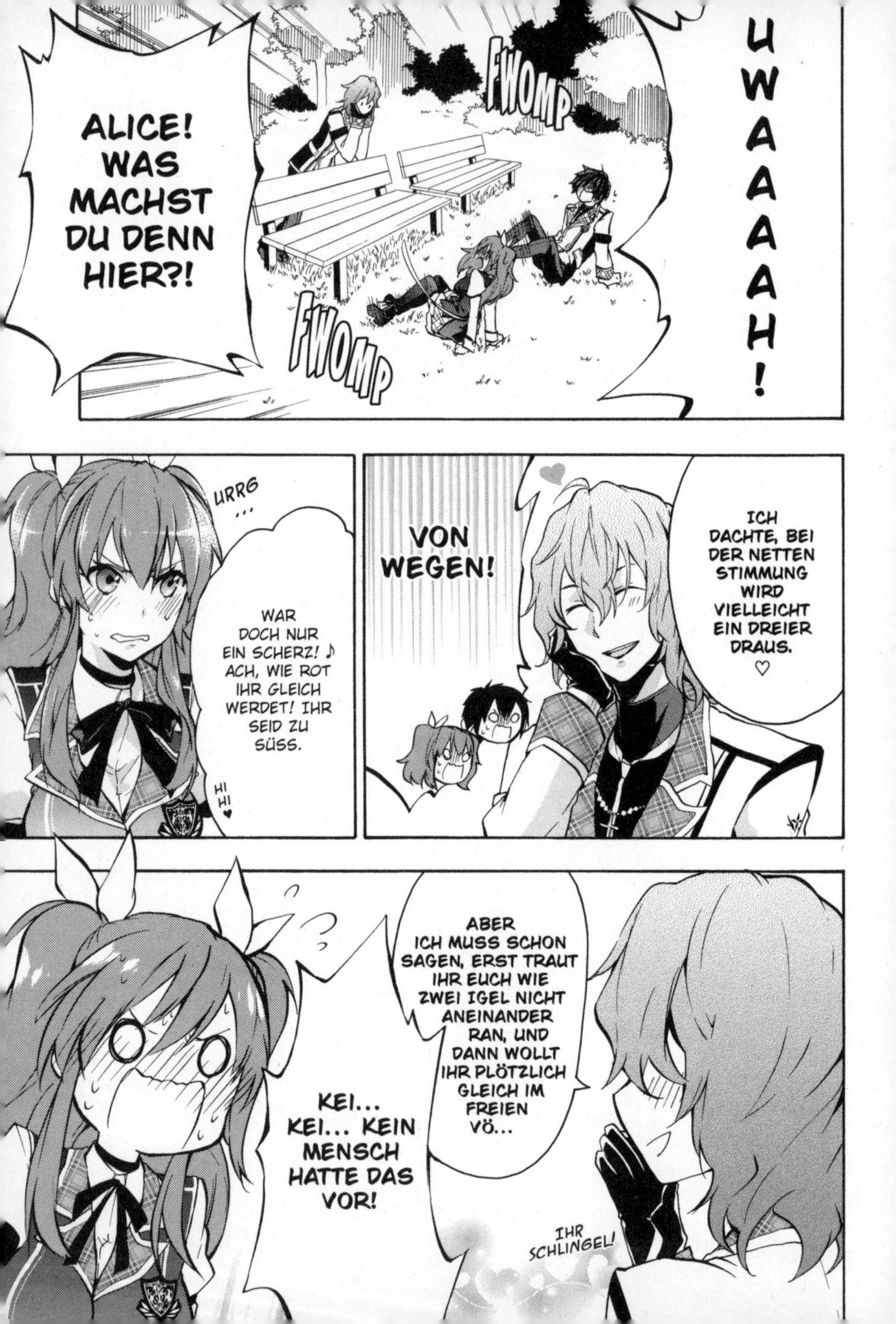
UWAAAAAH!
FWOMP
FWOMP
ALICE! WAS MACHST DU DENN HIER?!
ICH DACHTE, BEI DER NETTEN STIMMUNG WIRD VIELLEICHT EIN DREIER DRAUS. ♡
VON WEGEN!
URRG ...
WAR DOCH NUR EIN SCHERZ! ♪ ACH, WIE ROT IHR GLEICH WERDET! IHR SEID ZU SÜSS.
HI HI ♥
ABER ICH MUSS SCHON SAGEN, ERST TRAUT IHR EUCH WIE ZWEI IGEL NICHT ANEINANDER RAN, UND DANN WOLLT IHR PLÖTZLICH GLEICH IM FREIEN VÖ...
IHR SCHLINGEL!
KEI... KEI... KEIN MENSCH HATTE DAS VOR!

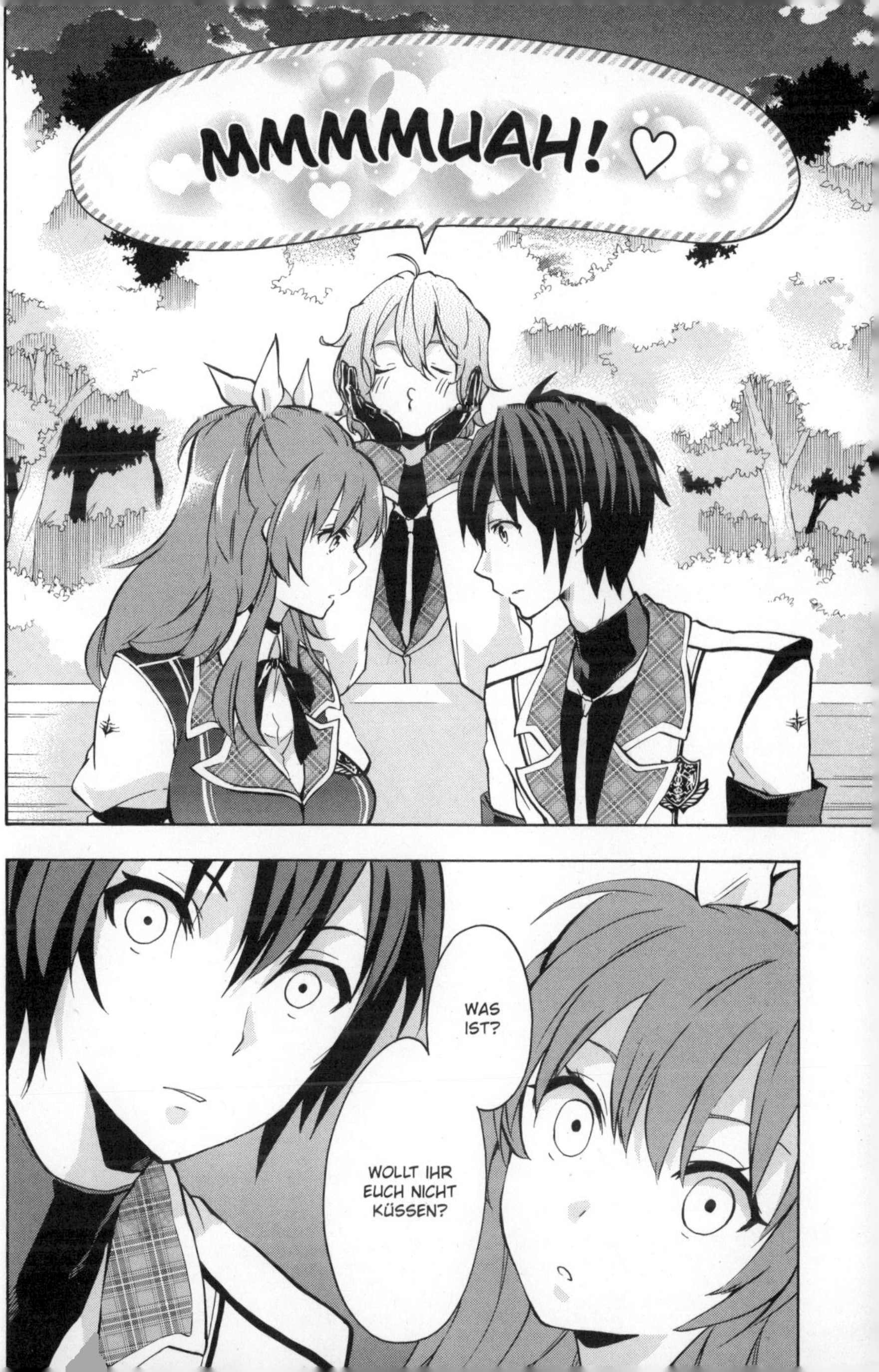
MMMMUAH! ♡
WAS IST?
WOLLT IHR EUCH NICHT KÜSSEN?

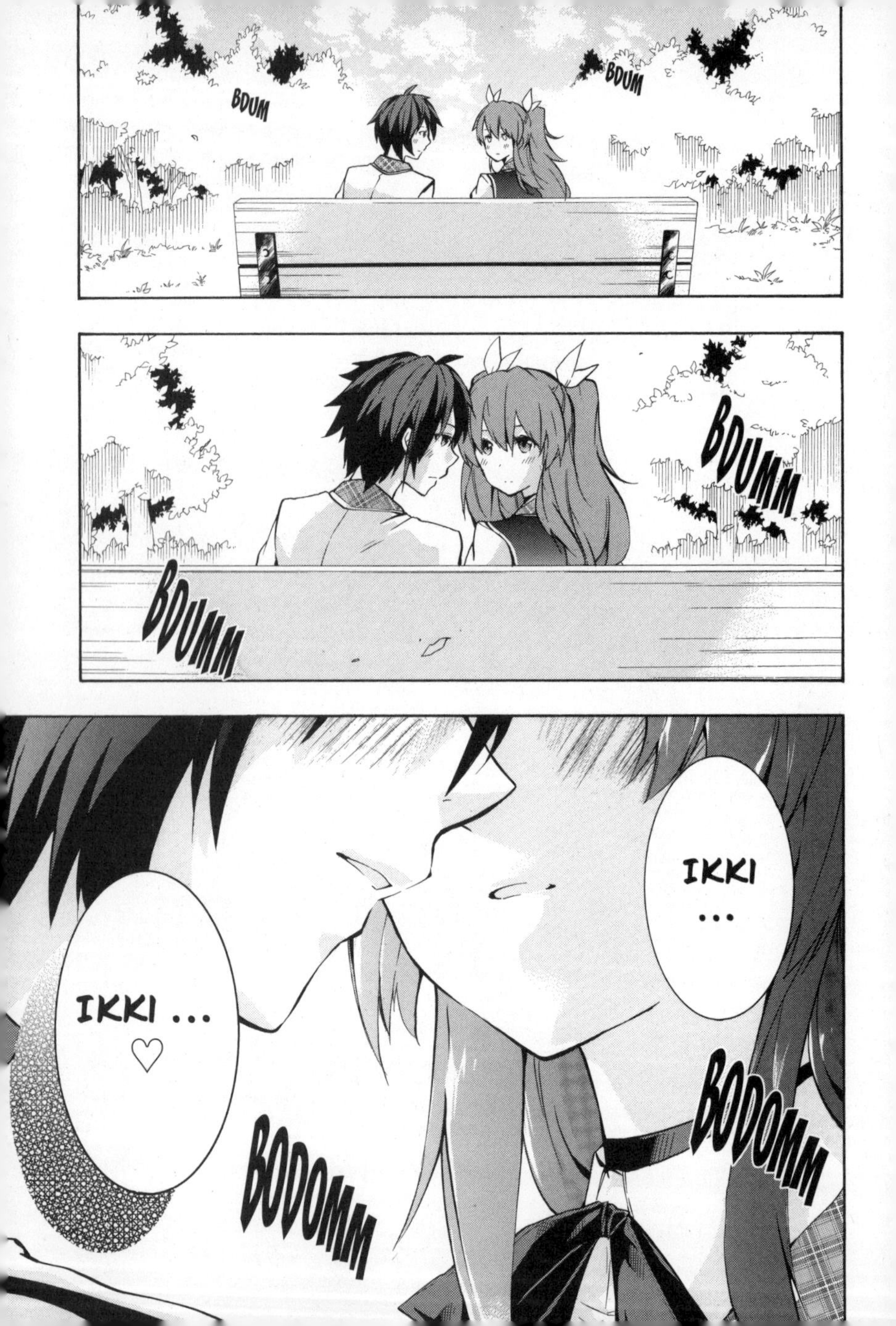
BDUM
BDUM
BDUMM
BDUMM
IKKI ...
IKKI ... ♡
BODOMM
BODOMM

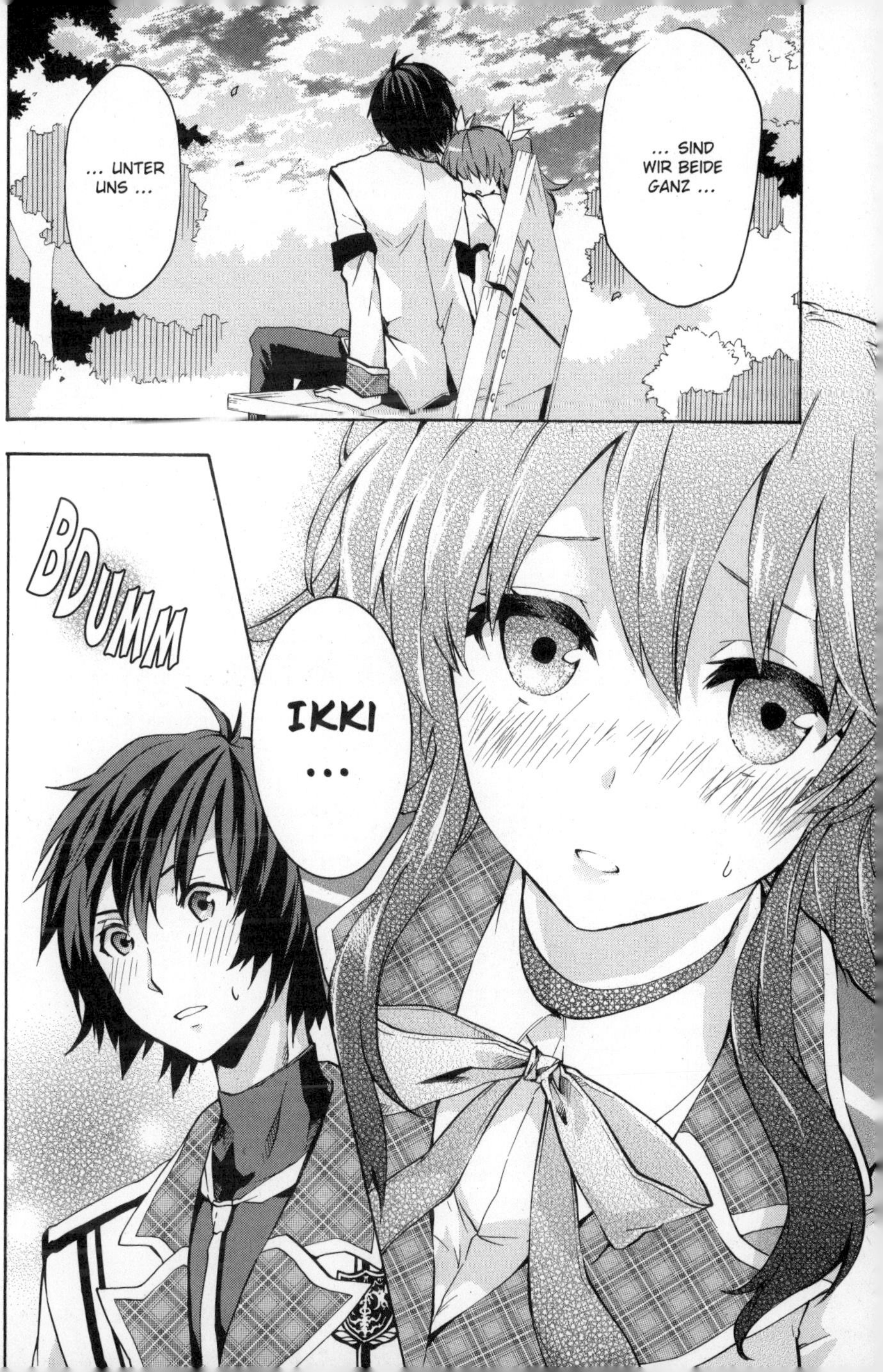
... SIND WIR BEIDE GANZ ...
... UNTER UNS ...
BDUMM
IKKI ...

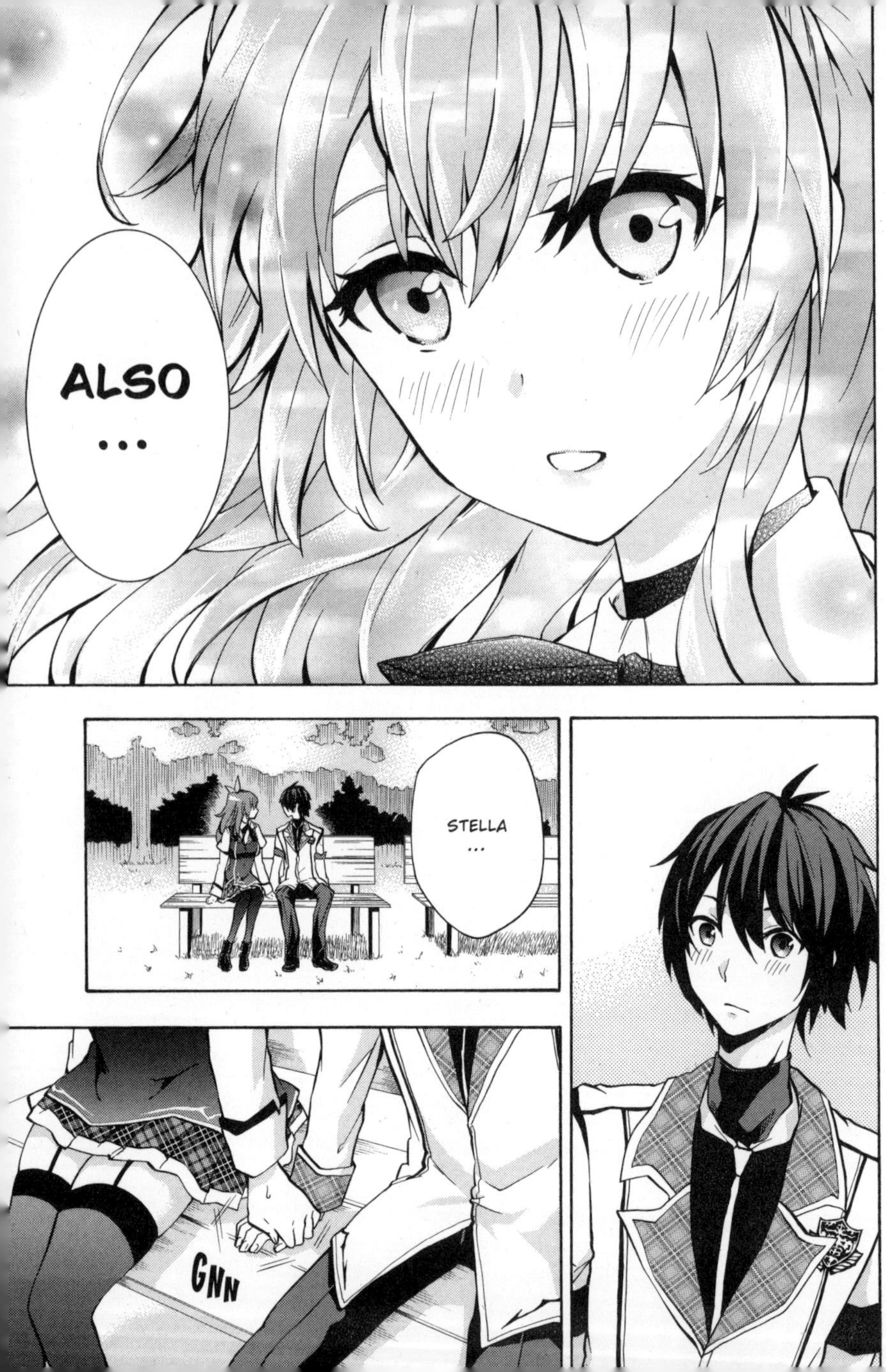
ALSO
...
STELLA
...
GNN

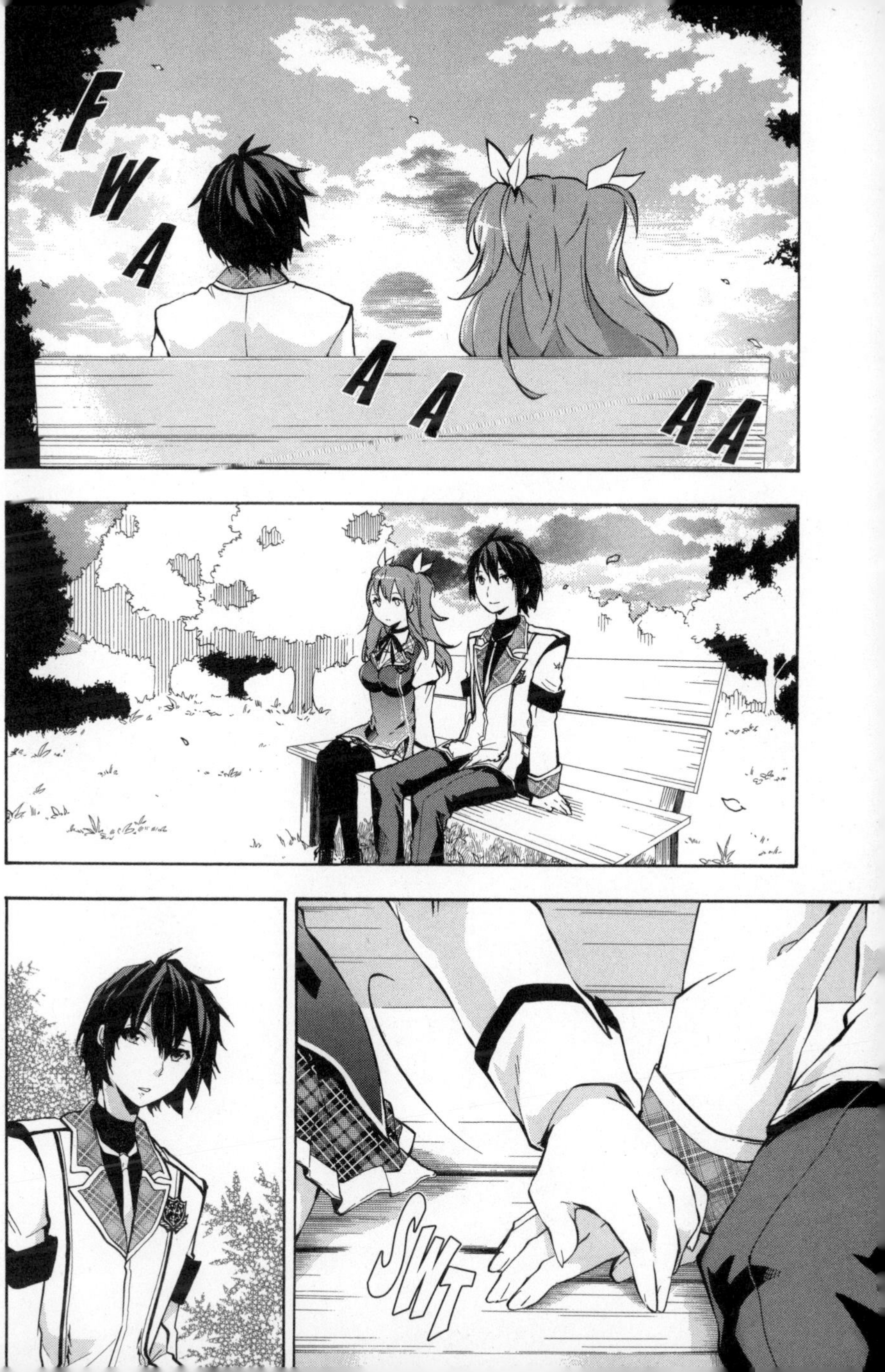
FWAAAAAA
SWT

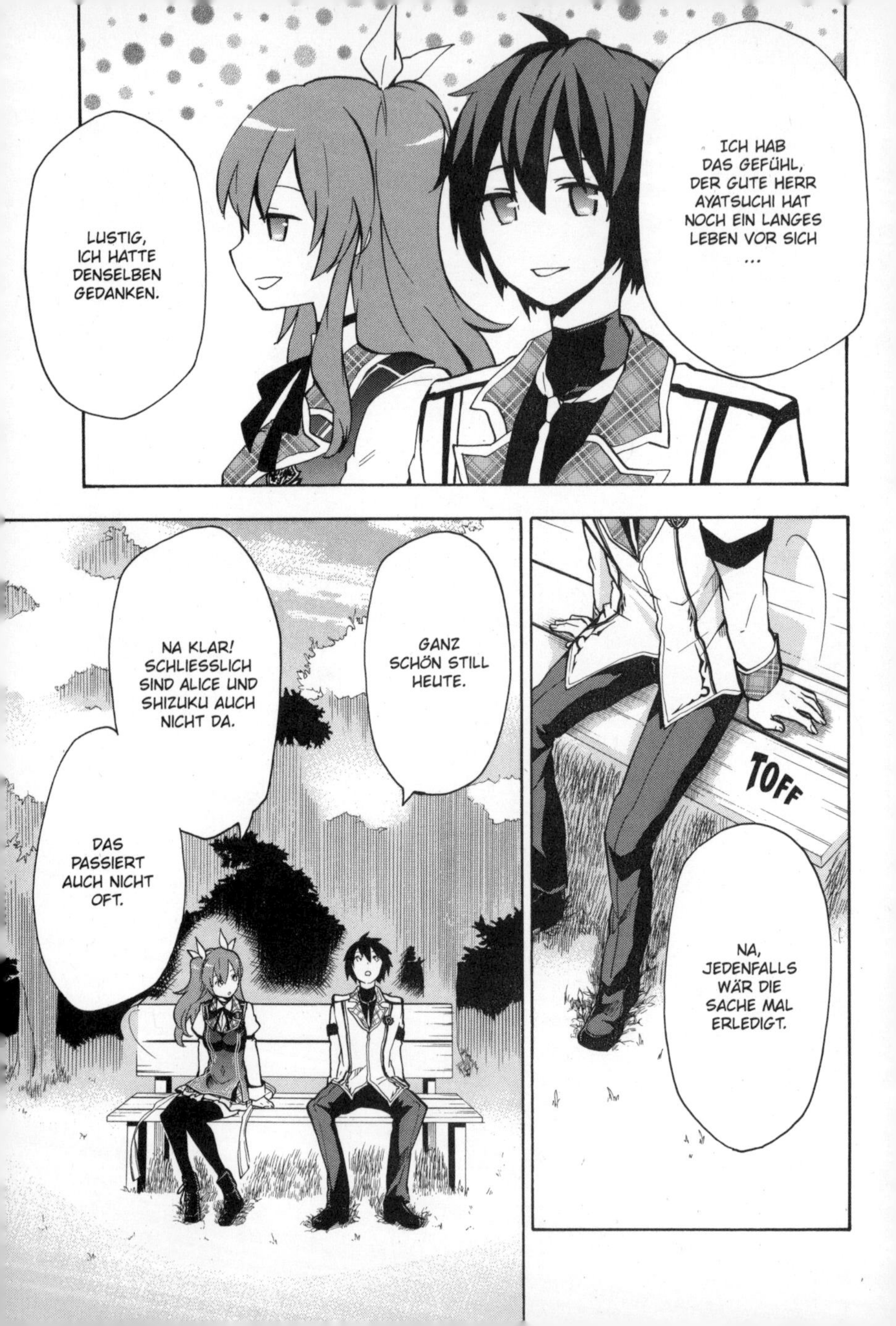
ICH HAB DAS GEFÜHL, DER GUTE HERR AYATSUCHI HAT NOCH EIN LANGES LEBEN VOR SICH …
LUSTIG, ICH HATTE DENSELBEN GEDANKEN.
TOFF
NA, JEDENFALLS WÄR DIE SACHE MAL ERLEDIGT.
GANZ SCHÖN STILL HEUTE.
NA KLAR! SCHLIESSLICH SIND ALICE UND SHIZUKU AUCH NICHT DA.
DAS PASSIERT AUCH NICHT OFT.

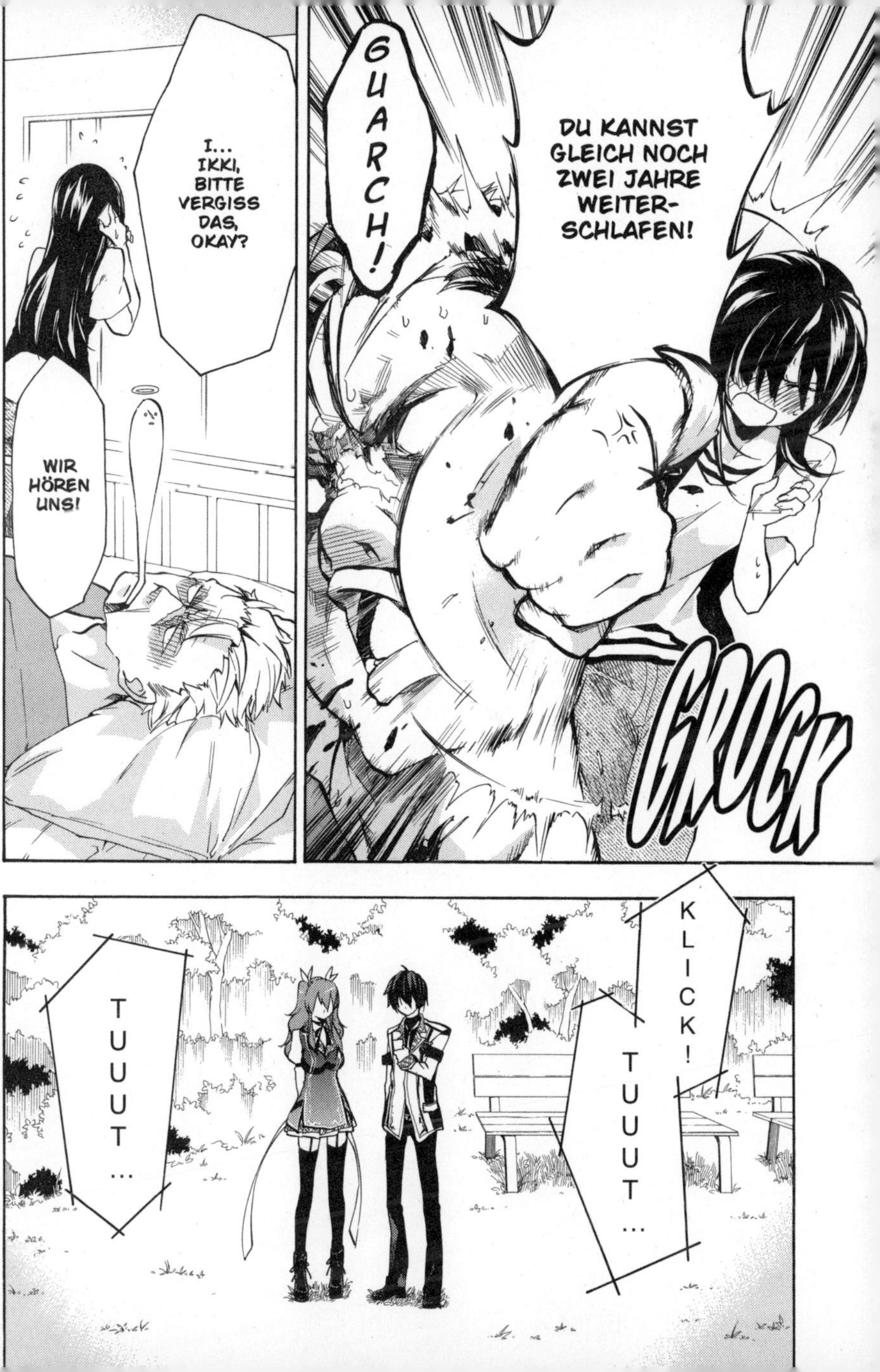
DU KANNST GLEICH NOCH ZWEI JAHRE WEITER-SCHLAFEN!
GUARCH!
CROCK
I... IKKI, BITTE VERGISS DAS, OKAY?
WIR HÖREN UNS!
KLICK!
TUUUT ...
TUUUT ...

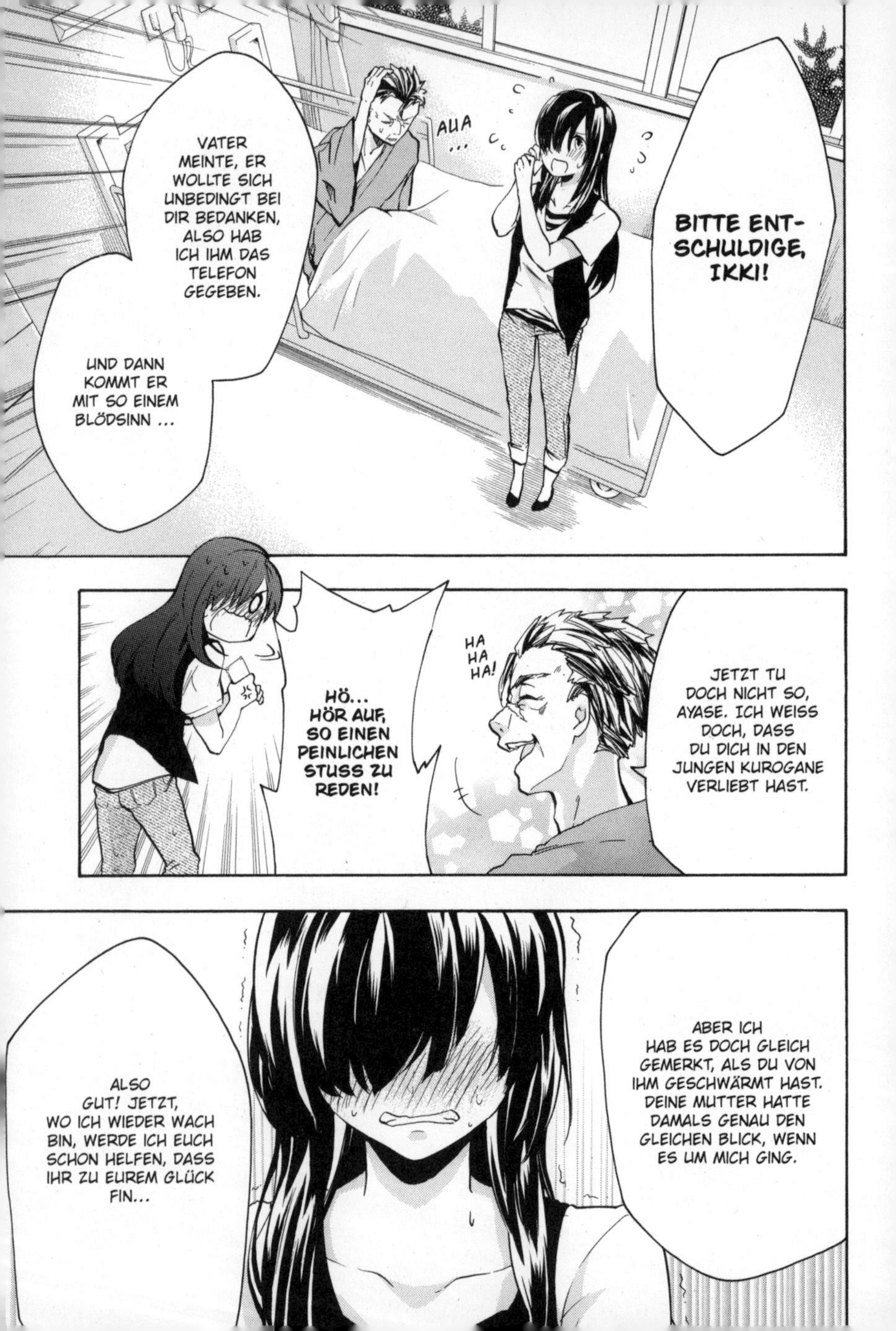
BITTE ENT-SCHULDIGE, IKKI!
AUA ...
VATER MEINTE, ER WOLLTE SICH UNBEDINGT BEI DIR BEDANKEN, ALSO HAB ICH IHM DAS TELEFON GEGEBEN.
UND DANN KOMMT ER MIT SO EINEM BLÖDSINN ...
JETZT TU DOCH NICHT SO, AYASE. ICH WEISS DOCH, DASS DU DICH IN DEN JUNGEN KUROGANE VERLIEBT HAST.
HA HA HA!
HÖ... HÖR AUF, SO EINEN PEINLICHEN STUSS ZU REDEN!
ABER ICH HAB ES DOCH GLEICH GEMERKT, ALS DU VON IHM GESCHWÄRMT HAST. DEINE MUTTER HATTE DAMALS GENAU DEN GLEICHEN BLICK, WENN ES UM MICH GING.
ALSO GUT! JETZT, WO ICH WIEDER WACH BIN, WERDE ICH EUCH SCHON HELFEN, DASS IHR ZU EUREM GLÜCK FIN...

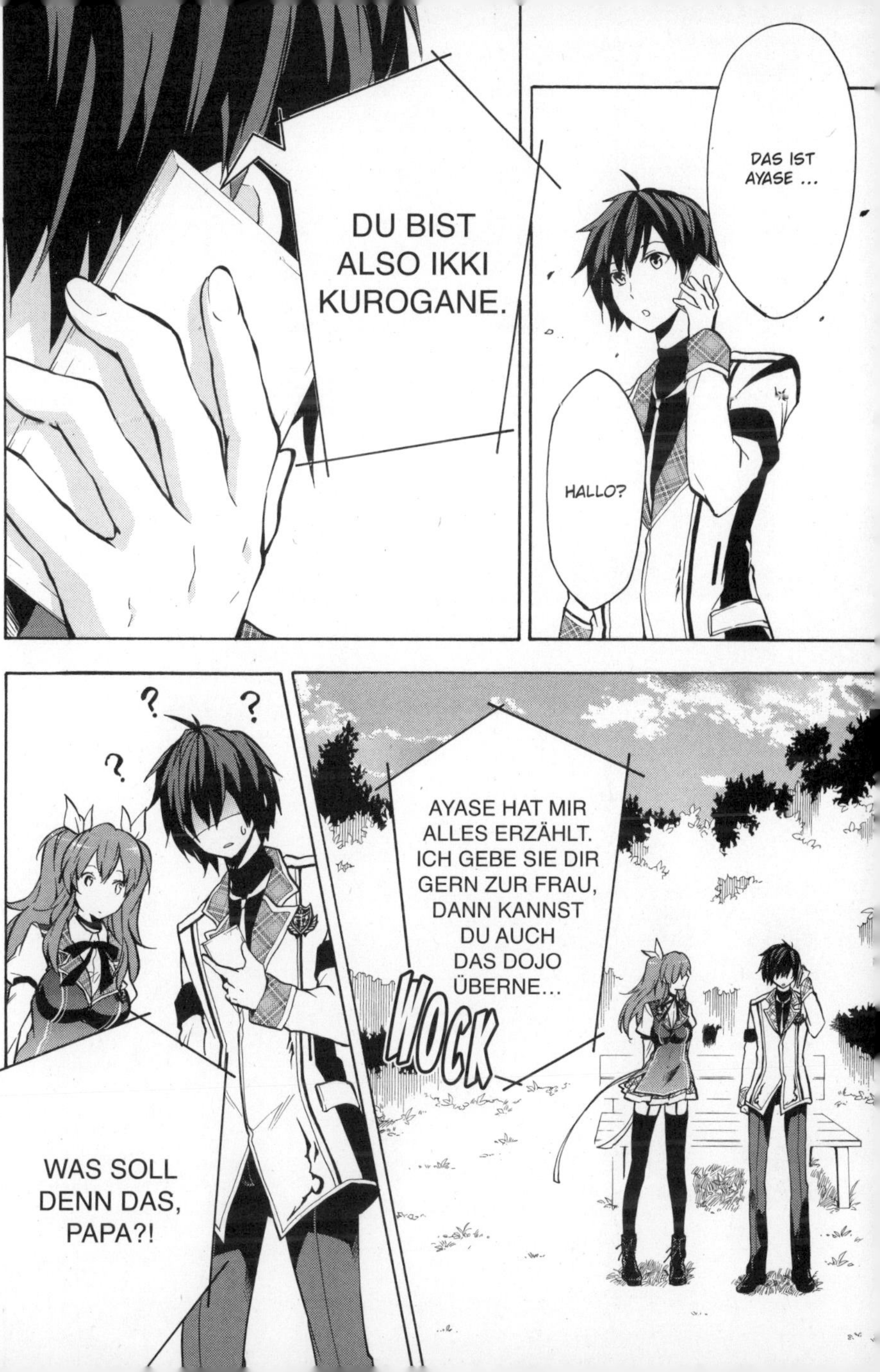
DAS IST AYASE …
HALLO?
DU BIST ALSO IKKI KUROGANE.
AYASE HAT MIR ALLES ERZÄHLT. ICH GEBE SIE DIR GERN ZUR FRAU, DANN KANNST DU AUCH DAS DOJO ÜBERNE…
WOCK
WAS SOLL DENN DAS, PAPA?!

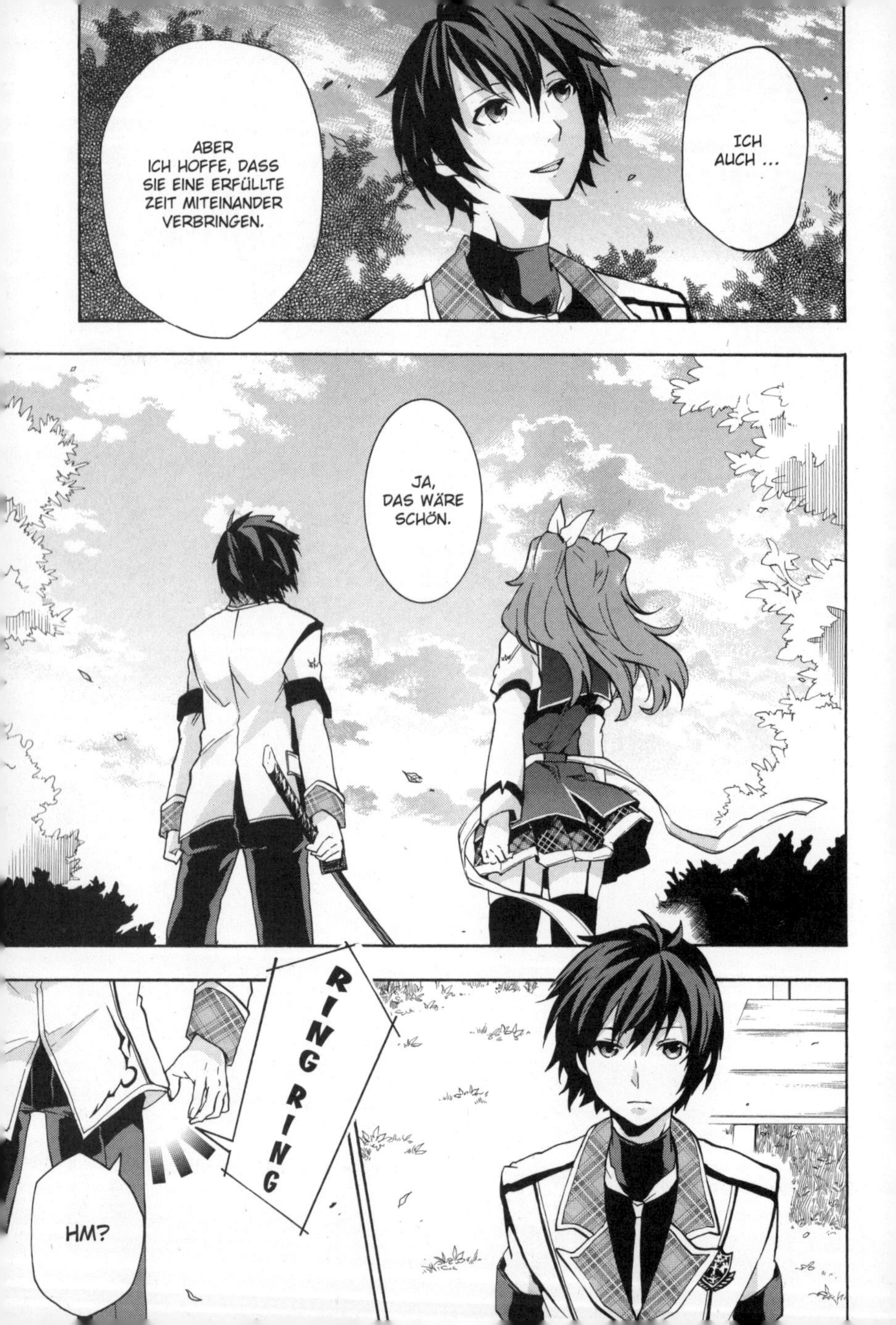
ICH AUCH …
ABER ICH HOFFE, DASS SIE EINE ERFÜLLTE ZEIT MITEINANDER VERBRINGEN.
JA, DAS WÄRE SCHÖN.
RING RING
HM?

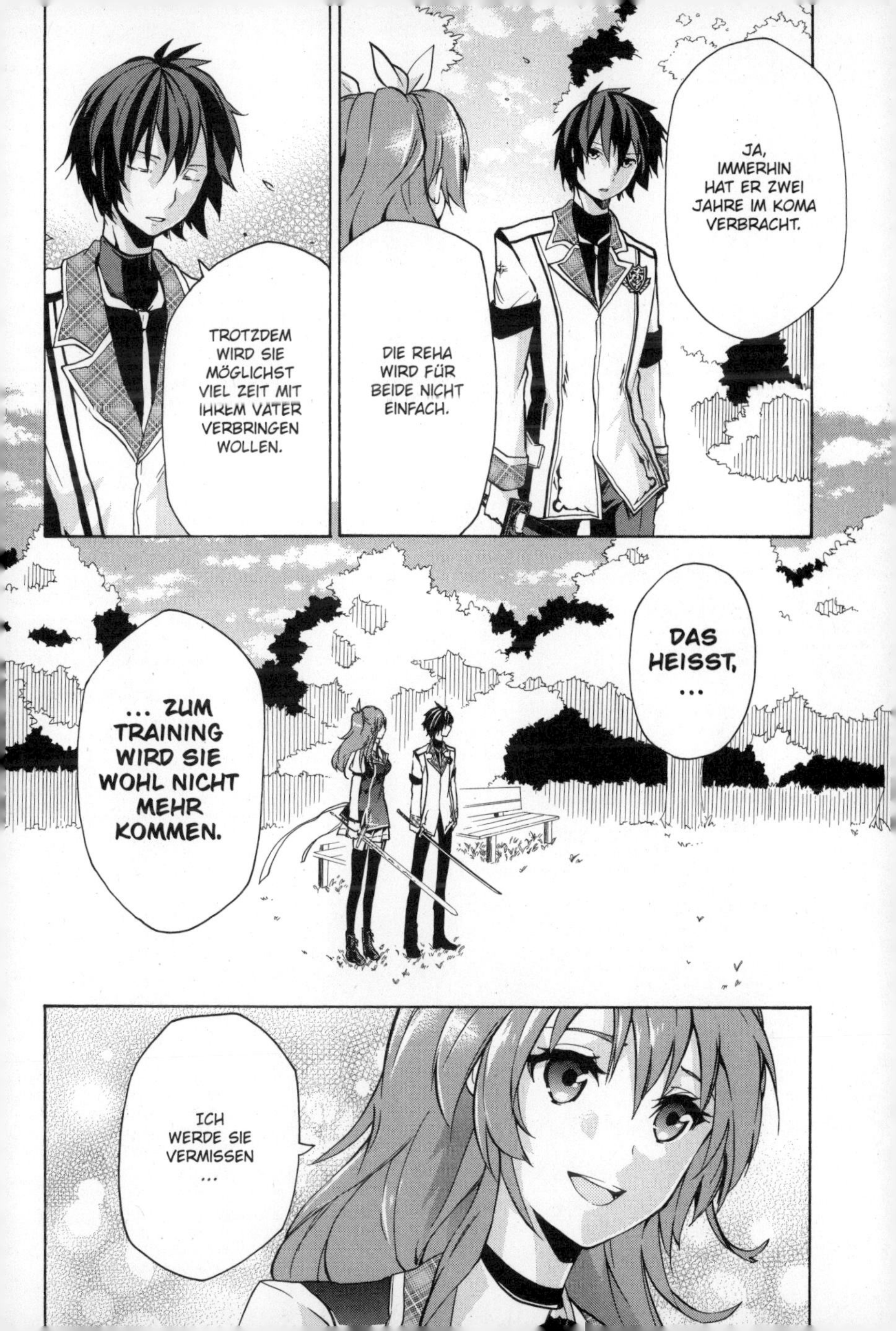
JA, IMMERHIN HAT ER ZWEI JAHRE IM KOMA VERBRACHT.
DIE REHA WIRD FÜR BEIDE NICHT EINFACH.
TROTZDEM WIRD SIE MÖGLICHST VIEL ZEIT MIT IHREM VATER VERBRINGEN WOLLEN.
DAS HEISST, ...
... ZUM TRAINING WIRD SIE WOHL NICHT MEHR KOMMEN.
ICH WERDE SIE VERMISSEN ...

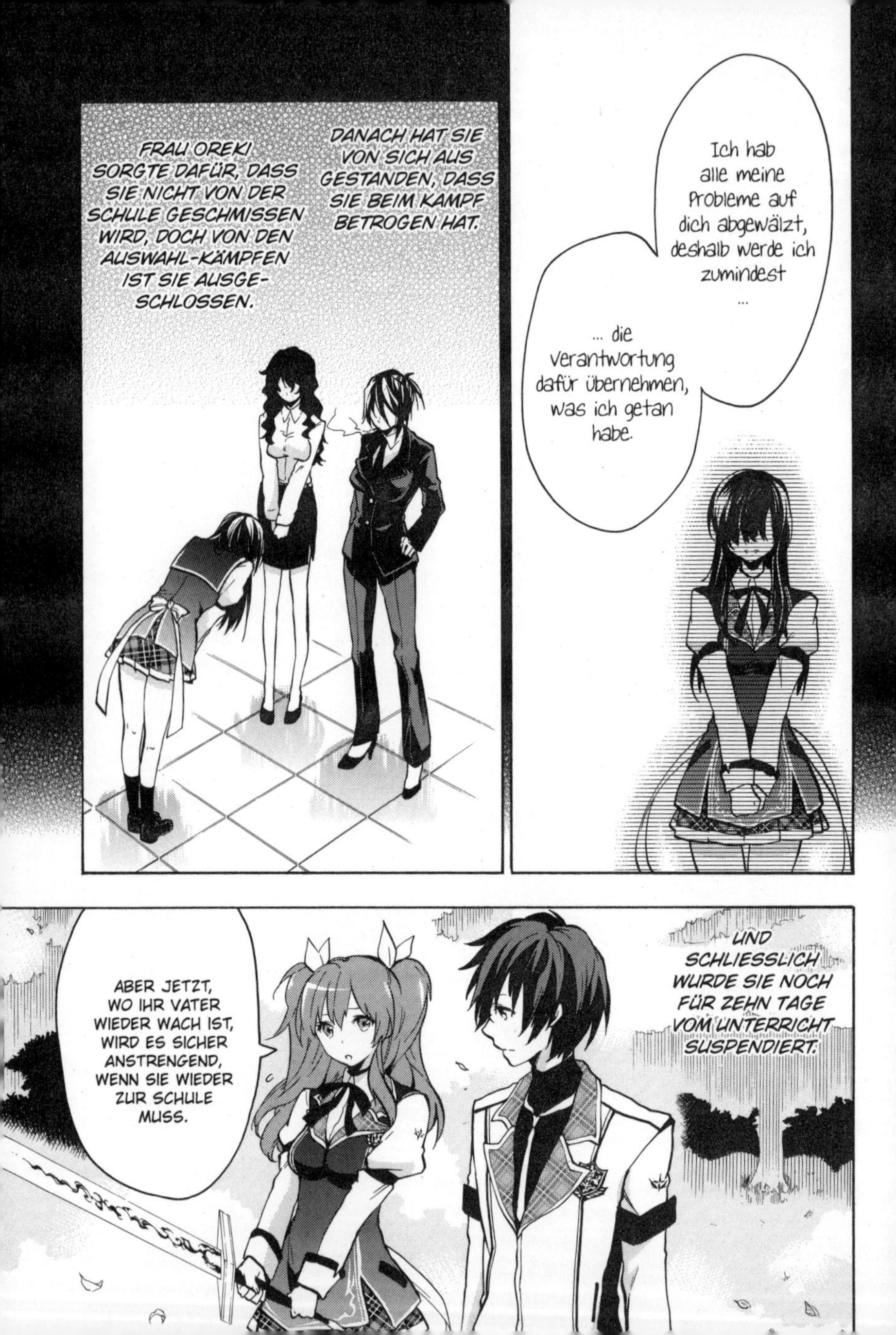
Ich hab alle meine Probleme auf dich abgewälzt, deshalb werde ich zumindest ...
... die Verantwortung dafür übernehmen, was ich getan habe.
DANACH HAT SIE VON SICH AUS GESTANDEN, DASS SIE BEIM KAMPF BETROGEN HAT.
FRAU OREKI SORGTE DAFÜR, DASS SIE NICHT VON DER SCHULE GESCHMISSEN WIRD, DOCH VON DEN AUSWAHL-KÄMPFEN IST SIE AUSGE-SCHLOSSEN.
UND SCHLIESSLICH WURDE SIE NOCH FÜR ZEHN TAGE VOM UNTERRICHT SUSPENDIERT.
ABER JETZT, WO IHR VATER WIEDER WACH IST, WIRD ES SICHER ANSTRENGEND, WENN SIE WIEDER ZUR SCHULE MUSS.

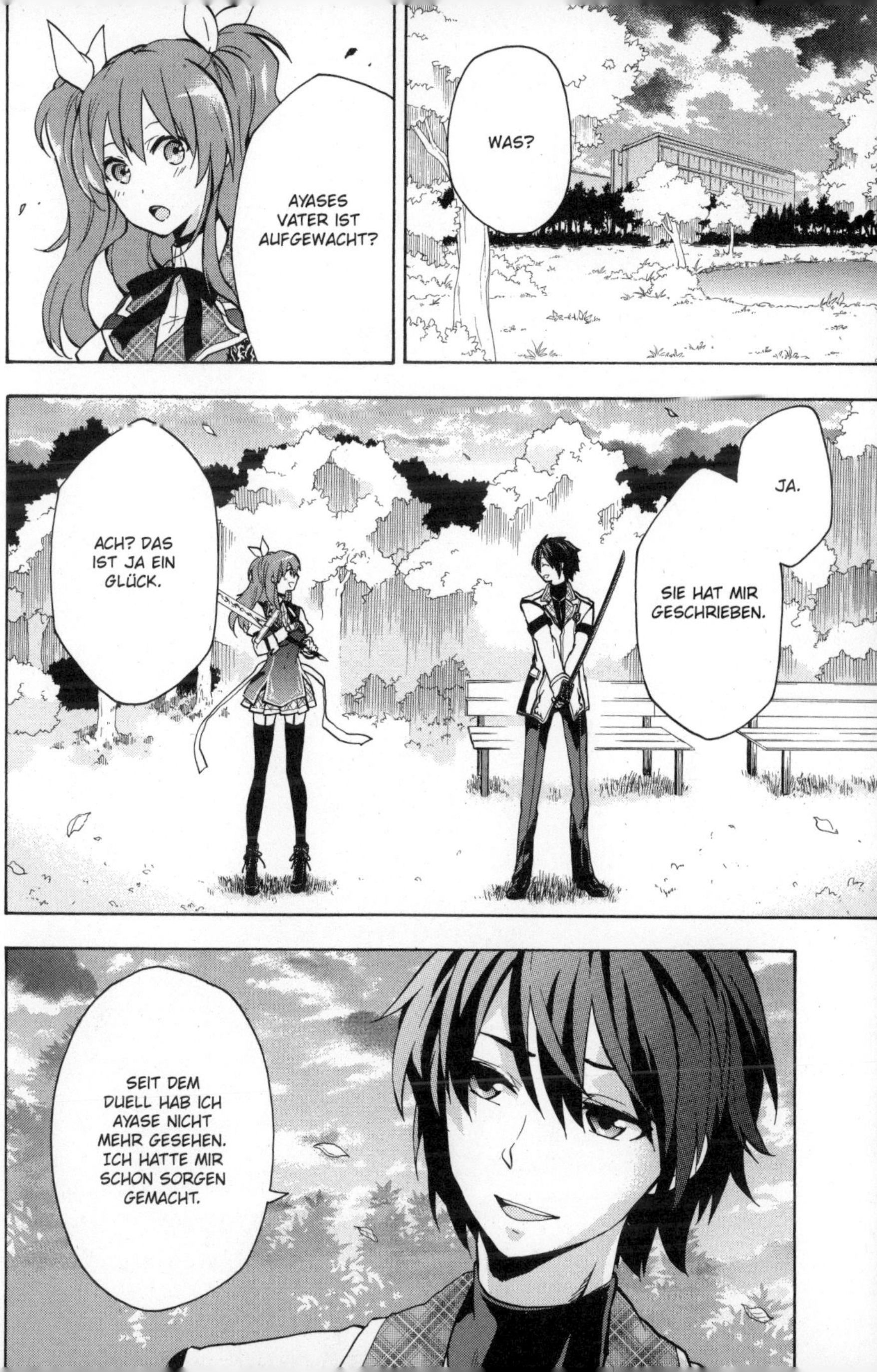
WAS?
AYASES VATER IST AUFGEWACHT?
JA.
SIE HAT MIR GESCHRIEBEN.
ACH? DAS IST JA EIN GLÜCK.
SEIT DEM DUELL HAB ICH AYASE NICHT MEHR GESEHEN. ICH HATTE MIR SCHON SORGEN GEMACHT.

Kapitel 20: Eisiges Lächeln

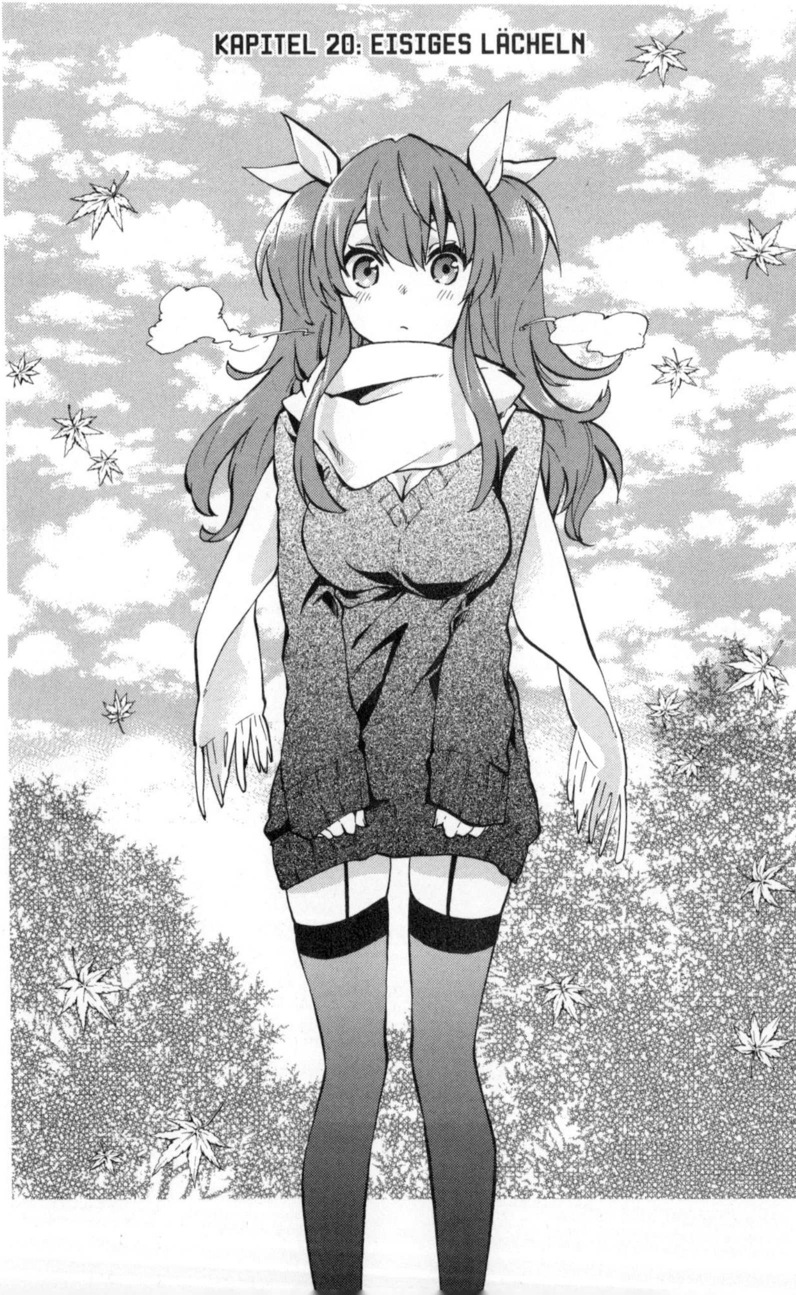

Chivalry of a Failed Knight

Chivalry of a Failed Knight

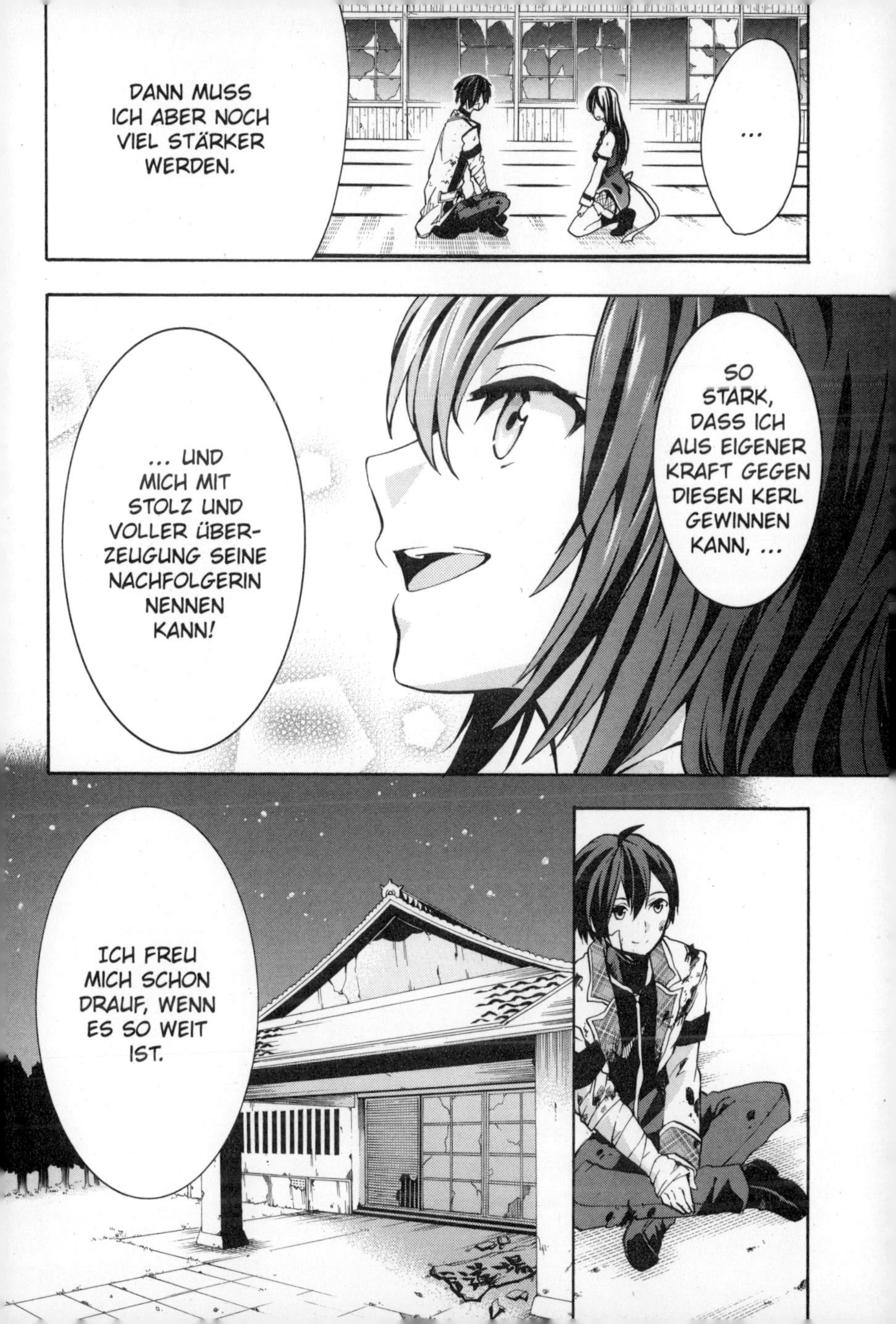
...
DANN MUSS ICH ABER NOCH VIEL STÄRKER WERDEN.
SO STARK, DASS ICH AUS EIGENER KRAFT GEGEN DIESEN KERL GEWINNEN KANN, ...
... UND MICH MIT STOLZ UND VOLLER ÜBER-ZEUGUNG SEINE NACHFOLGERIN NENNEN KANN!
ICH FREU MICH SCHON DRAUF, WENN ES SO WEIT IST.

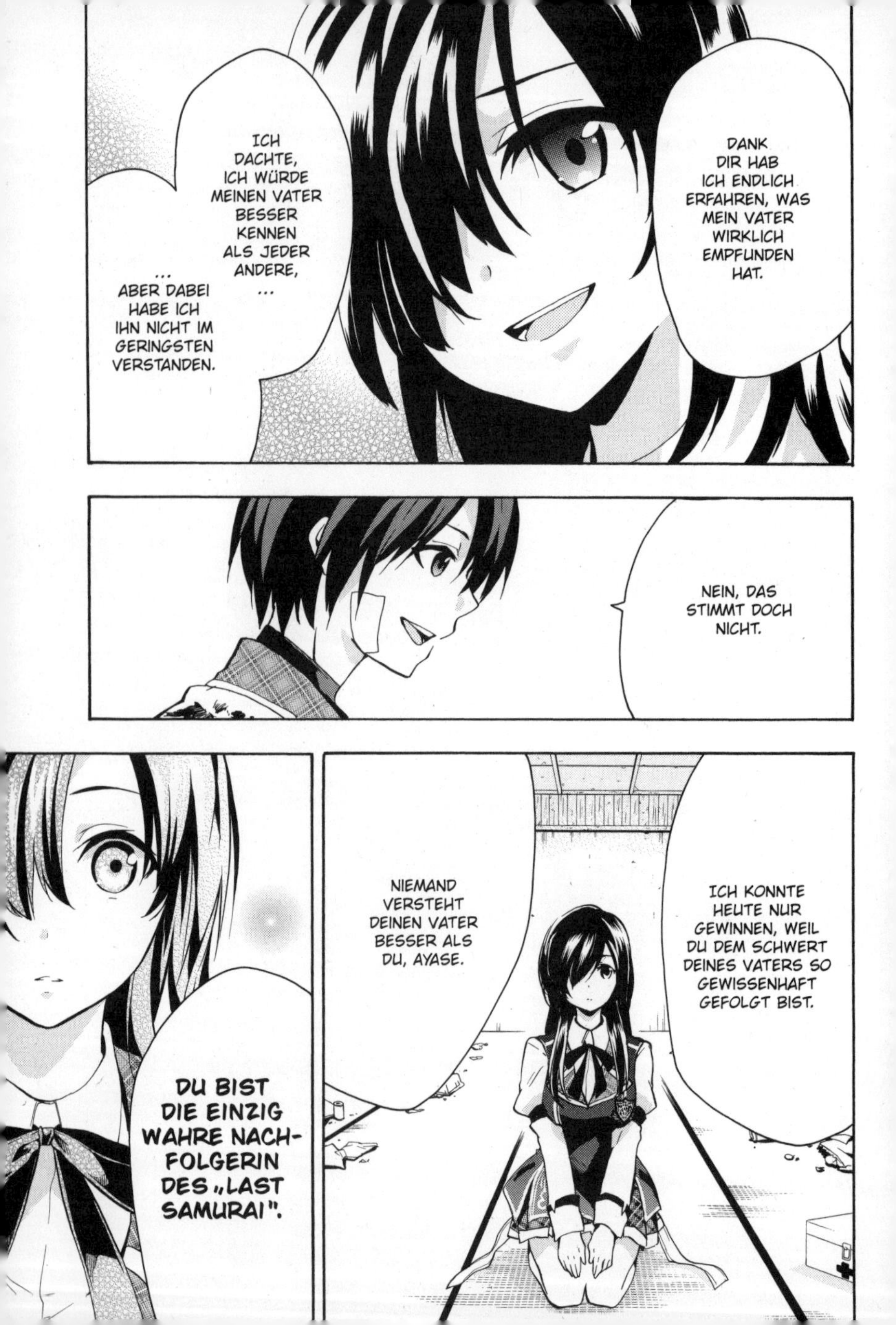
DANK DIR HAB ICH ENDLICH ERFAHREN, WAS MEIN VATER WIRKLICH EMPFUNDEN HAT.
ICH DACHTE, ICH WÜRDE MEINEN VATER BESSER KENNEN ALS JEDER ANDERE, …
… ABER DABEI HABE ICH IHN NICHT IM GERINGSTEN VERSTANDEN.
NEIN, DAS STIMMT DOCH NICHT.
ICH KONNTE HEUTE NUR GEWINNEN, WEIL DU DEM SCHWERT DEINES VATERS SO GEWISSENHAFT GEFOLGT BIST.
NIEMAND VERSTEHT DEINEN VATER BESSER ALS DU, AYASE.
DU BIST DIE EINZIG WAHRE NACHFOLGERIN DES „LAST SAMURAI".

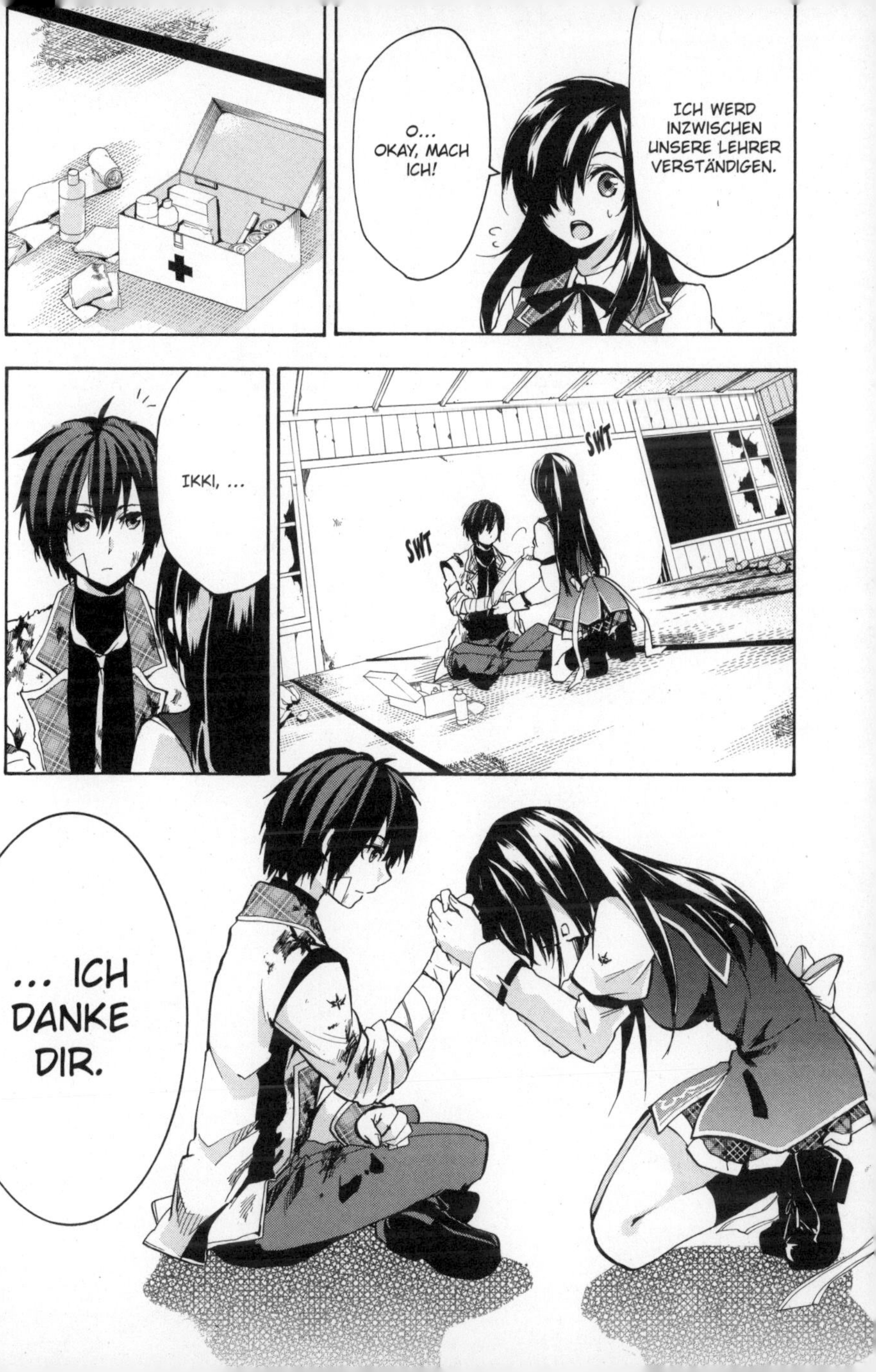
ICH WERD INZWISCHEN UNSERE LEHRER VERSTÄNDIGEN.
O... OKAY, MACH ICH!
SWT
SWT
IKKI, ...
... ICH DANKE DIR.

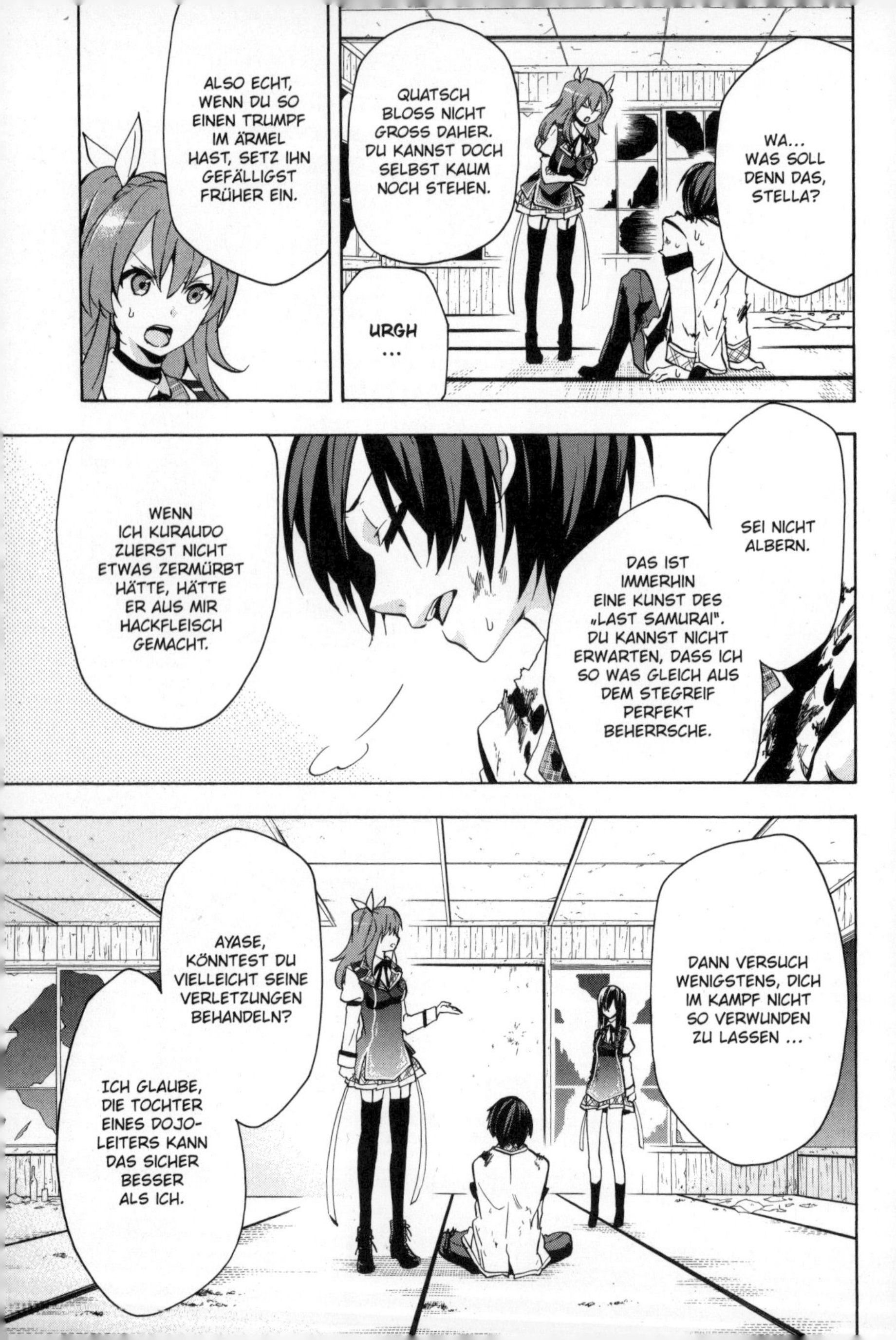
WA... WAS SOLL DENN DAS, STELLA?
QUATSCH BLOSS NICHT GROSS DAHER. DU KANNST DOCH SELBST KAUM NOCH STEHEN.
URGH ...
ALSO ECHT, WENN DU SO EINEN TRUMPF IM ÄRMEL HAST, SETZ IHN GEFÄLLIGST FRÜHER EIN.
SEI NICHT ALBERN.
DAS IST IMMERHIN EINE KUNST DES „LAST SAMURAI". DU KANNST NICHT ERWARTEN, DASS ICH SO WAS GLEICH AUS DEM STEGREIF PERFEKT BEHERRSCHE.
WENN ICH KURAUDO ZUERST NICHT ETWAS ZERMÜRBT HÄTTE, HÄTTE ER AUS MIR HACKFLEISCH GEMACHT.
DANN VERSUCH WENIGSTENS, DICH IM KAMPF NICHT SO VERWUNDEN ZU LASSEN ...
AYASE, KÖNNTEST DU VIELLEICHT SEINE VERLETZUNGEN BEHANDELN?
ICH GLAUBE, DIE TOCHTER EINES DOJO-LEITERS KANN DAS SICHER BESSER ALS ICH.

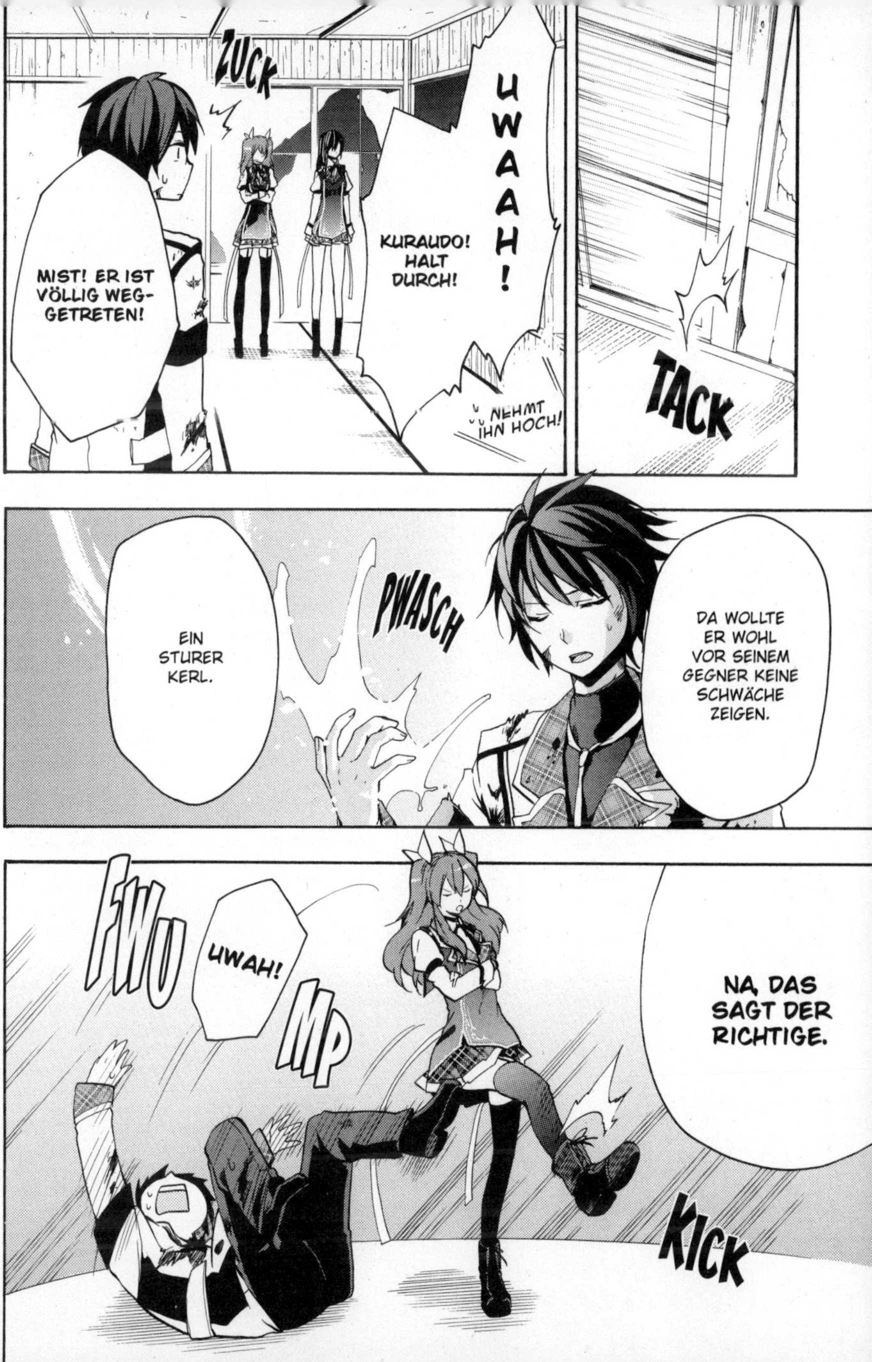
TACK
UWAAAH!
KURAUDO! HALT DURCH!
NEHMT IHN HOCH!
ZUCK
MIST! ER IST VÖLLIG WEG-GETRETEN!
DA WOLLTE ER WOHL VOR SEINEM GEGNER KEINE SCHWÄCHE ZEIGEN.
PWASCH
EIN STURER KERL.
NA, DAS SAGT DER RICHTIGE.
KICK
FWUMP
UWAH!

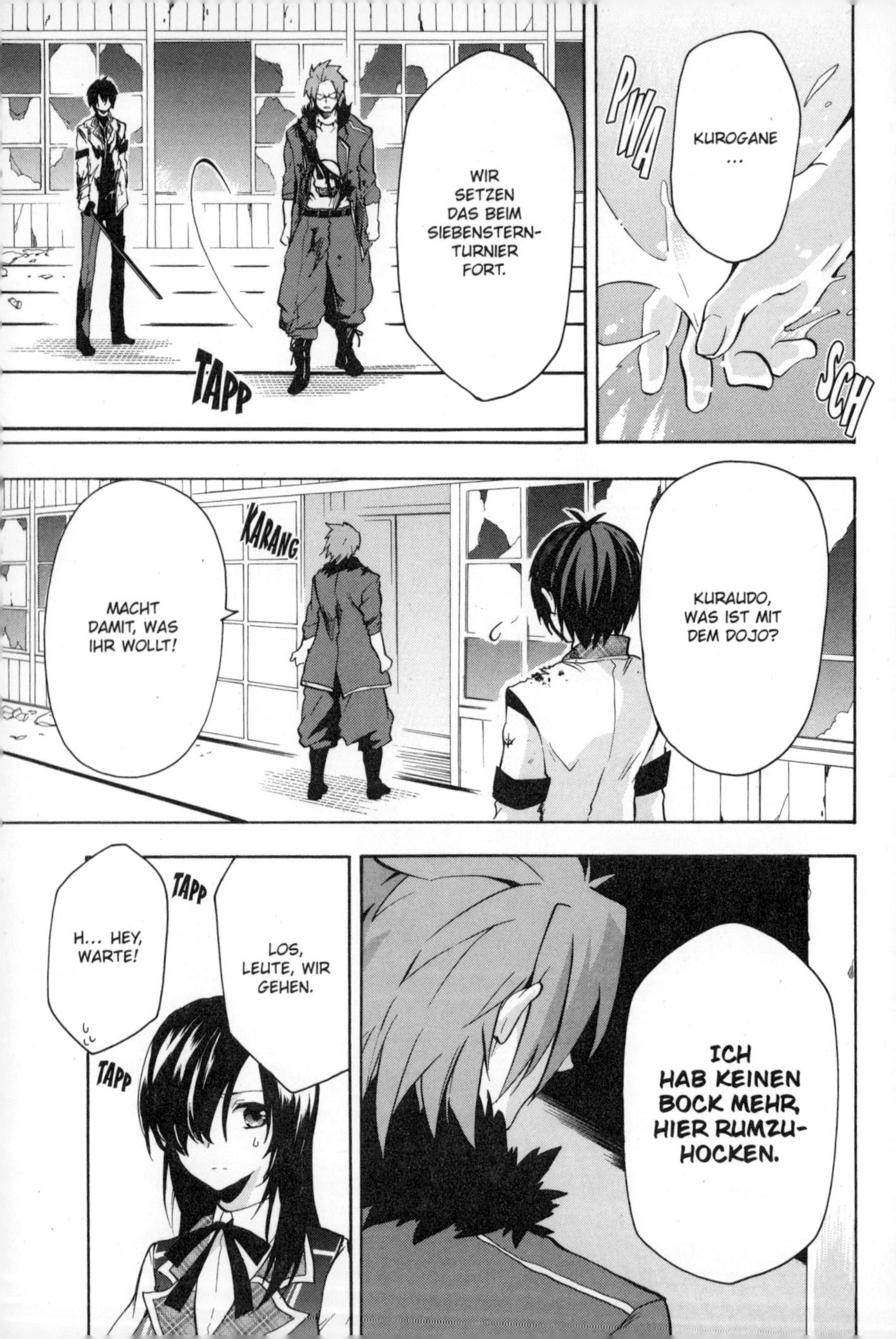
PWA
KUROGANE …
SCH
WIR SETZEN DAS BEIM SIEBENSTERN-TURNIER FORT.
TAPP
KURAUDO, WAS IST MIT DEM DOJO?
KARANG
MACHT DAMIT, WAS IHR WOLLT!
ICH HAB KEINEN BOCK MEHR, HIER RUMZU-HOCKEN.
TAPP
LOS, LEUTE, WIR GEHEN.
H… HEY, WARTE!
TAPP

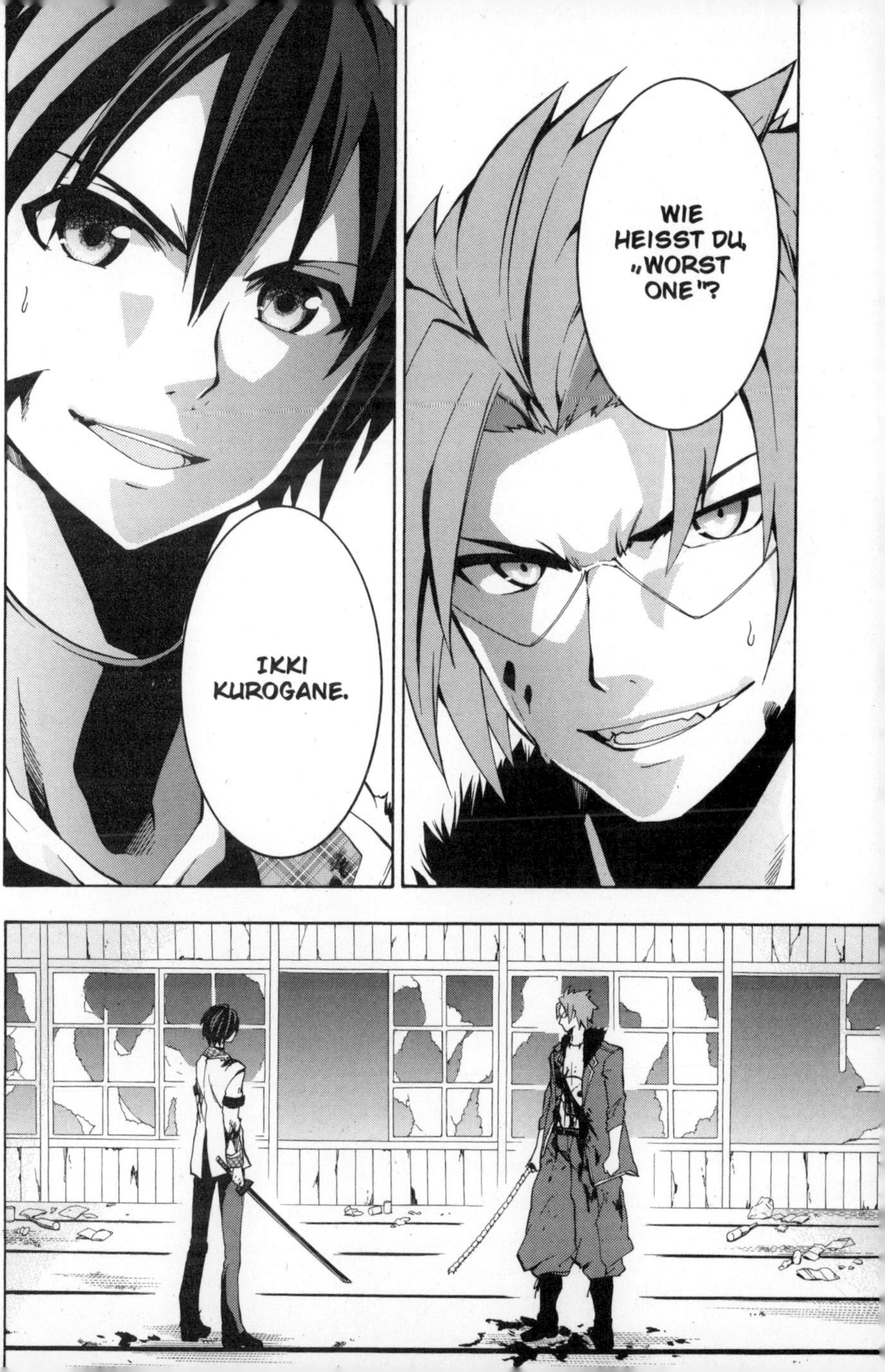
WIE HEISST DU, „WORST ONE"?
IKKI KUROGANE.

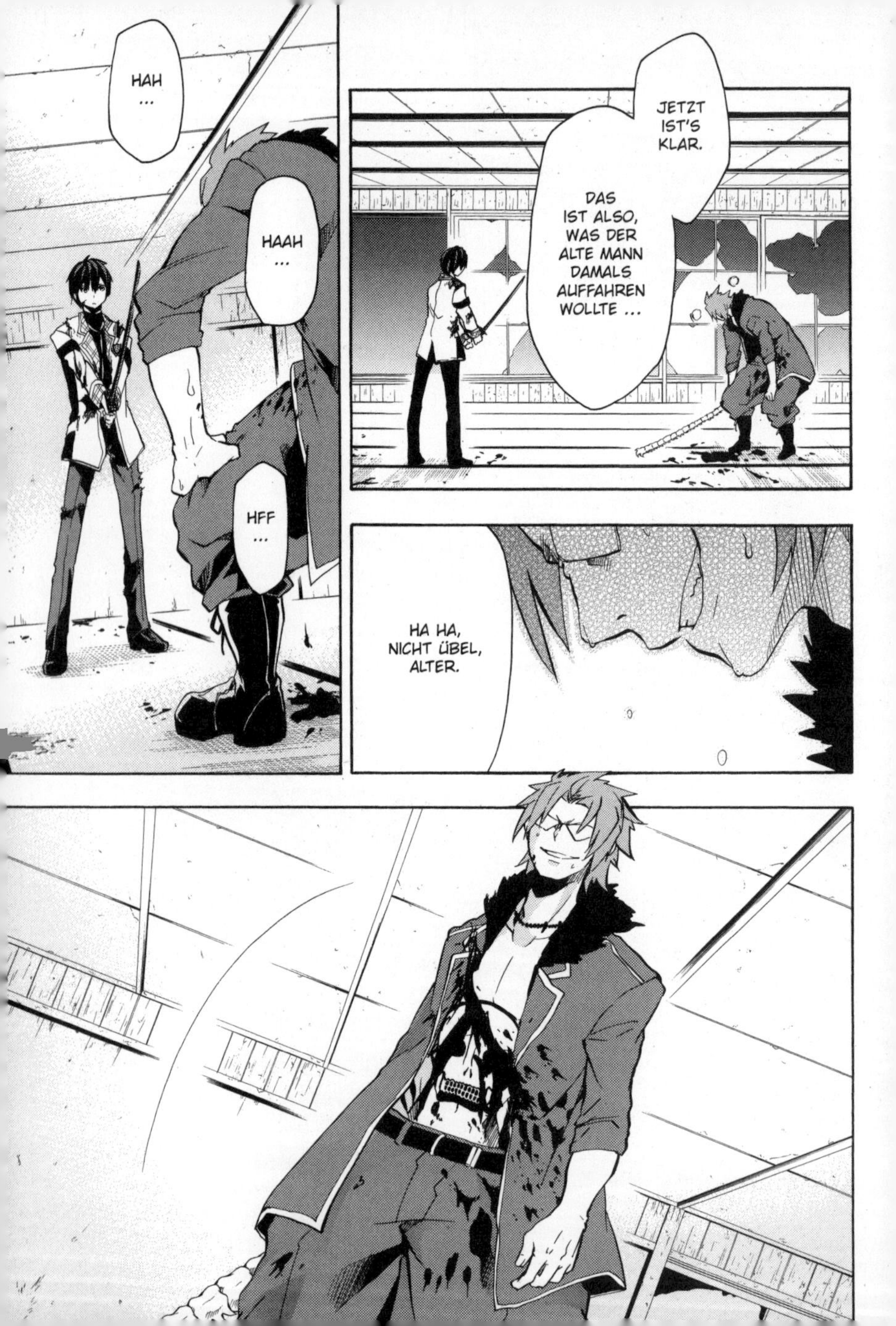
JETZT IST'S KLAR.
DAS IST ALSO, WAS DER ALTE MANN DAMALS AUFFAHREN WOLLTE ...
HAH ...
HAAH ...
HFF ...
HA HA, NICHT ÜBEL, ALTER.

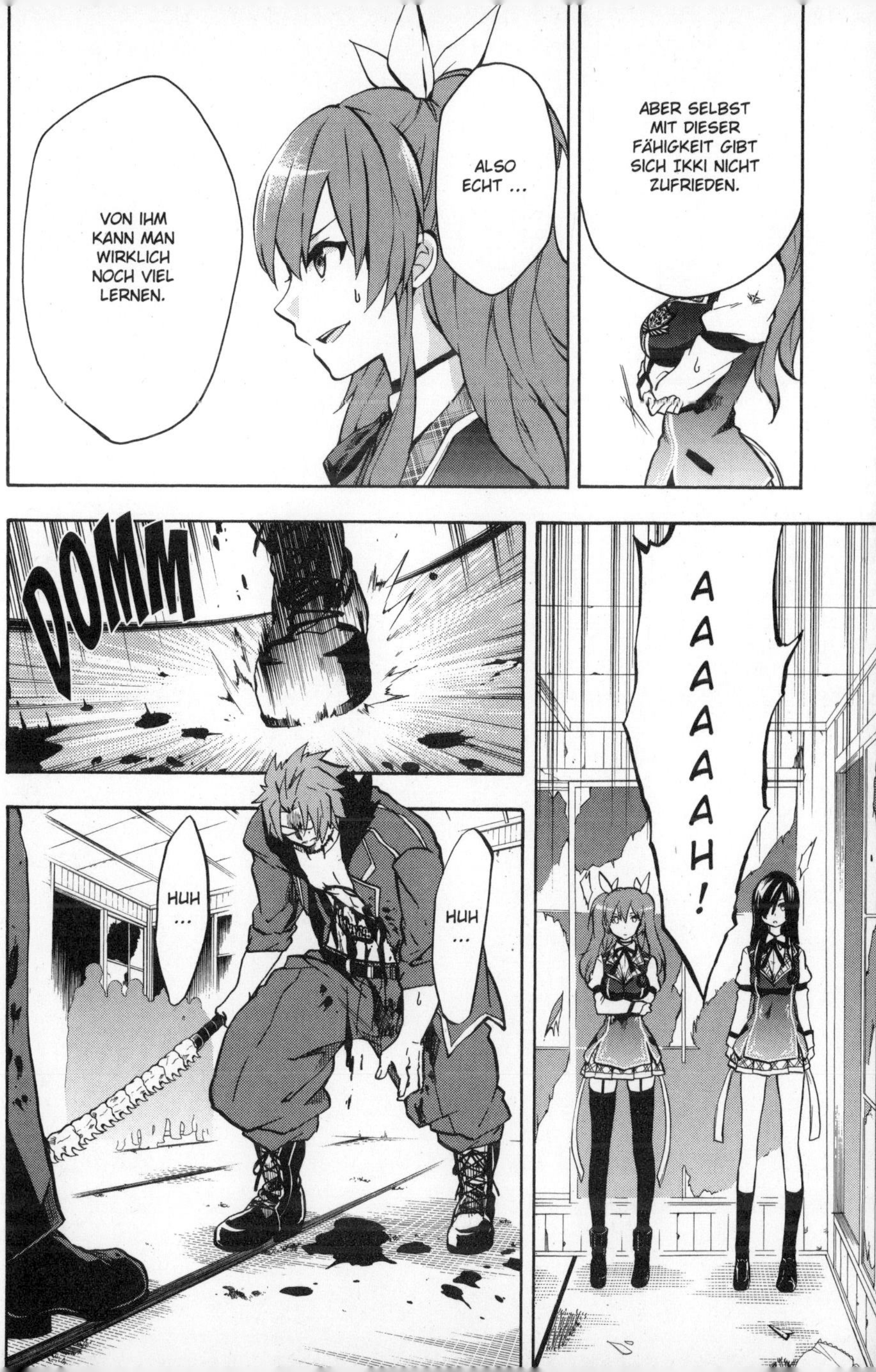
ABER SELBST MIT DIESER FÄHIGKEIT GIBT SICH IKKI NICHT ZUFRIEDEN.
ALSO ECHT …
VON IHM KANN MAN WIRKLICH NOCH VIEL LERNEN.
AAAAAAAH!
DOMM
HUH …
HUH …

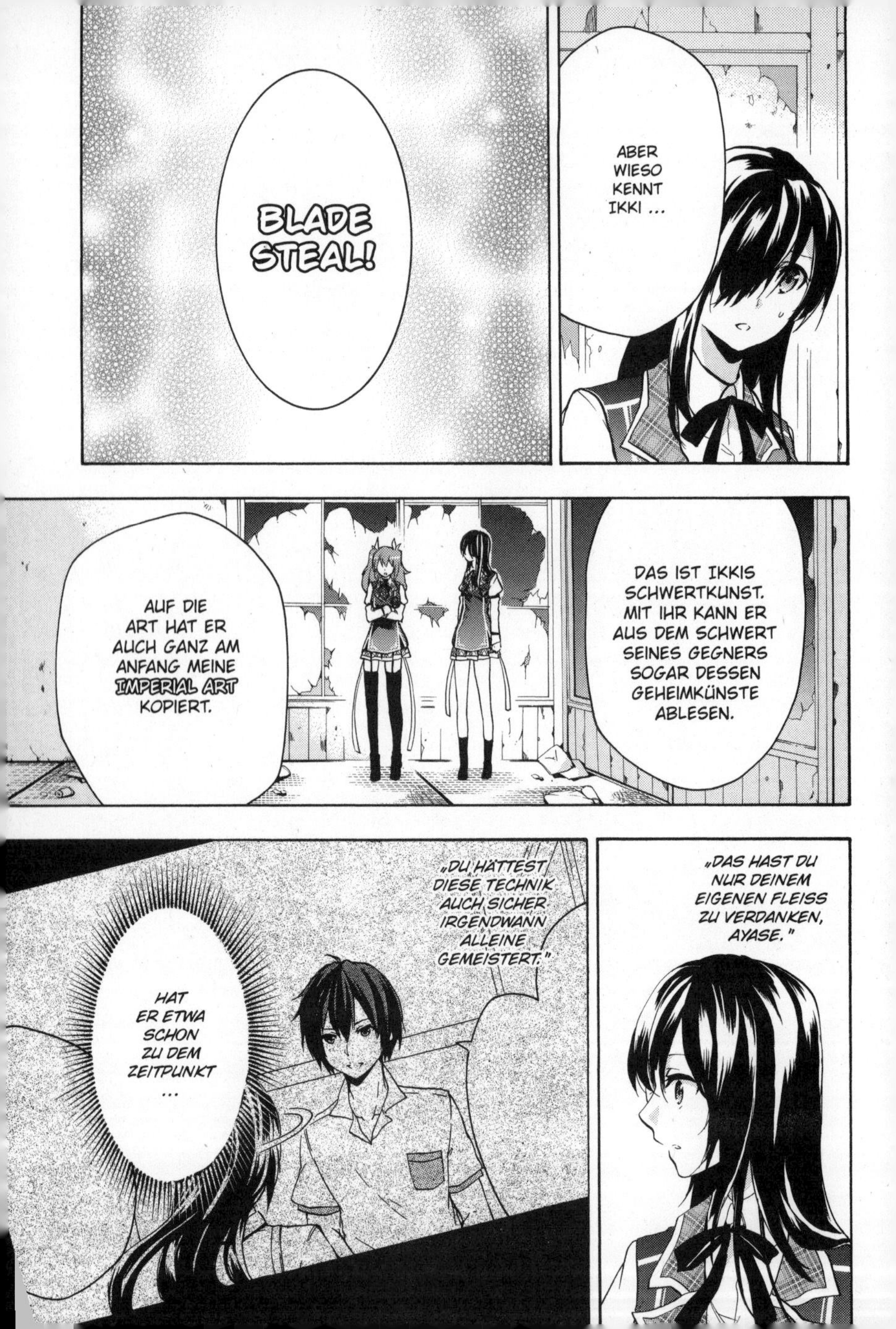
ABER WIESO KENNT IKKI …
BLADE STEAL!
DAS IST IKKIS SCHWERTKUNST. MIT IHR KANN ER AUS DEM SCHWERT SEINES GEGNERS SOGAR DESSEN GEHEIMKÜNSTE ABLESEN.
AUF DIE ART HAT ER AUCH GANZ AM ANFANG MEINE IMPERIAL ART KOPIERT.
„DAS HAST DU NUR DEINEM EIGENEN FLEISS ZU VERDANKEN, AYASE."
„DU HÄTTEST DIESE TECHNIK AUCH SICHER IRGENDWANN ALLEINE GEMEISTERT."
HAT ER ETWA SCHON ZU DEM ZEITPUNKT …

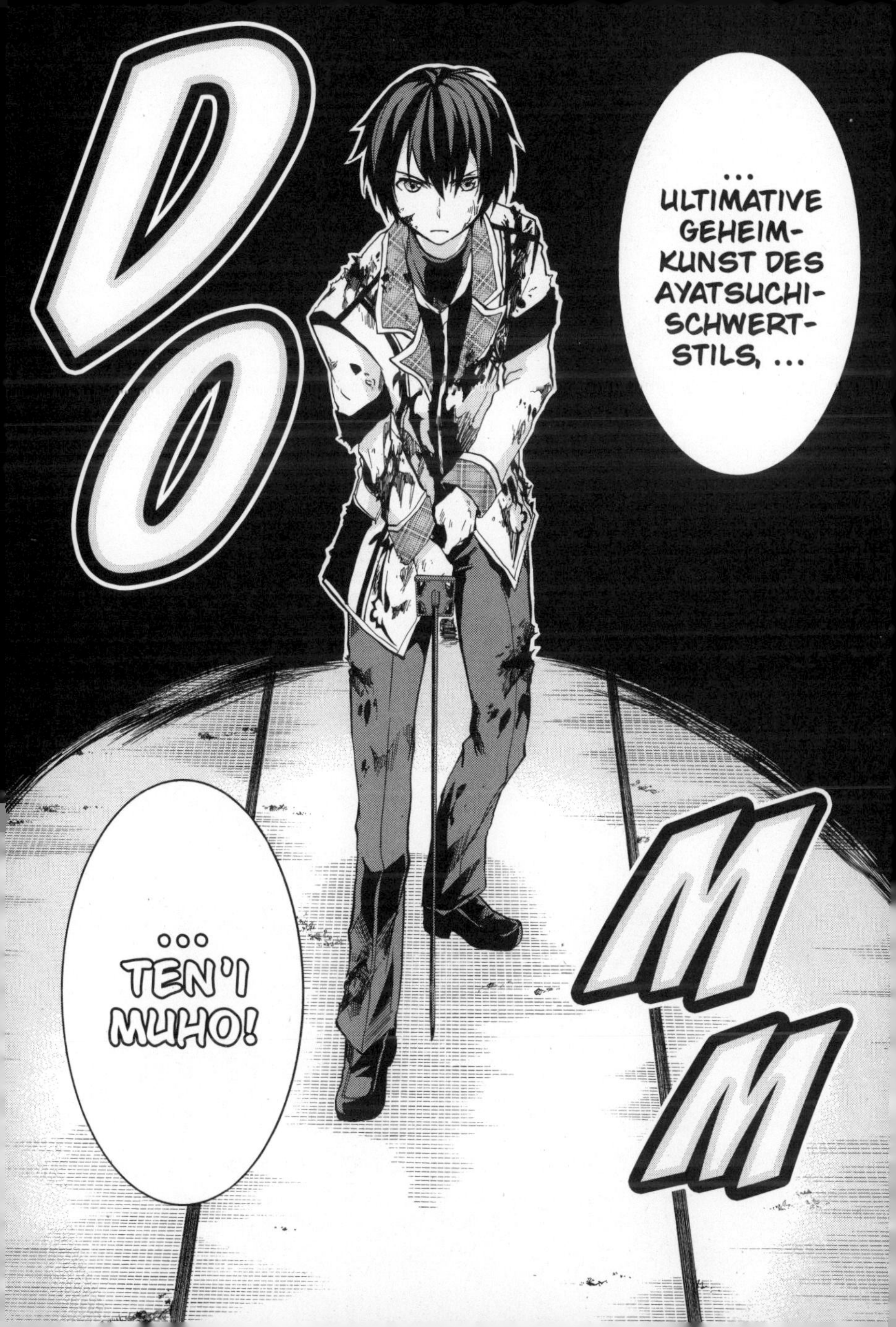

... ULTIMATIVE GEHEIM-KUNST DES AYATSUCHI-SCHWERT-STILS, ...
DO
... TEN'I MUHO!
MMM

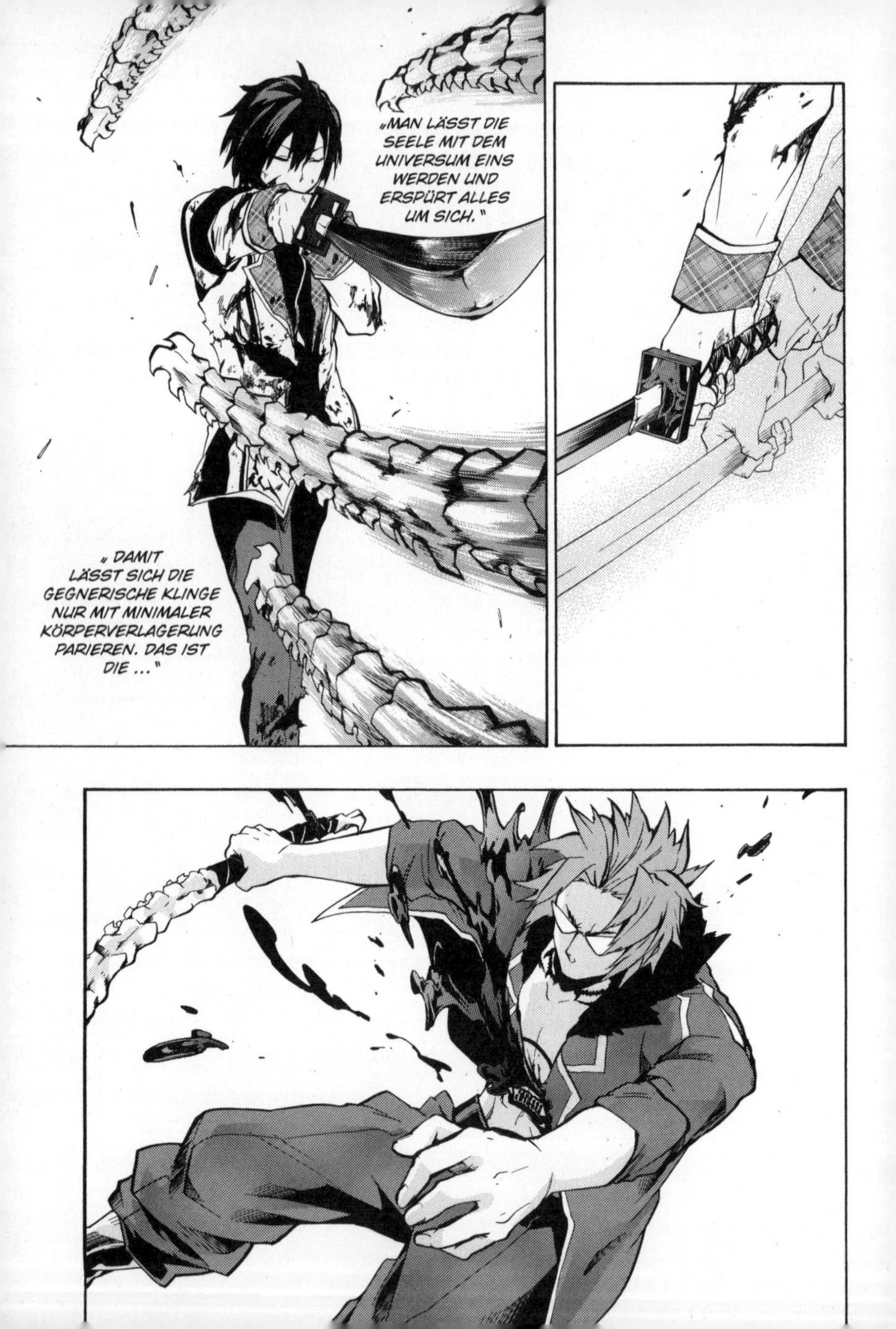
„MAN LÄSST DIE SEELE MIT DEM UNIVERSUM EINS WERDEN UND ERSPÜRT ALLES UM SICH."
„DAMIT LÄSST SICH DIE GEGNERISCHE KLINGE NUR MIT MINIMALER KÖRPERVERLAGERUNG PARIEREN. DAS IST DIE ..."

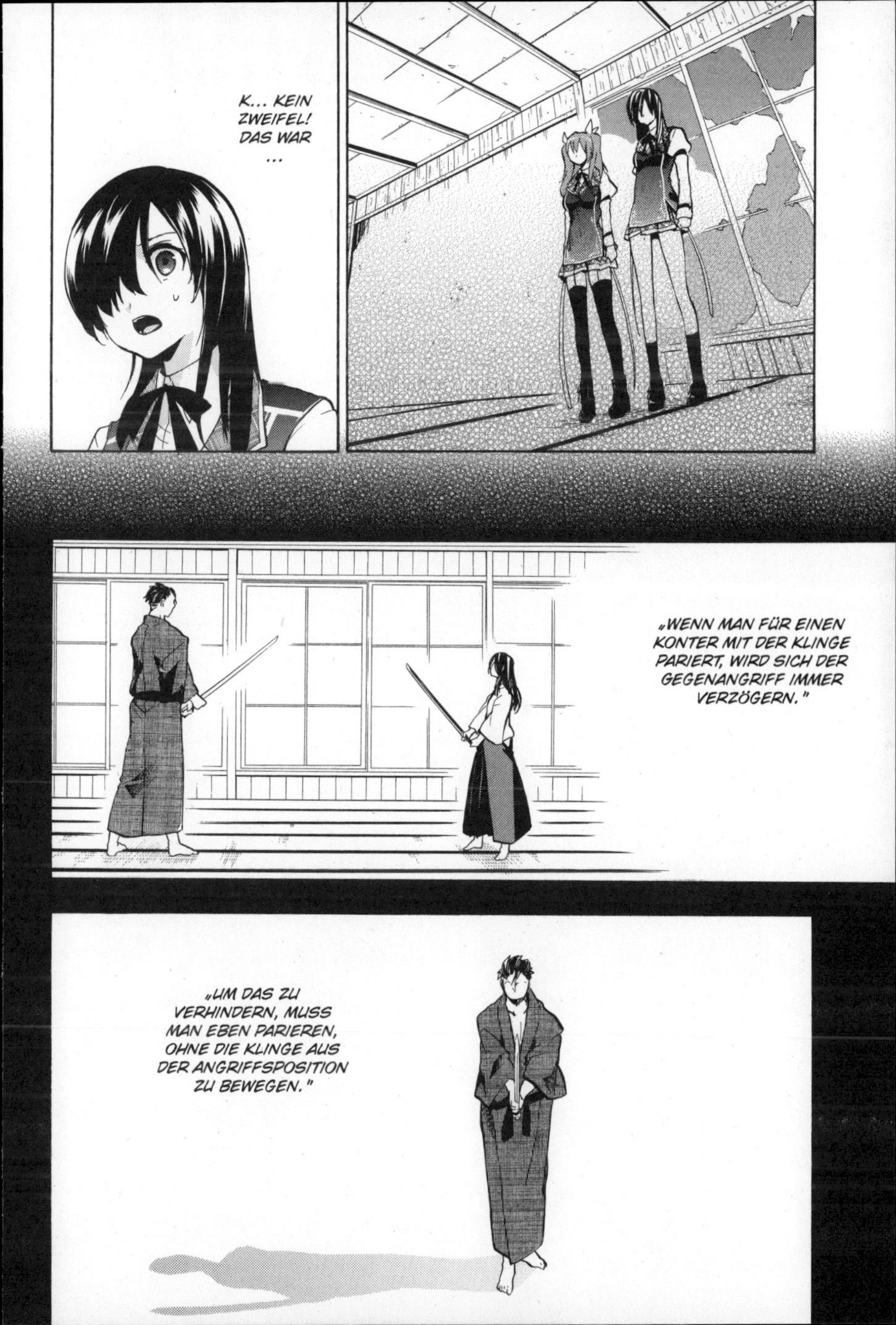
K… KEIN ZWEIFEL! DAS WAR …
„WENN MAN FÜR EINEN KONTER MIT DER KLINGE PARIERT, WIRD SICH DER GEGENANGRIFF IMMER VERZÖGERN."
„UM DAS ZU VERHINDERN, MUSS MAN EBEN PARIEREN, OHNE DIE KLINGE AUS DER ANGRIFFSPOSITION ZU BEWEGEN."

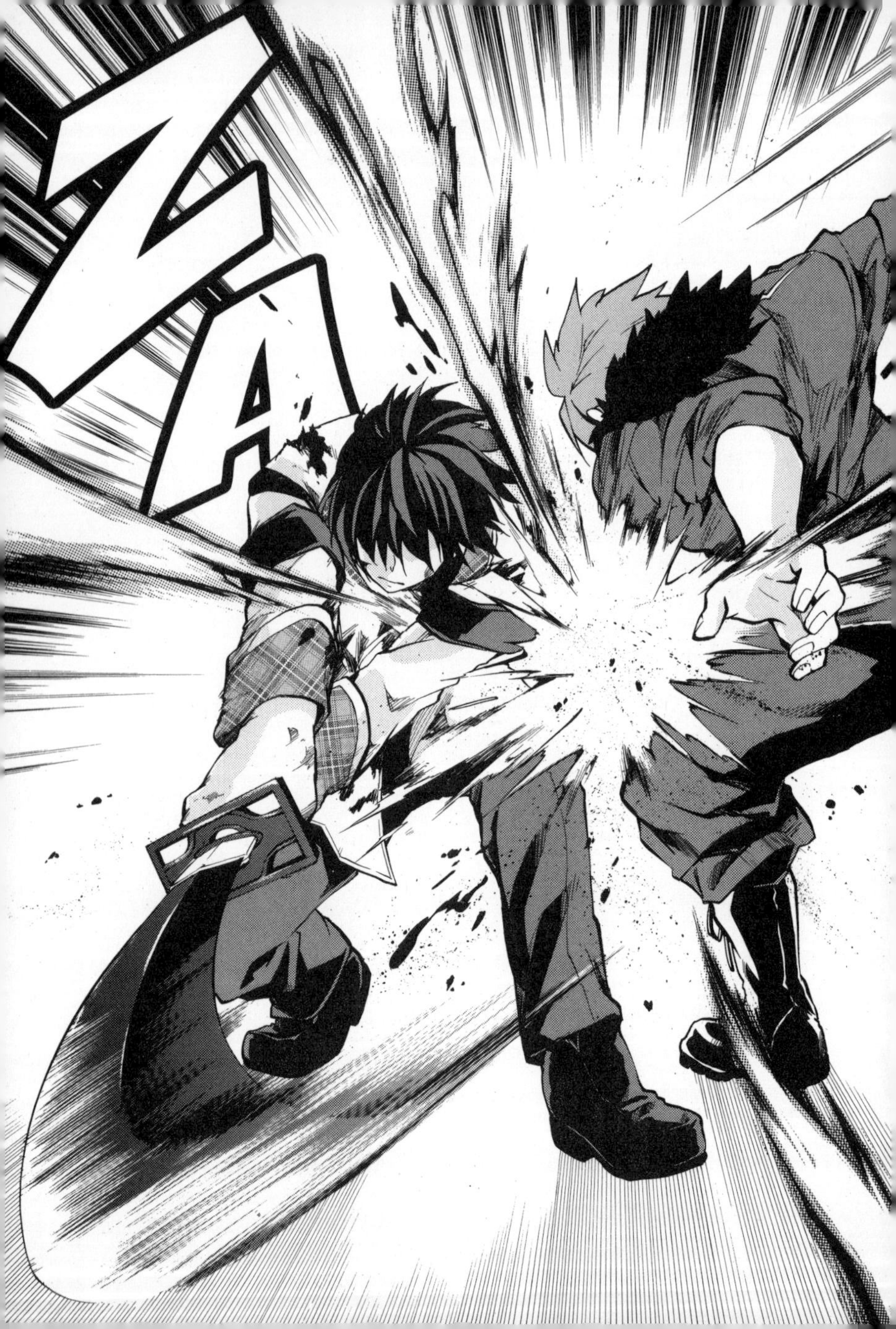
ZA

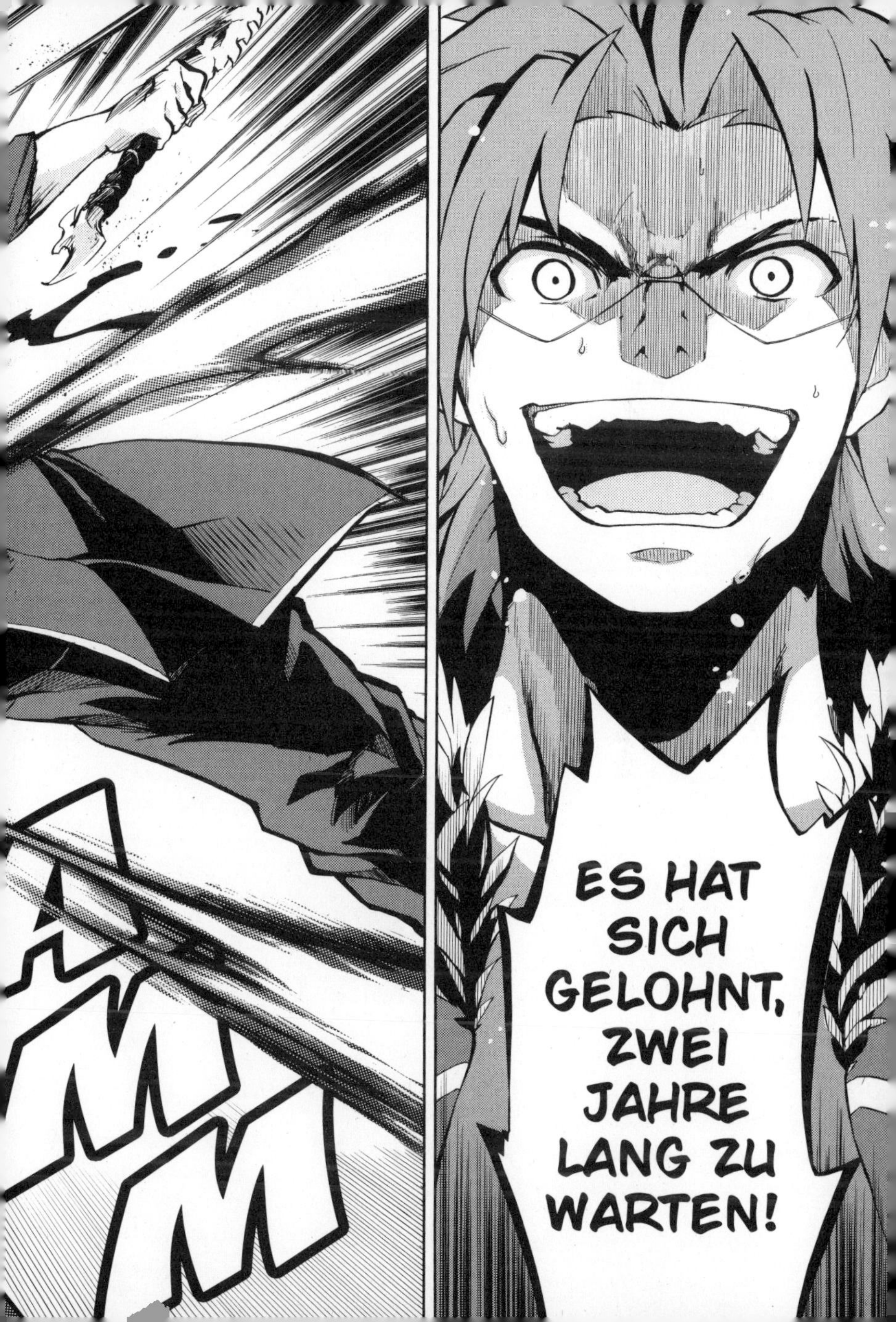
ES HAT SICH GELOHNT, ZWEI JAHRE LANG ZU WARTEN!

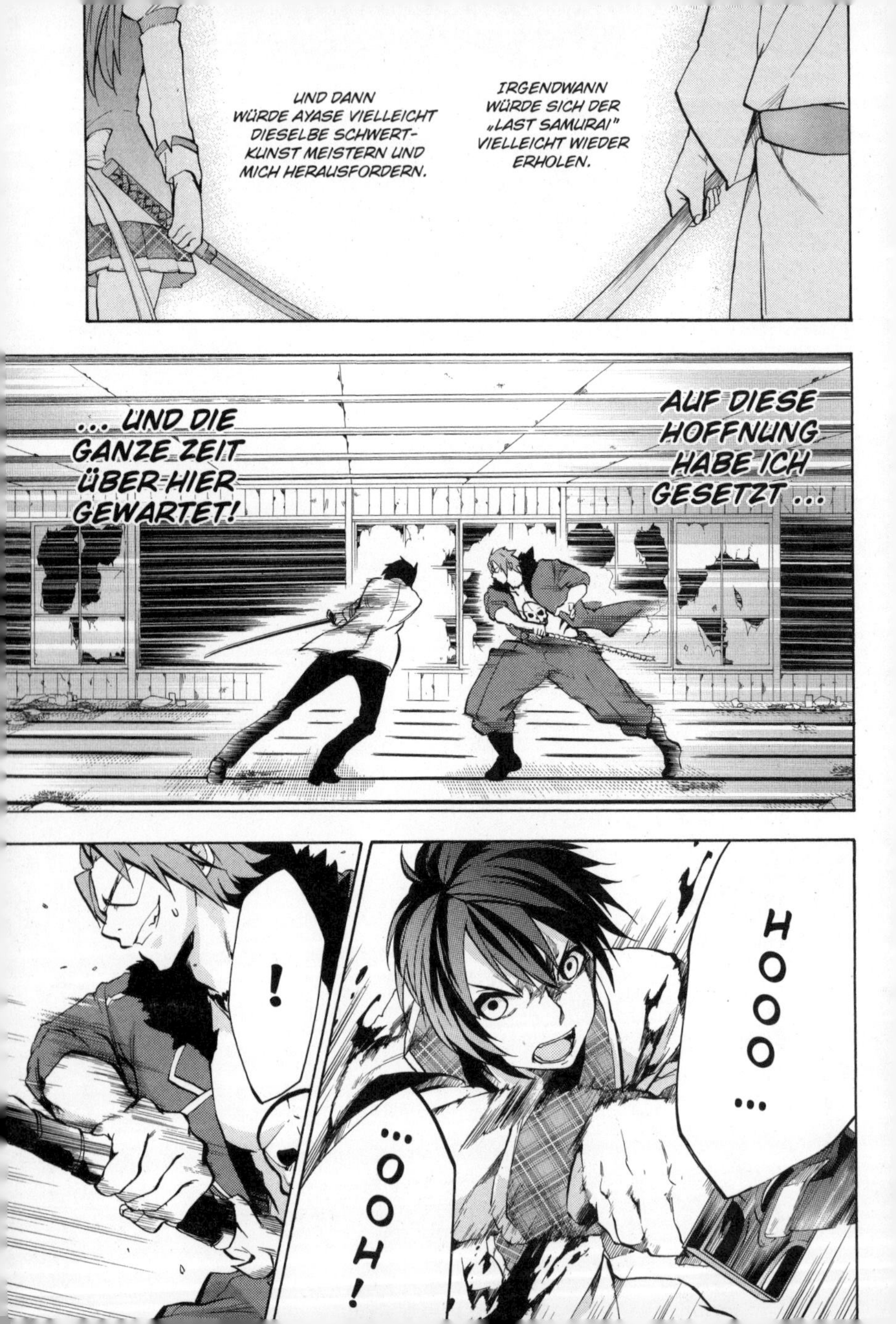
IRGENDWANN WÜRDE SICH DER „LAST SAMURAI" VIELLEICHT WIEDER ERHOLEN.
UND DANN WÜRDE AYASE VIELLEICHT DIESELBE SCHWERT-KUNST MEISTERN UND MICH HERAUSFORDERN.
AUF DIESE HOFFNUNG HABE ICH GESETZT ...
... UND DIE GANZE ZEIT ÜBER HIER GEWARTET!
HOOO ...
!
...OOOH!

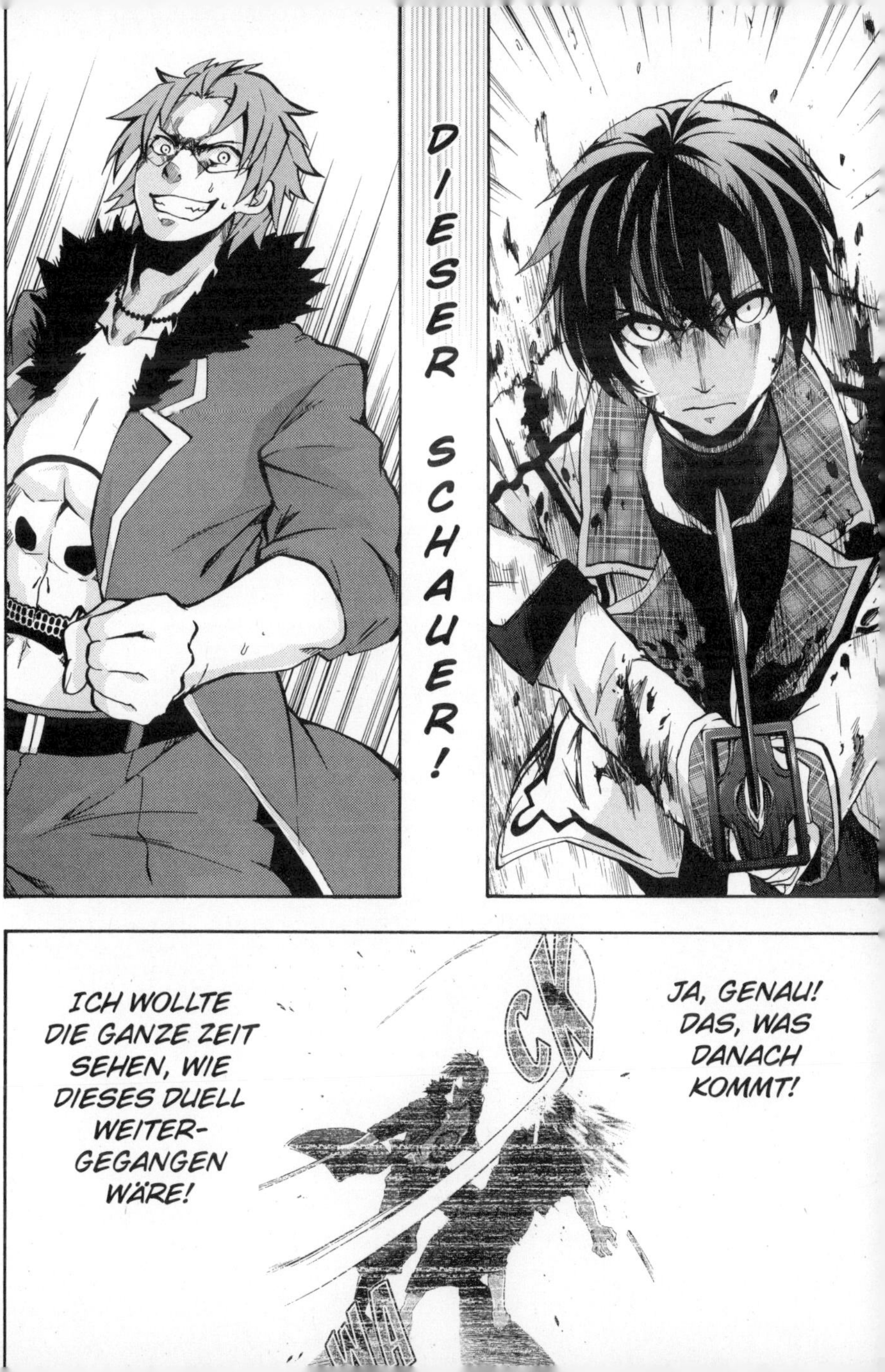
DIESER SCHAUER!
JA, GENAU! DAS, WAS DANACH KOMMT!
ICH WOLLTE DIE GANZE ZEIT SEHEN, WIE DIESES DUELL WEITER-GEGANGEN WÄRE!

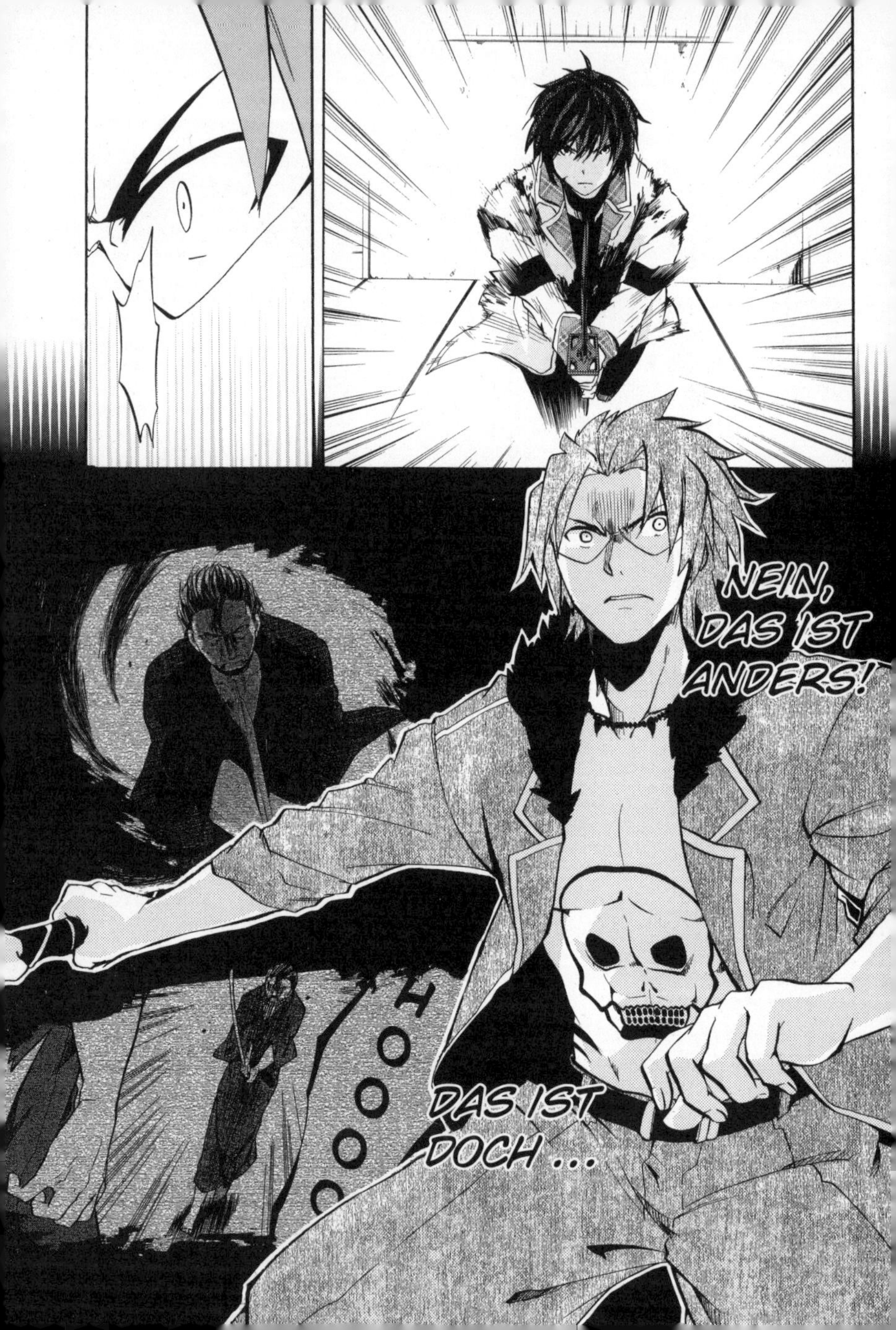
NEIN, DAS IST ANDERS!
DAS IST DOCH ...
HOOOO

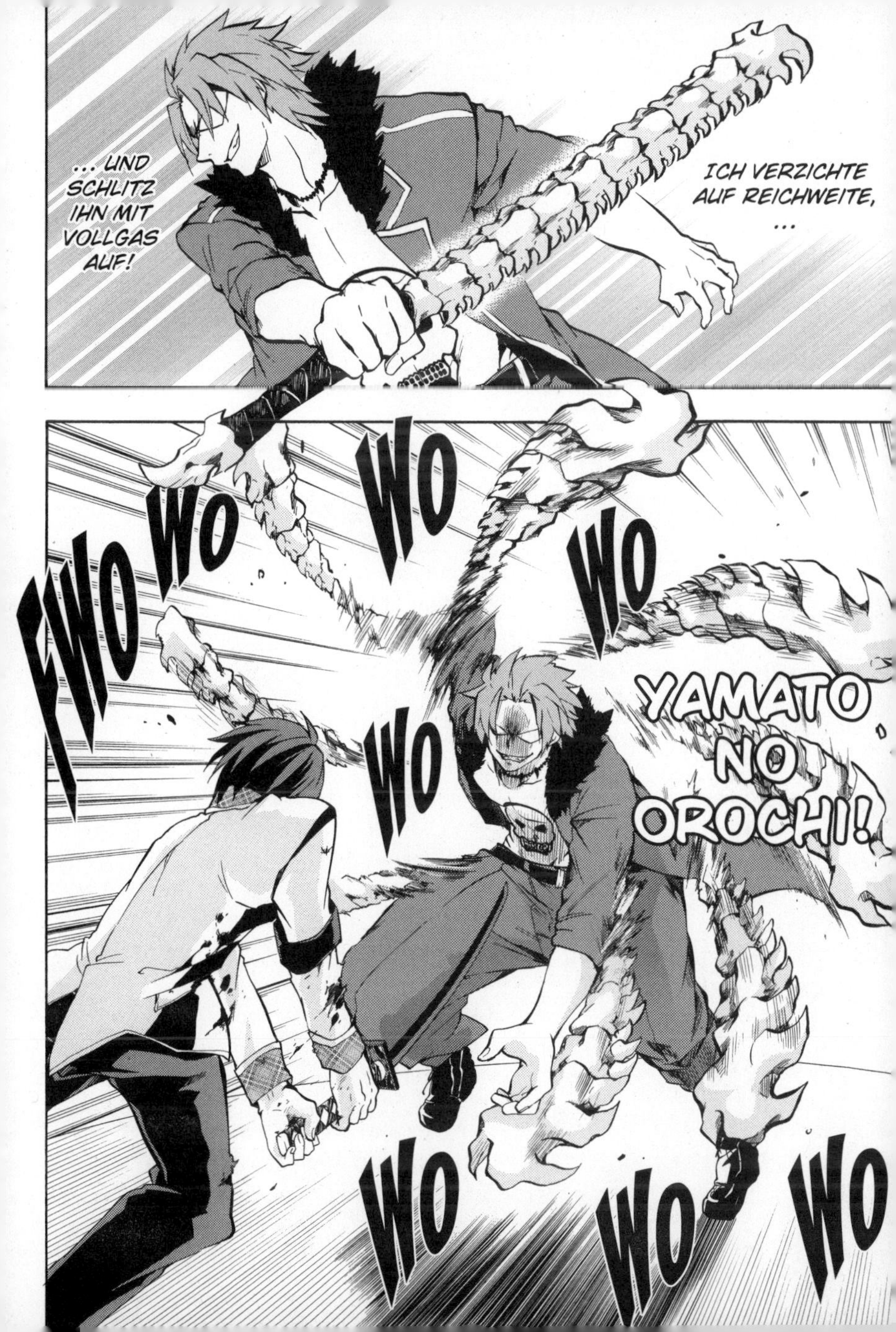
ICH VERZICHTE AUF REICHWEITE, ...
... UND SCHLITZ IHN MIT VOLLGAS AUF!
YAMATO NO OROCHI!
FWO WO WO WO WO
WO WO WO

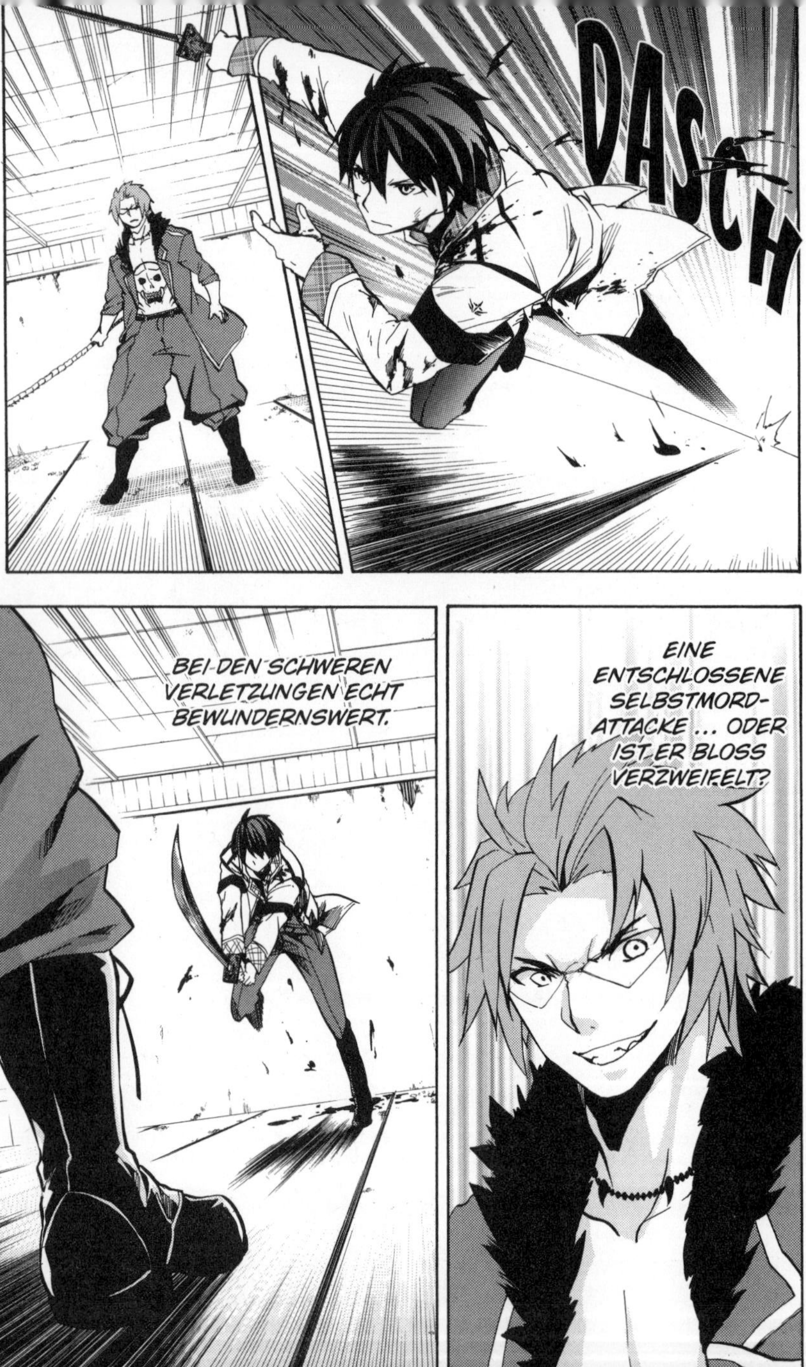
DASCH
EINE ENTSCHLOSSENE SELBSTMORD-ATTACKE ... ODER IST ER BLOSS VERZWEIFELT?
BEI DEN SCHWEREN VERLETZUNGEN ECHT BEWUNDERNSWERT.

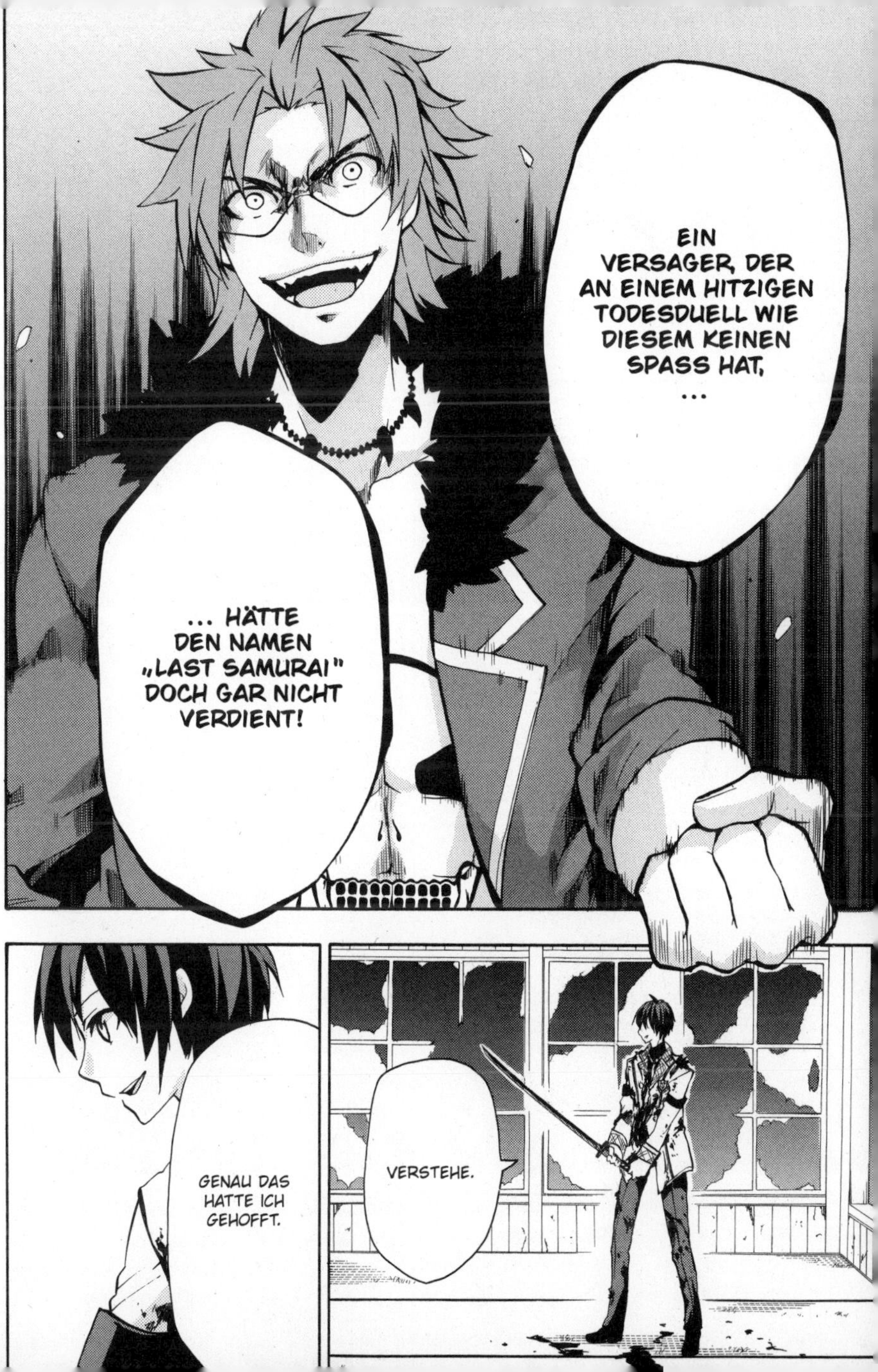
EIN VERSAGER, DER AN EINEM HITZIGEN TODESDUELL WIE DIESEM KEINEN SPASS HAT, ...
... HÄTTE DEN NAMEN „LAST SAMURAI" DOCH GAR NICHT VERDIENT!
VERSTEHE.
GENAU DAS HATTE ICH GEHOFFT.

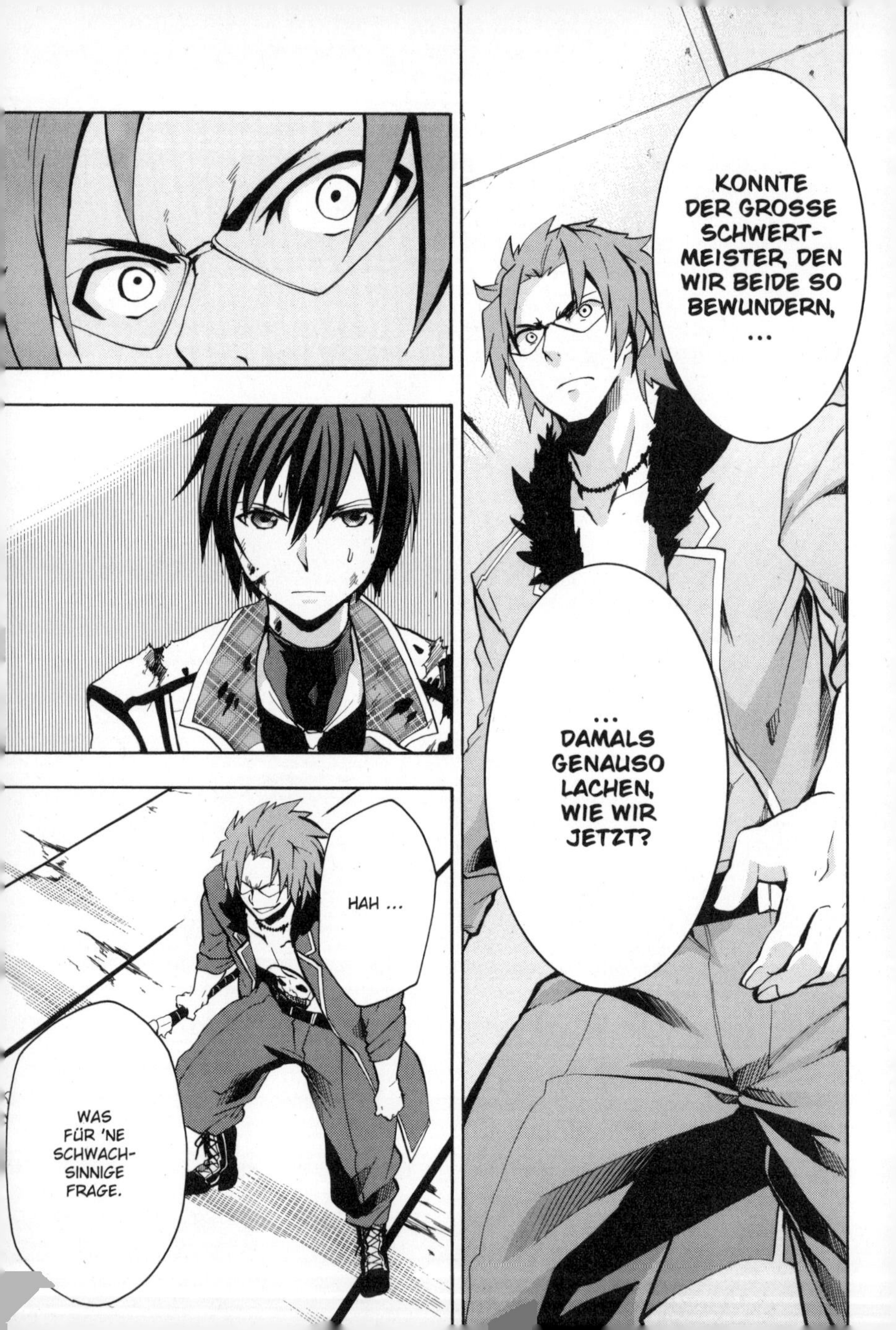
KONNTE DER GROSSE SCHWERT-MEISTER, DEN WIR BEIDE SO BEWUNDERN, ...
... DAMALS GENAUSO LACHEN, WIE WIR JETZT?
HAH ...
WAS FÜR 'NE SCHWACH-SINNIGE FRAGE.

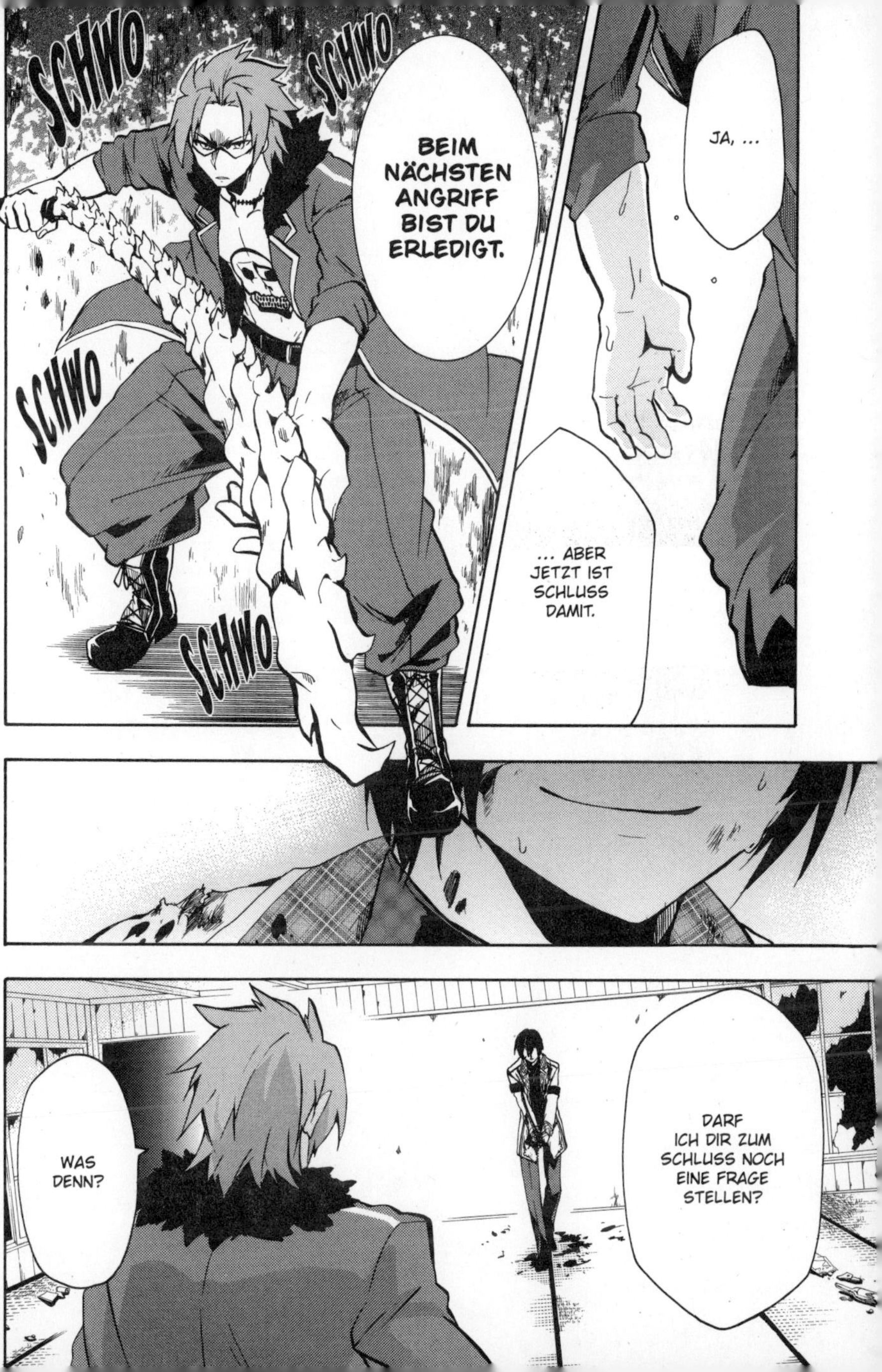
SCHWO SCHWO
BEIM NÄCHSTEN ANGRIFF BIST DU ERLEDIGT.
JA, ...
SCHWO
SCHWO
... ABER JETZT IST SCHLUSS DAMIT.
DARF ICH DIR ZUM SCHLUSS NOCH EINE FRAGE STELLEN?
WAS DENN?

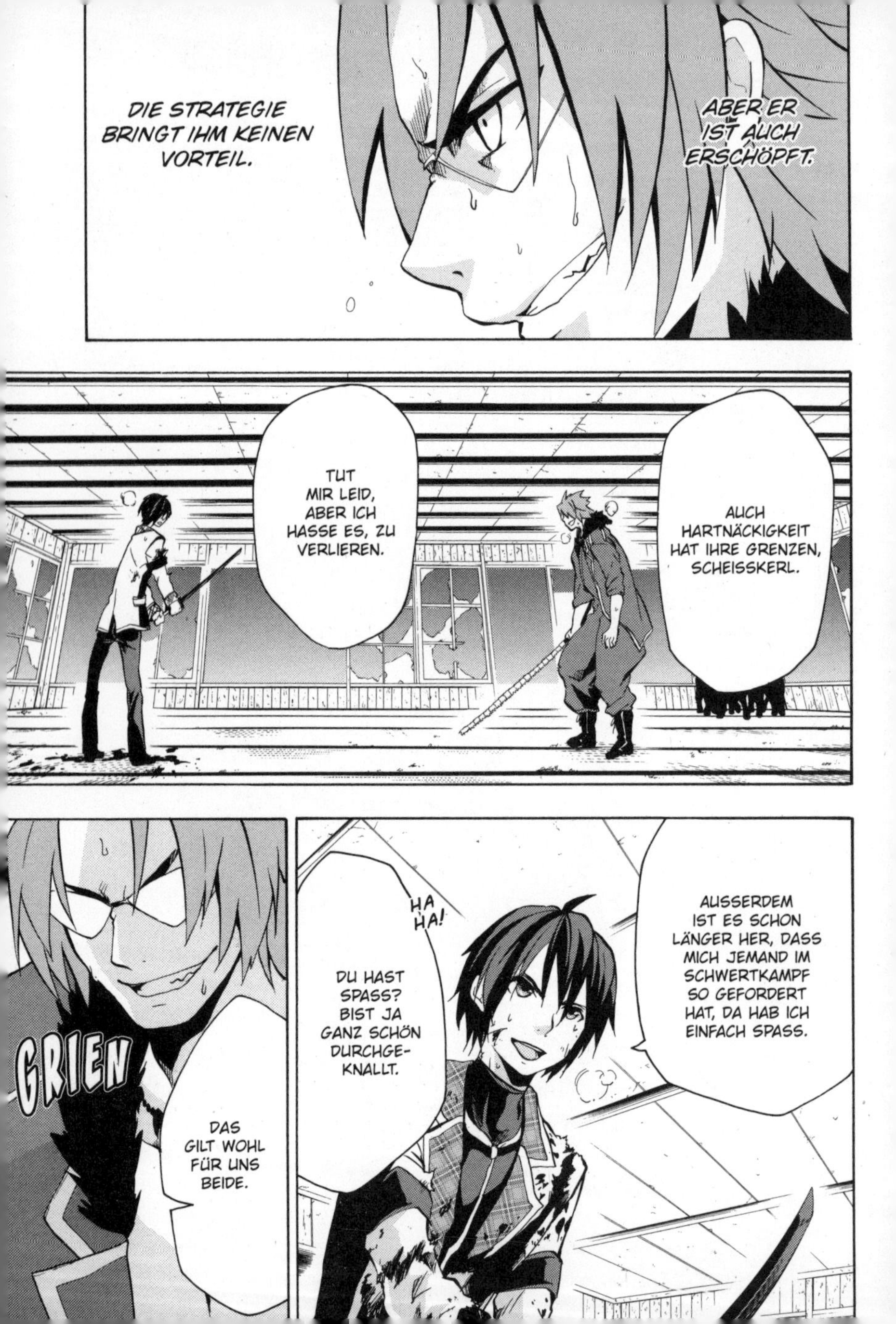
ABER ER IST AUCH ERSCHÖPFT.
DIE STRATEGIE BRINGT IHM KEINEN VORTEIL.
AUCH HARTNÄCKIGKEIT HAT IHRE GRENZEN, SCHEISSKERL.
TUT MIR LEID, ABER ICH HASSE ES, ZU VERLIEREN.
AUSSERDEM IST ES SCHON LÄNGER HER, DASS MICH JEMAND IM SCHWERTKAMPF SO GEFORDERT HAT, DA HAB ICH EINFACH SPASS.
HA HA!
DU HAST SPASS? BIST JA GANZ SCHÖN DURCHGE-KNALLT.
GRIEN
DAS GILT WOHL FÜR UNS BEIDE.

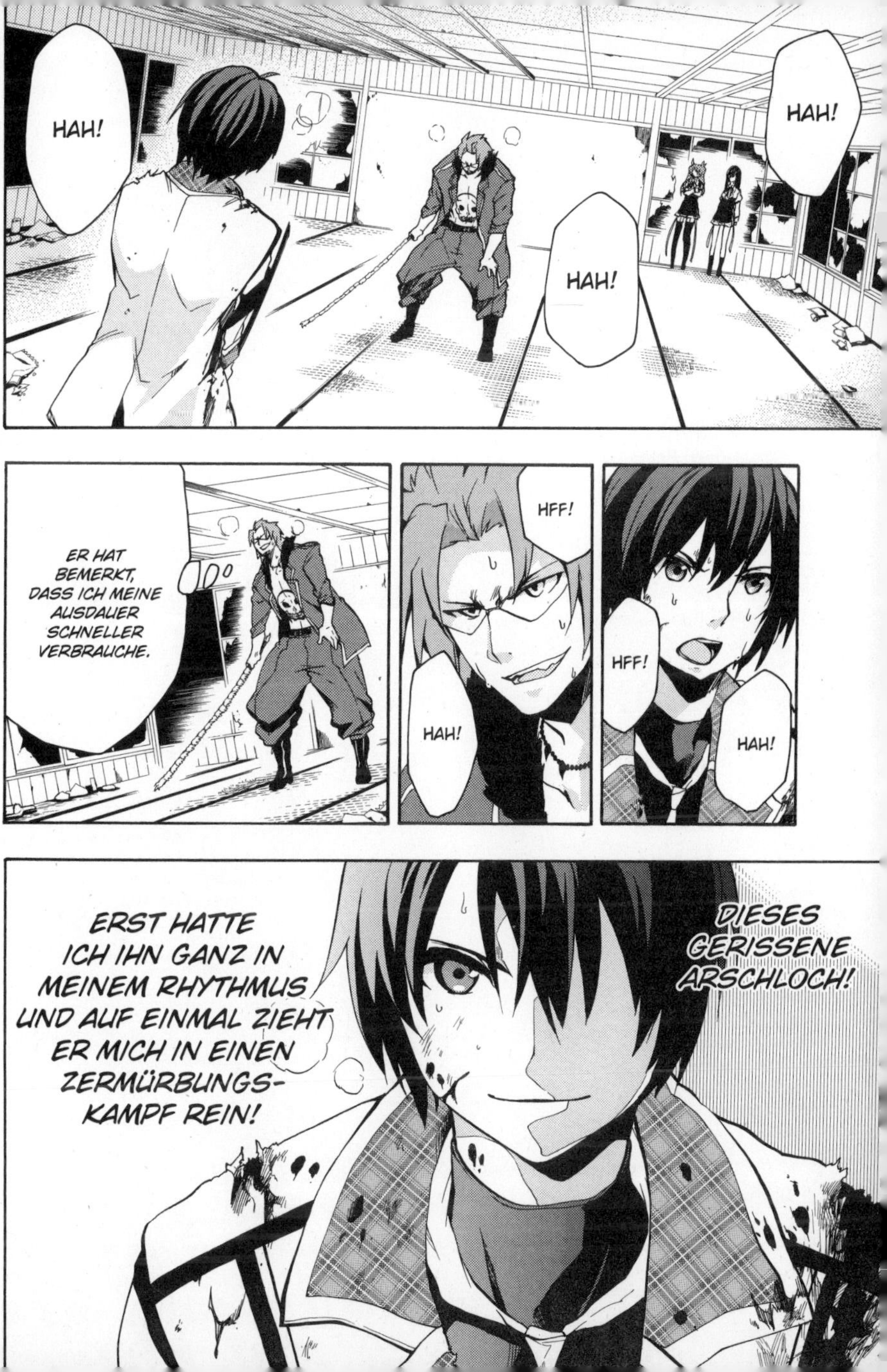
HAH!
HAH!
HAH!
ER HAT BEMERKT, DASS ICH MEINE AUSDAUER SCHNELLER VERBRAUCHE.
HFF!
HAH!
HFF!
HAH!
DIESES GERISSENE ARSCHLOCH!
ERST HATTE ICH IHN GANZ IN MEINEM RHYTHMUS UND AUF EINMAL ZIEHT ER MICH IN EINEN ZERMÜRBUNGS-KAMPF REIN!

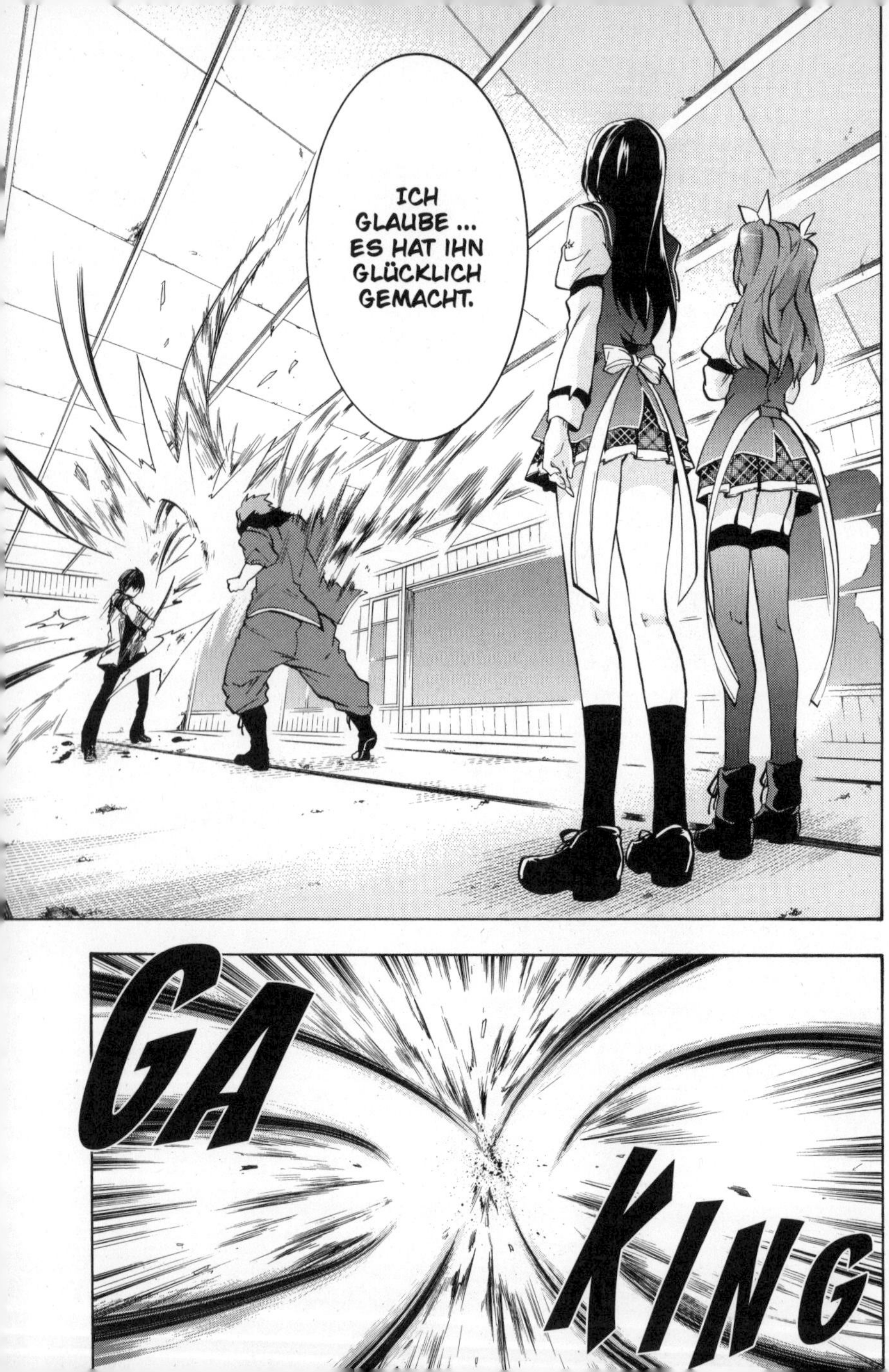
ICH GLAUBE ... ES HAT IHN GLÜCKLICH GEMACHT.
GA
KING

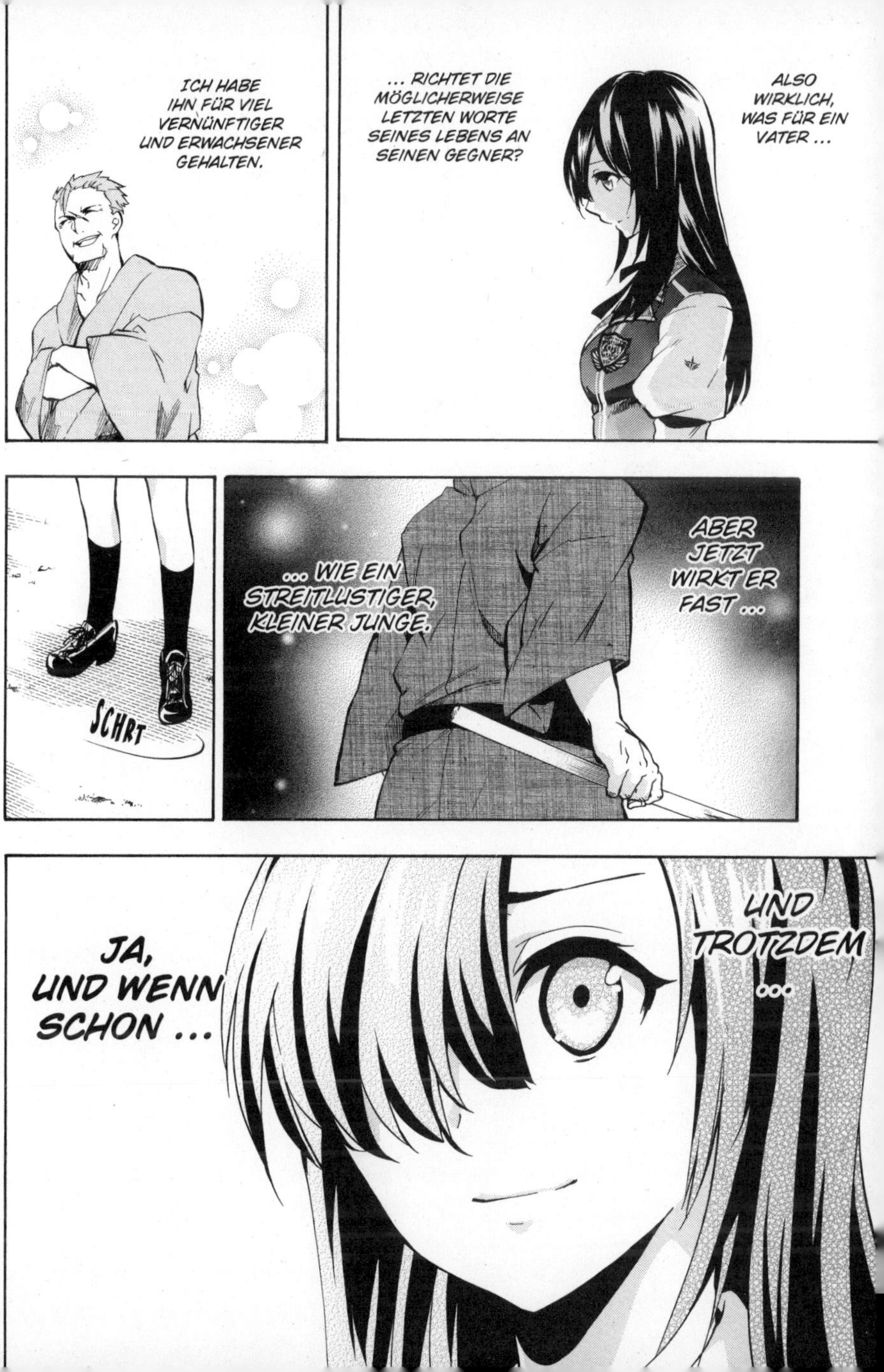

ALSO WIRKLICH, WAS FÜR EIN VATER …
… RICHTET DIE MÖGLICHERWEISE LETZTEN WORTE SEINES LEBENS AN SEINEN GEGNER?
ICH HABE IHN FÜR VIEL VERNÜNFTIGER UND ERWACHSENER GEHALTEN.
ABER JETZT WIRKT ER FAST …
… WIE EIN STREITLUSTIGER, KLEINER JUNGE.
SCHRT
UND TROTZDEM …
JA, UND WENN SCHON …

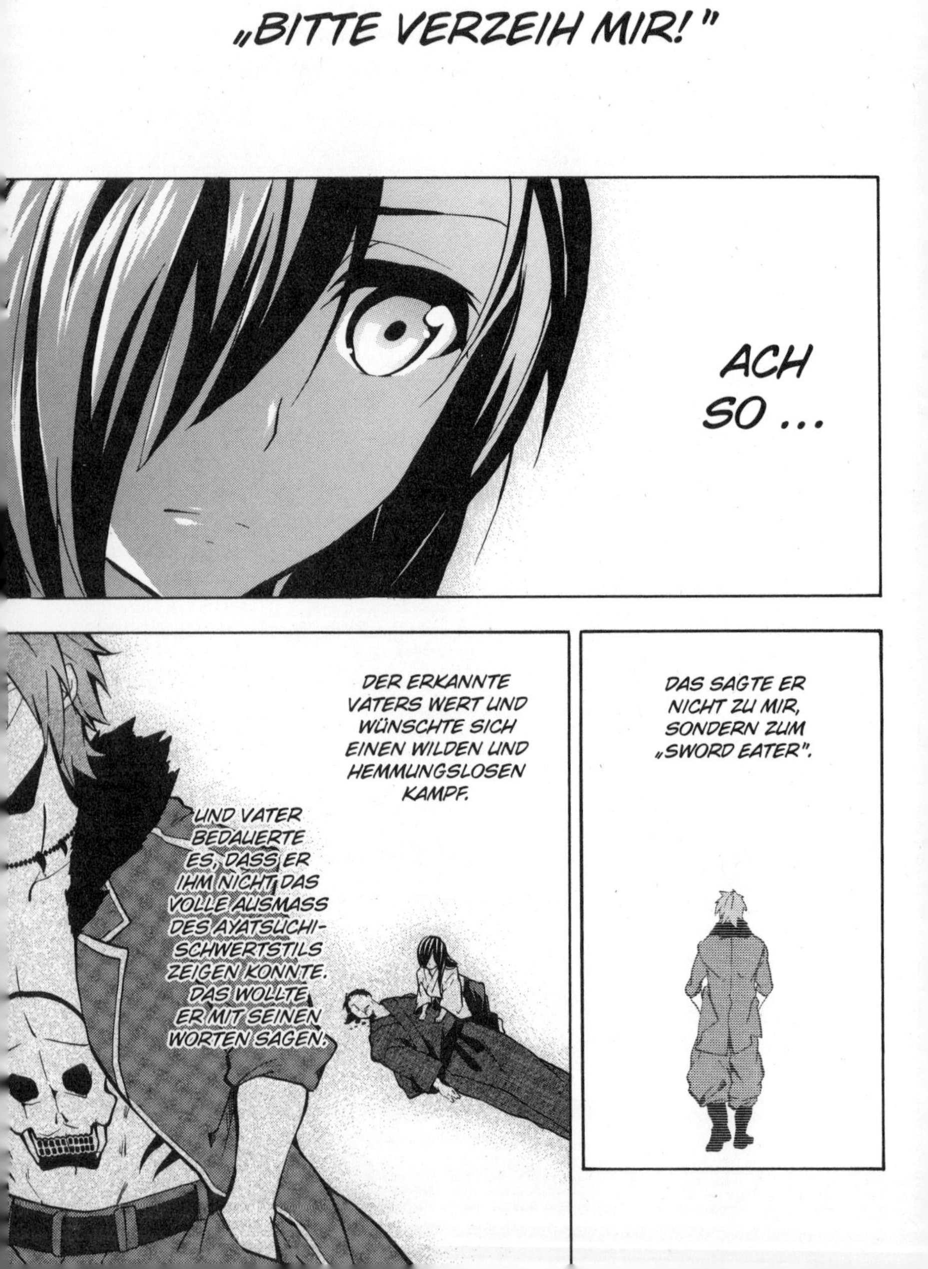
„BITTE VERZEIH MIR!"
ACH SO ...
DAS SAGTE ER NICHT ZU MIR, SONDERN ZUM „SWORD EATER".
DER ERKANNTE VATERS WERT UND WÜNSCHTE SICH EINEN WILDEN UND HEMMUNGSLOSEN KAMPF.
UND VATER BEDAUERTE ES, DASS ER IHM NICHT DAS VOLLE AUSMASS DES AYATSUCHI-SCHWERTSTILS ZEIGEN KONNTE. DAS WOLLTE ER MIT SEINEN WORTEN SAGEN.

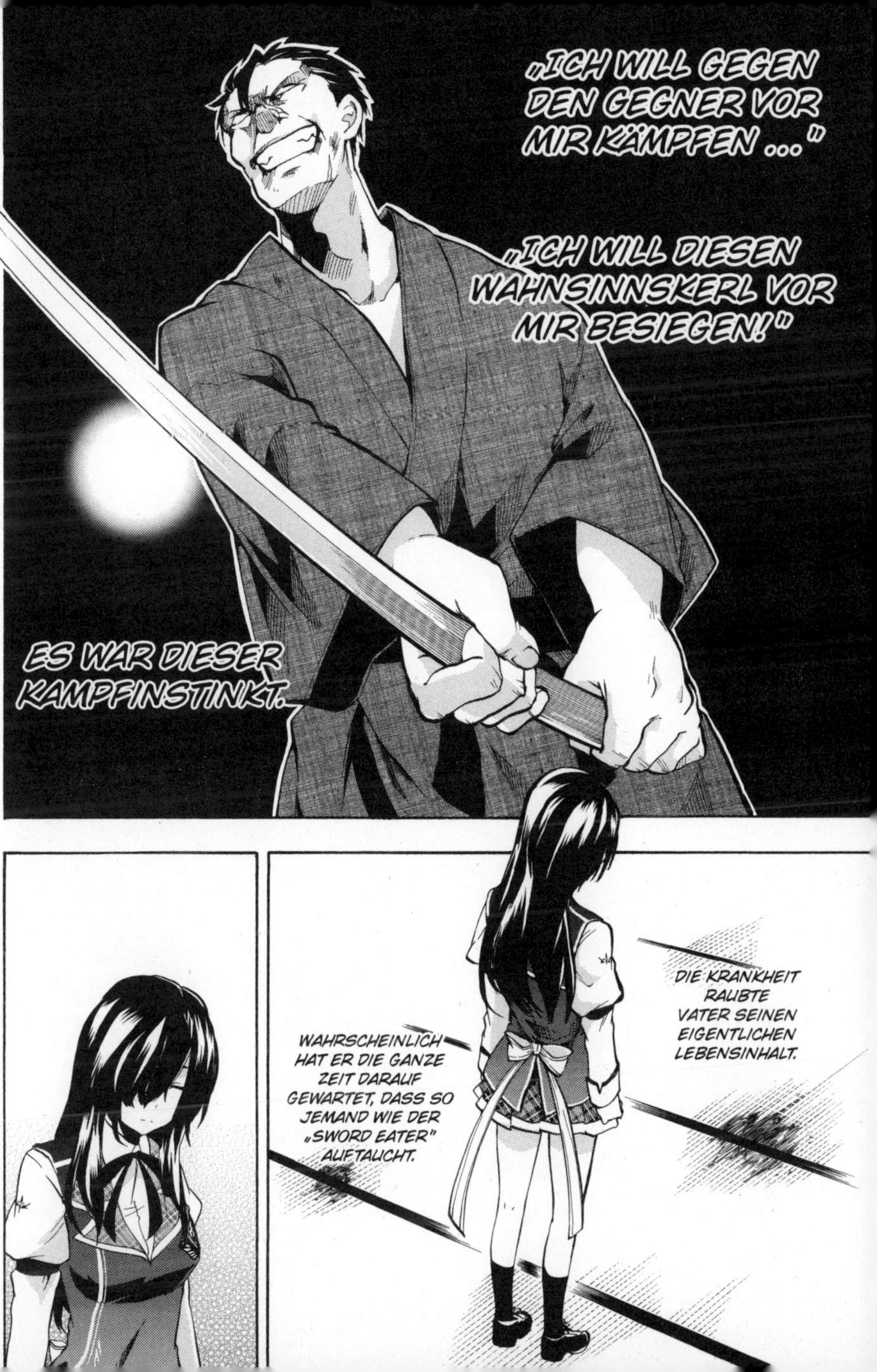
„ICH WILL GEGEN DEN GEGNER VOR MIR KÄMPFEN ...“
„ICH WILL DIESEN WAHNSINNSKERL VOR MIR BESIEGEN!“
ES WAR DIESER KAMPFINSTINKT.
DIE KRANKHEIT RAUBTE VATER SEINEN EIGENTLICHEN LEBENSINHALT.
WAHRSCHEINLICH HAT ER DIE GANZE ZEIT DARAUF GEWARTET, DASS SO JEMAND WIE DER „SWORD EATER“ AUFTAUCHT.

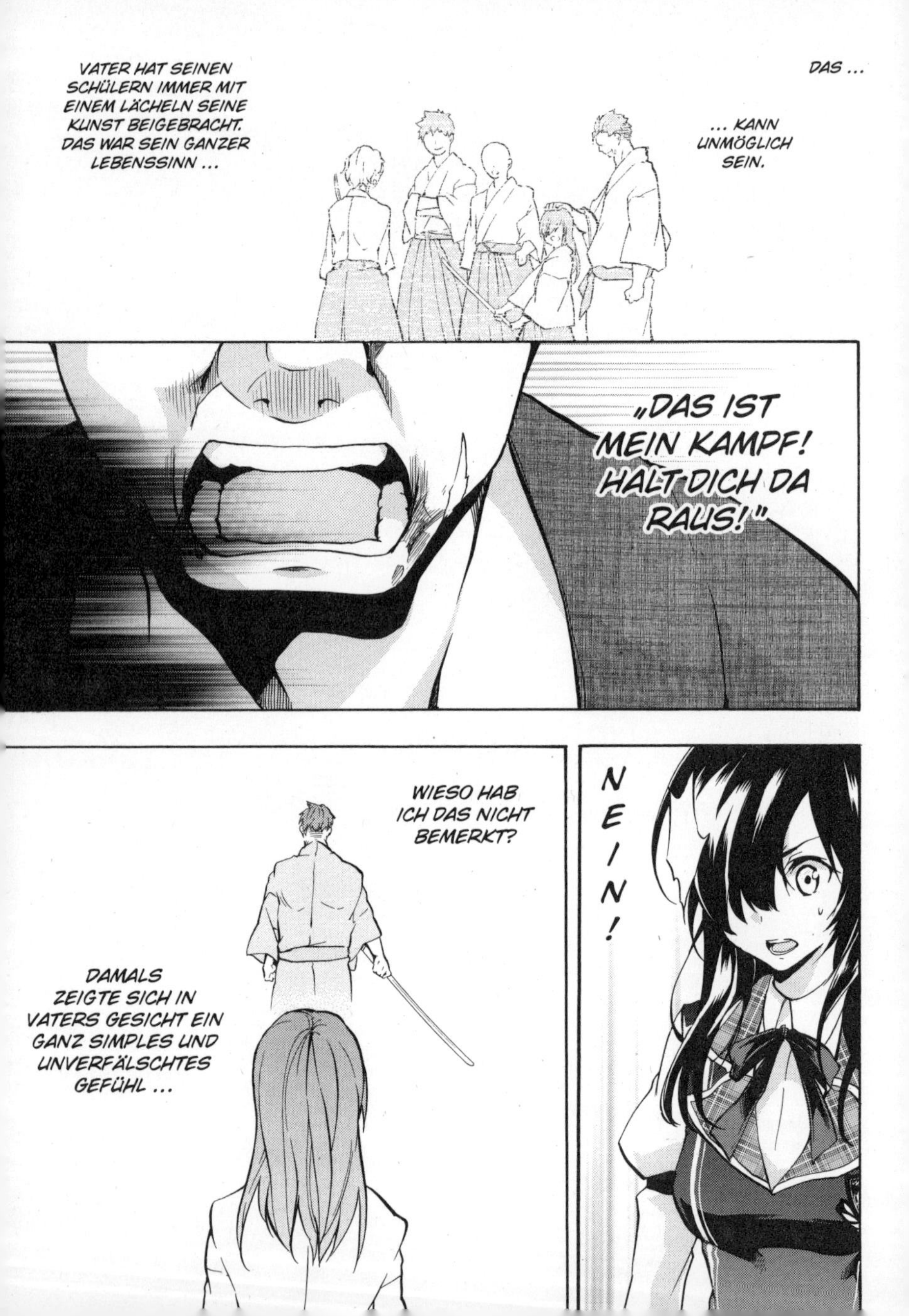
DAS …
… KANN UNMÖGLICH SEIN.
VATER HAT SEINEN SCHÜLERN IMMER MIT EINEM LÄCHELN SEINE KUNST BEIGEBRACHT. DAS WAR SEIN GANZER LEBENSSINN …
„DAS IST MEIN KAMPF! HALT DICH DA RAUS!"
NEIN!
WIESO HAB ICH DAS NICHT BEMERKT?
DAMALS ZEIGTE SICH IN VATERS GESICHT EIN GANZ SIMPLES UND UNVERFÄLSCHTES GEFÜHL …

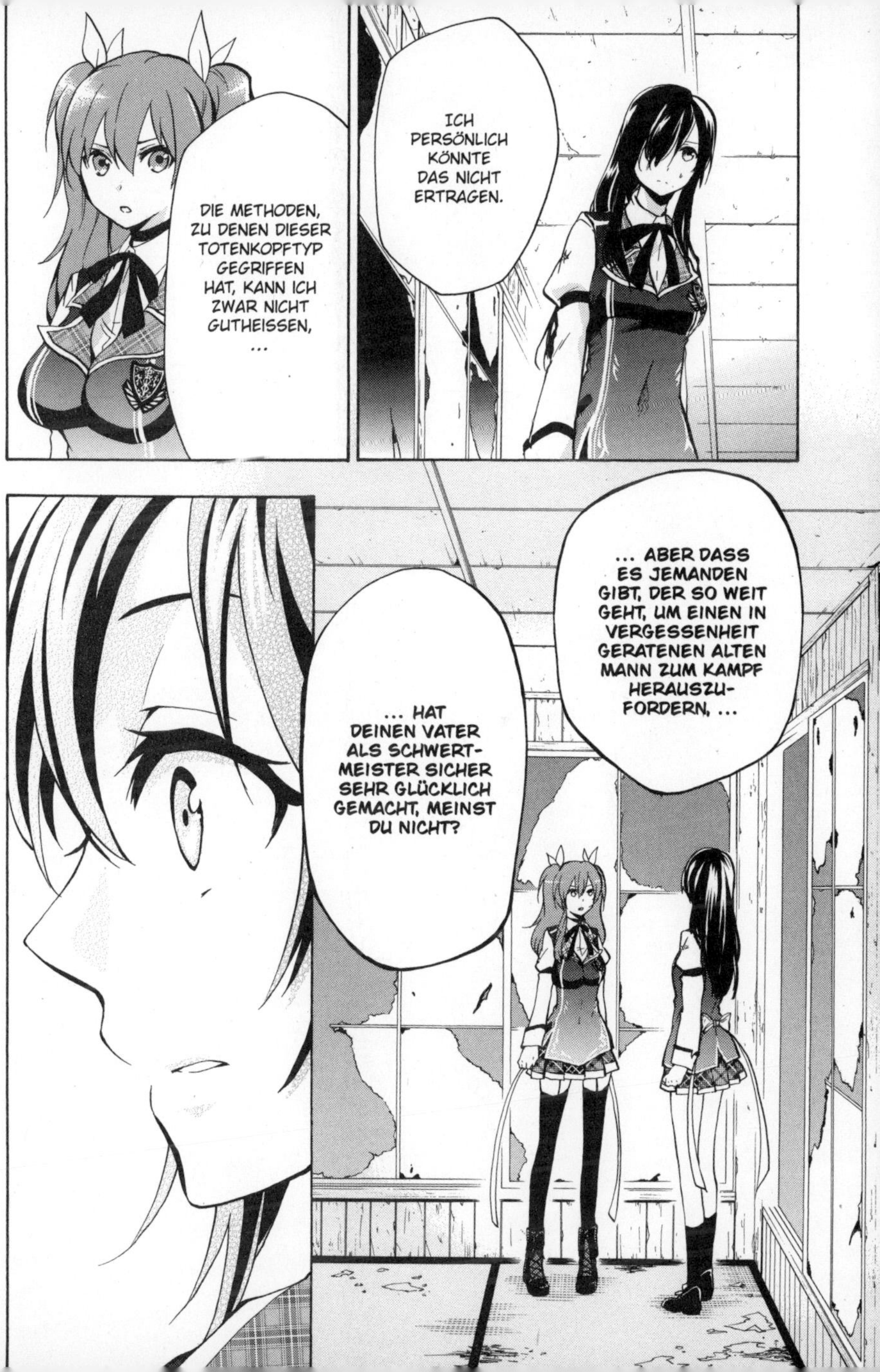

ICH PERSÖNLICH KÖNNTE DAS NICHT ERTRAGEN.
DIE METHODEN, ZU DENEN DIESER TOTENKOPFTYP GEGRIFFEN HAT, KANN ICH ZWAR NICHT GUTHEISSEN, ...
... ABER DASS ES JEMANDEN GIBT, DER SO WEIT GEHT, UM EINEN IN VERGESSENHEIT GERATENEN ALTEN MANN ZUM KAMPF HERAUSZU-FORDERN, ...
... HAT DEINEN VATER ALS SCHWERT-MEISTER SICHER SEHR GLÜCKLICH GEMACHT, MEINST DU NICHT?

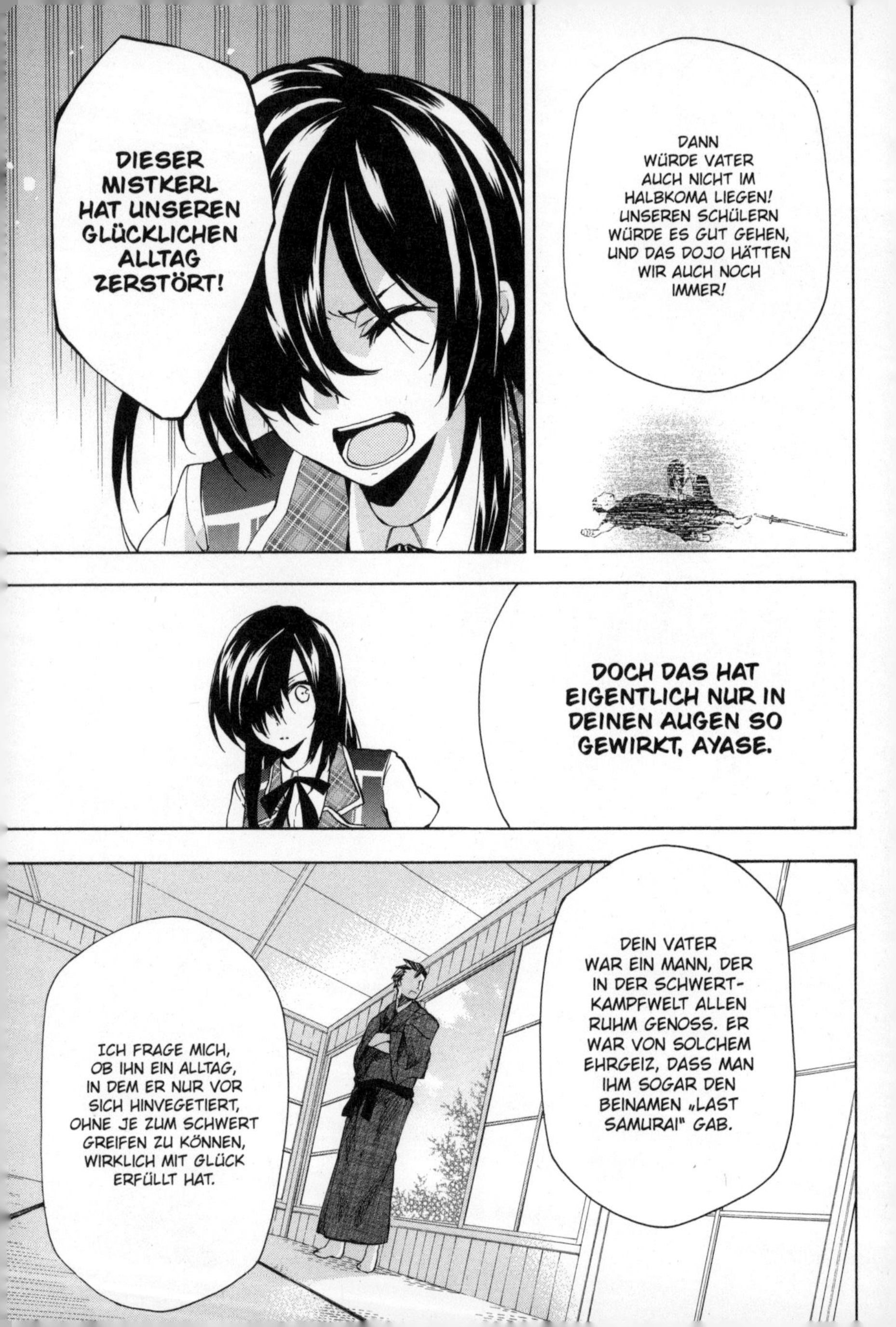
DANN WÜRDE VATER AUCH NICHT IM HALBKOMA LIEGEN! UNSEREN SCHÜLERN WÜRDE ES GUT GEHEN, UND DAS DOJO HÄTTEN WIR AUCH NOCH IMMER!
DIESER MISTKERL HAT UNSEREN GLÜCKLICHEN ALLTAG ZERSTÖRT!
DOCH DAS HAT EIGENTLICH NUR IN DEINEN AUGEN SO GEWIRKT, AYASE.
DEIN VATER WAR EIN MANN, DER IN DER SCHWERT-KAMPFWELT ALLEN RUHM GENOSS. ER WAR VON SOLCHEM EHRGEIZ, DASS MAN IHM SOGAR DEN BEINAMEN „LAST SAMURAI“ GAB.
ICH FRAGE MICH, OB IHN EIN ALLTAG, IN DEM ER NUR VOR SICH HINVEGETIERT, OHNE JE ZUM SCHWERT GREIFEN ZU KÖNNEN, WIRKLICH MIT GLÜCK ERFÜLLT HAT.

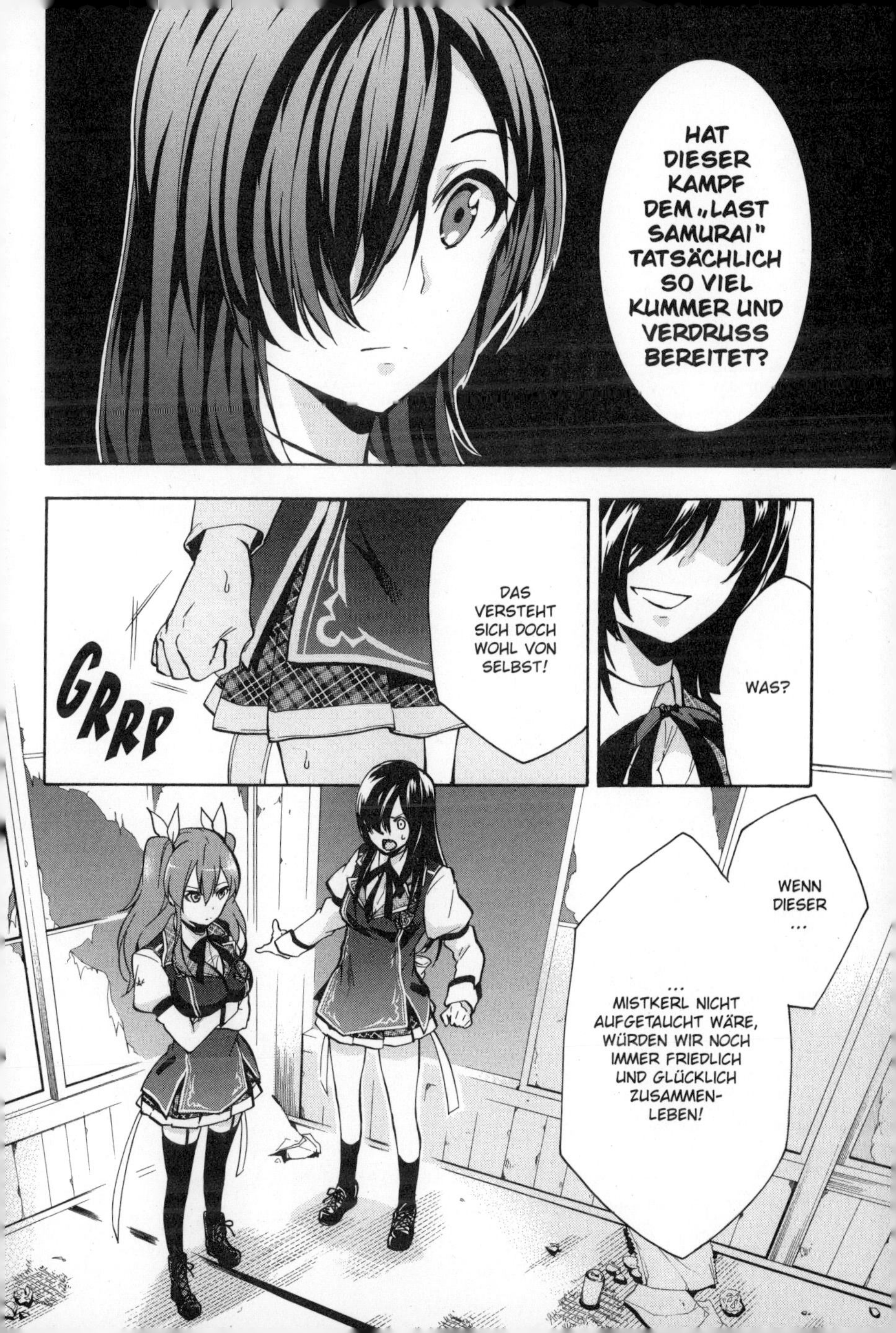
HAT DIESER KAMPF DEM „LAST SAMURAI" TATSÄCHLICH SO VIEL KUMMER UND VERDRUSS BEREITET?
WAS?
DAS VERSTEHT SICH DOCH WOHL VON SELBST!
GRRP
WENN DIESER …
… MISTKERL NICHT AUFGETAUCHT WÄRE, WÜRDEN WIR NOCH IMMER FRIEDLICH UND GLÜCKLICH ZUSAMMEN-LEBEN!

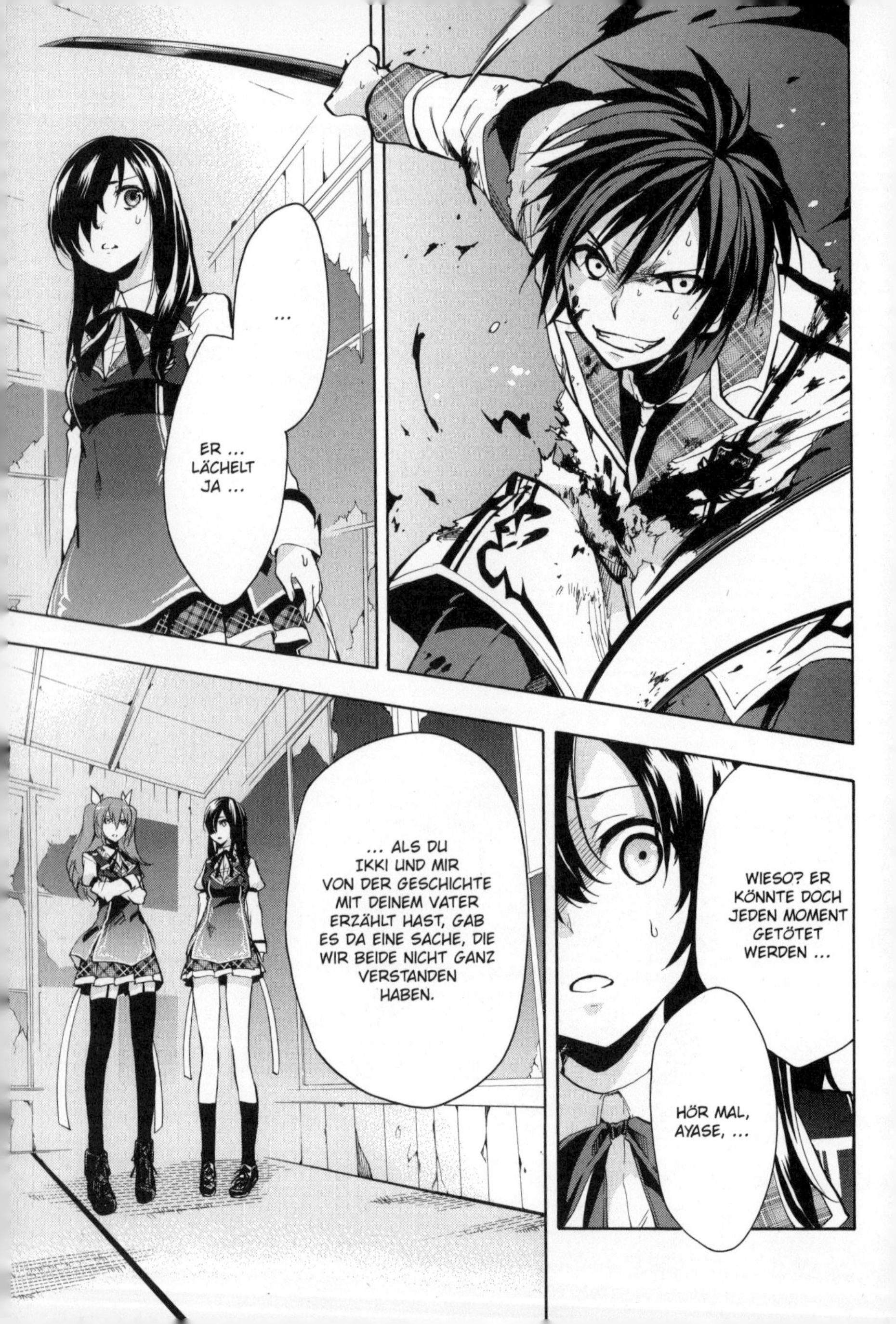
…
ER … LÄCHELT JA …
WIESO? ER KÖNNTE DOCH JEDEN MOMENT GETÖTET WERDEN …
HÖR MAL, AYASE, …
… ALS DU IKKI UND MIR VON DER GESCHICHTE MIT DEINEM VATER ERZÄHLT HAST, GAB ES DA EINE SACHE, DIE WIR BEIDE NICHT GANZ VERSTANDEN HABEN.

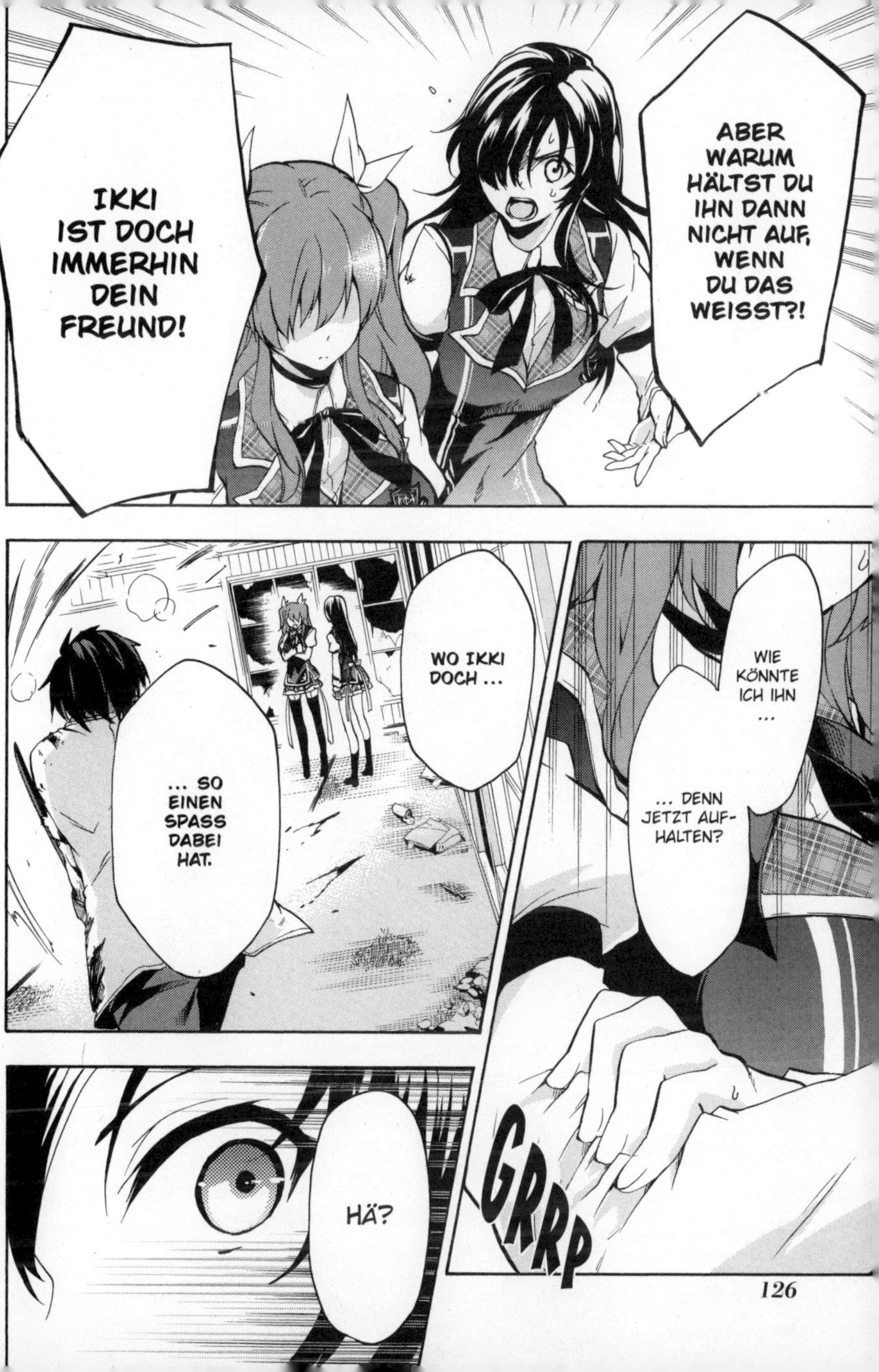
ABER WARUM HÄLTST DU IHN DANN NICHT AUF, WENN DU DAS WEISST?!
IKKI IST DOCH IMMERHIN DEIN FREUND!
WIE KÖNNTE ICH IHN ...
... DENN JETZT AUF-HALTEN?
WO IKKI DOCH ...
... SO EINEN SPASS DABEI HAT.
GRRP
HÄ?

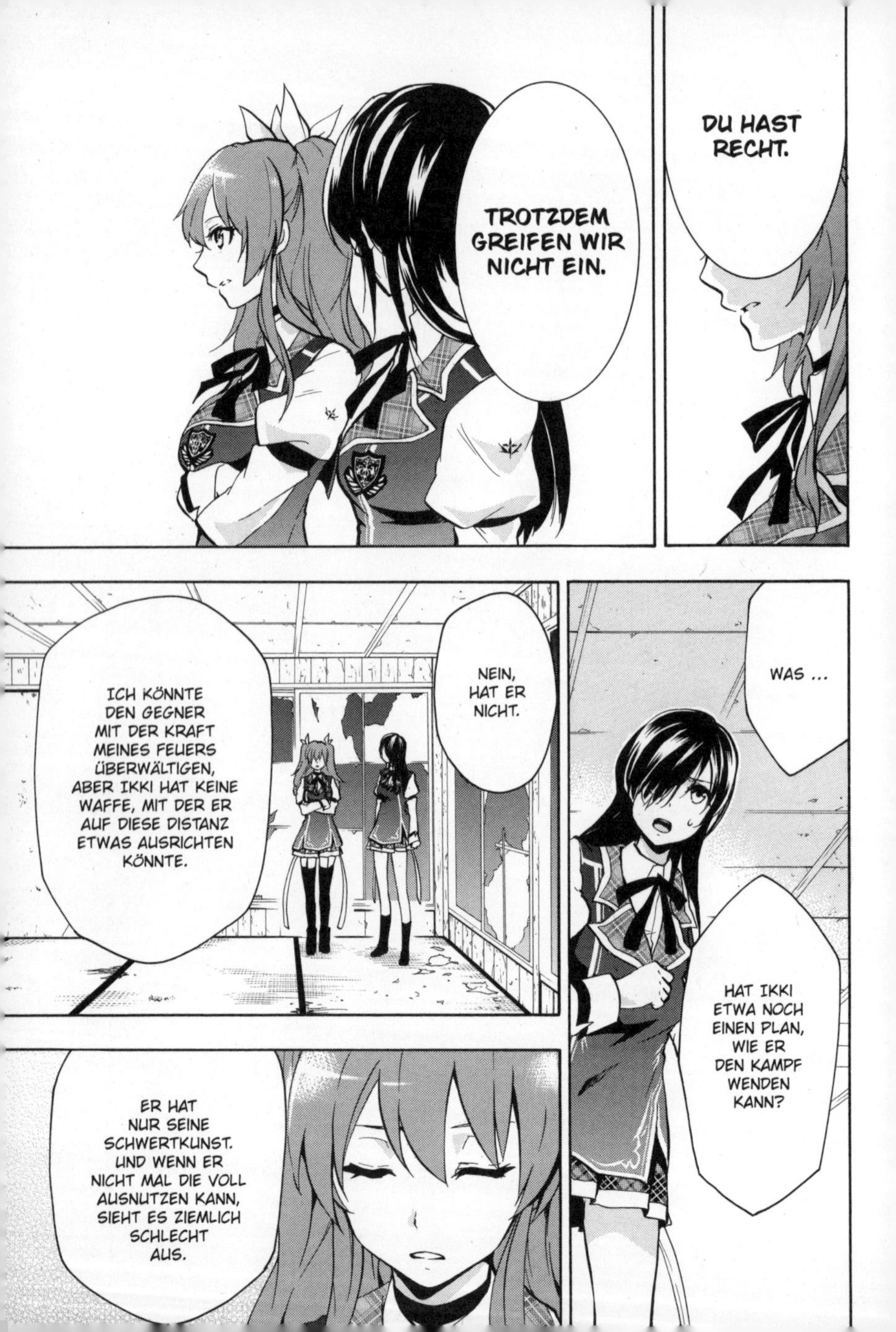
DU HAST RECHT.
TROTZDEM GREIFEN WIR NICHT EIN.
WAS ...
HAT IKKI ETWA NOCH EINEN PLAN, WIE ER DEN KAMPF WENDEN KANN?
NEIN, HAT ER NICHT.
ICH KÖNNTE DEN GEGNER MIT DER KRAFT MEINES FEUERS ÜBERWÄLTIGEN, ABER IKKI HAT KEINE WAFFE, MIT DER ER AUF DIESE DISTANZ ETWAS AUSRICHTEN KÖNNTE.
ER HAT NUR SEINE SCHWERTKUNST. UND WENN ER NICHT MAL DIE VOLL AUSNUTZEN KANN, SIEHT ES ZIEMLICH SCHLECHT AUS.

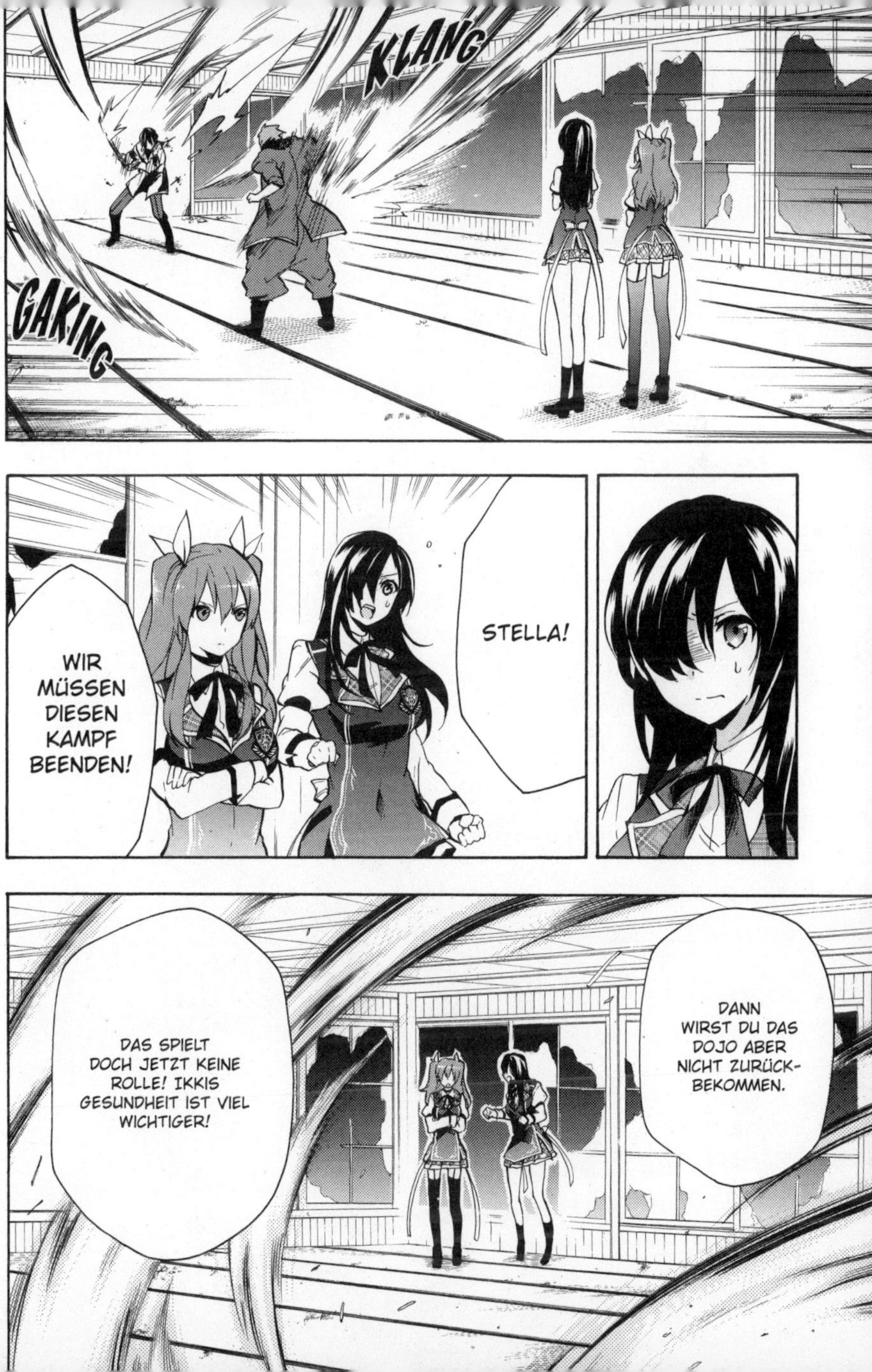
KLANG
GAKING
STELLA!
WIR MÜSSEN DIESEN KAMPF BEENDEN!
DANN WIRST DU DAS DOJO ABER NICHT ZURÜCK-BEKOMMEN.
DAS SPIELT DOCH JETZT KEINE ROLLE! IKKIS GESUNDHEIT IST VIEL WICHTIGER!

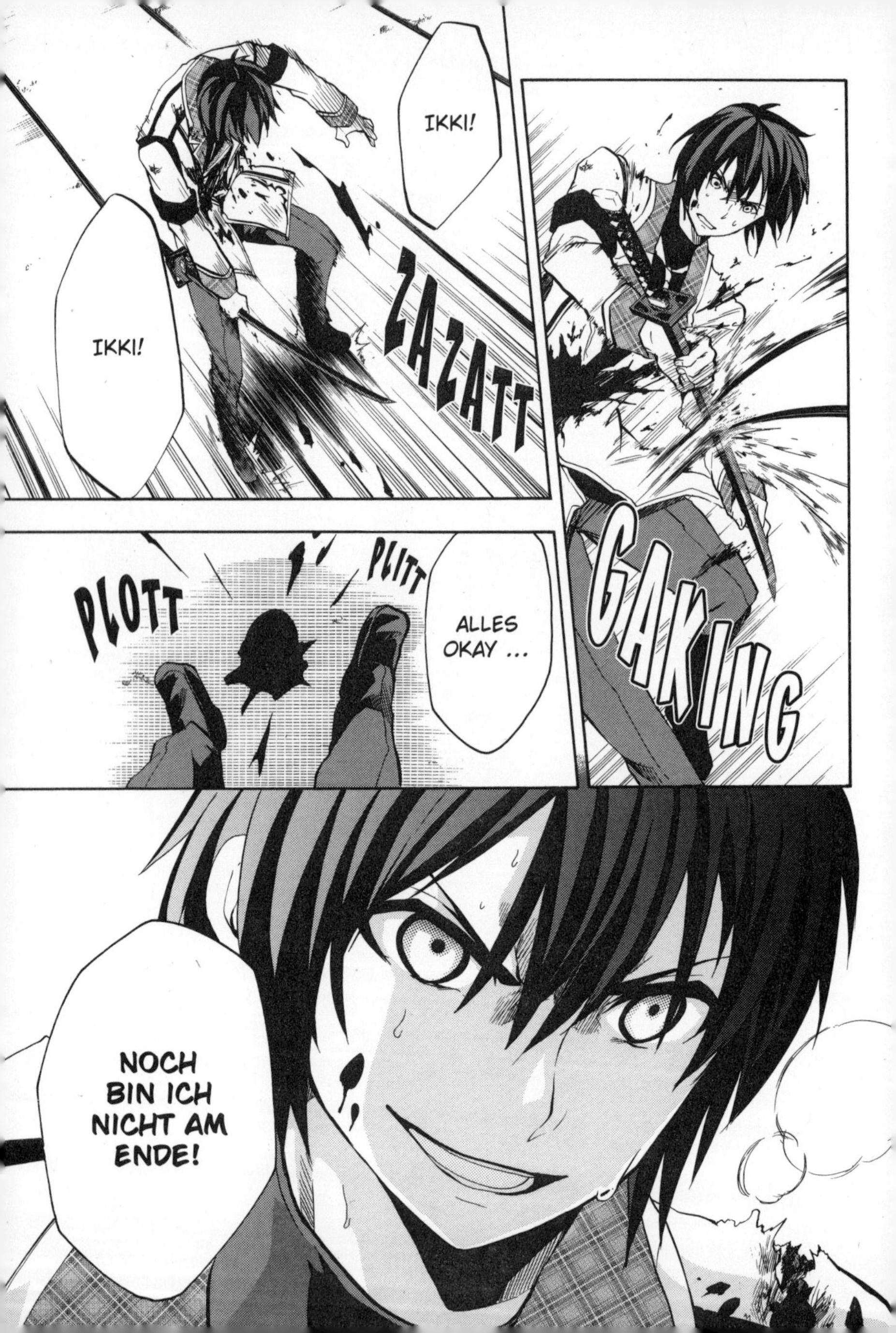
IKKI!
IKKI!
ZAZATT
GAKING
ALLES OKAY ...
PLITT
PLOTT
NOCH BIN ICH NICHT AM ENDE!

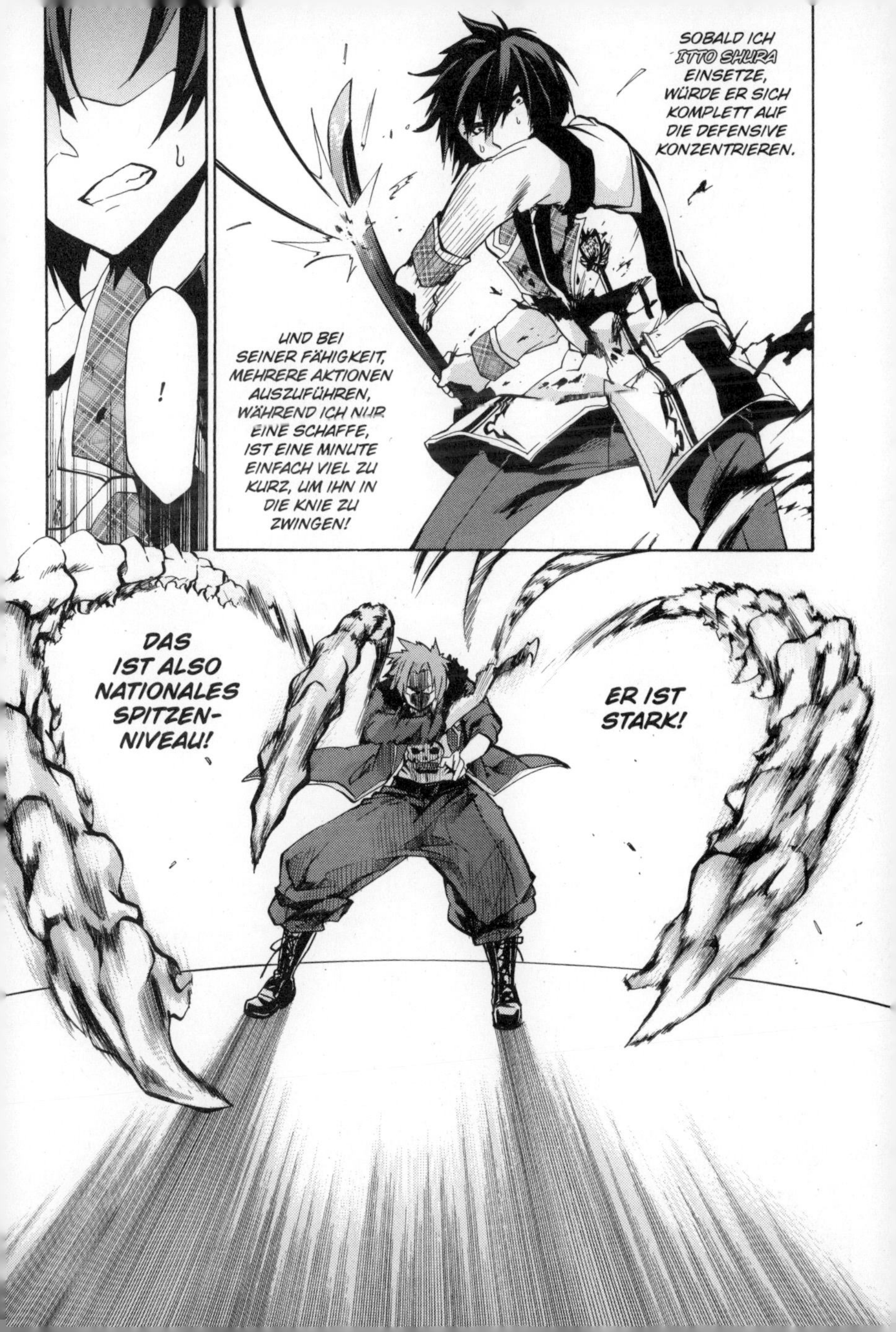
SOBALD ICH ITTO SHURA EINSETZE, WÜRDE ER SICH KOMPLETT AUF DIE DEFENSIVE KONZENTRIEREN.
UND BEI SEINER FÄHIGKEIT, MEHRERE AKTIONEN AUSZUFÜHREN, WÄHREND ICH NUR EINE SCHAFFE, IST EINE MINUTE EINFACH VIEL ZU KURZ, UM IHN IN DIE KNIE ZU ZWINGEN!
!
ER IST STARK!
DAS IST ALSO NATIONALES SPITZEN-NIVEAU!

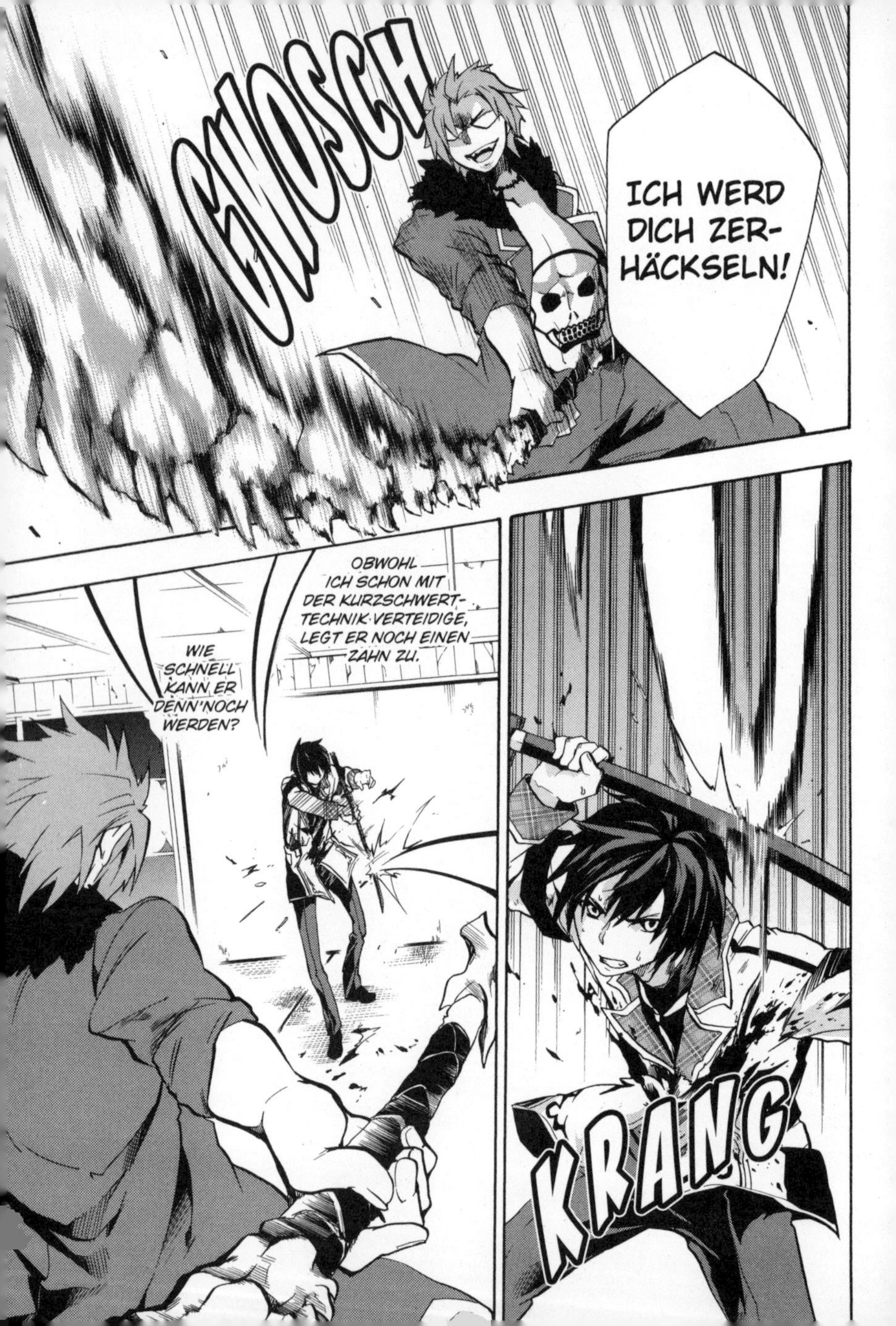
ICH WERD DICH ZER-HÄCKSELN!
SWOSCH
KRANG
OBWOHL ICH SCHON MIT DER KURZSCHWERT-TECHNIK VERTEIDIGE, LEGT ER NOCH EINEN ZAHN ZU.
WIE SCHNELL KANN ER DENN NOCH WERDEN?

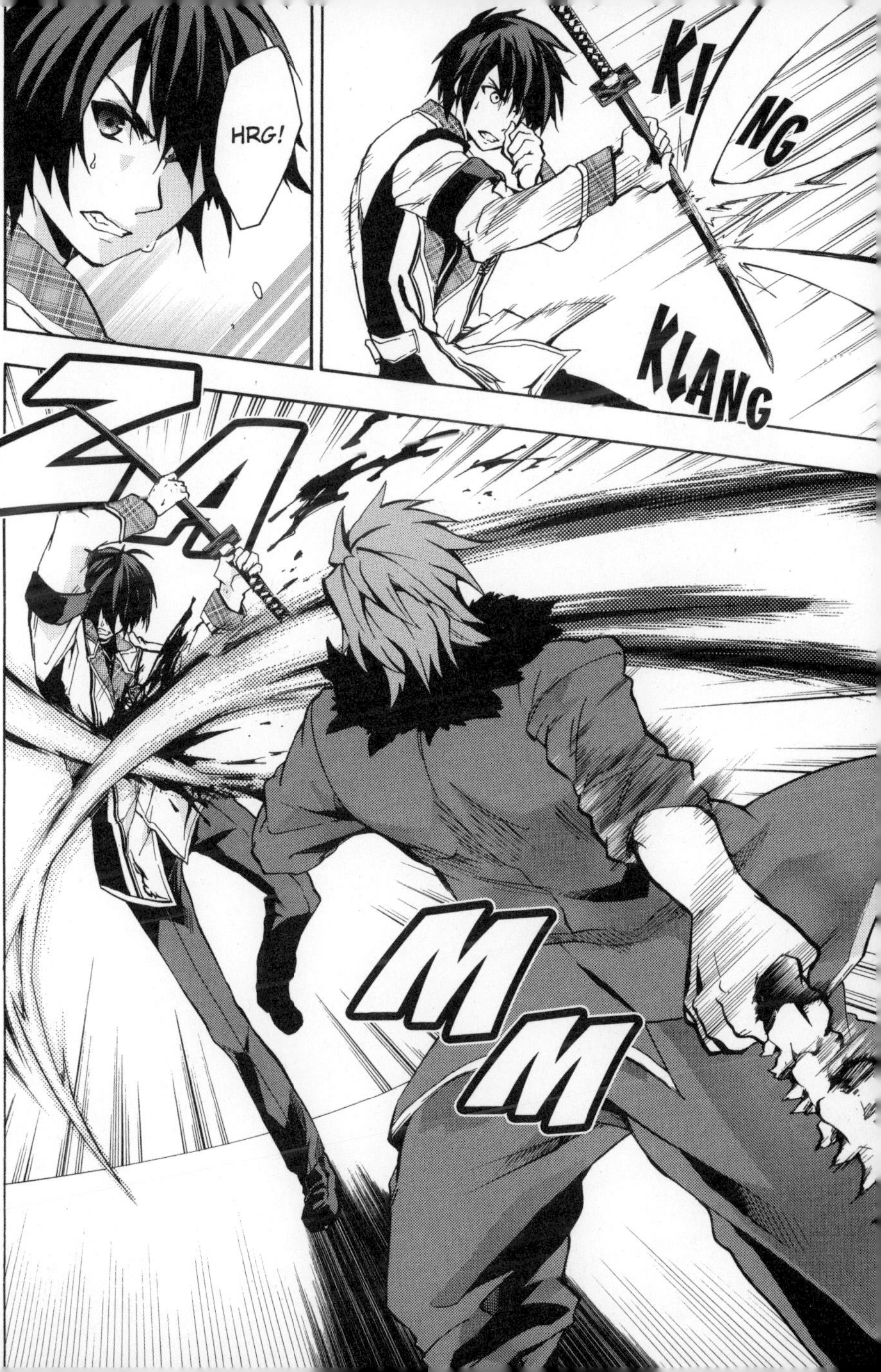
HRG!
KI NG
KLANG
ZA
MM

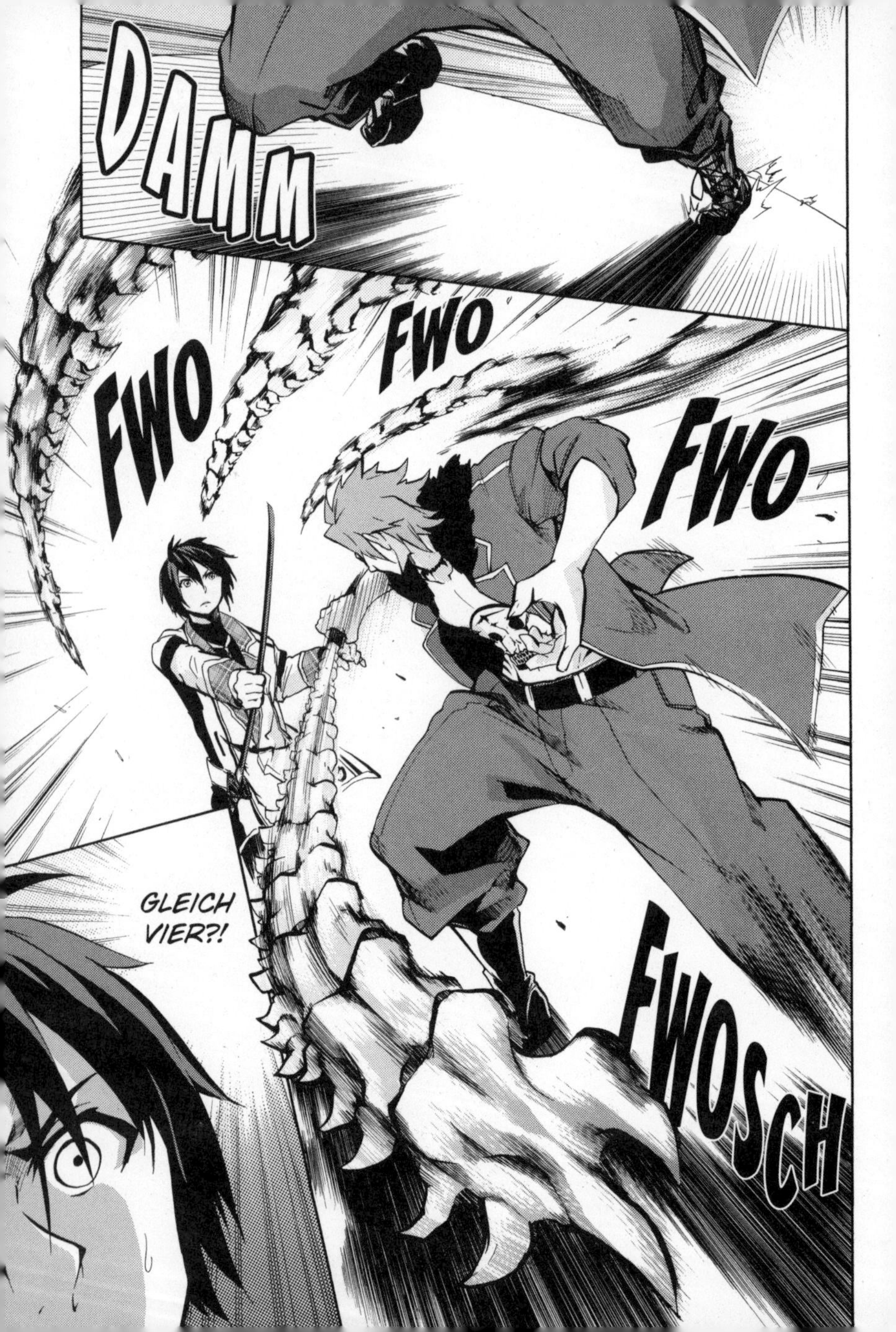
DAMM
FWO
FWO
FWO
GLEICH VIER?!
FWOSCH

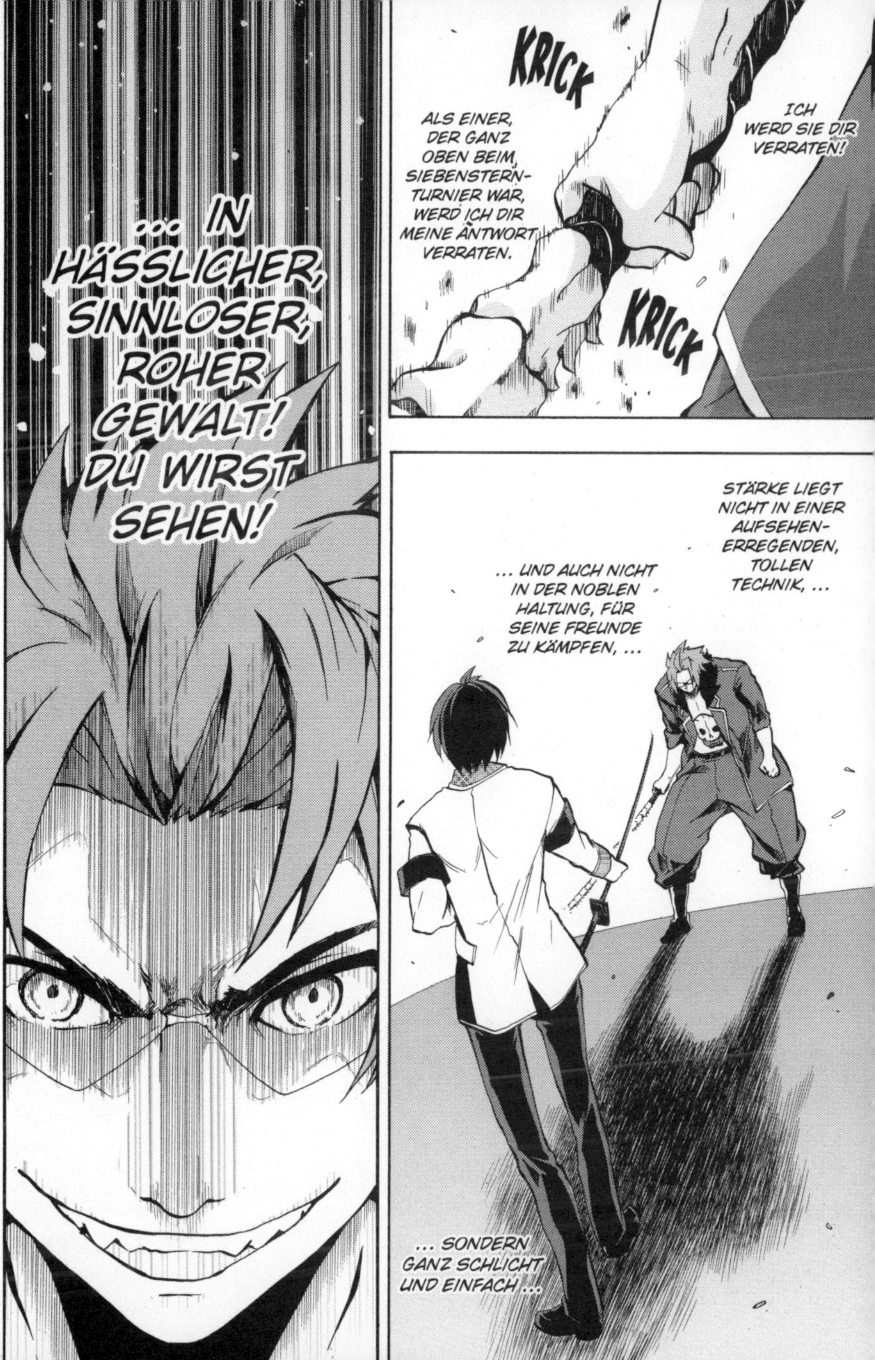
KRICK
ICH WERD SIE DIR VERRATEN!
ALS EINER, DER GANZ OBEN BEIM SIEBENSTERN-TURNIER WAR, WERD ICH DIR MEINE ANTWORT VERRATEN.
KRICK
STÄRKE LIEGT NICHT IN EINER AUFSEHEN-ERREGENDEN, TOLLEN TECHNIK, ...
... UND AUCH NICHT IN DER NOBLEN HALTUNG, FÜR SEINE FREUNDE ZU KÄMPFEN, ...
... SONDERN GANZ SCHLICHT UND EINFACH ...
... IN HÄSSLICHER, SINNLOSER, ROHER GEWALT! DU WIRST SEHEN!

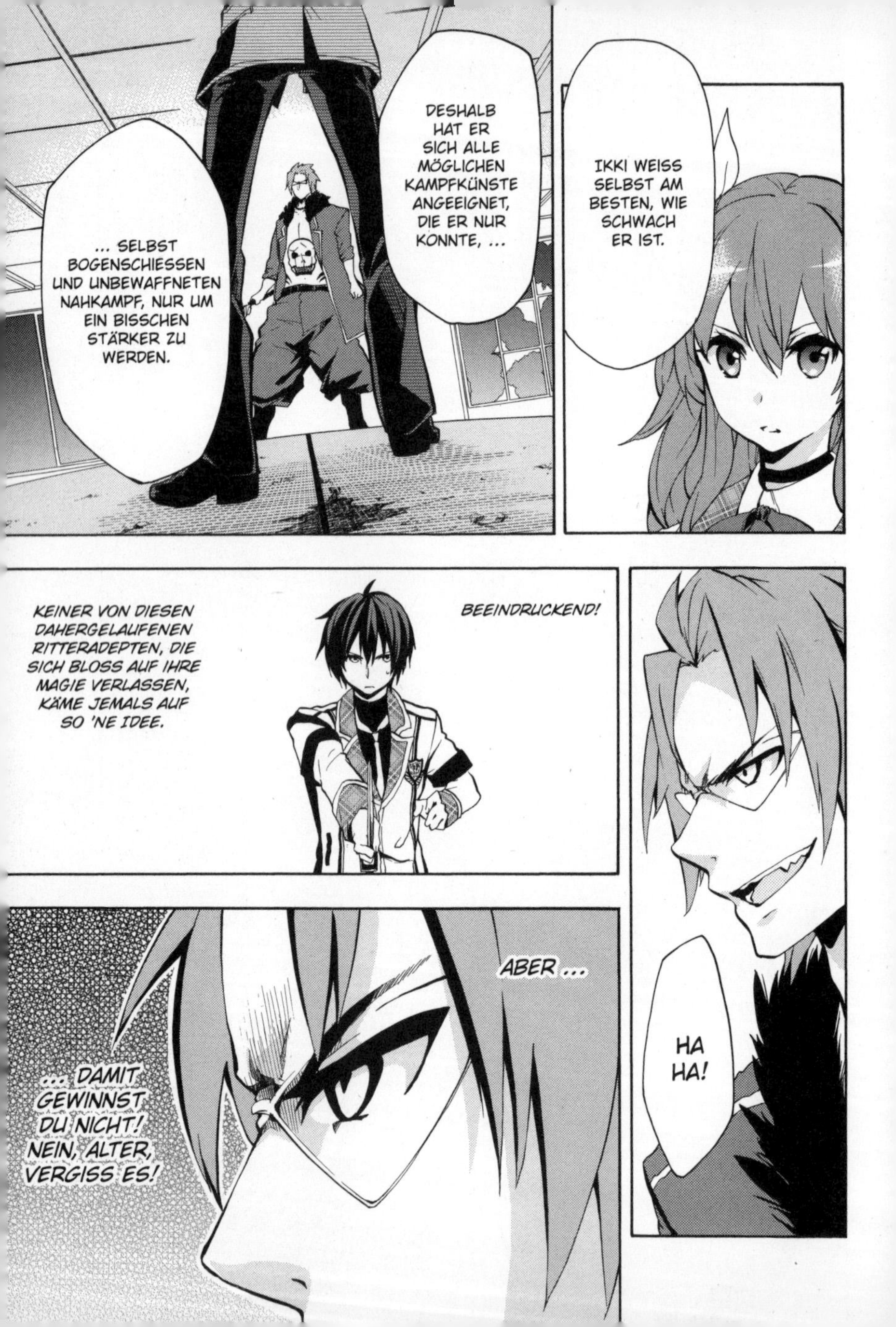

IKKI WEISS SELBST AM BESTEN, WIE SCHWACH ER IST.
DESHALB HAT ER SICH ALLE MÖGLICHEN KAMPFKÜNSTE ANGEEIGNET, DIE ER NUR KONNTE, ...
... SELBST BOGENSCHIESSEN UND UNBEWAFFNETEN NAHKAMPF, NUR UM EIN BISSCHEN STÄRKER ZU WERDEN.
BEEINDRUCKEND!
KEINER VON DIESEN DAHERGELAUFENEN RITTERADEPTEN, DIE SICH BLOSS AUF IHRE MAGIE VERLASSEN, KÄME JEMALS AUF SO 'NE IDEE.
HA HA!
ABER ...
... DAMIT GEWINNST DU NICHT! NEIN, ALTER, VERGISS ES!

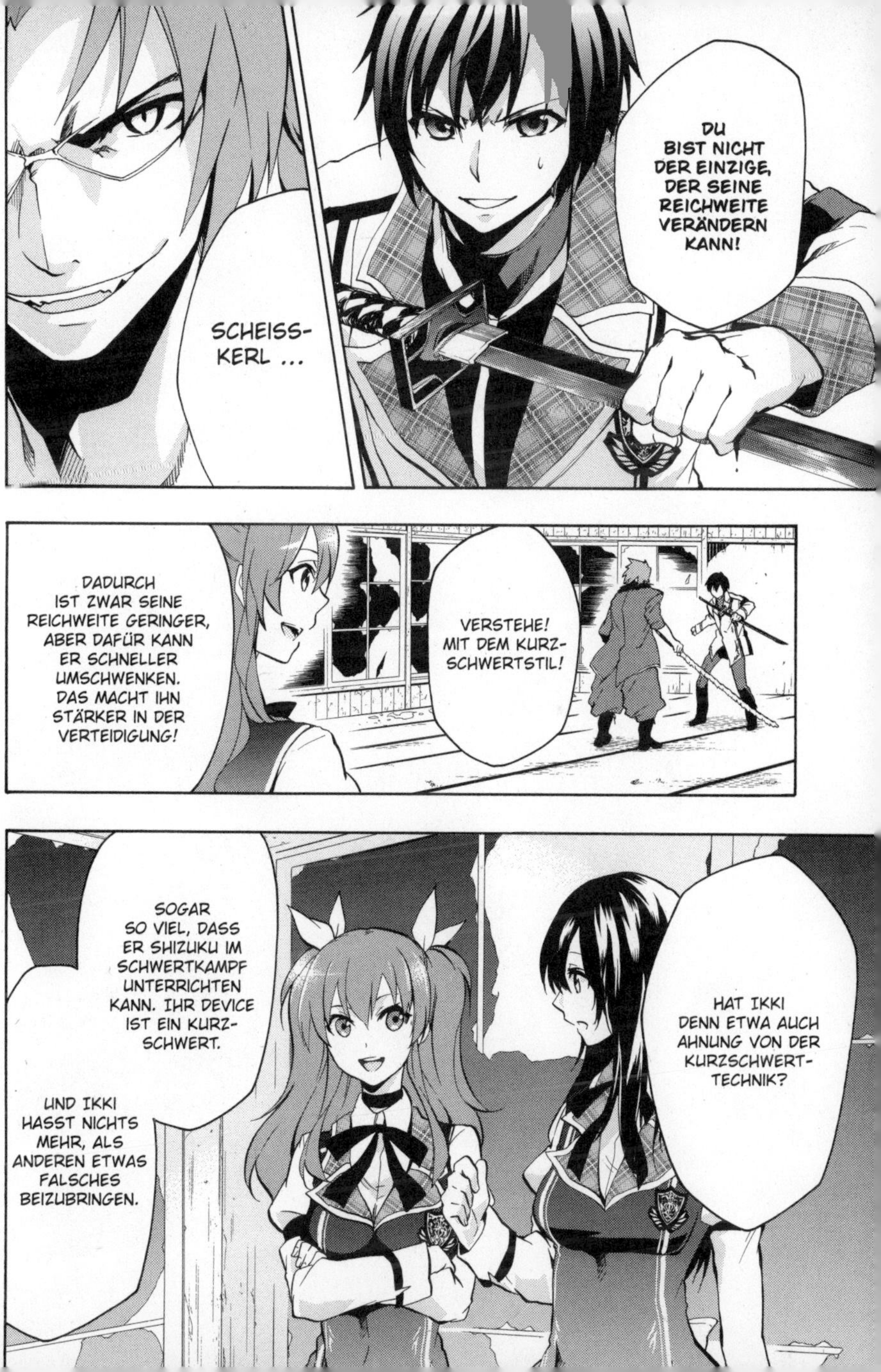
DU BIST NICHT DER EINZIGE, DER SEINE REICHWEITE VERÄNDERN KANN!
SCHEISS-KERL ...
VERSTEHE! MIT DEM KURZ-SCHWERTSTIL!
DADURCH IST ZWAR SEINE REICHWEITE GERINGER, ABER DAFÜR KANN ER SCHNELLER UMSCHWENKEN. DAS MACHT IHN STÄRKER IN DER VERTEIDIGUNG!
HAT IKKI DENN ETWA AUCH AHNUNG VON DER KURZSCHWERT-TECHNIK?
SOGAR SO VIEL, DASS ER SHIZUKU IM SCHWERTKAMPF UNTERRICHTEN KANN. IHR DEVICE IST EIN KURZ-SCHWERT.
UND IKKI HASST NICHTS MEHR, ALS ANDEREN ETWAS FALSCHES BEIZUBRINGEN.

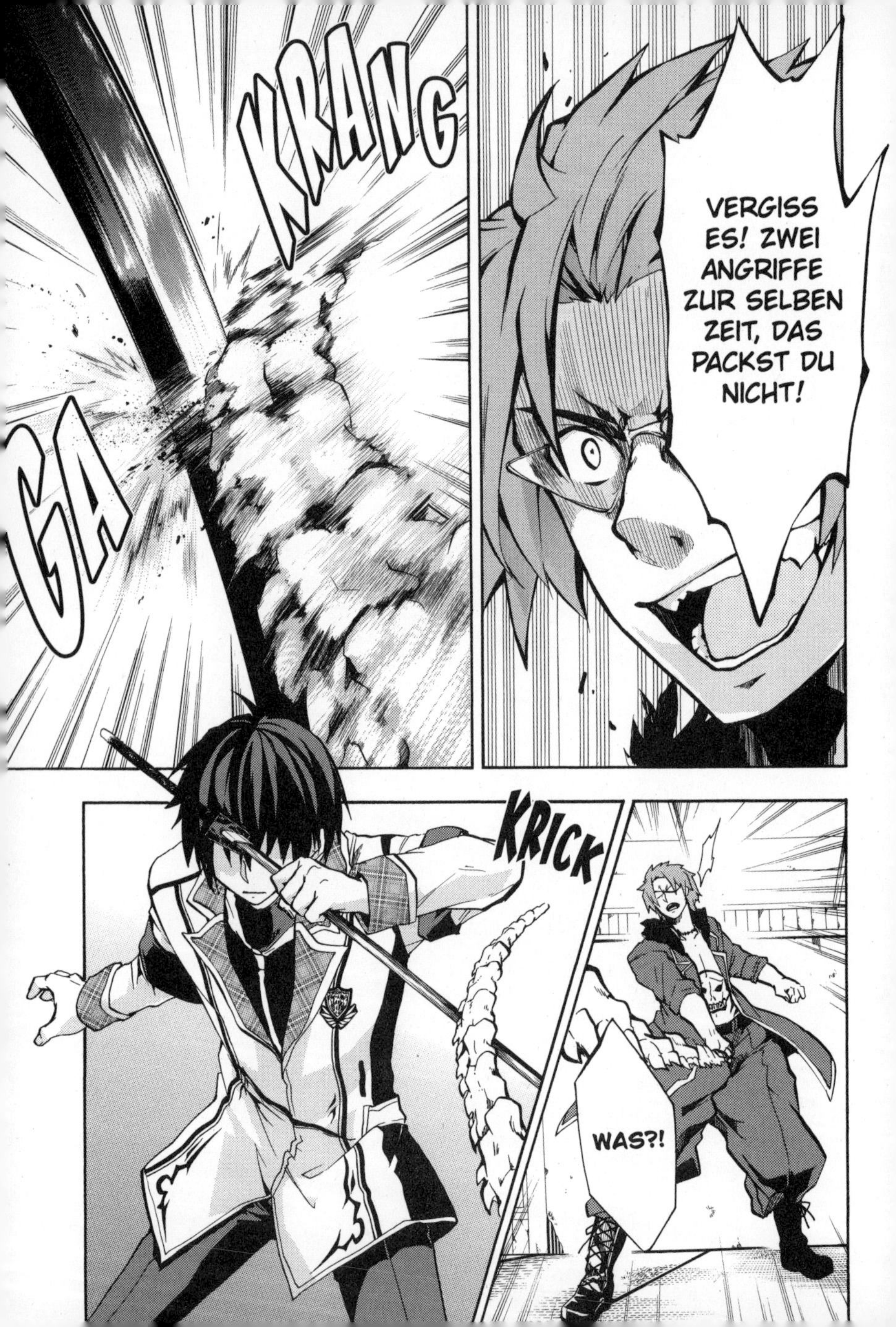
VERGISS ES! ZWEI ANGRIFFE ZUR SELBEN ZEIT, DAS PACKST DU NICHT!
KRANG
GA
KRICK
WAS?!

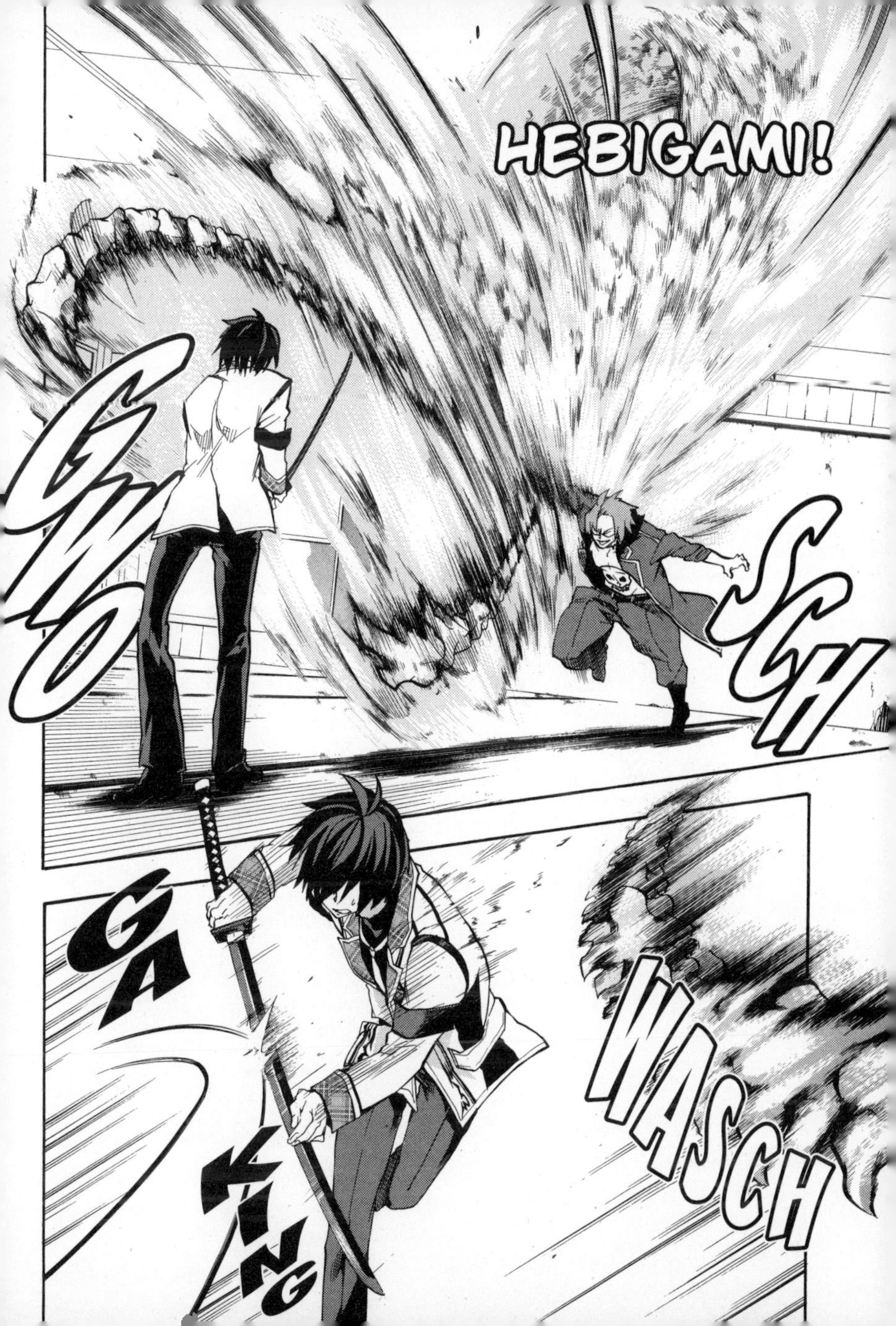

HEBIGAMI!
SCH
GWO
WASCH
GA
KING

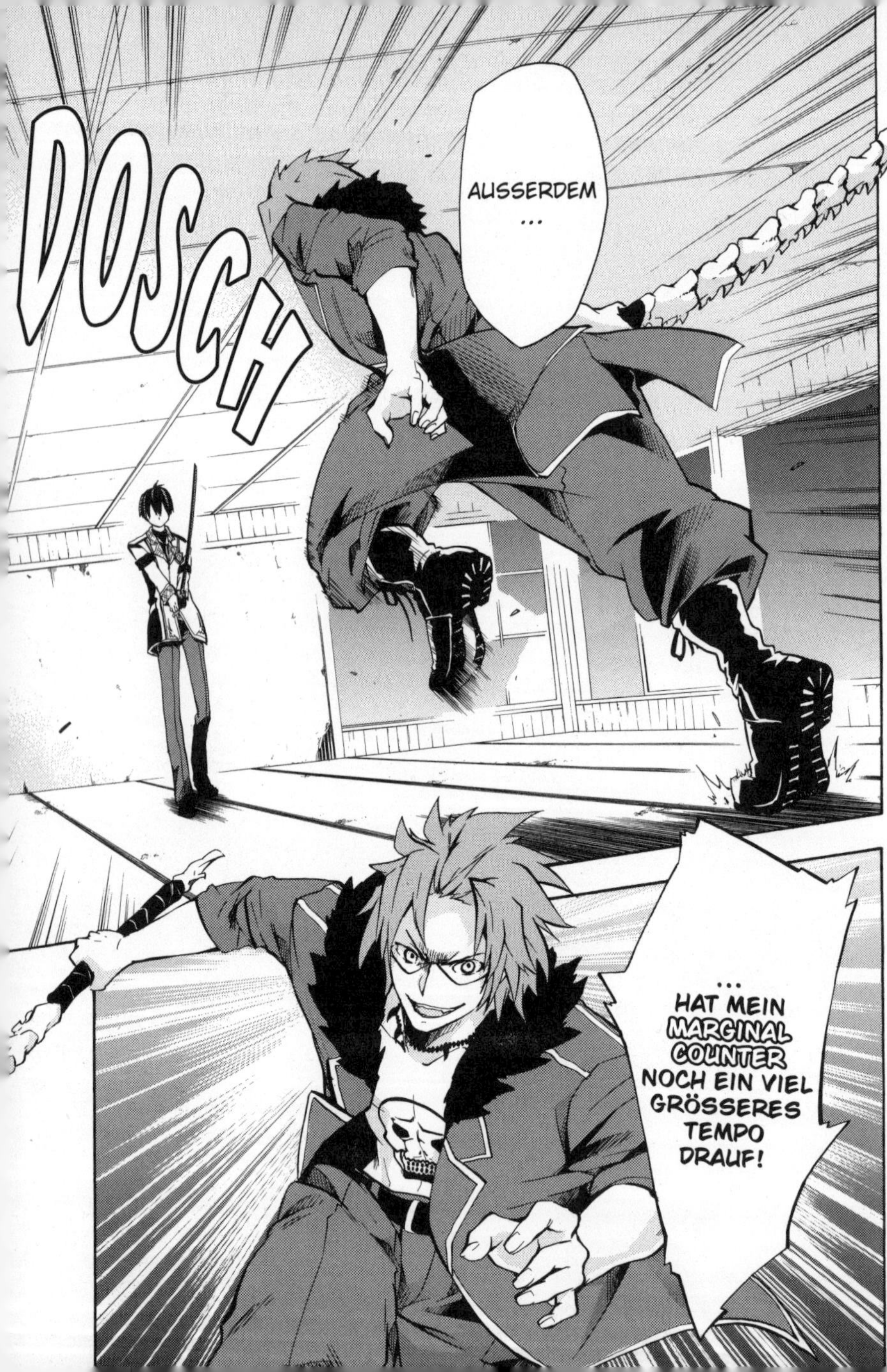
DOSCH
AUSSERDEM …
… HAT MEIN MARGINAL COUNTER NOCH EIN VIEL GRÖSSERES TEMPO DRAUF!

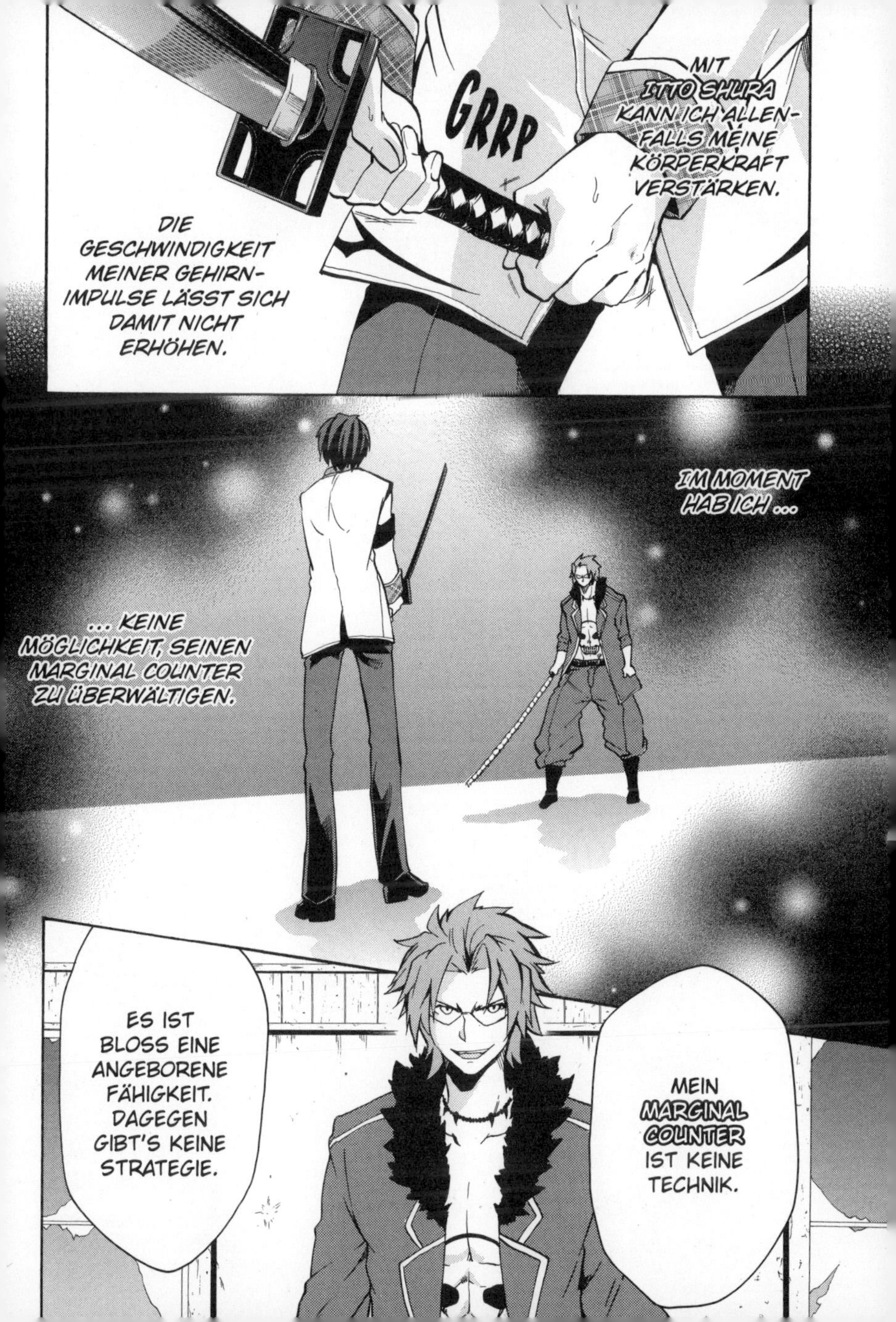

GRRP
MIT ITTO SHURA KANN ICH ALLENFALLS MEINE KÖRPERKRAFT VERSTÄRKEN.
DIE GESCHWINDIGKEIT MEINER GEHIRNIMPULSE LÄSST SICH DAMIT NICHT ERHÖHEN.
IM MOMENT HAB ICH ...
... KEINE MÖGLICHKEIT, SEINEN MARGINAL COUNTER ZU ÜBERWÄLTIGEN.
MEIN MARGINAL COUNTER IST KEINE TECHNIK.
ES IST BLOSS EINE ANGEBORENE FÄHIGKEIT. DAGEGEN GIBT'S KEINE STRATEGIE.

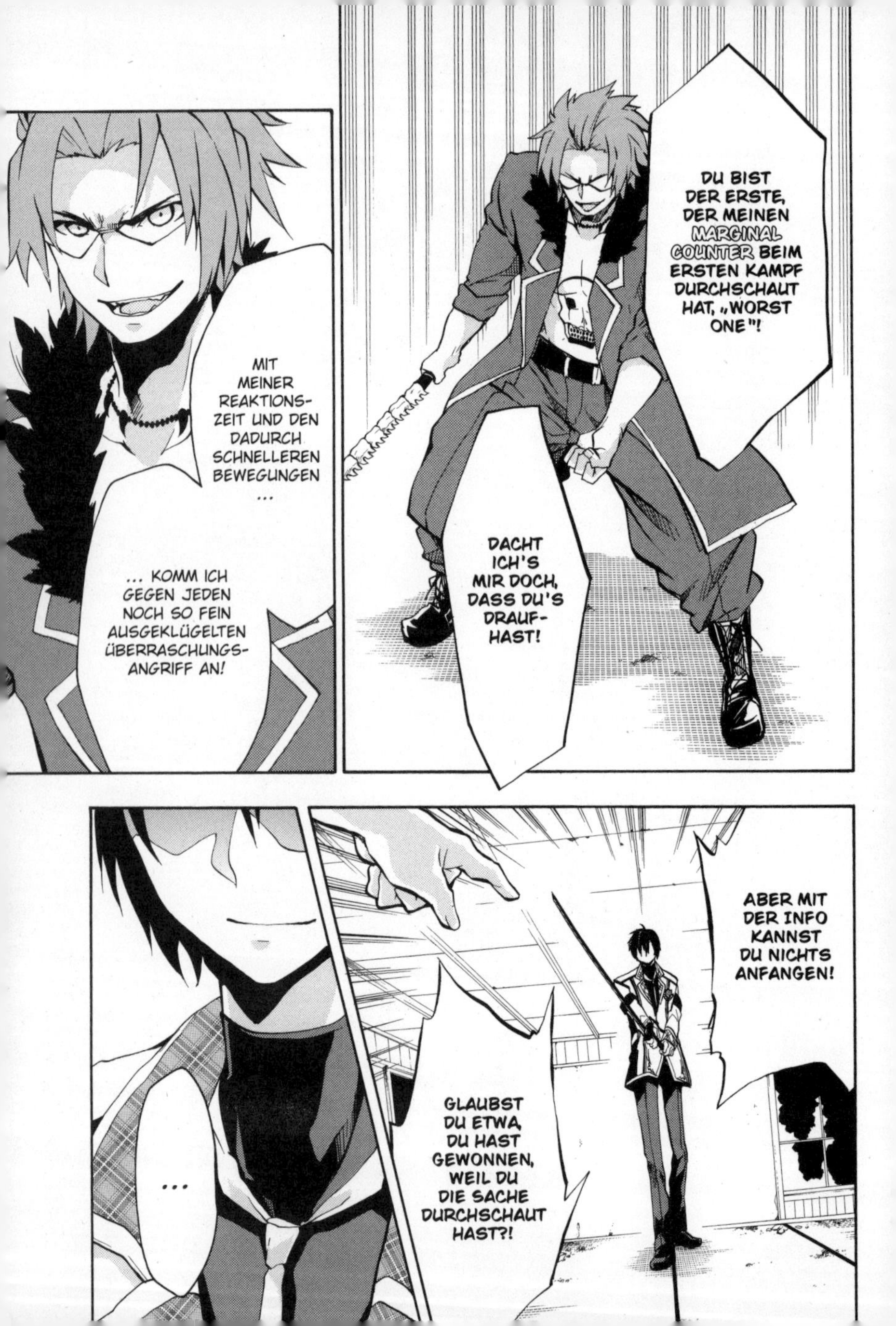

DU BIST DER ERSTE, DER MEINEN MARGINAL COUNTER BEIM ERSTEN KAMPF DURCHSCHAUT HAT, „WORST ONE"!
DACHT ICH'S MIR DOCH, DASS DU'S DRAUF-HAST!
MIT MEINER REAKTIONS-ZEIT UND DEN DADURCH SCHNELLEREN BEWEGUNGEN ...
... KOMM ICH GEGEN JEDEN NOCH SO FEIN AUSGEKLÜGELTEN ÜBERRASCHUNGS-ANGRIFF AN!
ABER MIT DER INFO KANNST DU NICHTS ANFANGEN!
GLAUBST DU ETWA, DU HAST GEWONNEN, WEIL DU DIE SACHE DURCHSCHAUT HAST?!
...

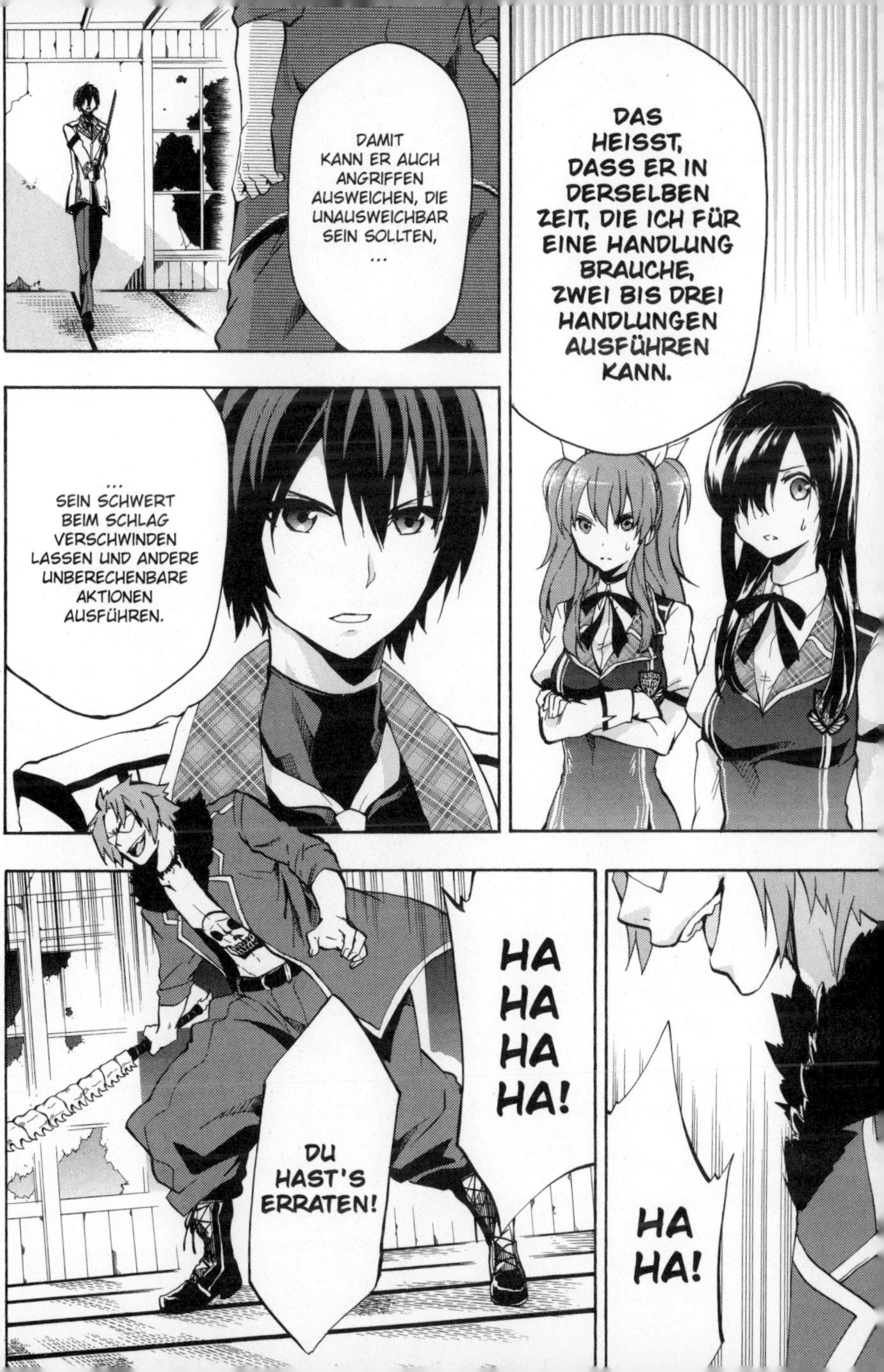
DAS HEISST, DASS ER IN DERSELBEN ZEIT, DIE ICH FÜR EINE HANDLUNG BRAUCHE, ZWEI BIS DREI HANDLUNGEN AUSFÜHREN KANN.
DAMIT KANN ER AUCH ANGRIFFEN AUSWEICHEN, DIE UNAUSWEICHBAR SEIN SOLLTEN, ...
... SEIN SCHWERT BEIM SCHLAG VERSCHWINDEN LASSEN UND ANDERE UNBERECHENBARE AKTIONEN AUSFÜHREN.
DU HAST'S ERRATEN!
HA HA HA HA!
HA HA!

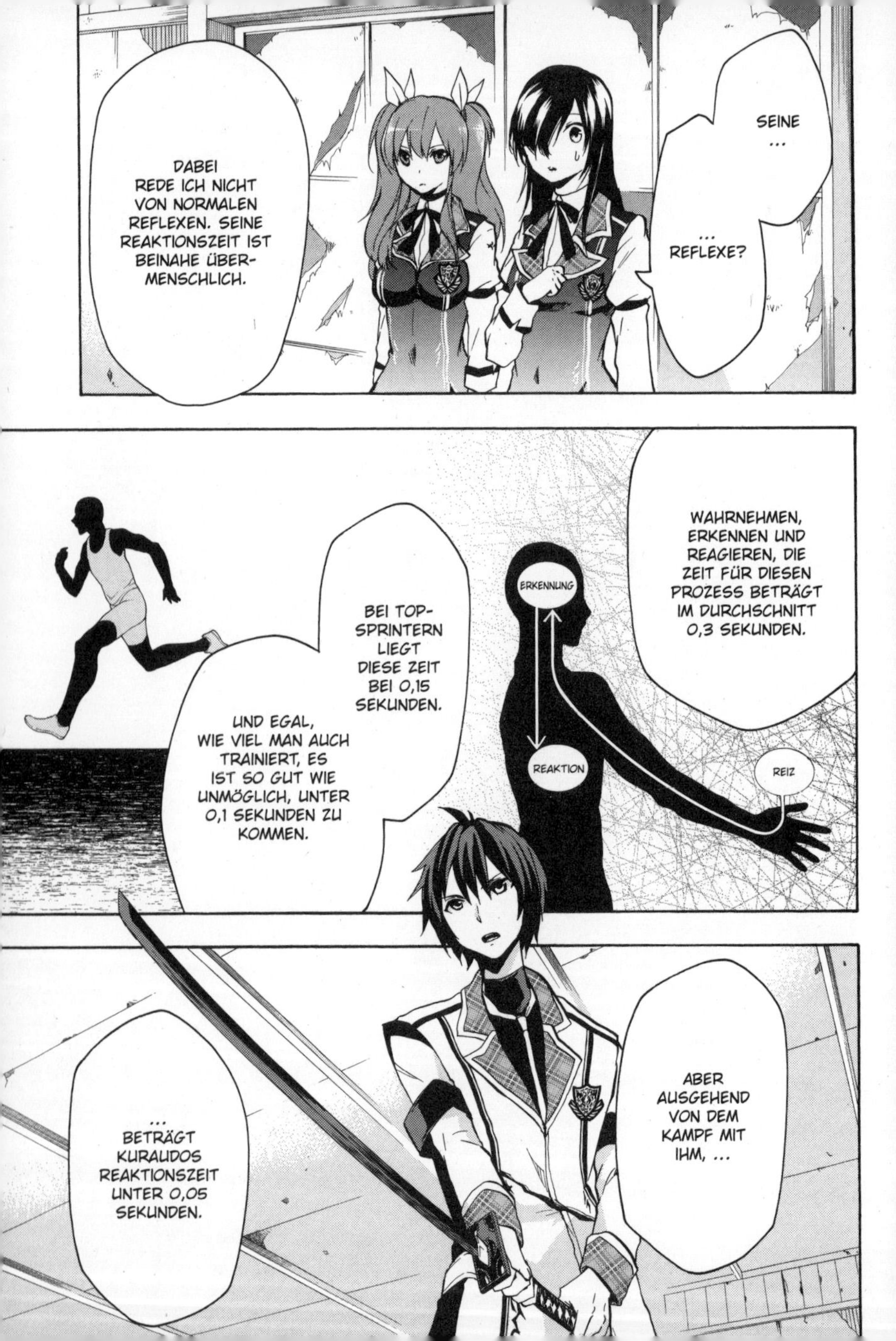
SEINE … … REFLEXE?
DABEI REDE ICH NICHT VON NORMALEN REFLEXEN. SEINE REAKTIONSZEIT IST BEINAHE ÜBER-MENSCHLICH.
WAHRNEHMEN, ERKENNEN UND REAGIEREN, DIE ZEIT FÜR DIESEN PROZESS BETRÄGT IM DURCHSCHNITT 0,3 SEKUNDEN.
ERKENNUNG
REAKTION
REIZ
BEI TOP-SPRINTERN LIEGT DIESE ZEIT BEI 0,15 SEKUNDEN.
UND EGAL, WIE VIEL MAN AUCH TRAINIERT, ES IST SO GUT WIE UNMÖGLICH, UNTER 0,1 SEKUNDEN ZU KOMMEN.
ABER AUSGEHEND VON DEM KAMPF MIT IHM, …
… BETRÄGT KURAUDOS REAKTIONSZEIT UNTER 0,05 SEKUNDEN.

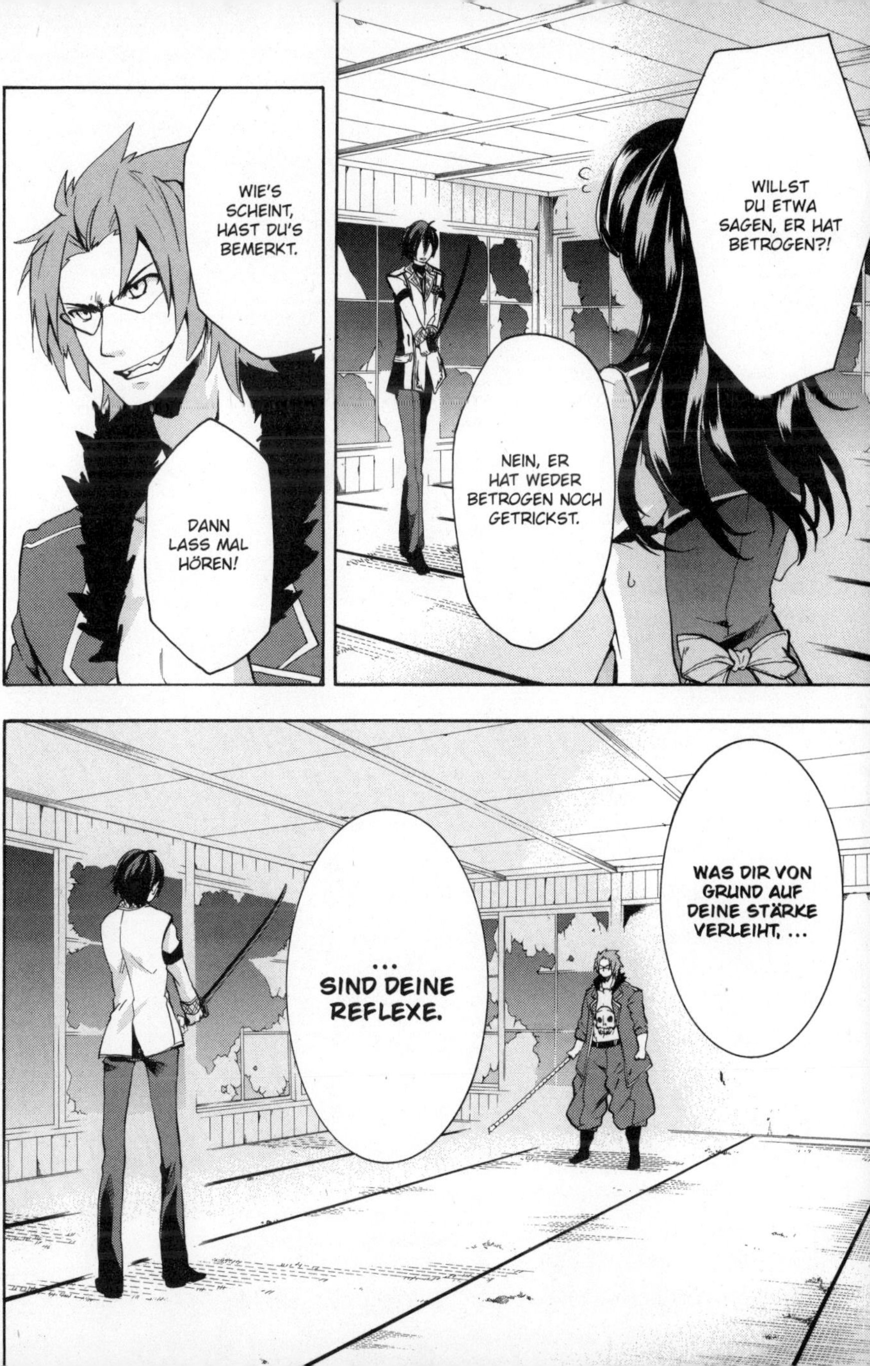
WILLST DU ETWA SAGEN, ER HAT BETROGEN?!
NEIN, ER HAT WEDER BETROGEN NOCH GETRICKST.
WIE'S SCHEINT, HAST DU'S BEMERKT.
DANN LASS MAL HÖREN!
WAS DIR VON GRUND AUF DEINE STÄRKE VERLEIHT, ...
... SIND DEINE REFLEXE.

Kapitel 19: Der Herzenswunsch eines Ritters

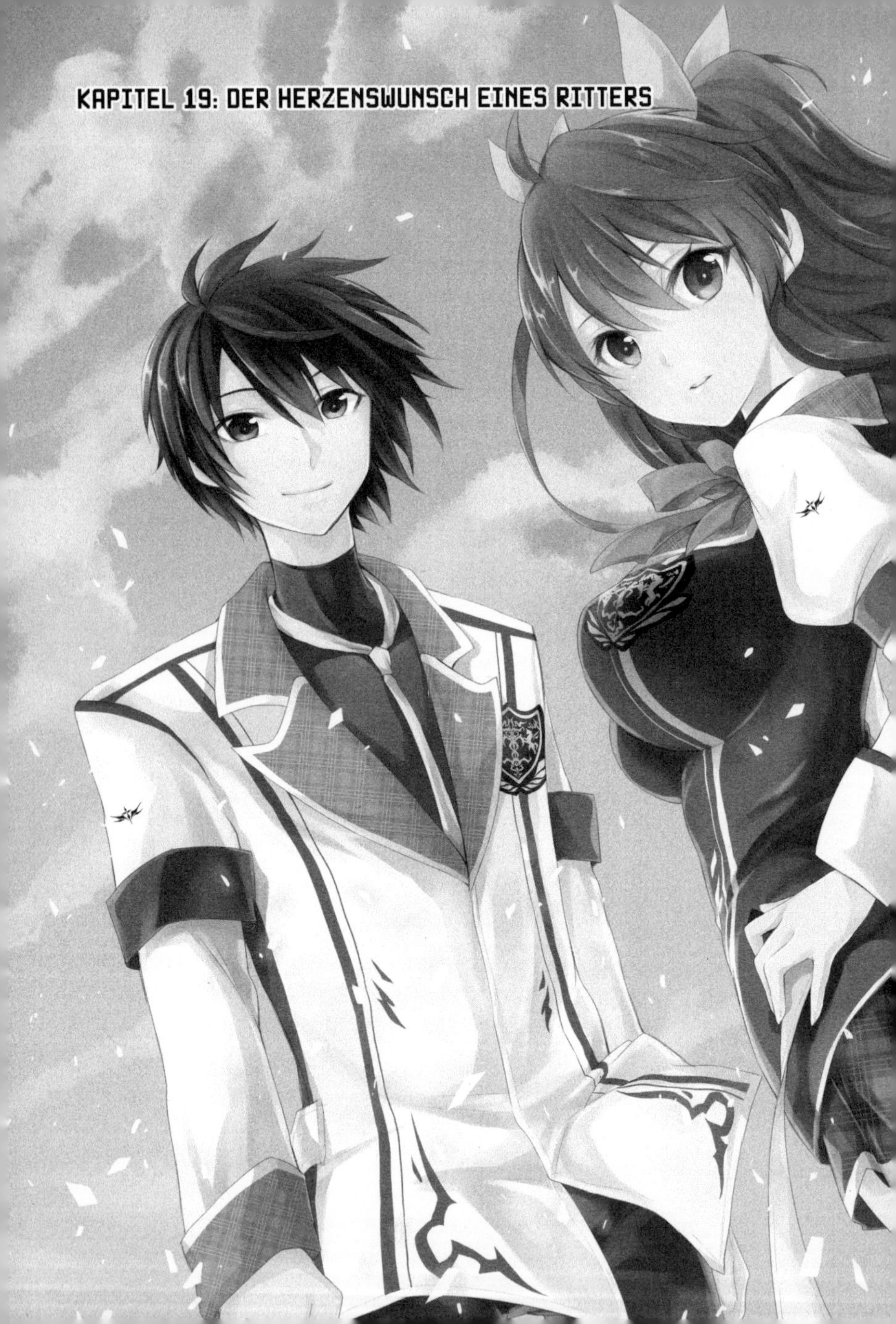

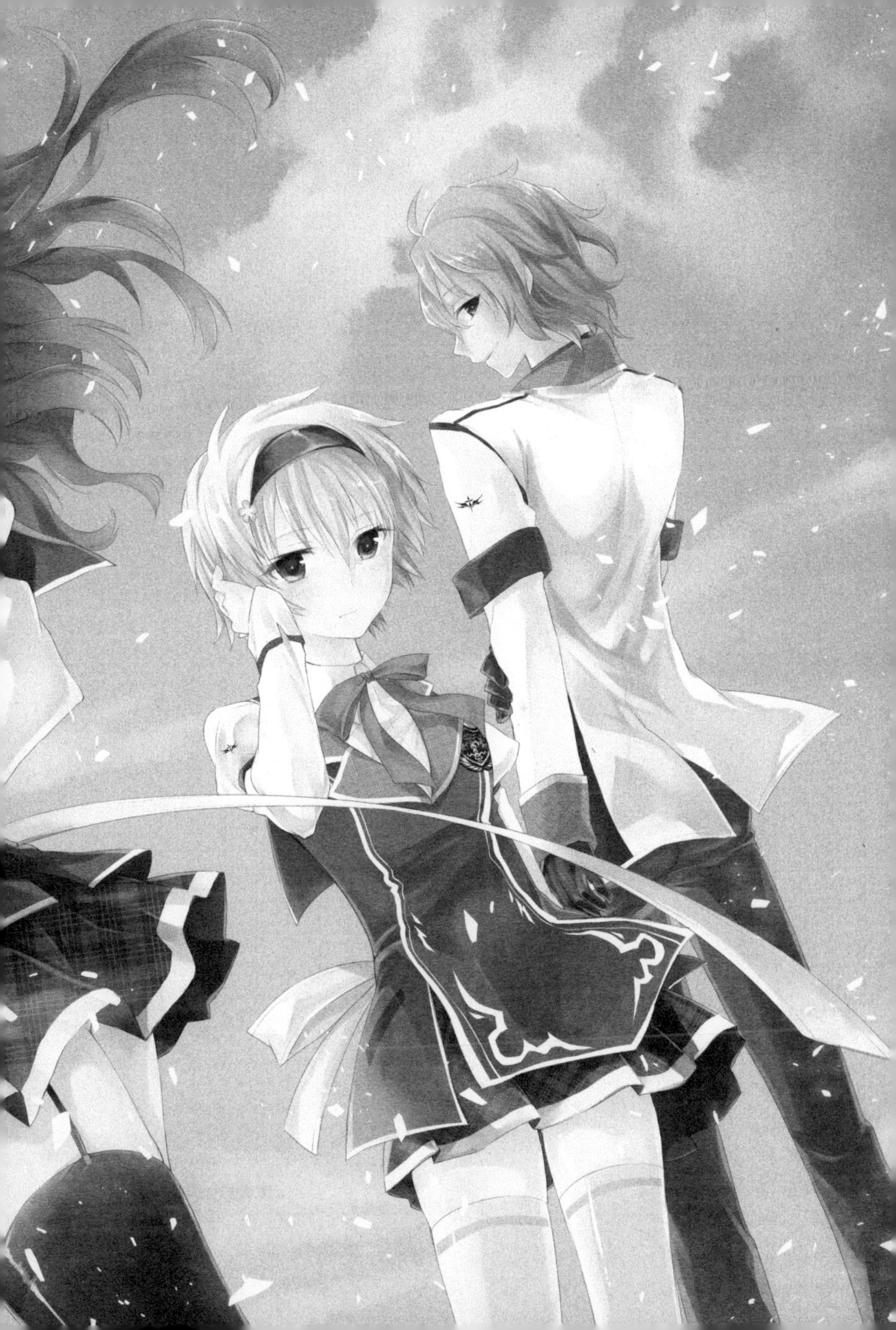

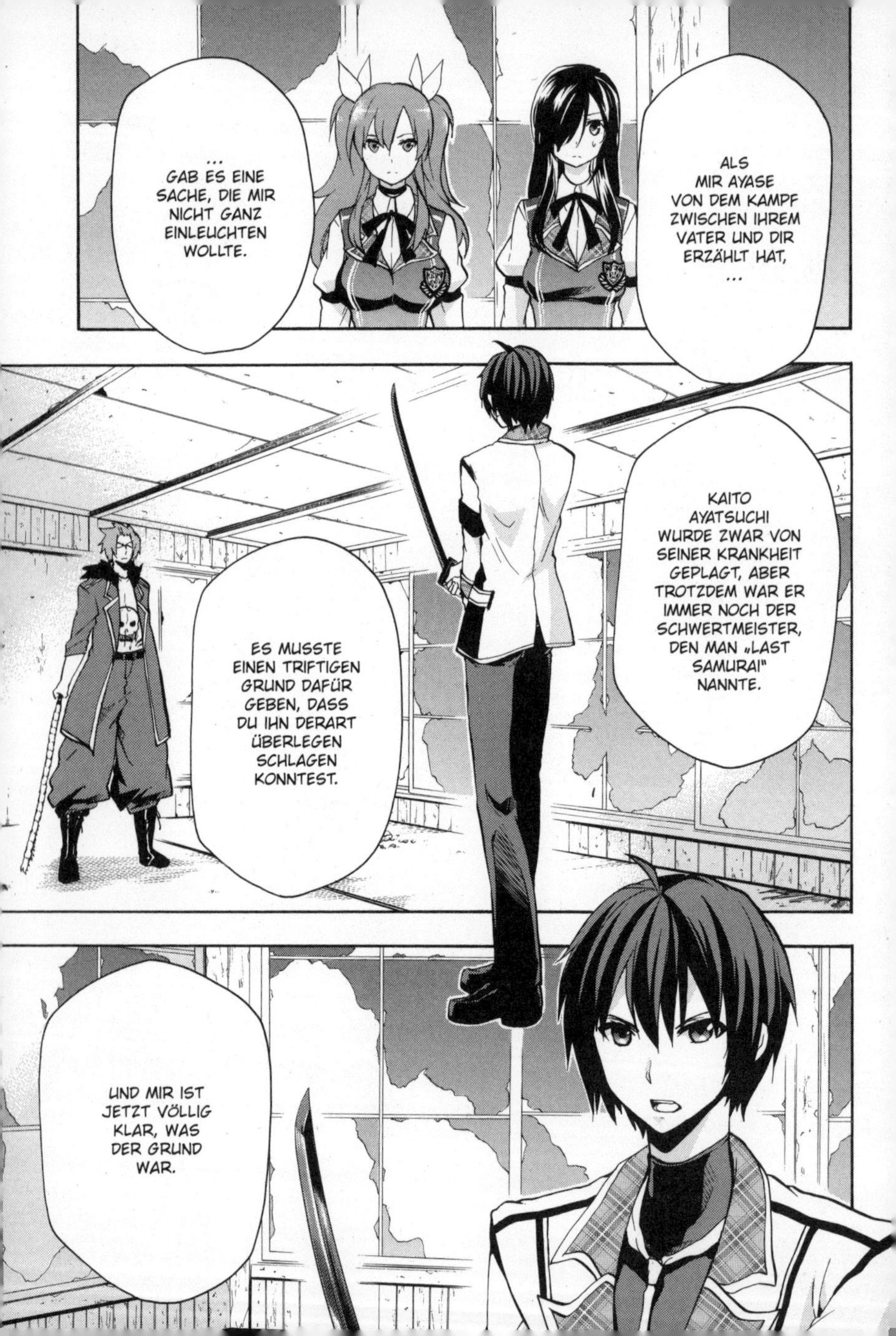
ALS MIR AYASE VON DEM KAMPF ZWISCHEN IHREM VATER UND DIR ERZÄHLT HAT, ...
... GAB ES EINE SACHE, DIE MIR NICHT GANZ EINLEUCHTEN WOLLTE.
KAITO AYATSUCHI WURDE ZWAR VON SEINER KRANKHEIT GEPLAGT, ABER TROTZDEM WAR ER IMMER NOCH DER SCHWERTMEISTER, DEN MAN „LAST SAMURAI" NANNTE.
ES MUSSTE EINEN TRIFTIGEN GRUND DAFÜR GEBEN, DASS DU IHN DERART ÜBERLEGEN SCHLAGEN KONNTEST.
UND MIR IST JETZT VÖLLIG KLAR, WAS DER GRUND WAR.

Chivalry of a Failed Knight

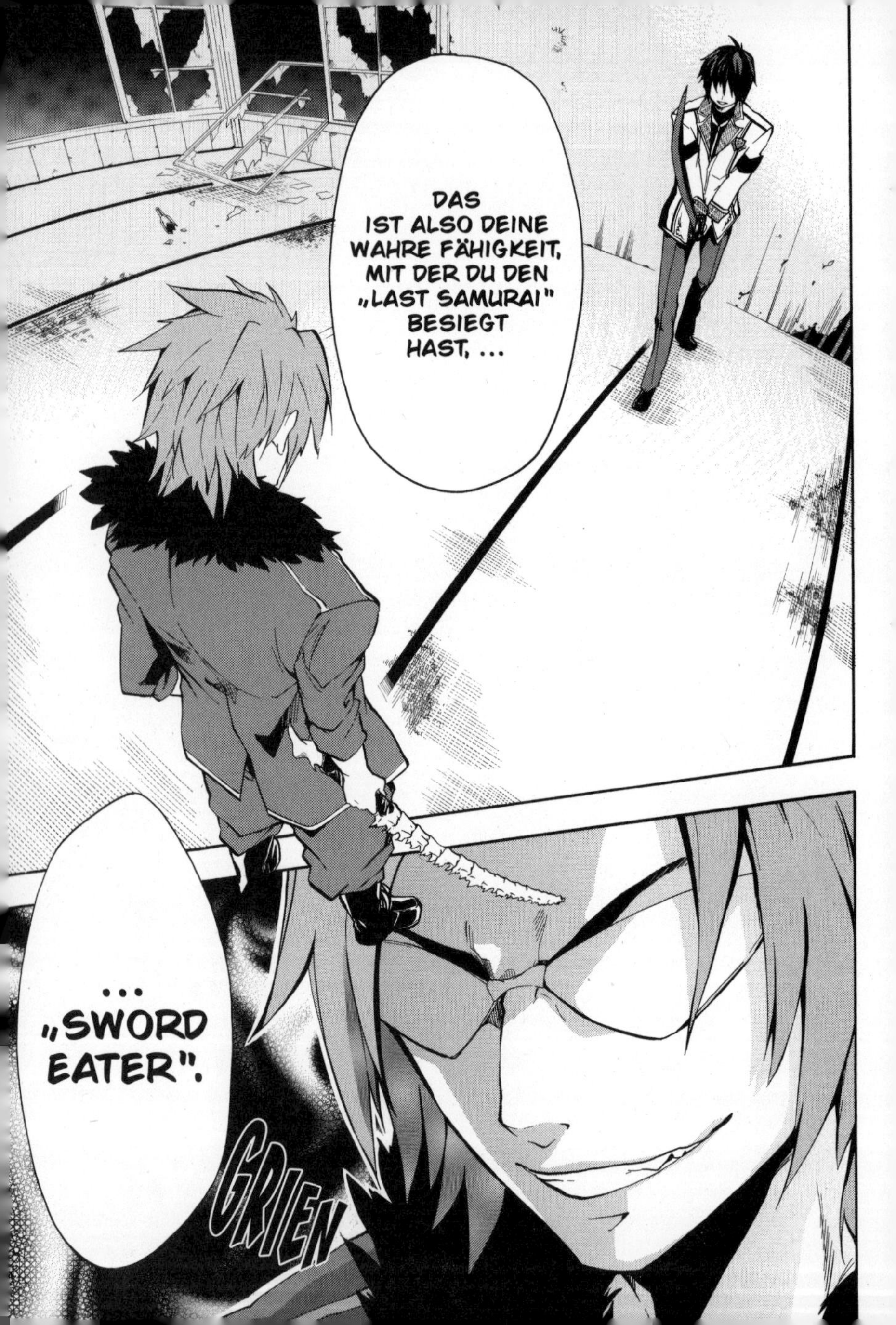
DAS IST ALSO DEINE WAHRE FÄHIGKEIT, MIT DER DU DEN „LAST SAMURAI" BESIEGT HAST, ...
... „SWORD EATER".
GRIEN

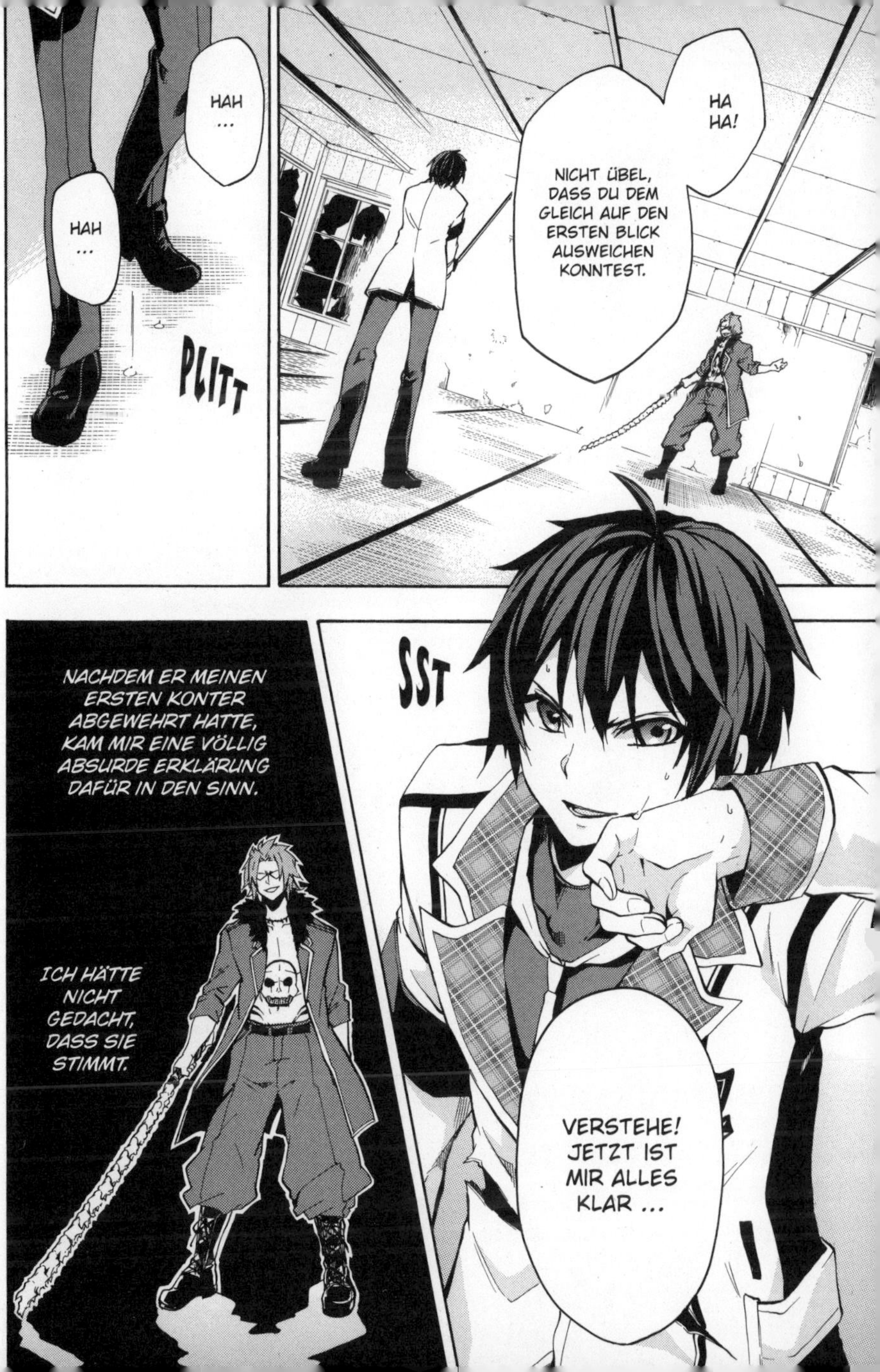
HA HA!
NICHT ÜBEL, DASS DU DEM GLEICH AUF DEN ERSTEN BLICK AUSWEICHEN KONNTEST.
HAH ...
HAH ...
PLITT
SST
VERSTEHE! JETZT IST MIR ALLES KLAR ...
NACHDEM ER MEINEN ERSTEN KONTER ABGEWEHRT HATTE, KAM MIR EINE VÖLLIG ABSURDE ERKLÄRUNG DAFÜR IN DEN SINN.
ICH HÄTTE NICHT GEDACHT, DASS SIE STIMMT.

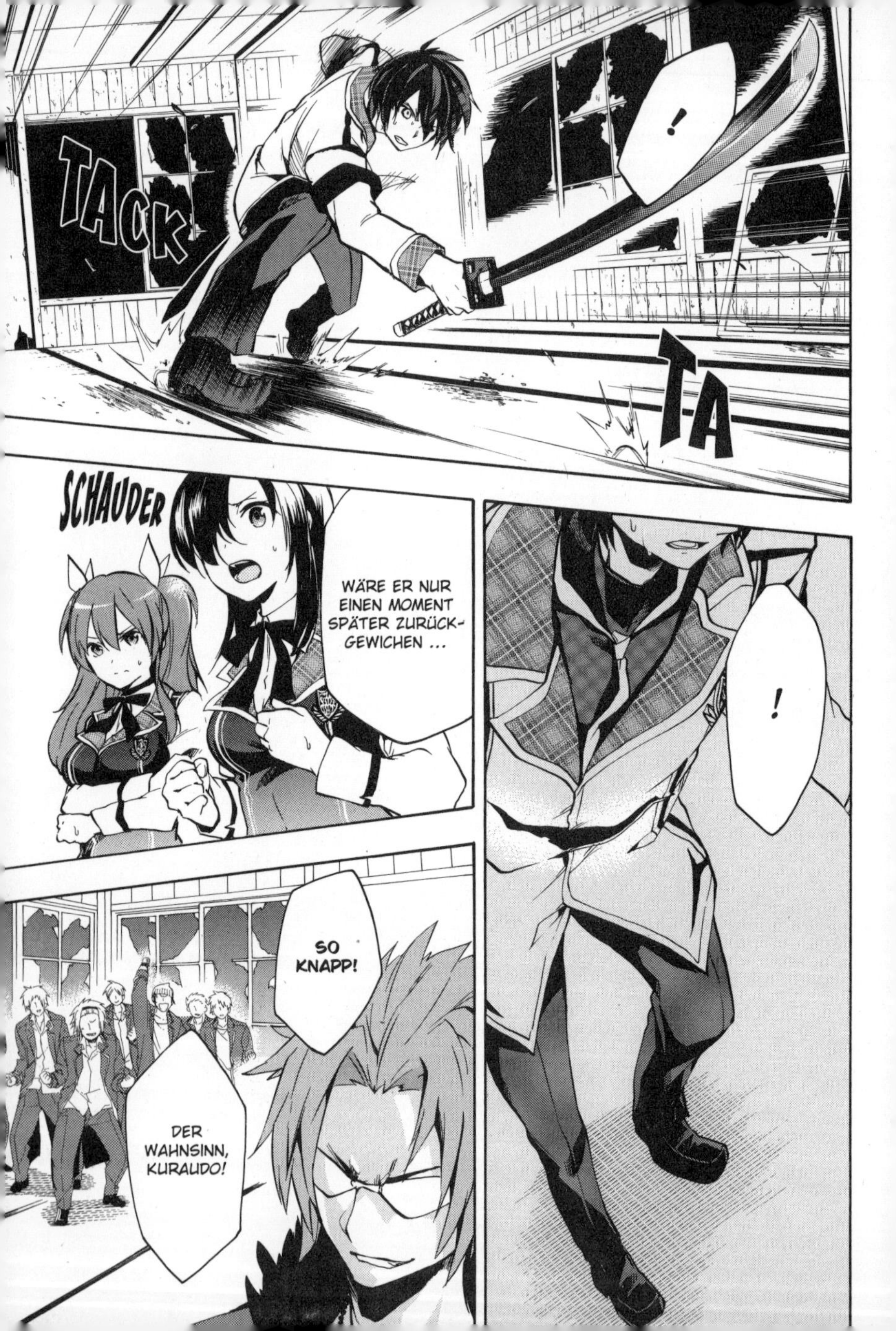
!
TACK
TA
!
SCHAUDER
WÄRE ER NUR EINEN MOMENT SPÄTER ZURÜCK-GEWICHEN …
SO KNAPP!
DER WAHNSINN, KURAUDO!

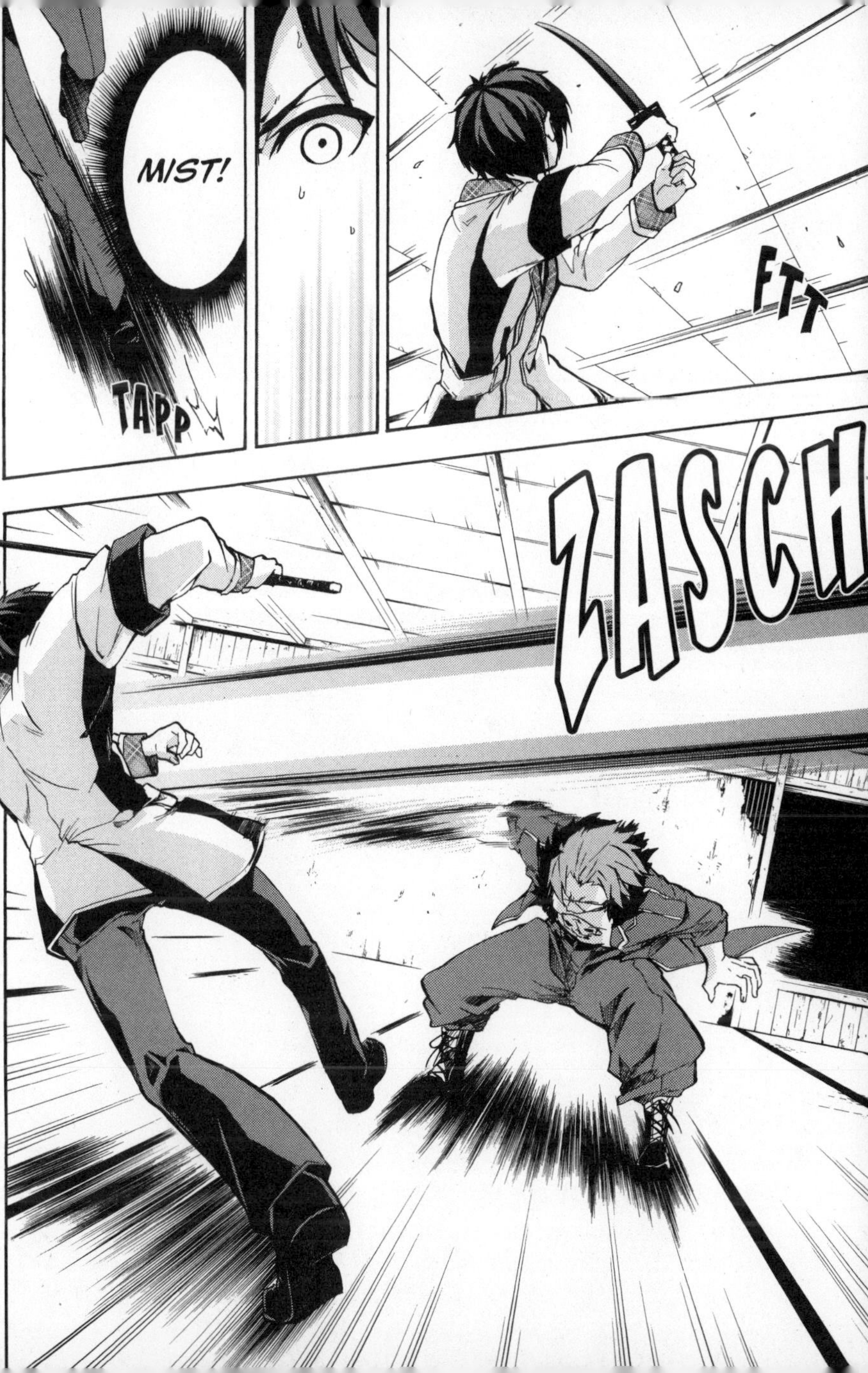
FTT
MIST!
TAPP
ZASCH

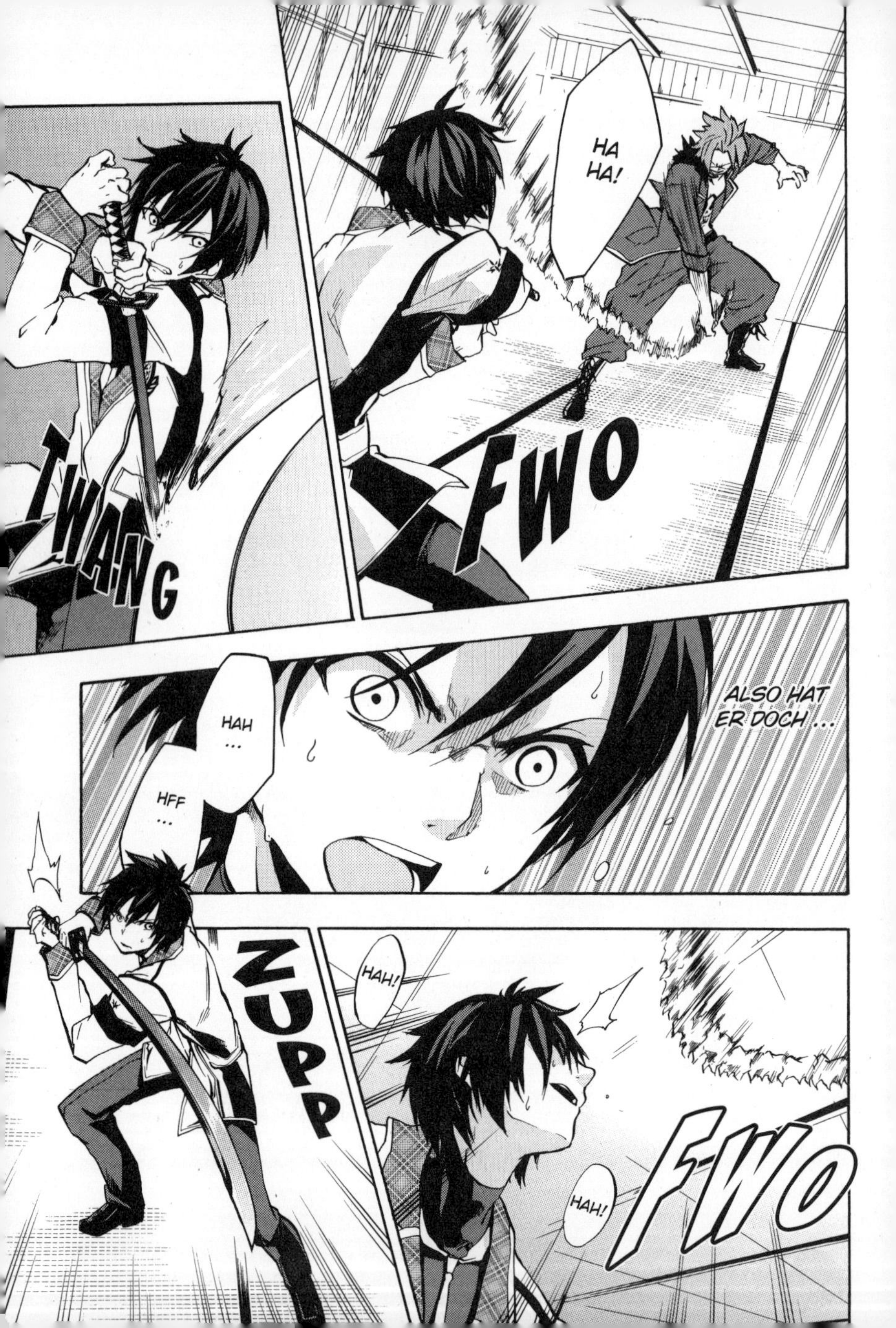
HA HA!
FWO
TWANG
ALSO HAT ER DOCH …
HAH …
HFF …
HAH!
FWO
HAH!
ZUPP

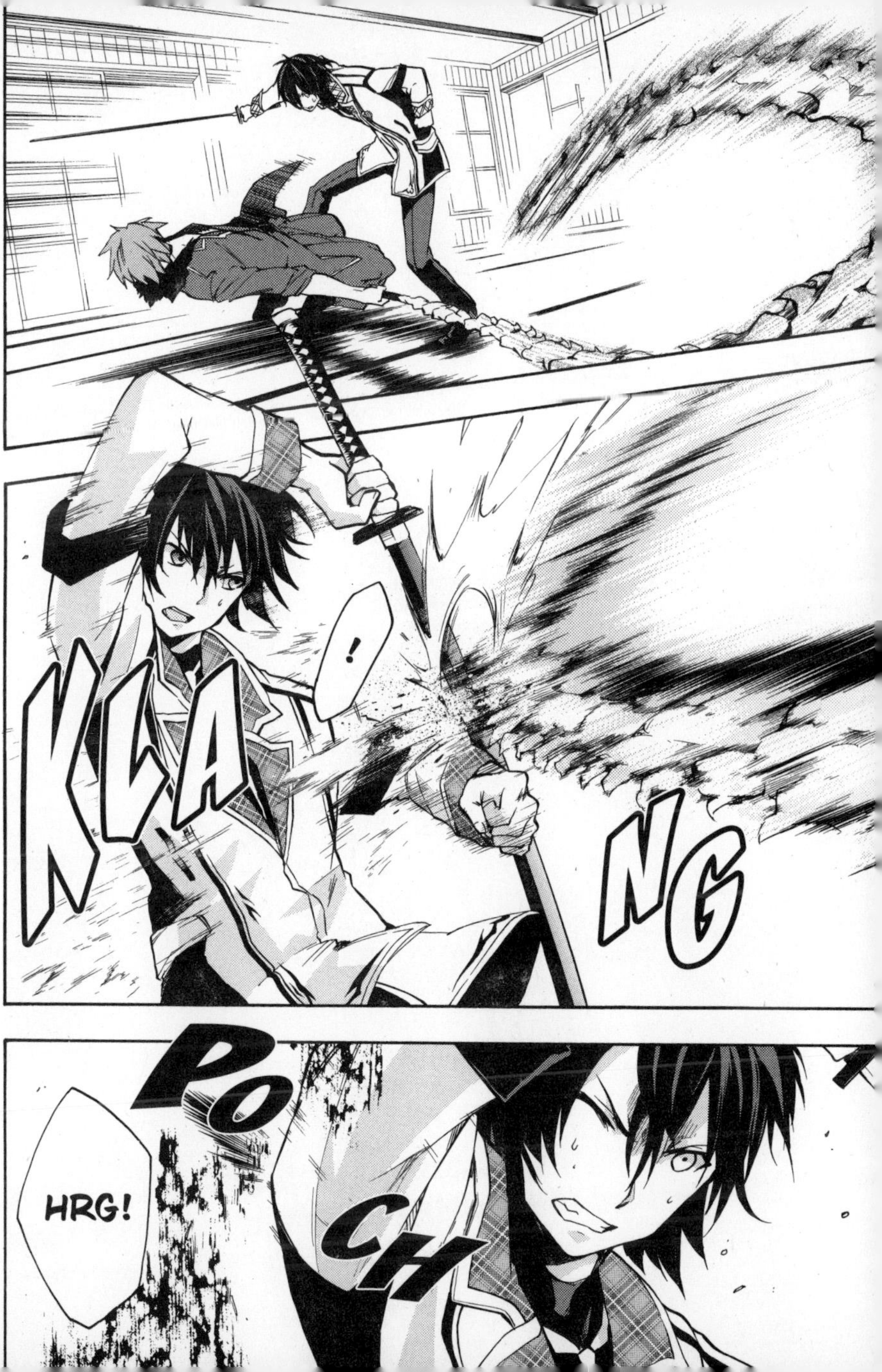
!
KLANG
HRG!
POCH

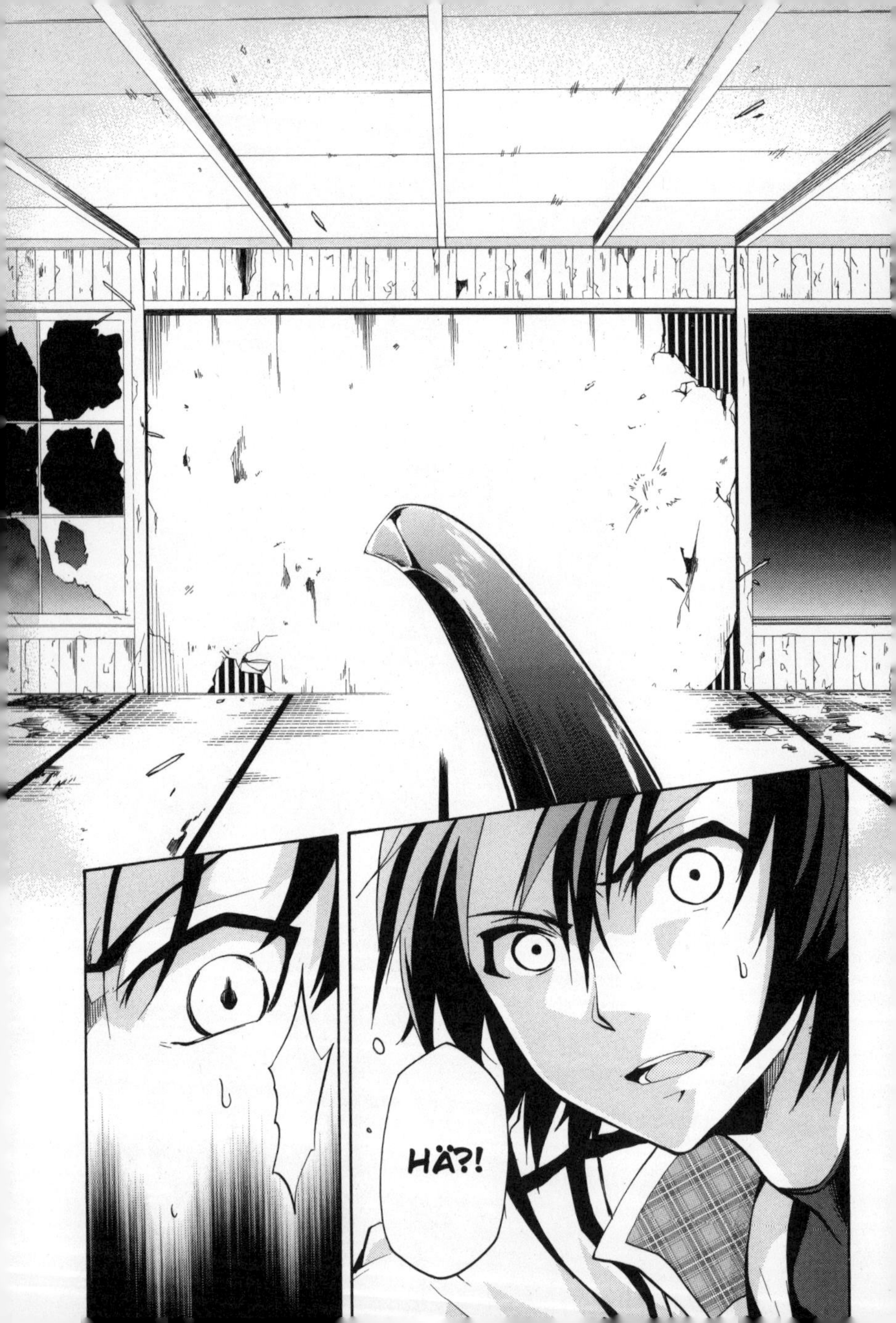
HÄ?!

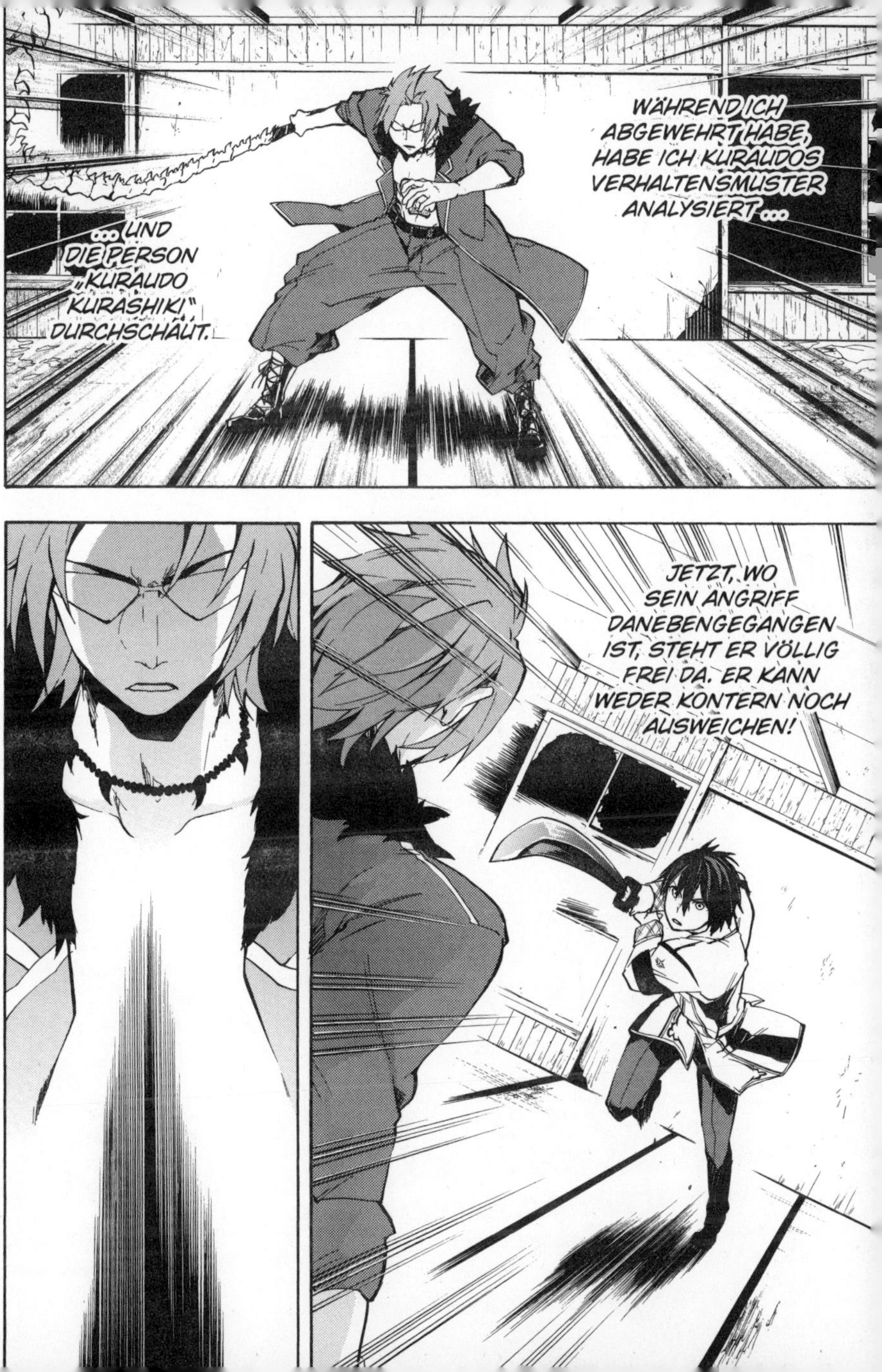
WÄHREND ICH ABGEWEHRT HABE, HABE ICH KURAUDOS VERHALTENSMUSTER ANALYSIERT ...
... UND DIE PERSON „KURAUDO KURASHIKI" DURCHSCHAUT.
JETZT, WO SEIN ANGRIFF DANEBENGEGANGEN IST, STEHT ER VÖLLIG FREI DA. ER KANN WEDER KONTERN NOCH AUSWEICHEN!

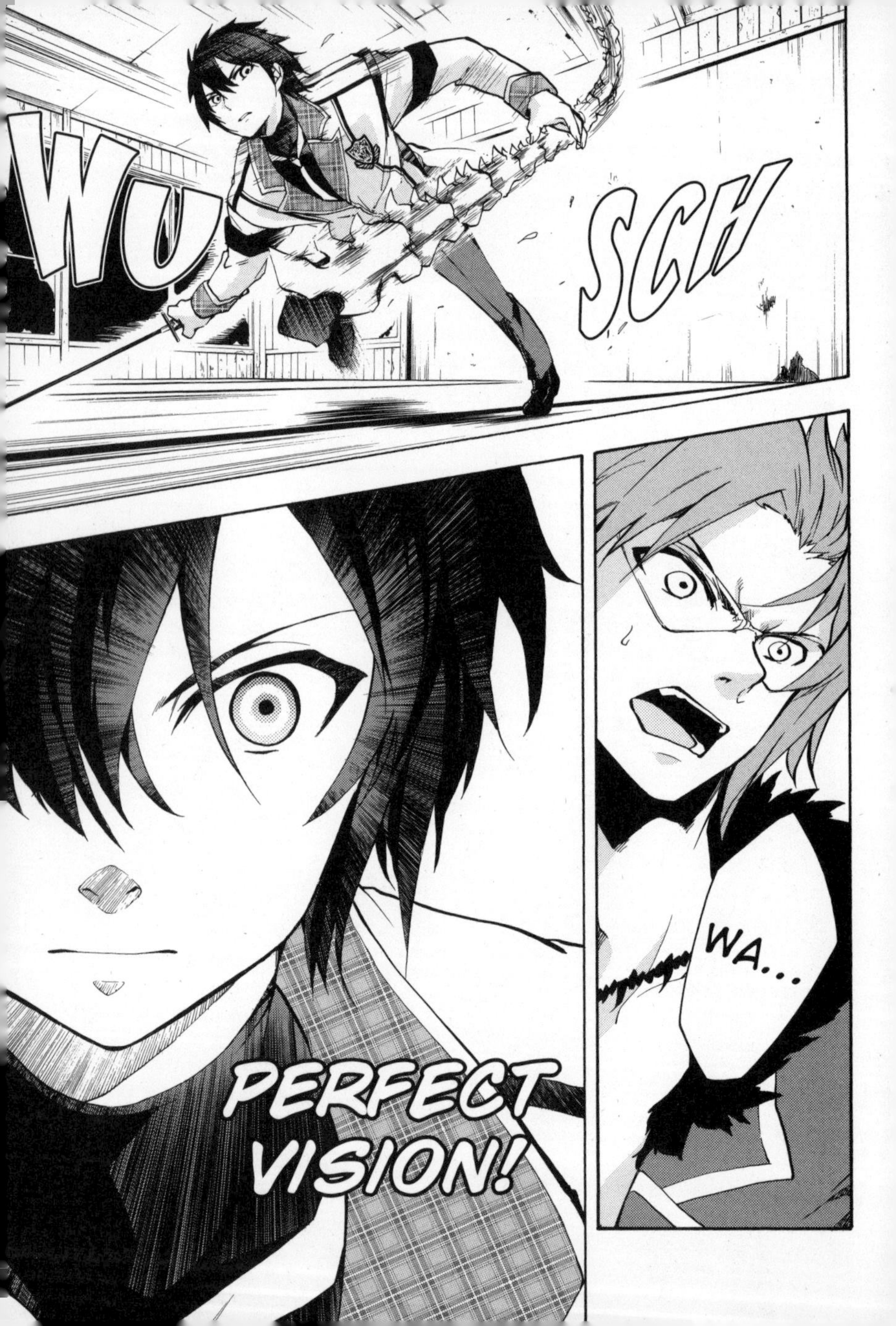
WUSCH
WA...
PERFECT VISION!

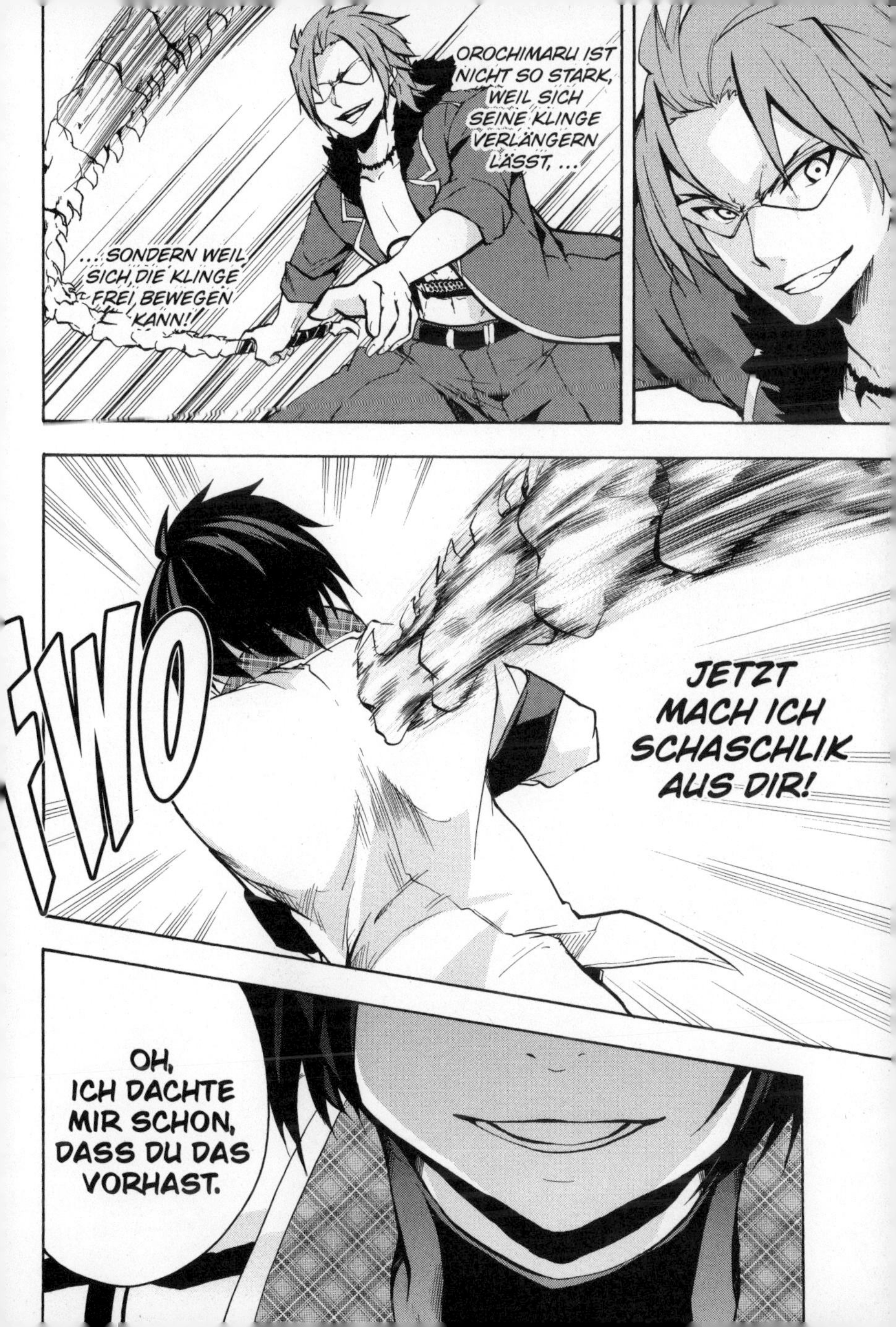
OROCHIMARU IST NICHT SO STARK, WEIL SICH SEINE KLINGE VERLÄNGERN LÄSST, ...
... SONDERN WEIL SICH DIE KLINGE FREI BEWEGEN KANN!
ZWO
JETZT MACH ICH SCHASCHLIK AUS DIR!
OH, ICH DACHTE MIR SCHON, DASS DU DAS VORHAST.

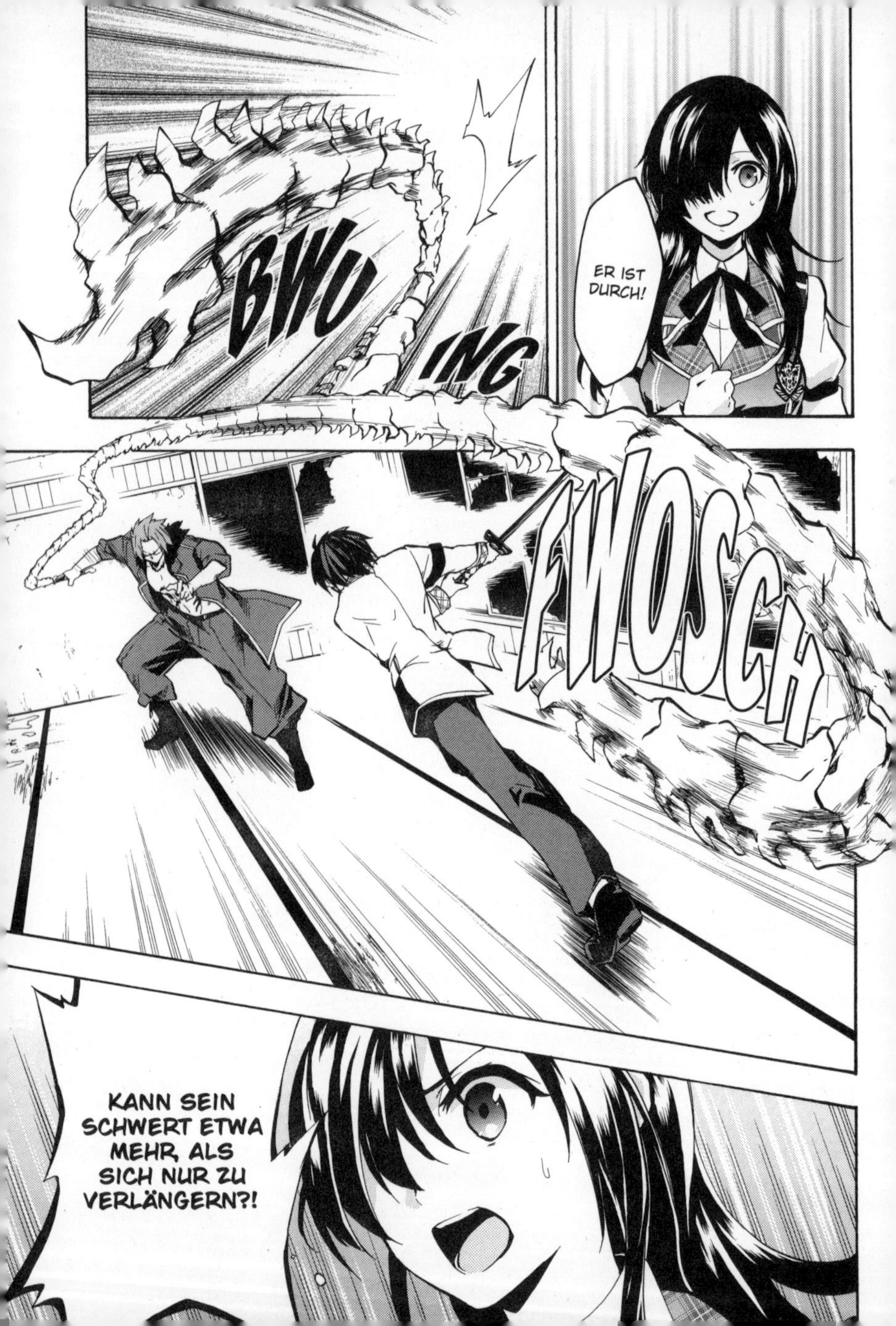

ER IST DURCH!
BWU ING
FWOSCH
KANN SEIN SCHWERT ETWA MEHR, ALS SICH NUR ZU VERLÄNGERN?!

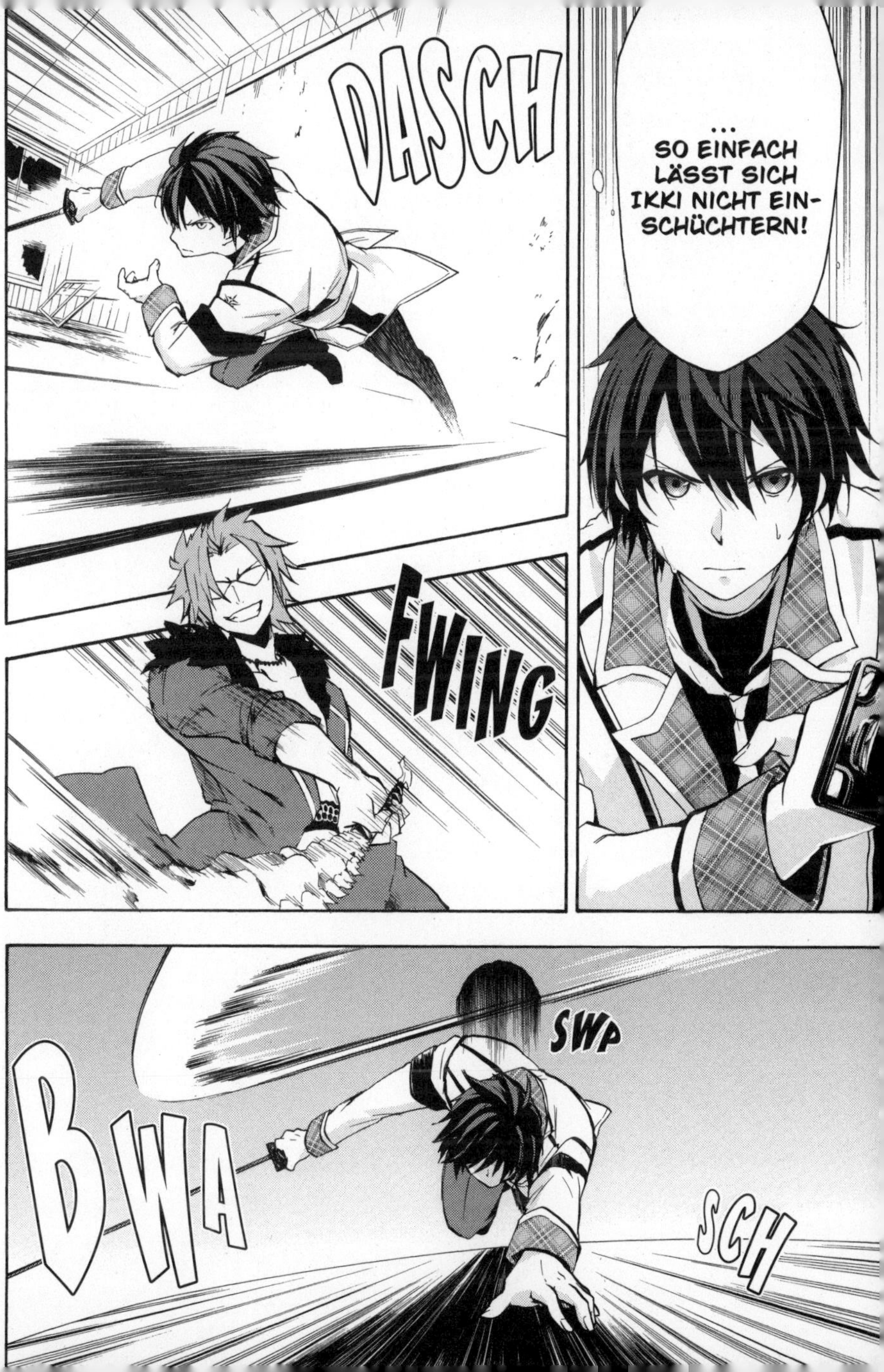
... SO EINFACH LÄSST SICH IKKI NICHT EIN-SCHÜCHTERN!
DASCH
FWING
SWP
BWA
SCH

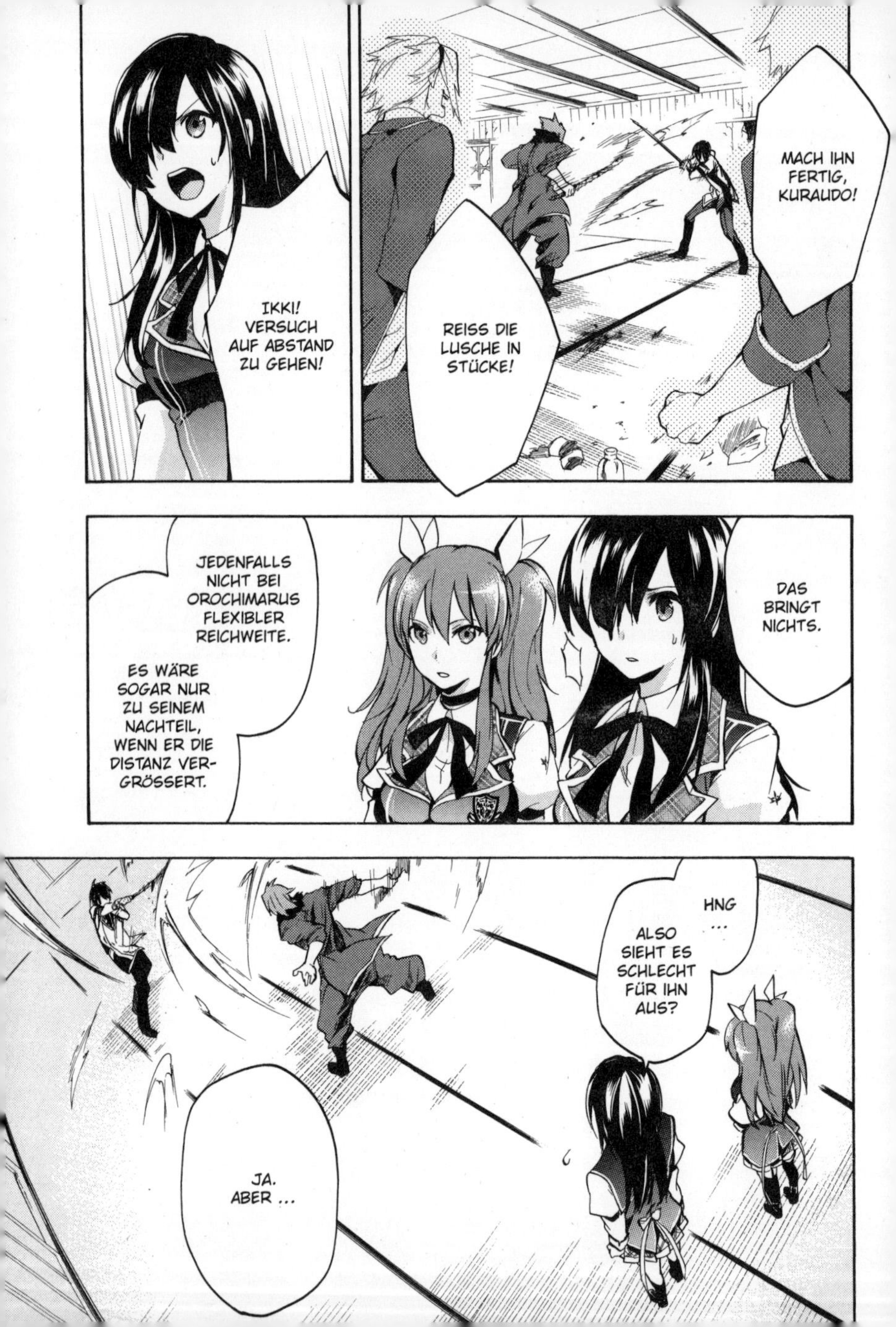
MACH IHN FERTIG, KURAUDO!
REISS DIE LUSCHE IN STÜCKE!
IKKI! VERSUCH AUF ABSTAND ZU GEHEN!
DAS BRINGT NICHTS.
JEDENFALLS NICHT BEI OROCHIMARUS FLEXIBLER REICHWEITE.
ES WÄRE SOGAR NUR ZU SEINEM NACHTEIL, WENN ER DIE DISTANZ VERGRÖSSERT.
HNG …
ALSO SIEHT ES SCHLECHT FÜR IHN AUS?
JA. ABER …

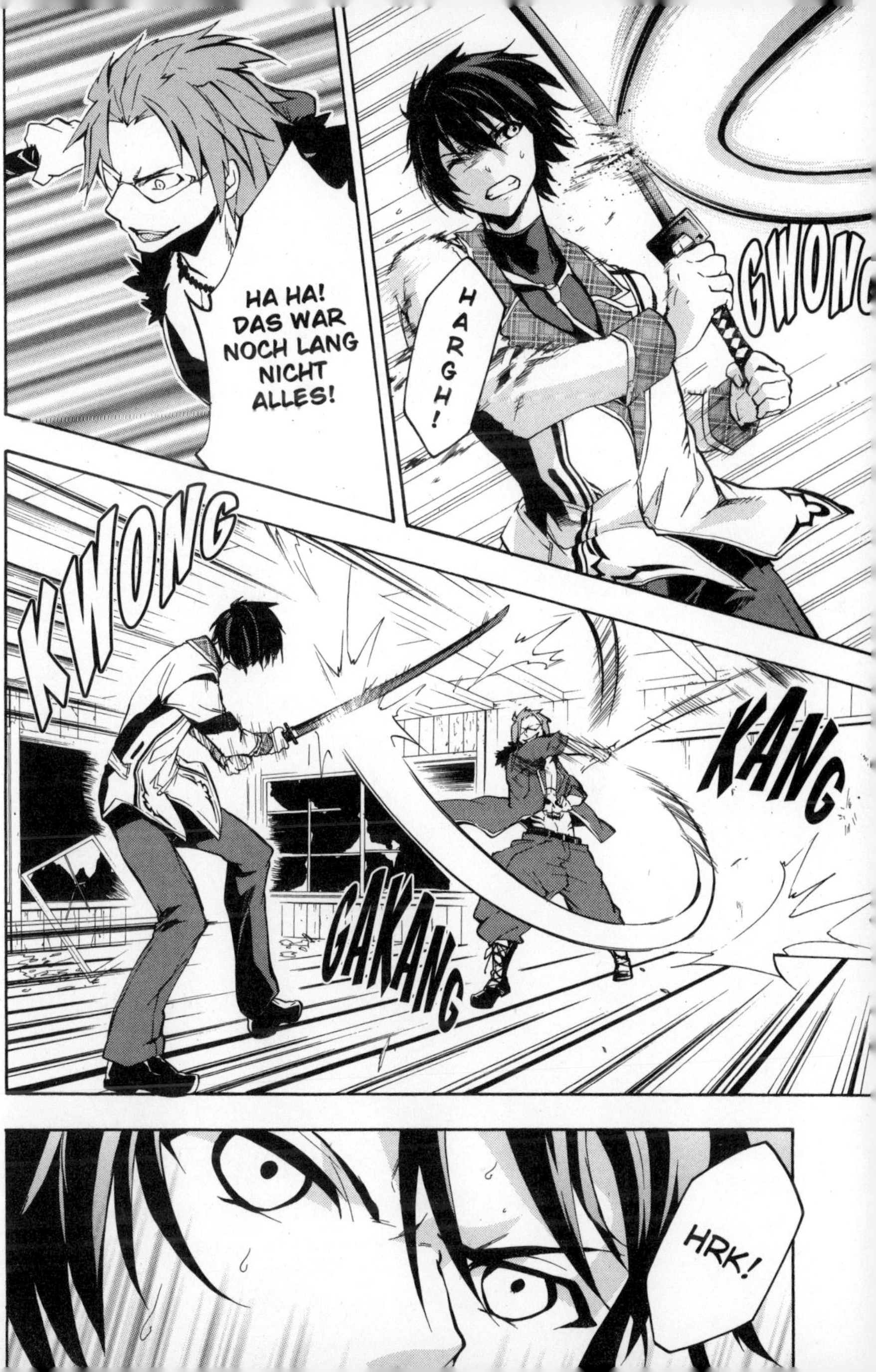
GWON
HARGH!
HA HA! DAS WAR NOCH LANG NICHT ALLES!
KANG
GAKANG
KWONG
HRK!

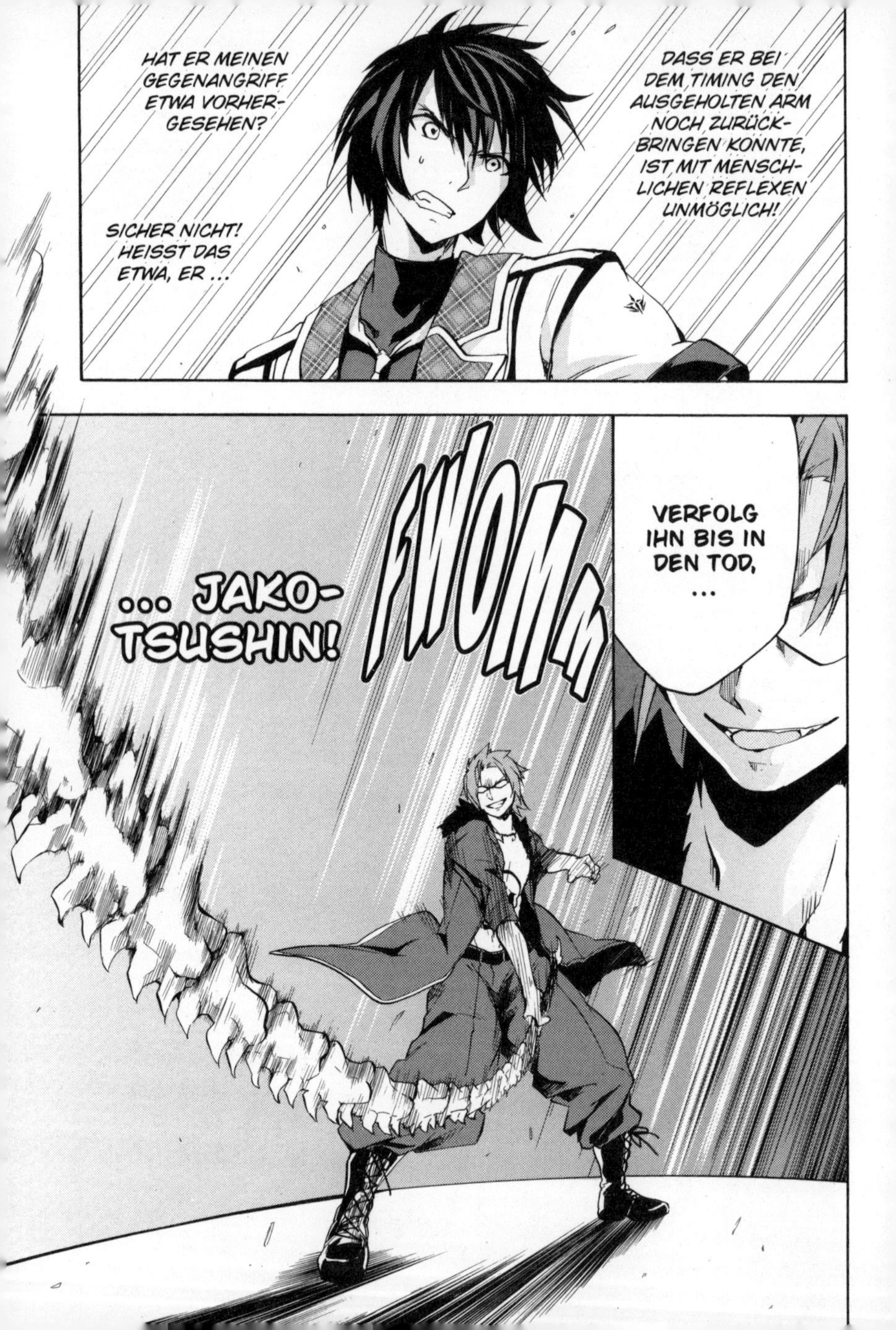
DASS ER BEI DEM TIMING DEN AUSGEHOLTEN ARM NOCH ZURÜCKBRINGEN KONNTE, IST MIT MENSCHLICHEN REFLEXEN UNMÖGLICH!
HAT ER MEINEN GEGENANGRIFF ETWA VORHERGESEHEN?
SICHER NICHT! HEISST DAS ETWA, ER ...
VERFOLG IHN BIS IN DEN TOD, ...
FWOMM
... JAKO-TSUSHIN!

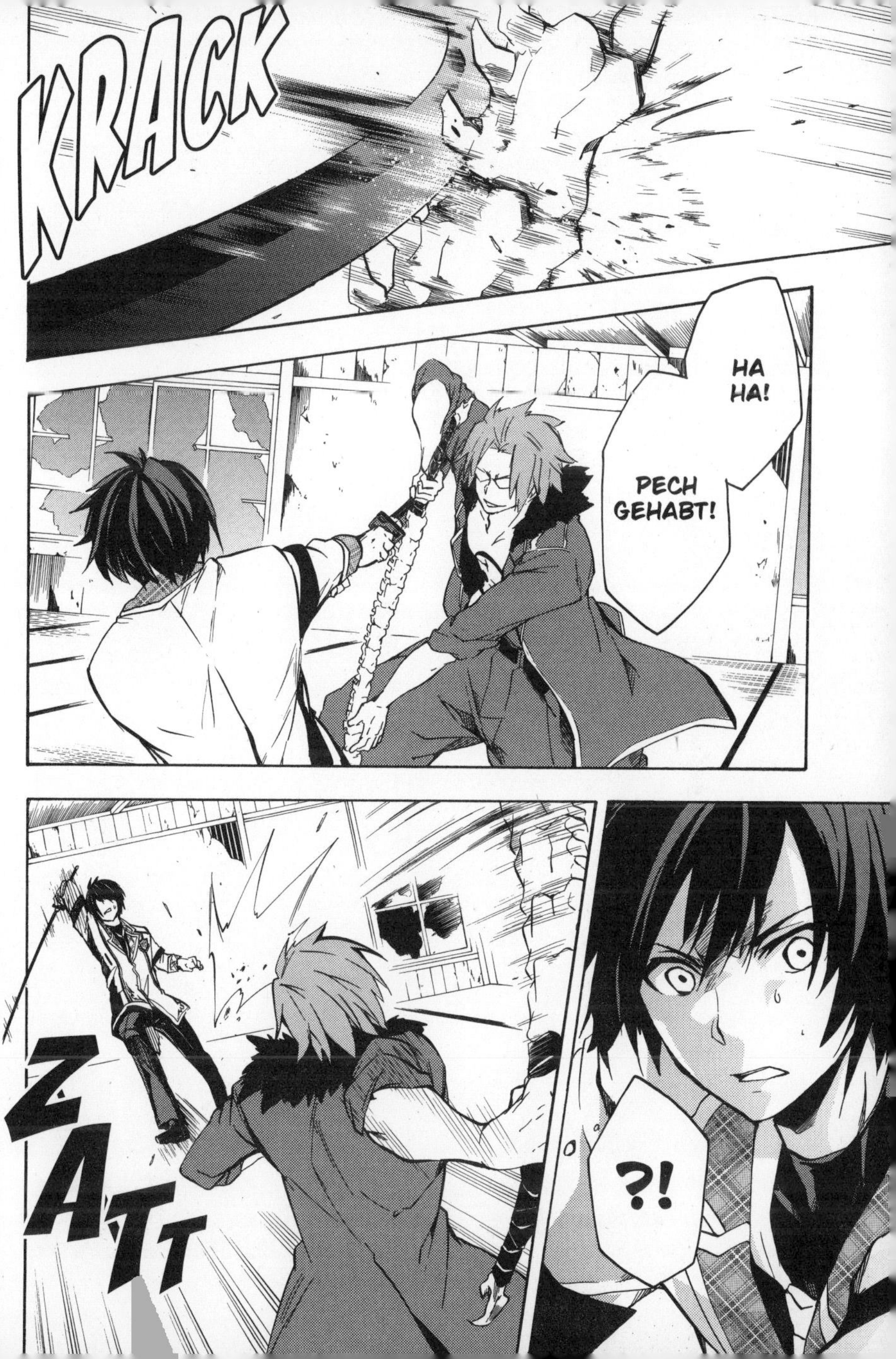
KRACK
HA HA!
PECH GEHABT!
?!
ZATT

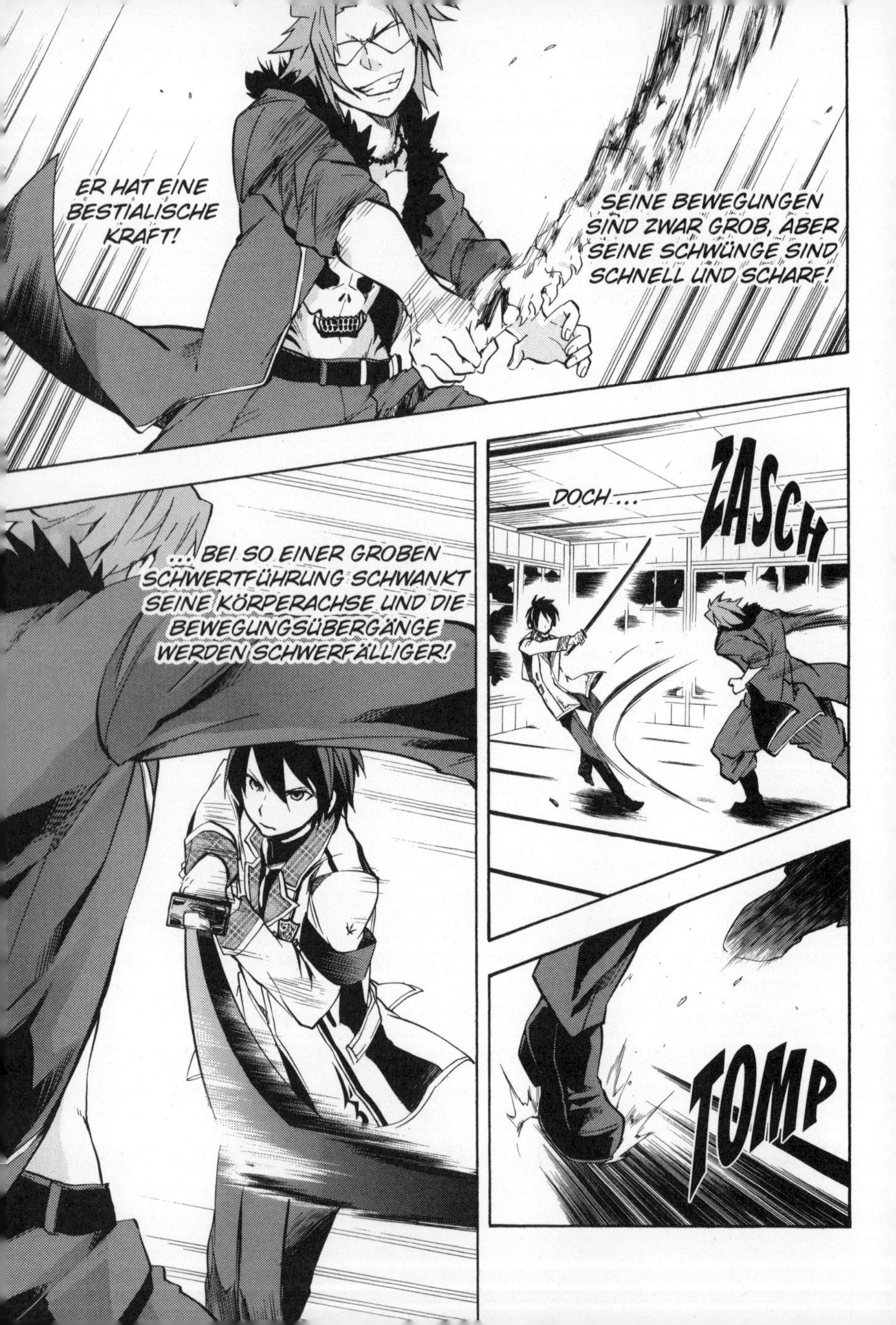
SEINE BEWEGUNGEN SIND ZWAR GROB, ABER SEINE SCHWÜNGE SIND SCHNELL UND SCHARF!
ER HAT EINE BESTIALISCHE KRAFT!
ZASCH
DOCH ...
... BEI SO EINER GROBEN SCHWERTFÜHRUNG SCHWANKT SEINE KÖRPERACHSE UND DIE BEWEGUNGSÜBERGÄNGE WERDEN SCHWERFÄLLIGER!
TOMP

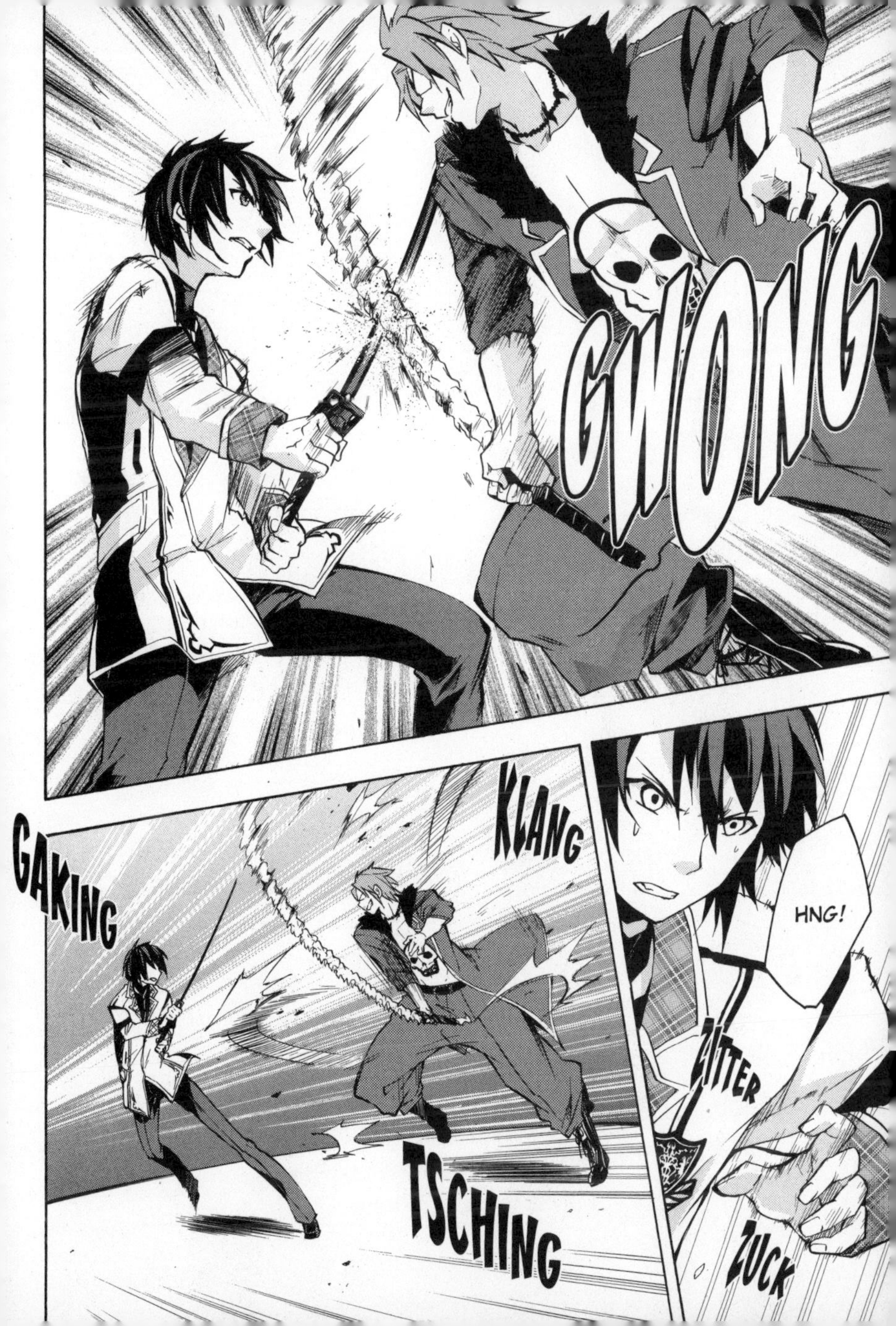
GWONG
KLANG
GAKING
TSCHING
HNG!
ZITTER
ZUCK

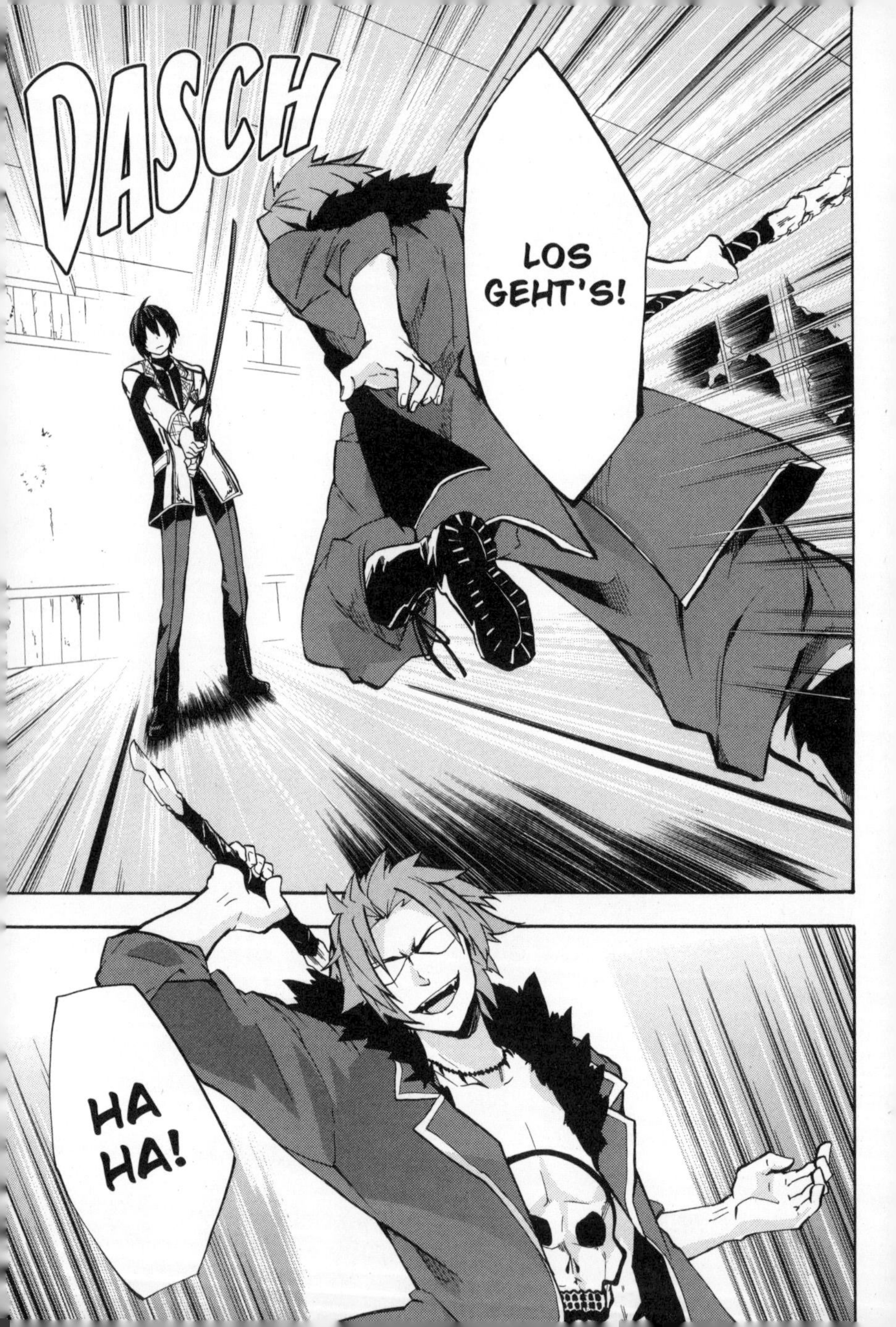
DASCH
LOS GEHT'S!
HA HA!

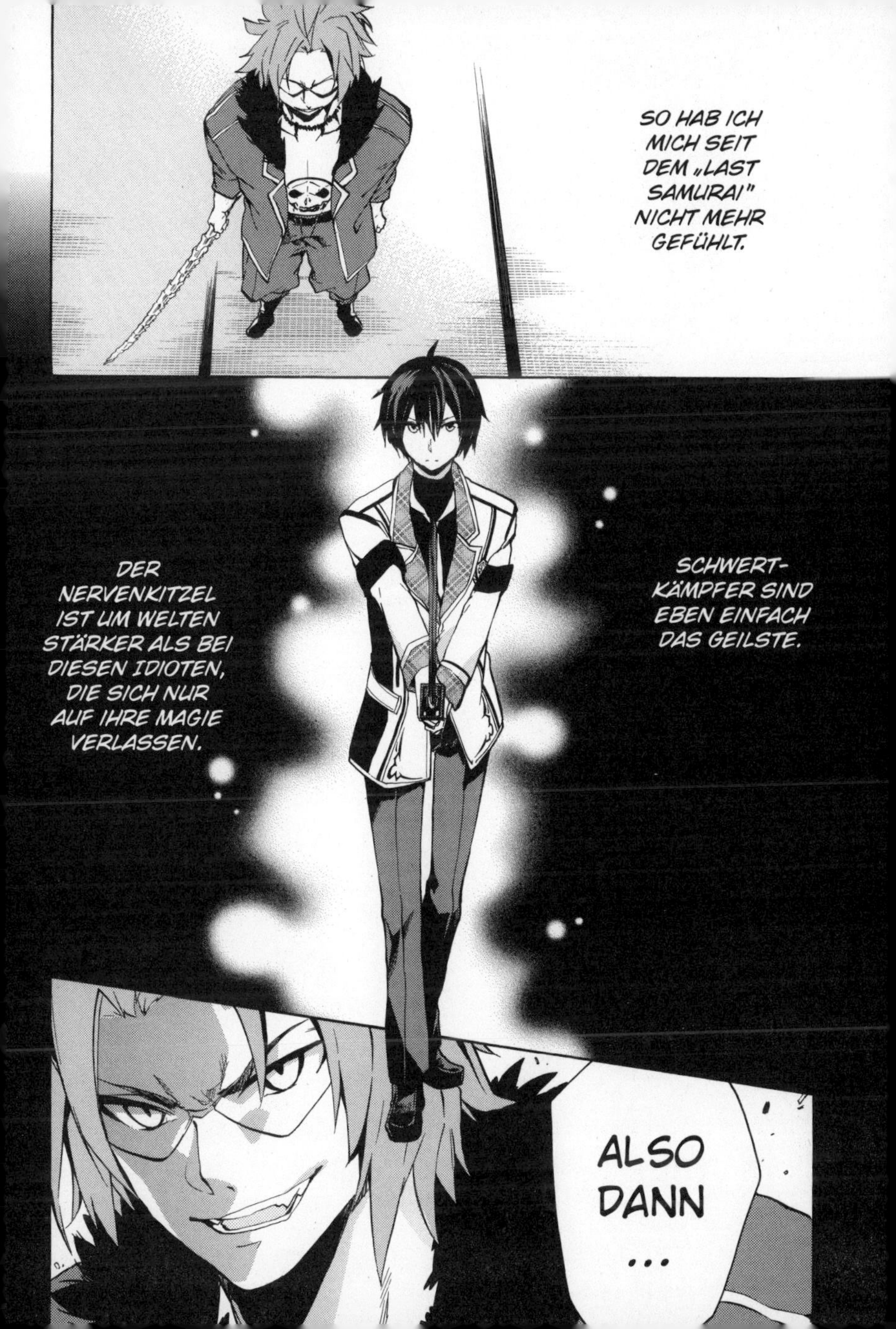
SO HAB ICH MICH SEIT DEM „LAST SAMURAI" NICHT MEHR GEFÜHLT.
SCHWERT-KÄMPFER SIND EBEN EINFACH DAS GEILSTE.
DER NERVENKITZEL IST UM WELTEN STÄRKER ALS BEI DIESEN IDIOTEN, DIE SICH NUR AUF IHRE MAGIE VERLASSEN.
ALSO DANN ...

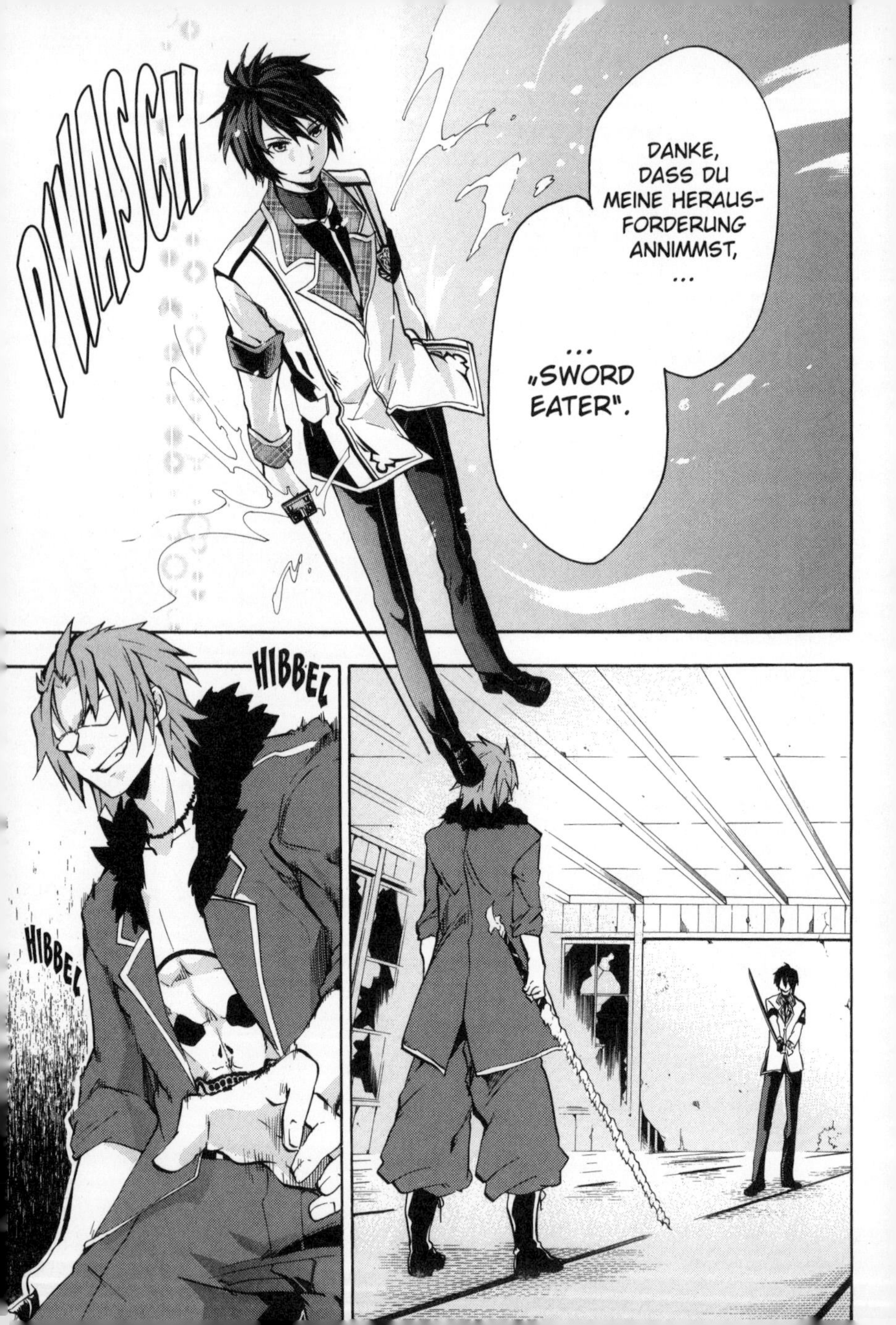
PWASCH
DANKE, DASS DU MEINE HERAUS-FORDERUNG ANNIMMST, ...
... „SWORD EATER".
HIBBEL
HIBBEL

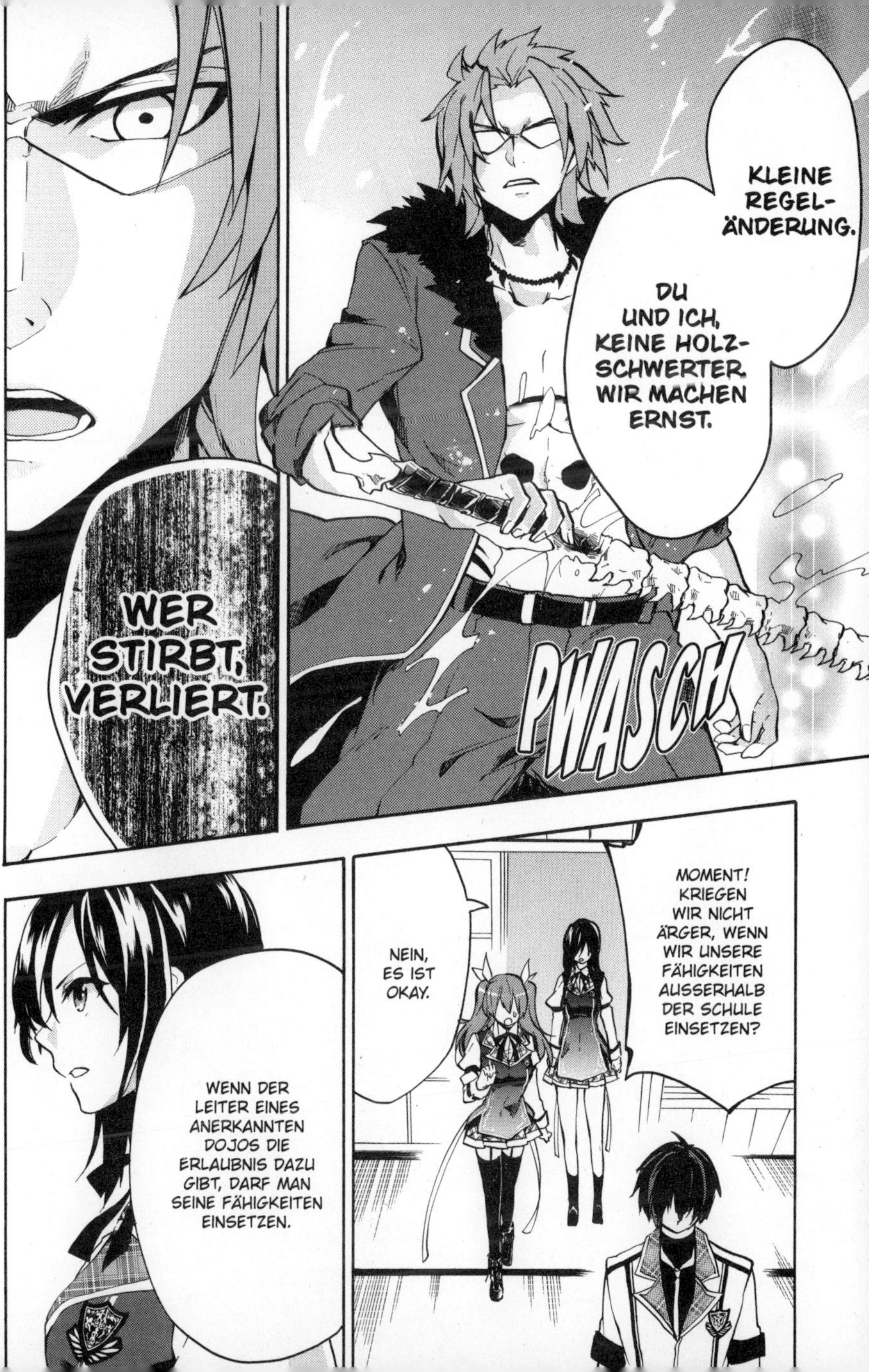
KLEINE REGEL-ÄNDERUNG.
DU UND ICH, KEINE HOLZ-SCHWERTER. WIR MACHEN ERNST.
PWASCH
WER STIRBT, VERLIERT.
MOMENT! KRIEGEN WIR NICHT ÄRGER, WENN WIR UNSERE FÄHIGKEITEN AUSSERHALB DER SCHULE EINSETZEN?
NEIN, ES IST OKAY.
WENN DER LEITER EINES ANERKANNTEN DOJOS DIE ERLAUBNIS DAZU GIBT, DARF MAN SEINE FÄHIGKEITEN EINSETZEN.

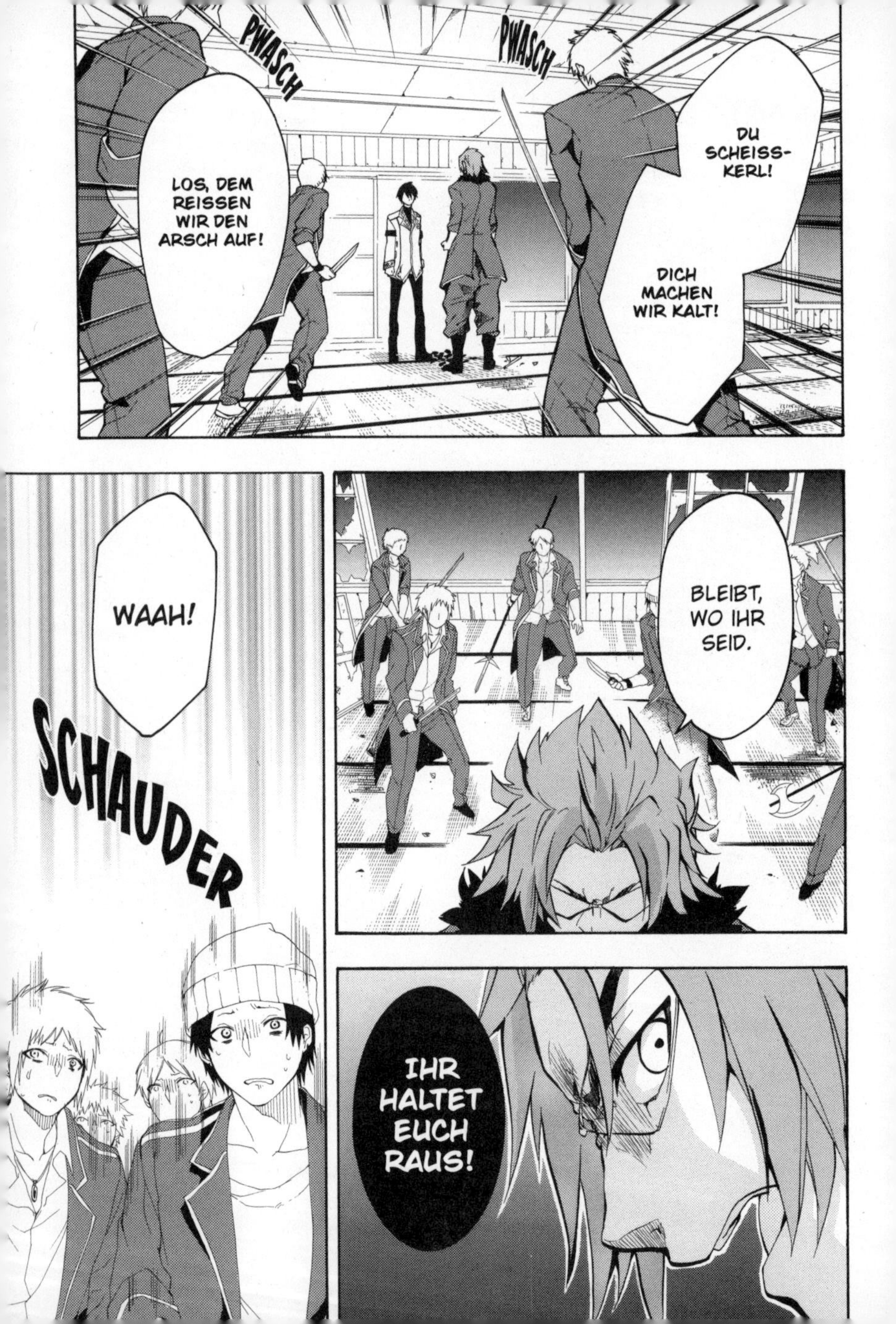
PWASCH
PWASCH
DU SCHEISS-KERL!
DICH MACHEN WIR KALT!
LOS, DEM REISSEN WIR DEN ARSCH AUF!
BLEIBT, WO IHR SEID.
WAAH!
SCHAUDER
IHR HALTET EUCH RAUS!

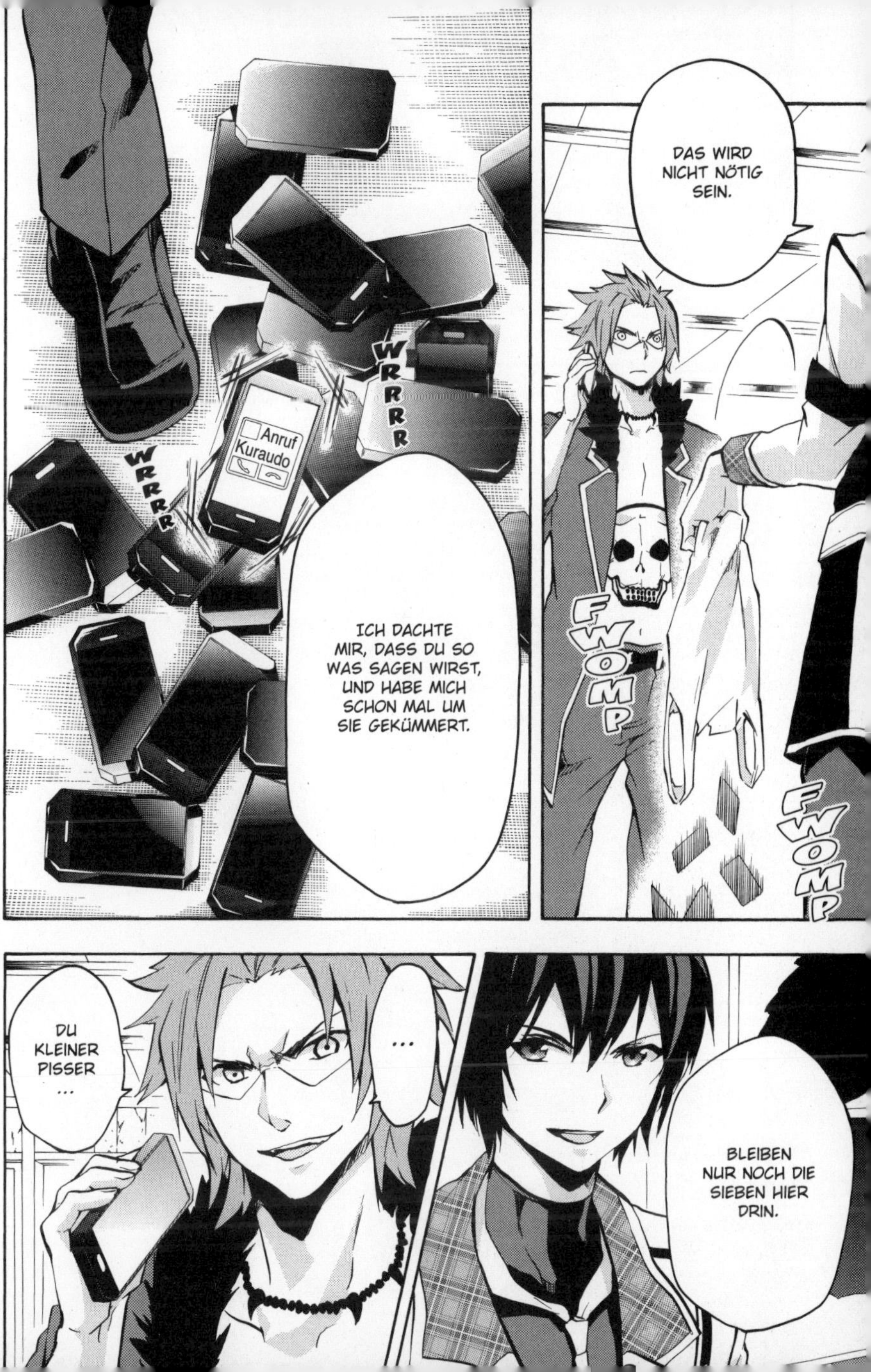
DAS WIRD NICHT NÖTIG SEIN.
FWOMP
FWOMP
Anruf Kuraudo
WRRRR
WRRRR
ICH DACHTE MIR, DASS DU SO WAS SAGEN WIRST, UND HABE MICH SCHON MAL UM SIE GEKÜMMERT.
BLEIBEN NUR NOCH DIE SIEBEN HIER DRIN.
...
DU KLEINER PISSER ...

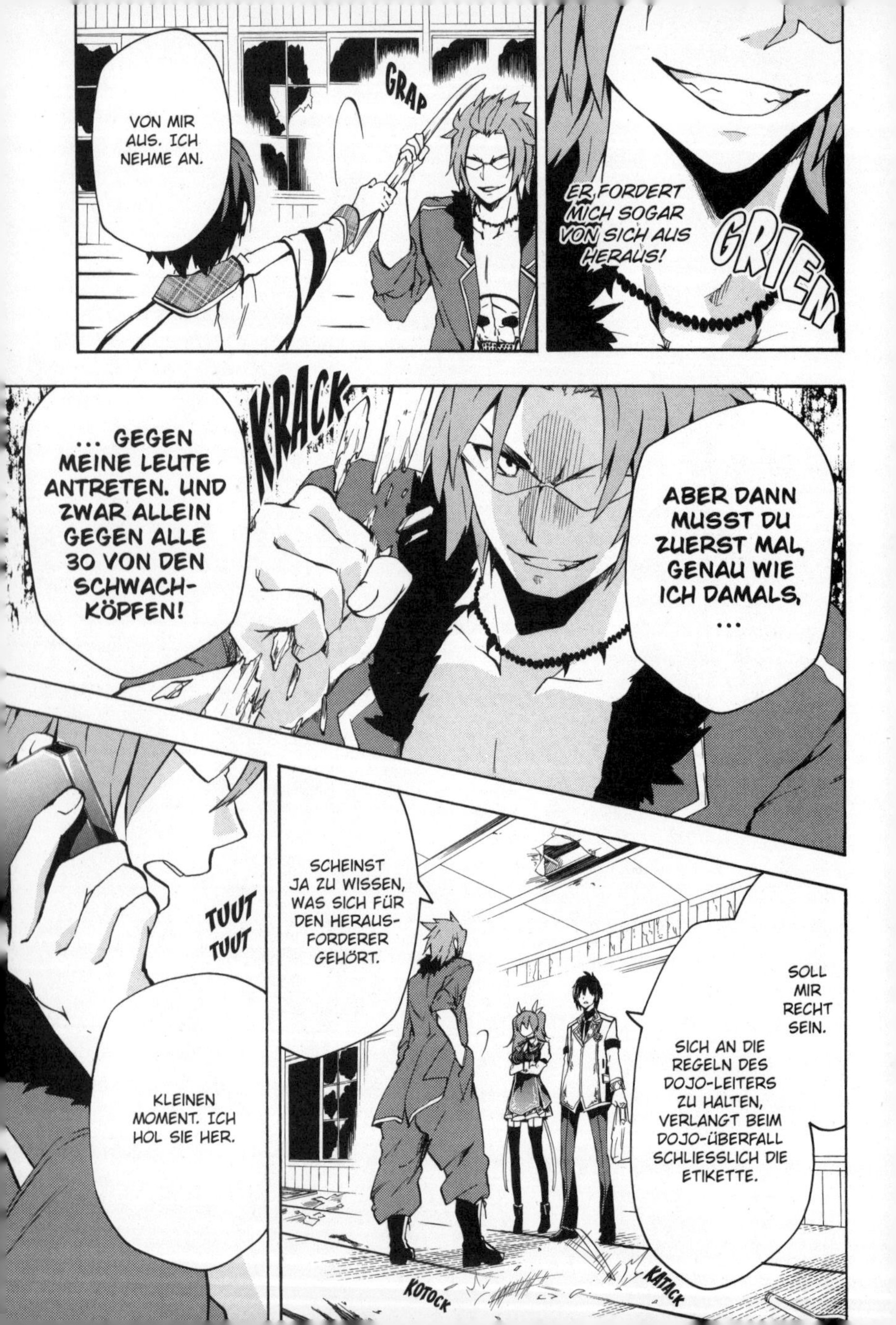
ER FORDERT MICH SOGAR VON SICH AUS HERAUS!
GRIEN
GRAP
VON MIR AUS. ICH NEHME AN.
ABER DANN MUSST DU ZUERST MAL, GENAU WIE ICH DAMALS, ...
KRACK
... GEGEN MEINE LEUTE ANTRETEN. UND ZWAR ALLEIN GEGEN ALLE 30 VON DEN SCHWACH-KÖPFEN!
SOLL MIR RECHT SEIN.
SICH AN DIE REGELN DES DOJO-LEITERS ZU HALTEN, VERLANGT BEIM DOJO-ÜBERFALL SCHLIESSLICH DIE ETIKETTE.
SCHEINST JA ZU WISSEN, WAS SICH FÜR DEN HERAUS-FORDERER GEHÖRT.
KATACK
KOTOCK
TUUT TUUT
KLEINEN MOMENT. ICH HOL SIE HER.

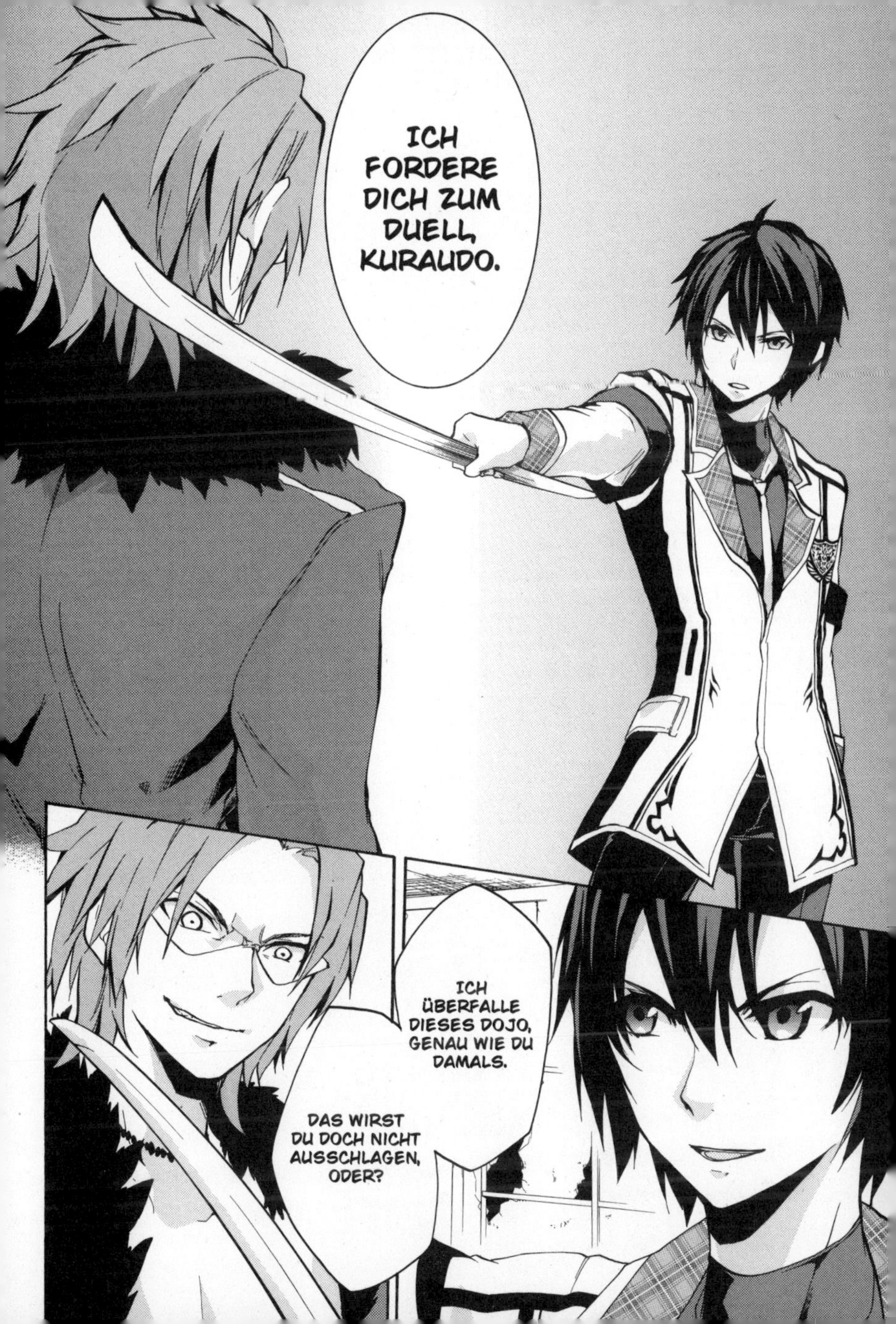
ICH FORDERE DICH ZUM DUELL, KURAUDO.
ICH ÜBERFALLE DIESES DOJO, GENAU WIE DU DAMALS.
DAS WIRST DU DOCH NICHT AUSSCHLAGEN, ODER?

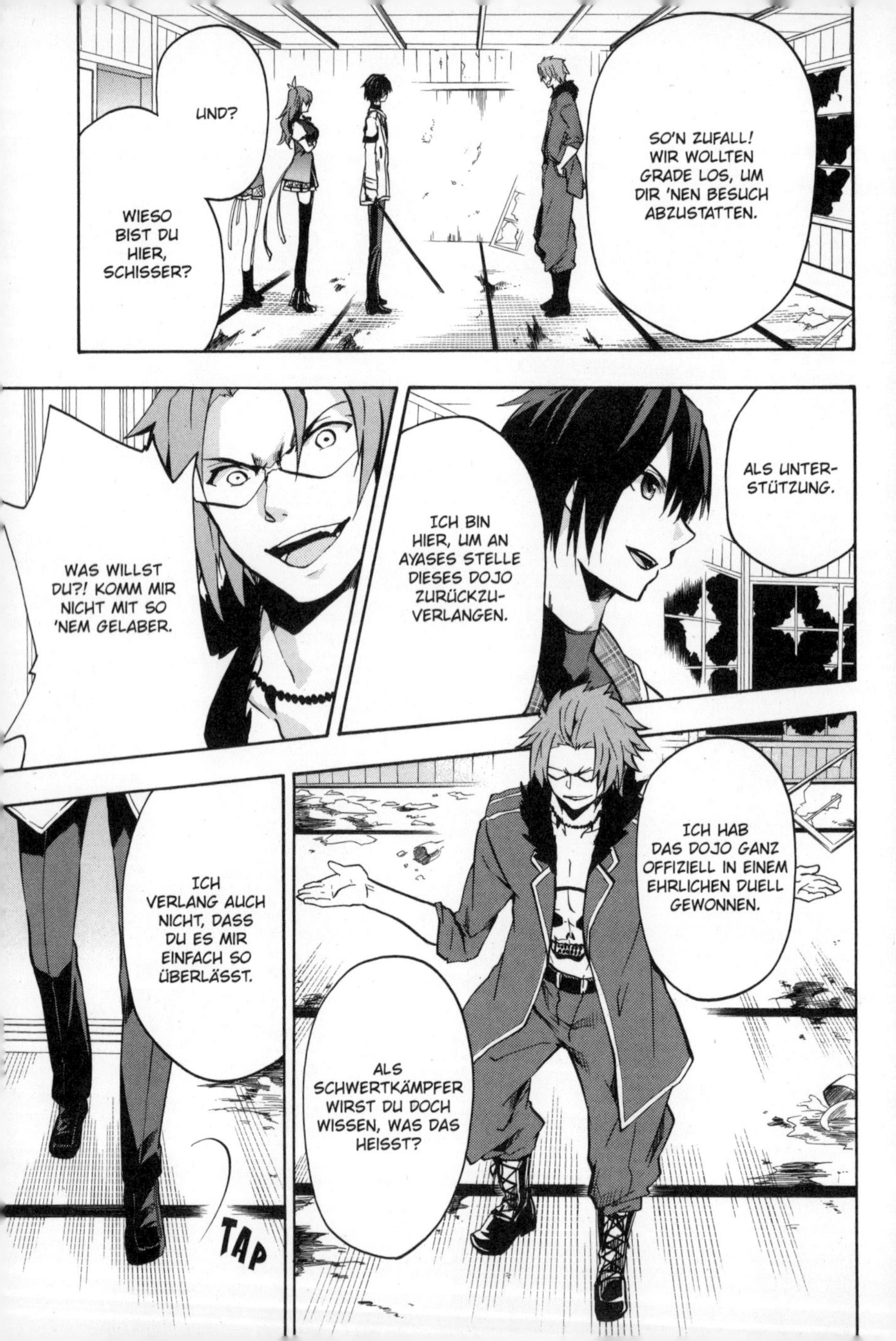
SO'N ZUFALL! WIR WOLLTEN GRADE LOS, UM DIR 'NEN BESUCH ABZUSTATTEN.
UND?
WIESO BIST DU HIER, SCHISSER?
ALS UNTERSTÜTZUNG.
ICH BIN HIER, UM AN AYASES STELLE DIESES DOJO ZURÜCKZUVERLANGEN.
WAS WILLST DU?! KOMM MIR NICHT MIT SO 'NEM GELABER.
ICH HAB DAS DOJO GANZ OFFIZIELL IN EINEM EHRLICHEN DUELL GEWONNEN.
ALS SCHWERTKÄMPFER WIRST DU DOCH WISSEN, WAS DAS HEISST?
ICH VERLANG AUCH NICHT, DASS DU ES MIR EINFACH SO ÜBERLÄSST.
TAP

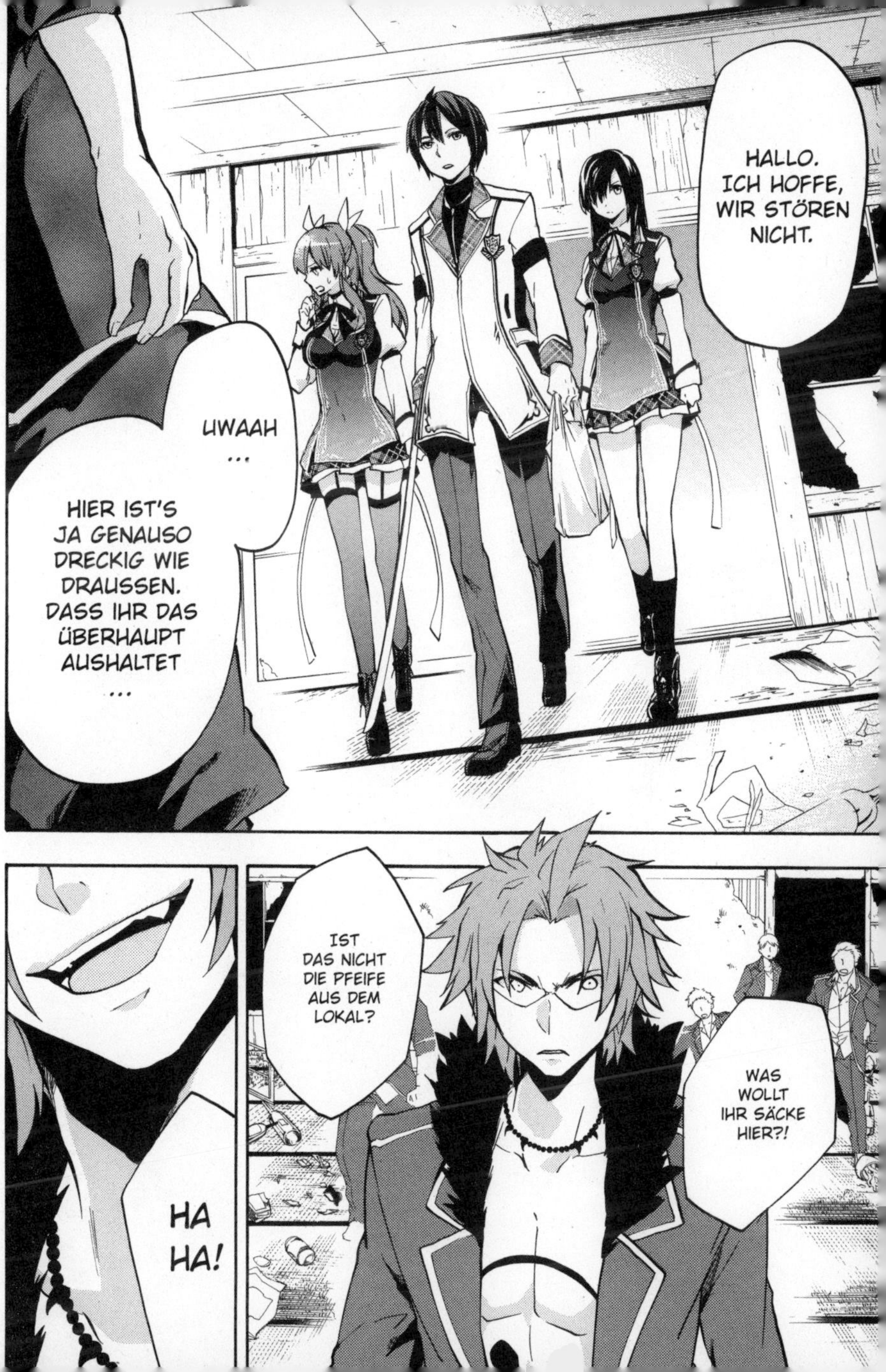
HALLO. ICH HOFFE, WIR STÖREN NICHT.
UWAAH ...
HIER IST'S JA GENAUSO DRECKIG WIE DRAUSSEN. DASS IHR DAS ÜBERHAUPT AUSHALTET ...
IST DAS NICHT DIE PFEIFE AUS DEM LOKAL?
WAS WOLLT IHR SÄCKE HIER?!
HA HA!

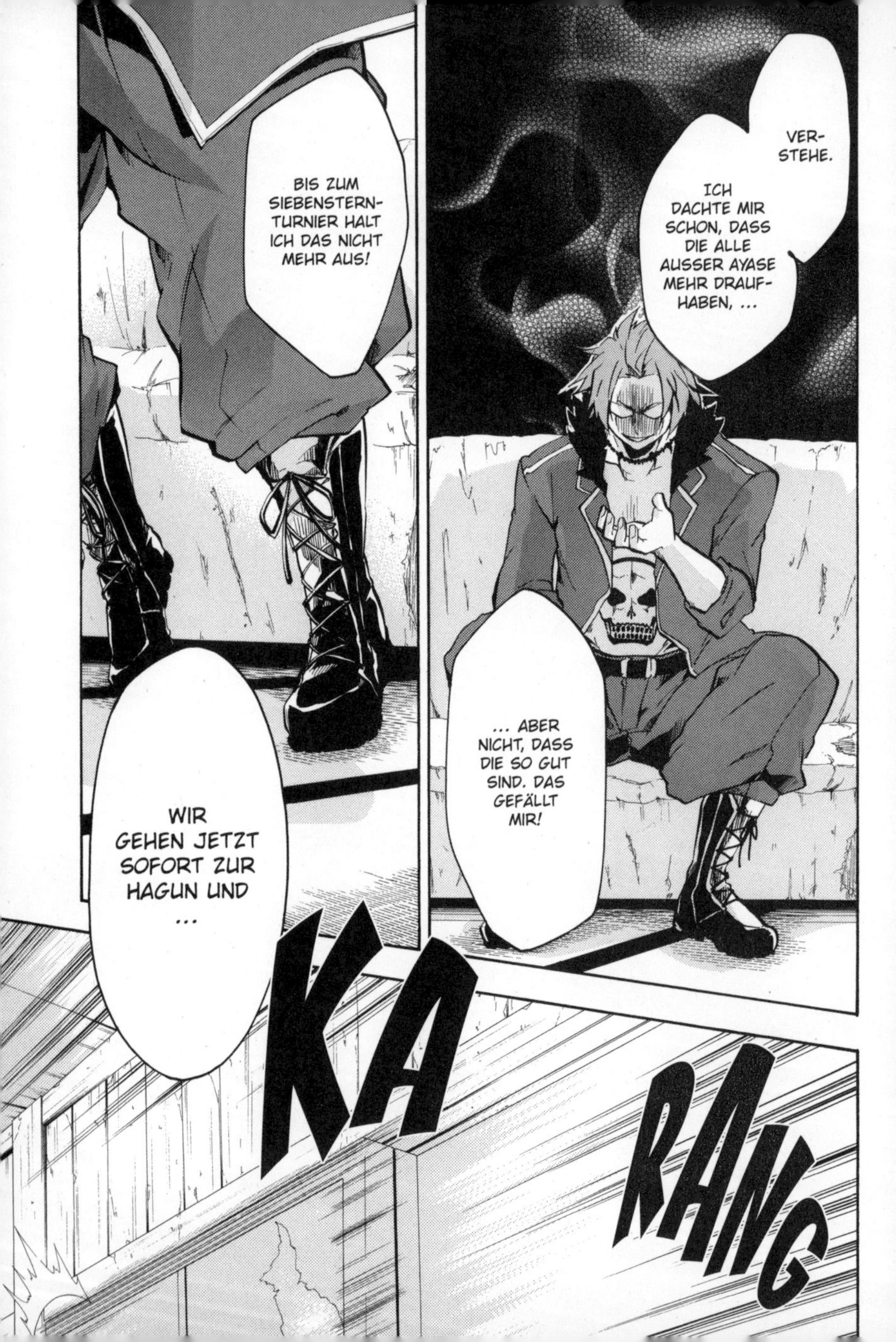
VER-STEHE.
ICH DACHTE MIR SCHON, DASS DIE ALLE AUSSER AYASE MEHR DRAUF-HABEN, ...
... ABER NICHT, DASS DIE SO GUT SIND. DAS GEFÄLLT MIR!
BIS ZUM SIEBENSTERN-TURNIER HALT ICH DAS NICHT MEHR AUS!
WIR GEHEN JETZT SOFORT ZUR HAGUN UND ...
KA
RANG

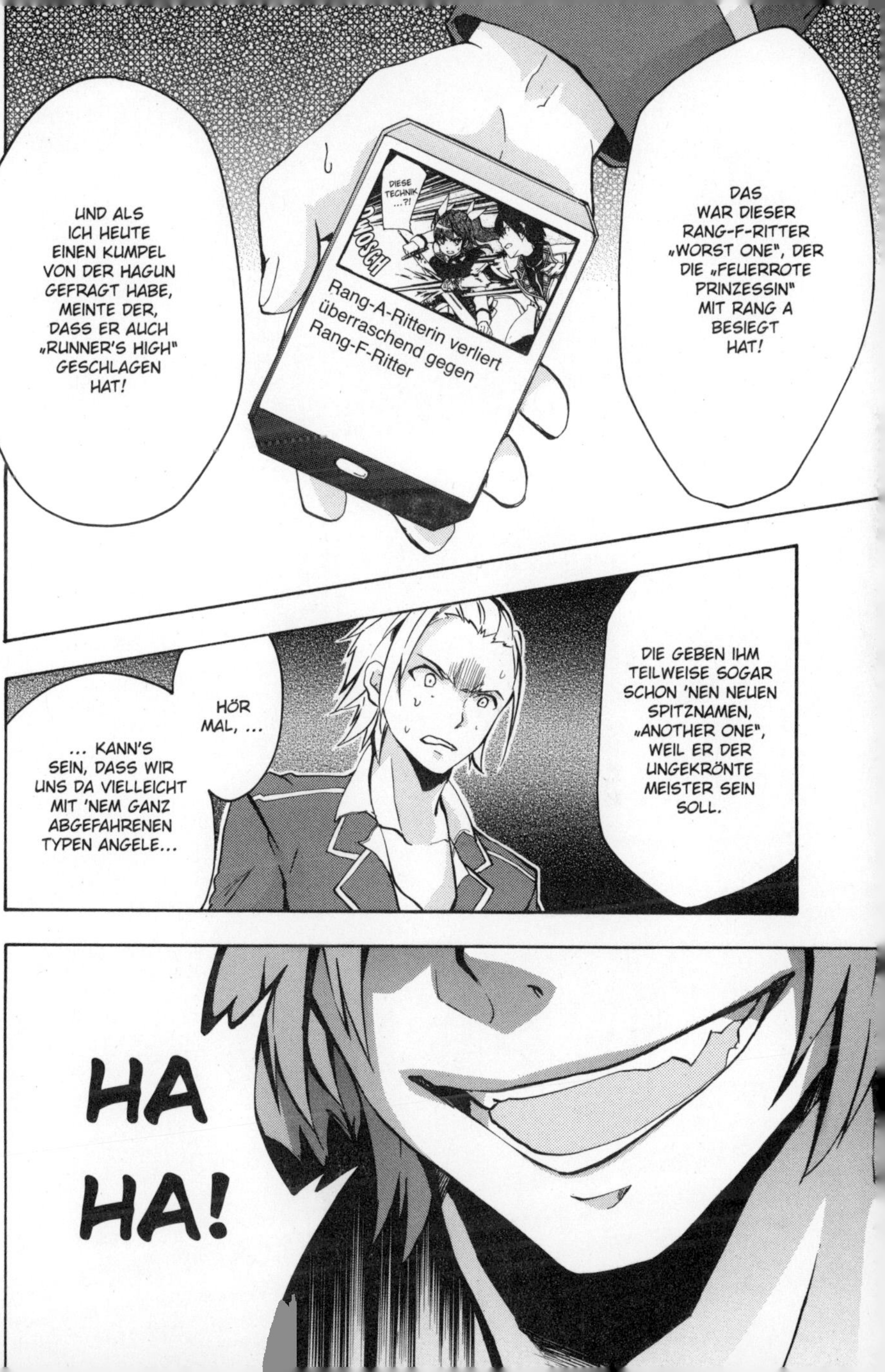
DAS WAR DIESER RANG-F-RITTER „WORST ONE", DER DIE „FEUERROTE PRINZESSIN" MIT RANG A BESIEGT HAT!
DIESE TECHNIK ...?!
WOSCH
Rang-A-Ritterin verliert überraschend gegen Rang-F-Ritter
UND ALS ICH HEUTE EINEN KUMPEL VON DER HAGUN GEFRAGT HABE, MEINTE DER, DASS ER AUCH „RUNNER'S HIGH" GESCHLAGEN HAT!
DIE GEBEN IHM TEILWEISE SOGAR SCHON 'NEN NEUEN SPITZNAMEN, „ANOTHER ONE", WEIL ER DER UNGEKRÖNTE MEISTER SEIN SOLL.
HÖR MAL, ...
... KANN'S SEIN, DASS WIR UNS DA VIELLEICHT MIT 'NEM GANZ ABGEFAHRENEN TYPEN ANGELE...
HA HA!

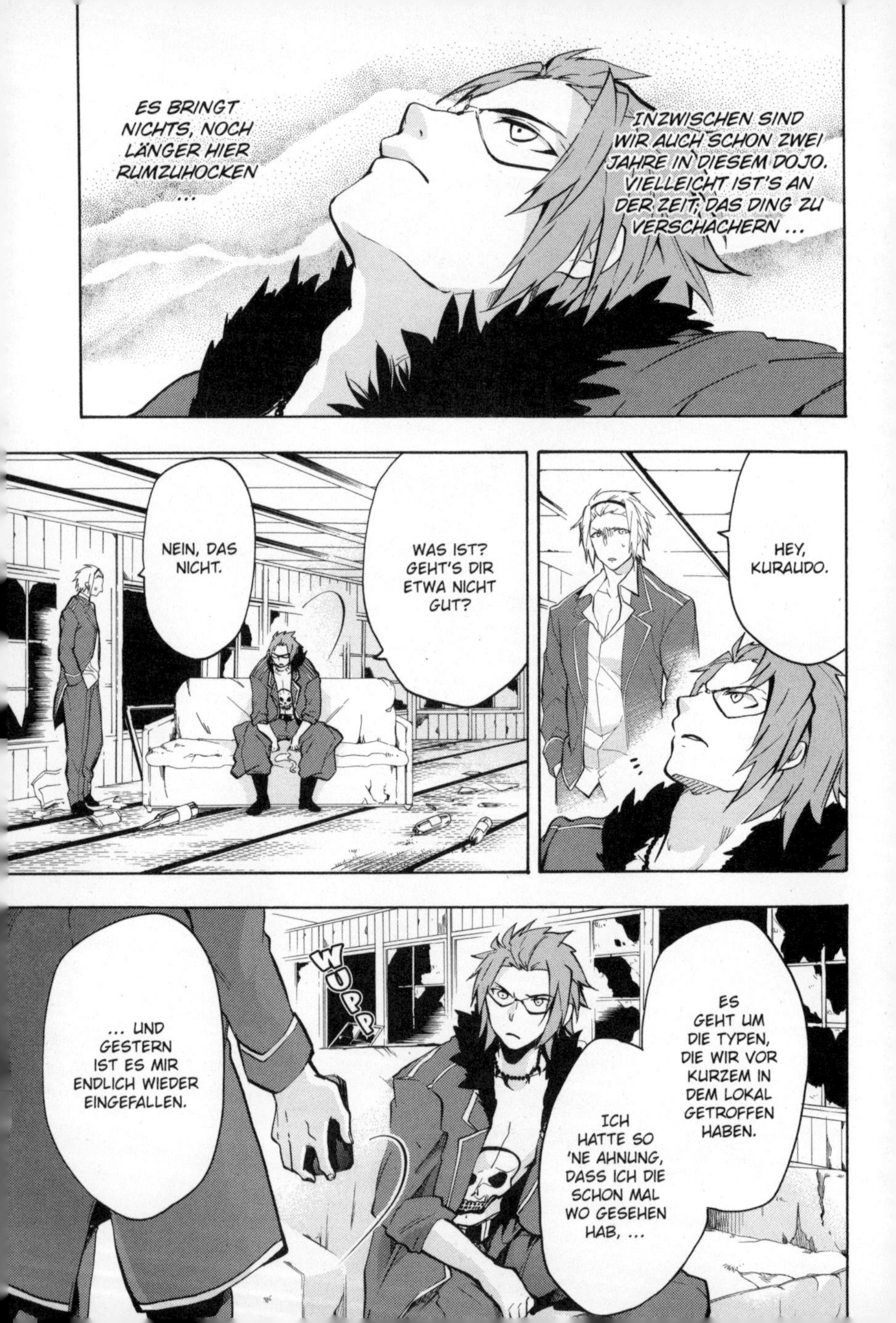
INZWISCHEN SIND WIR AUCH SCHON ZWEI JAHRE IN DIESEM DOJO. VIELLEICHT IST'S AN DER ZEIT, DAS DING ZU VERSCHACHERN …
ES BRINGT NICHTS, NOCH LÄNGER HIER RUMZUHOCKEN …
HEY, KURAUDO.
WAS IST? GEHT'S DIR ETWA NICHT GUT?
NEIN, DAS NICHT.
ES GEHT UM DIE TYPEN, DIE WIR VOR KURZEM IN DEM LOKAL GETROFFEN HABEN.
ICH HATTE SO 'NE AHNUNG, DASS ICH DIE SCHON MAL WO GESEHEN HAB, …
WUPP
… UND GESTERN IST ES MIR ENDLICH WIEDER EINGEFALLEN.

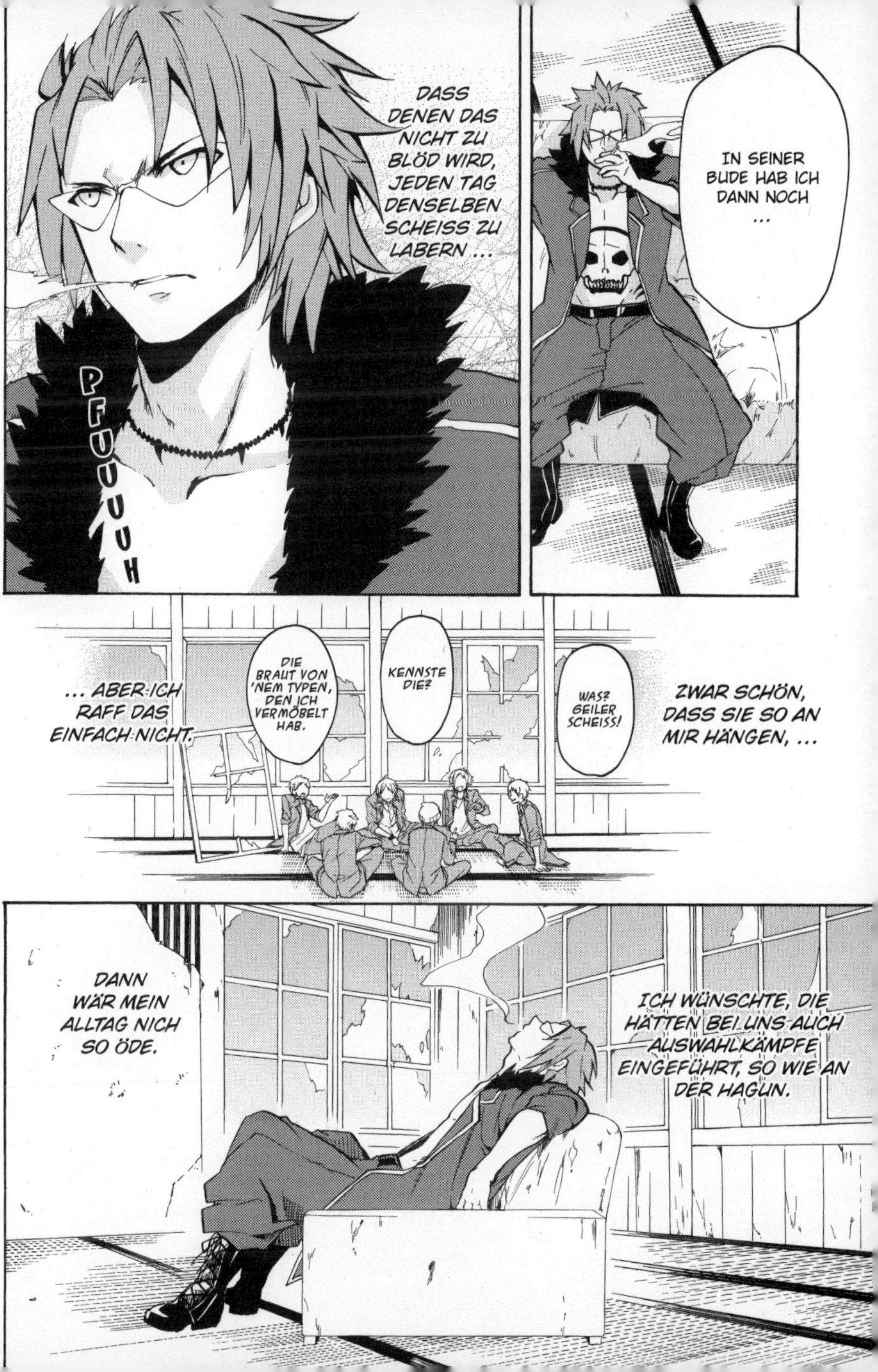
IN SEINER BUDE HAB ICH DANN NOCH …
DASS DENEN DAS NICHT ZU BLÖD WIRD, JEDEN TAG DENSELBEN SCHEISS ZU LABERN …
PFUUUUH
ZWAR SCHÖN, DASS SIE SO AN MIR HÄNGEN, …
WAS? GEILER SCHEISS!
KENNSTE DIE?
DIE BRAUT VON 'NEM TYPEN, DEN ICH VERMÖBELT HAB.
… ABER ICH RAFF DAS EINFACH NICHT.
ICH WÜNSCHTE, DIE HÄTTEN BEI UNS AUCH AUSWAHLKÄMPFE EINGEFÜHRT, SO WIE AN DER HAGUN.
DANN WÄR MEIN ALLTAG NICH SO ÖDE.

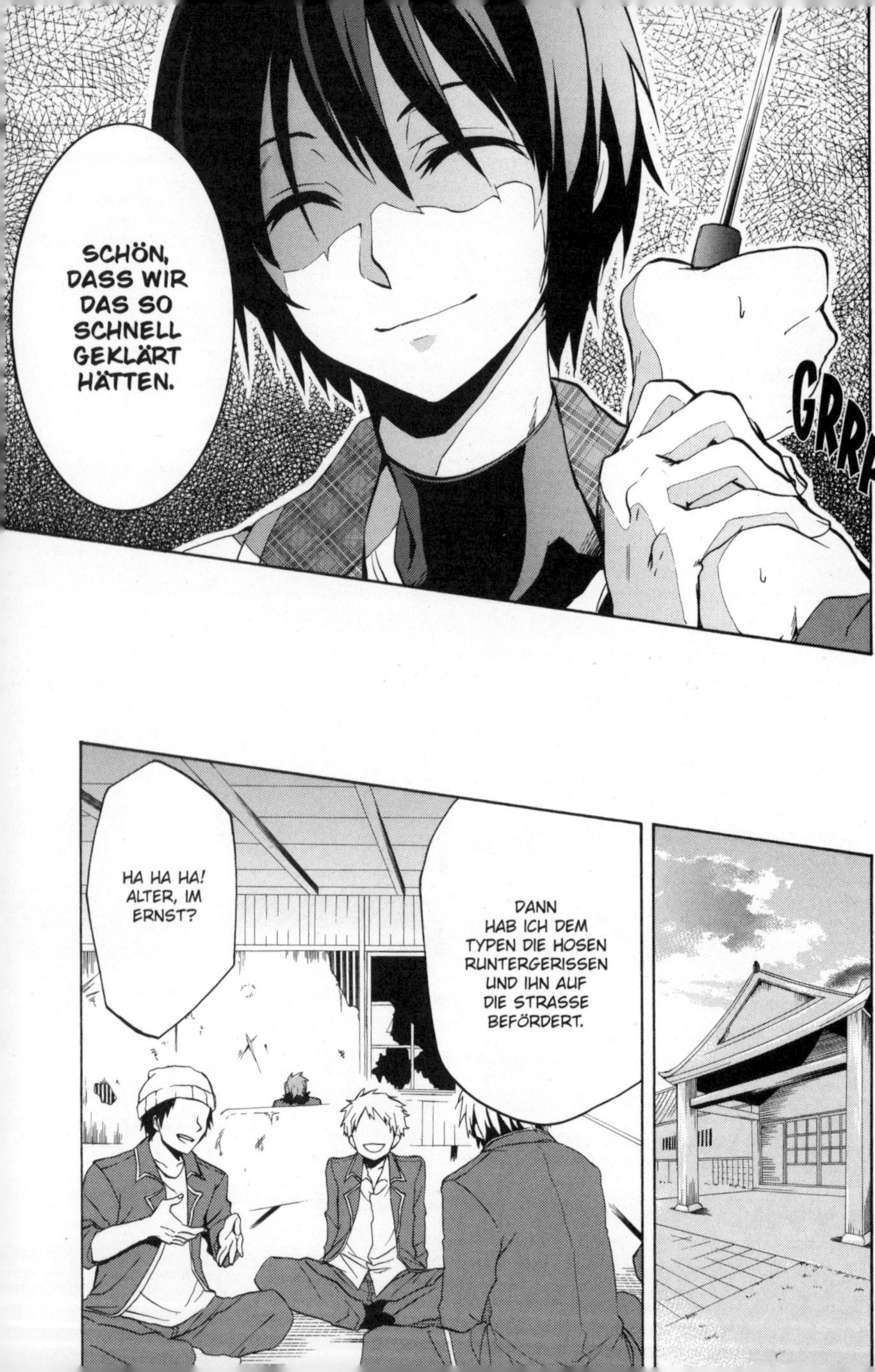
SCHÖN, DASS WIR DAS SO SCHNELL GEKLÄRT HÄTTEN.
GRRP
DANN HAB ICH DEM TYPEN DIE HOSEN RUNTERGERISSEN UND IHN AUF DIE STRASSE BEFÖRDERT.
HA HA HA! ALTER, IM ERNST?

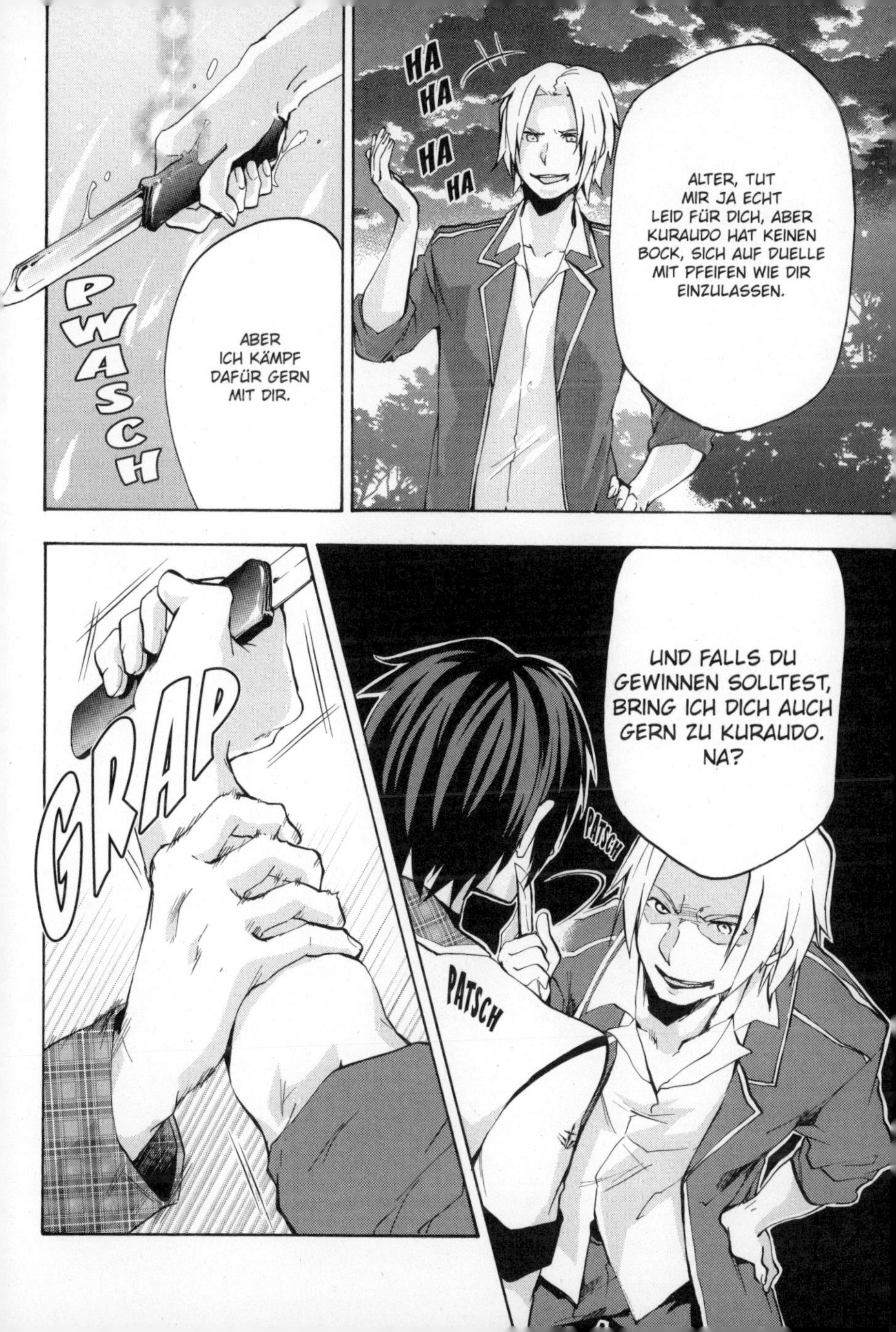
HA HA HA HA
ALTER, TUT MIR JA ECHT LEID FÜR DICH, ABER KURAUDO HAT KEINEN BOCK, SICH AUF DUELLE MIT PFEIFEN WIE DIR EINZULASSEN.
ABER ICH KÄMPF DAFÜR GERN MIT DIR.
PWASCH
UND FALLS DU GEWINNEN SOLLTEST, BRING ICH DICH AUCH GERN ZU KURAUDO. NA?
PATSCH
PATSCH
GRAP

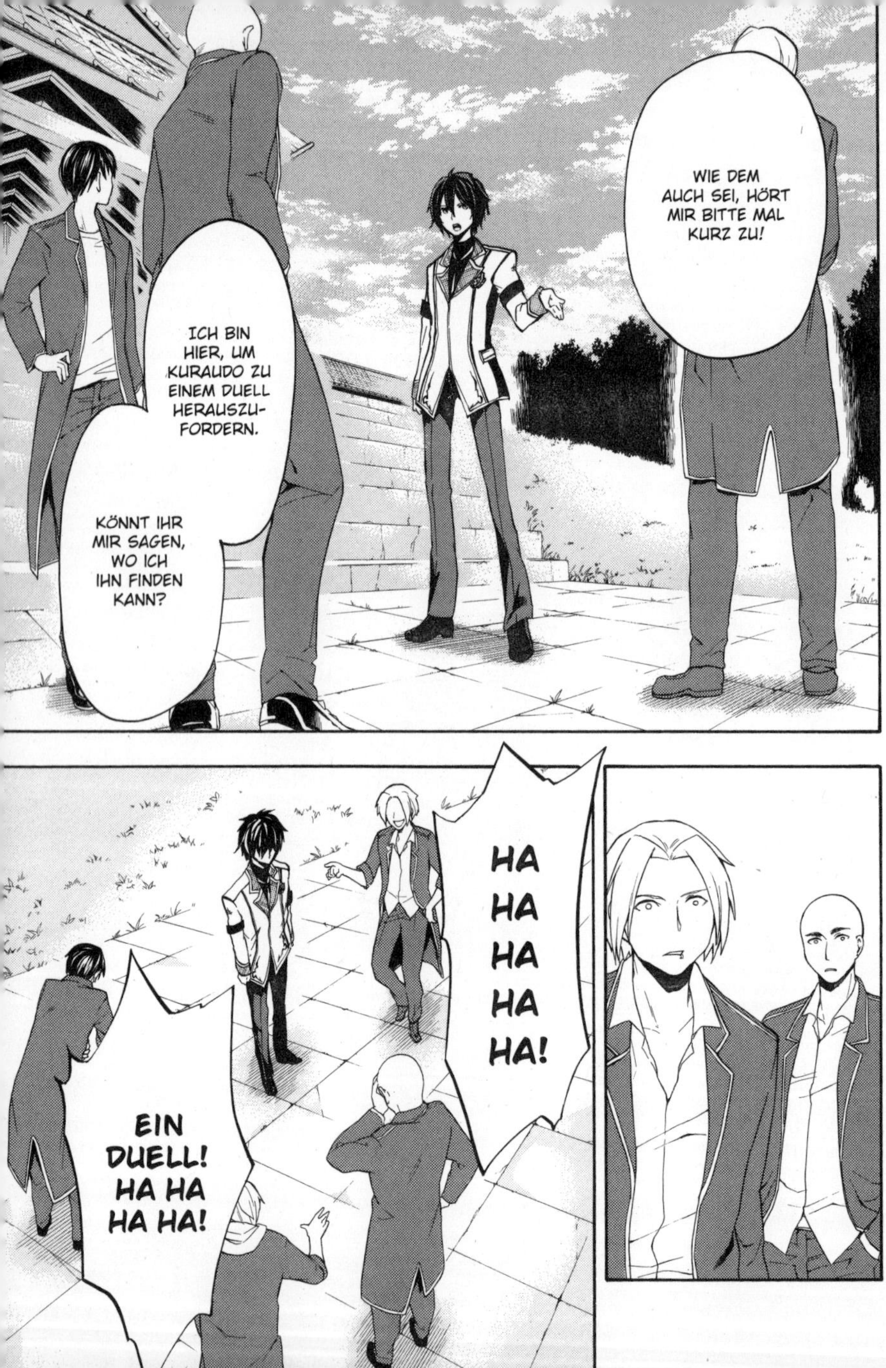
WIE DEM AUCH SEI, HÖRT MIR BITTE MAL KURZ ZU!
ICH BIN HIER, UM KURAUDO ZU EINEM DUELL HERAUSZU-FORDERN.
KÖNNT IHR MIR SAGEN, WO ICH IHN FINDEN KANN?
HA HA HA HA HA!
EIN DUELL! HA HA HA HA!

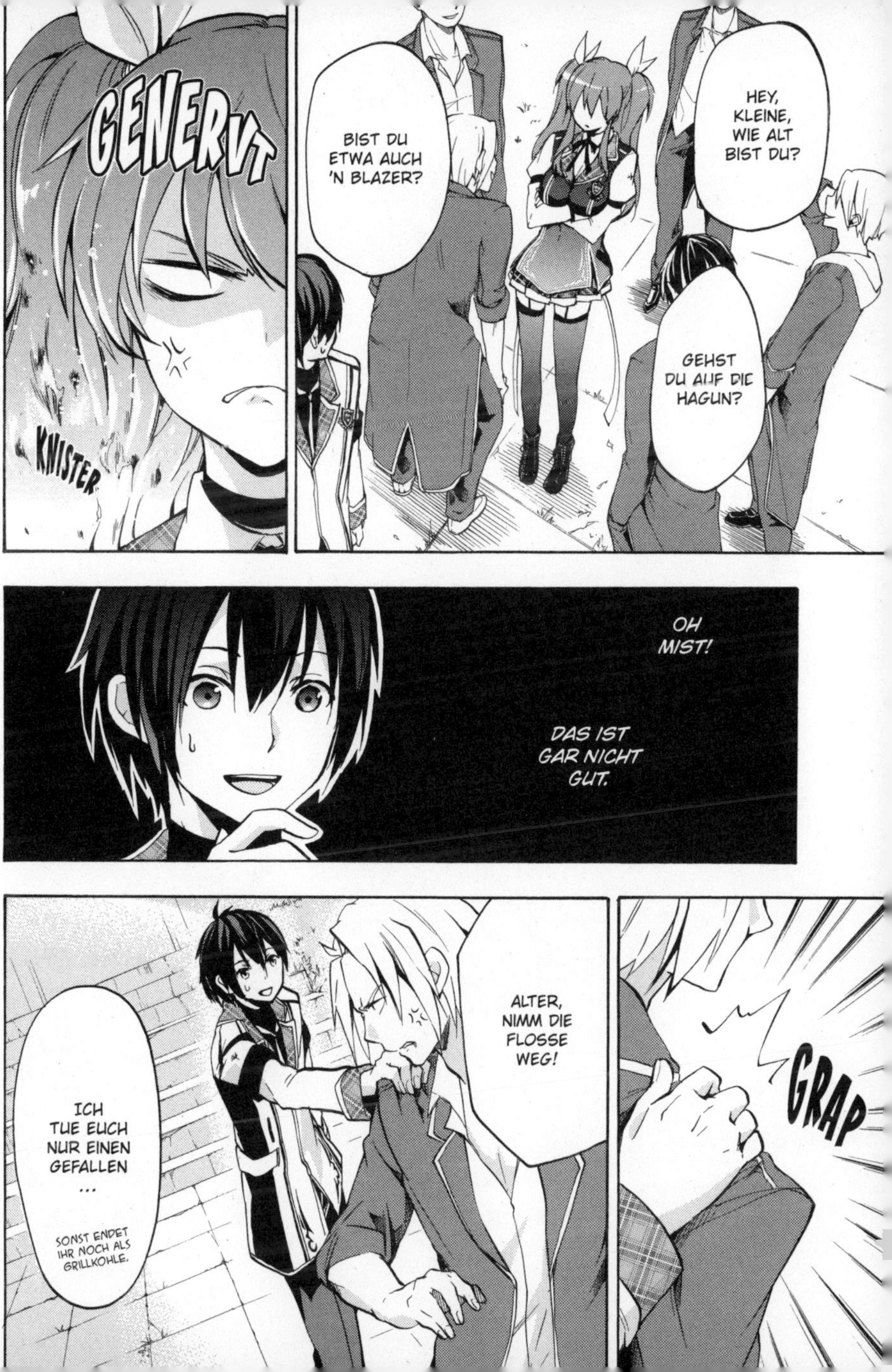
HEY, KLEINE, WIE ALT BIST DU?
GEHST DU AUF DIE HAGUN?
BIST DU ETWA AUCH 'N BLAZER?
GENERVT
KNISTER
OH MIST!
DAS IST GAR NICHT GUT.
GRAP
ALTER, NIMM DIE FLOSSE WEG!
ICH TUE EUCH NUR EINEN GEFALLEN ...
SONST ENDET IHR NOCH ALS GRILLKOHLE.

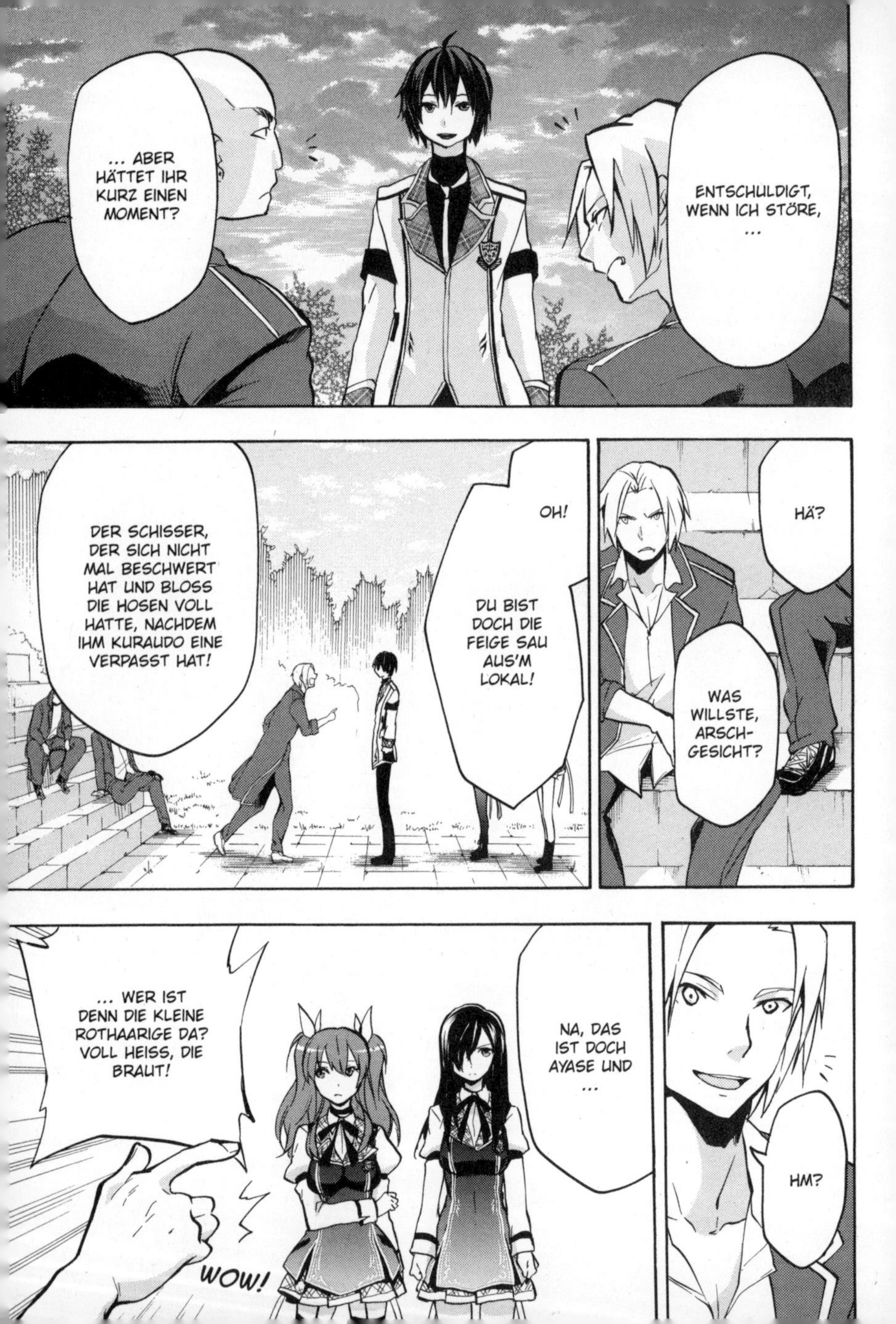
ENTSCHULDIGT, WENN ICH STÖRE, ...
... ABER HÄTTET IHR KURZ EINEN MOMENT?
HÄ?
WAS WILLSTE, ARSCH-GESICHT?
OH!
DU BIST DOCH DIE FEIGE SAU AUS'M LOKAL!
DER SCHISSER, DER SICH NICHT MAL BESCHWERT HAT UND BLOSS DIE HOSEN VOLL HATTE, NACHDEM IHM KURAUDO EINE VERPASST HAT!
HM?
NA, DAS IST DOCH AYASE UND ...
... WER IST DENN DIE KLEINE ROTHAARIGE DA? VOLL HEISS, DIE BRAUT!
WOW!

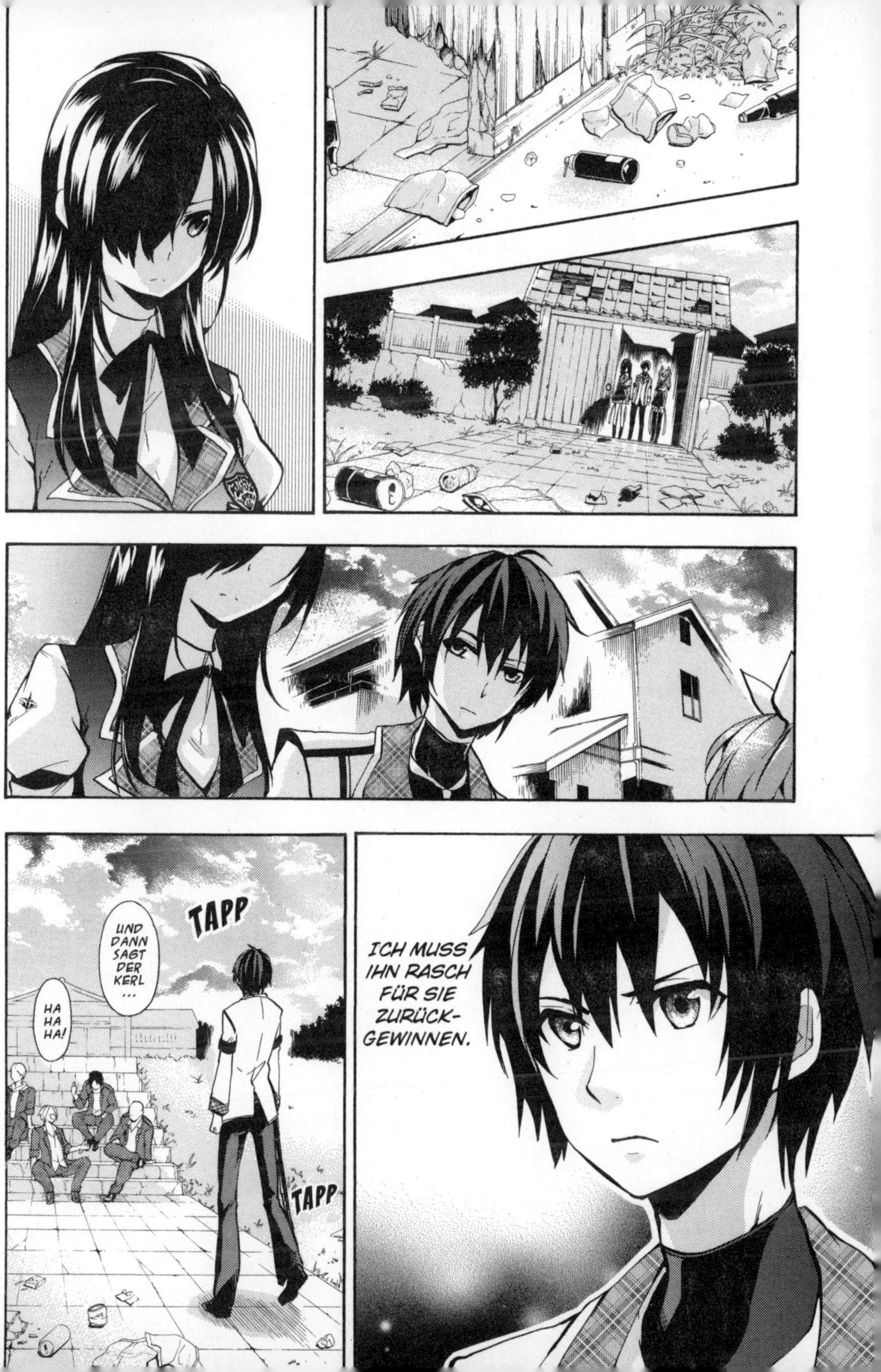
TAPP
UND DANN SAGT DER KERL ...
HA HA HA!
TAPP
ICH MUSS IHN RASCH FÜR SIE ZURÜCK-GEWINNEN.

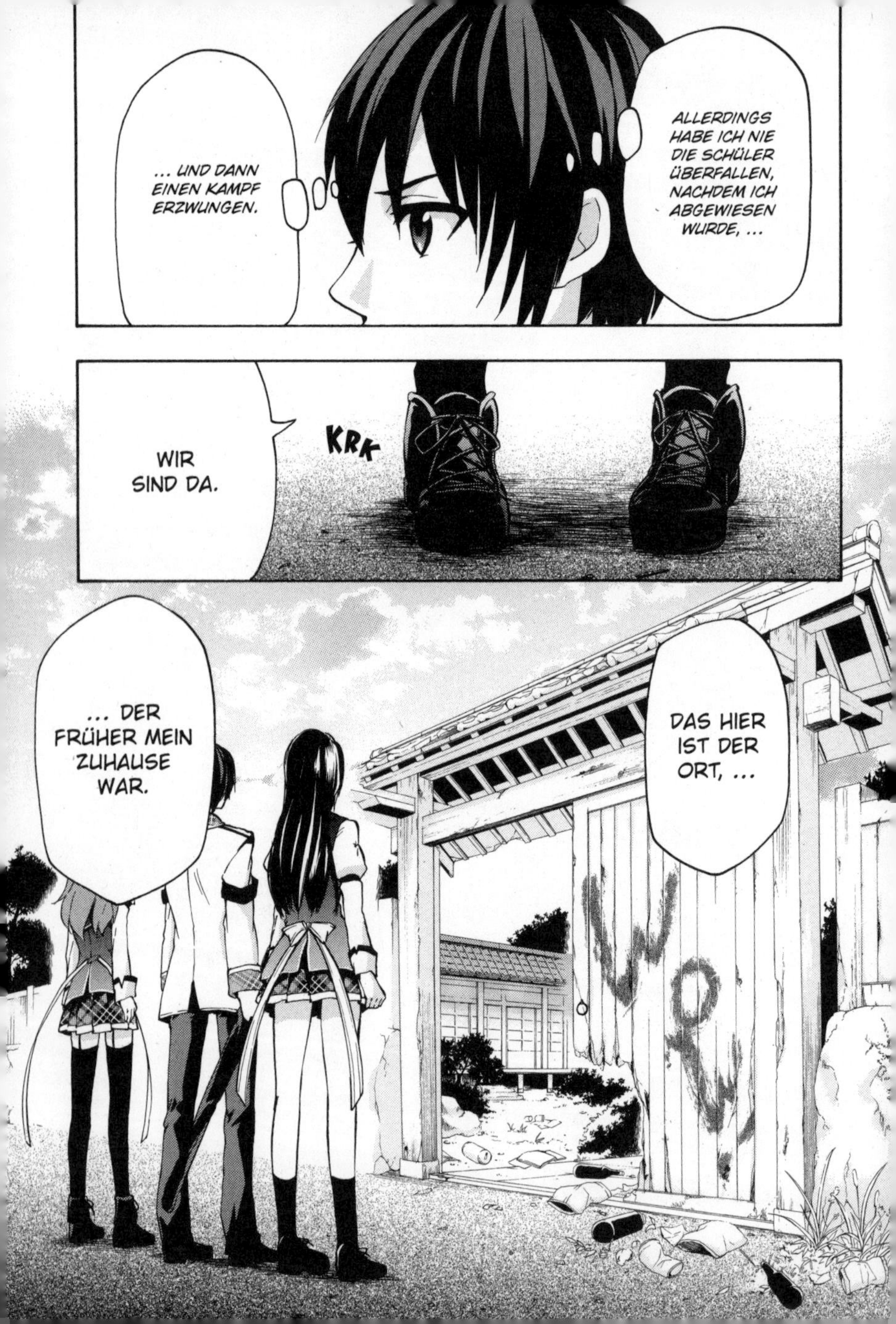
ALLERDINGS HABE ICH NIE DIE SCHÜLER ÜBERFALLEN, NACHDEM ICH ABGEWIESEN WURDE, ...
... UND DANN EINEN KAMPF ERZWUNGEN.
KRK
WIR SIND DA.
DAS HIER IST DER ORT, ...
... DER FRÜHER MEIN ZUHAUSE WAR.

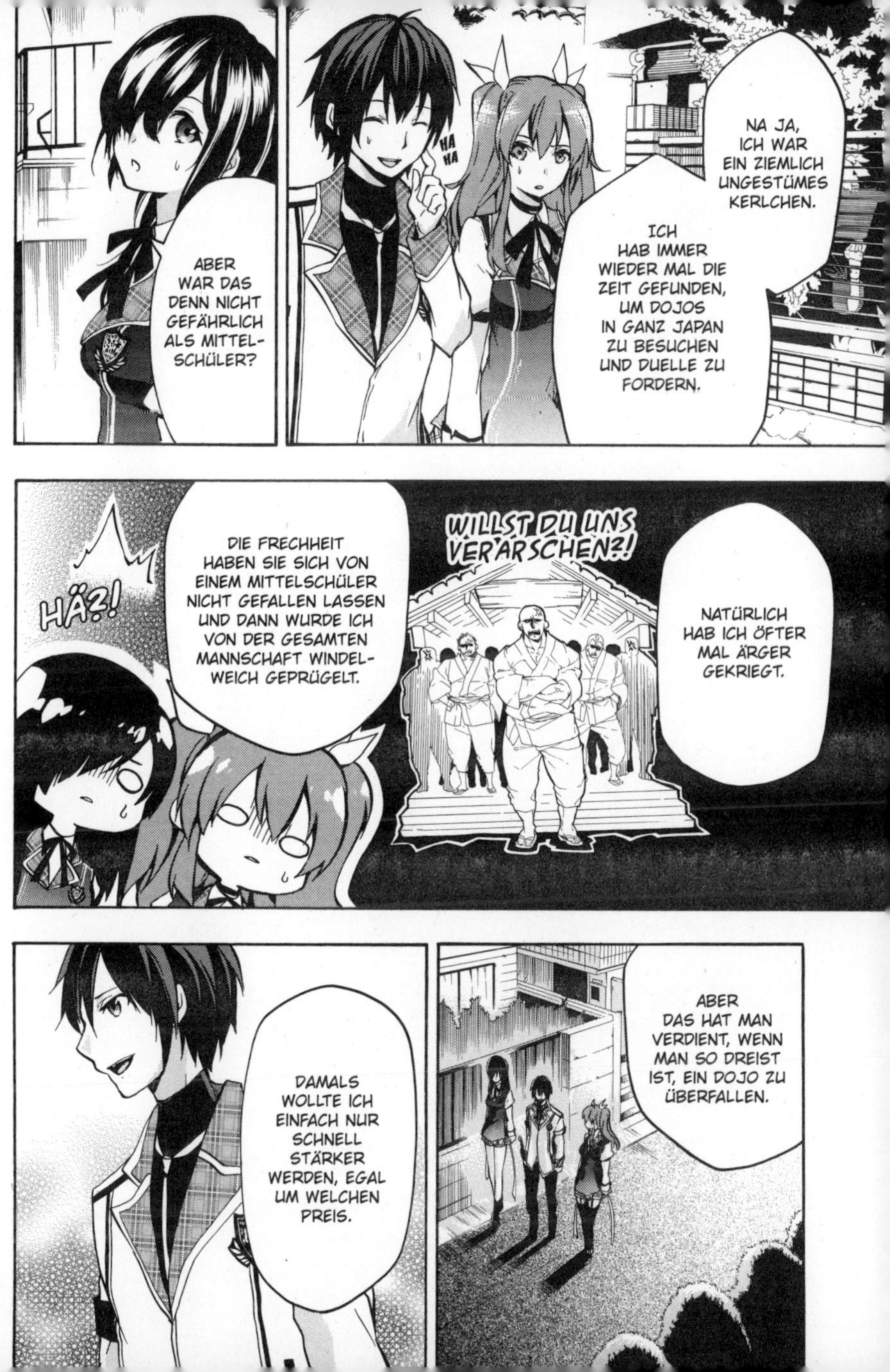
NA JA, ICH WAR EIN ZIEMLICH UNGESTÜMES KERLCHEN.
ICH HAB IMMER WIEDER MAL DIE ZEIT GEFUNDEN, UM DOJOS IN GANZ JAPAN ZU BESUCHEN UND DUELLE ZU FORDERN.
HA HA
ABER WAR DAS DENN NICHT GEFÄHRLICH ALS MITTEL-SCHÜLER?
NATÜRLICH HAB ICH ÖFTER MAL ÄRGER GEKRIEGT.
WILLST DU UNS VERARSCHEN?!
DIE FRECHHEIT HABEN SIE SICH VON EINEM MITTELSCHÜLER NICHT GEFALLEN LASSEN UND DANN WURDE ICH VON DER GESAMTEN MANNSCHAFT WINDEL-WEICH GEPRÜGELT.
HÄ?!
ABER DAS HAT MAN VERDIENT, WENN MAN SO DREIST IST, EIN DOJO ZU ÜBERFALLEN.
DAMALS WOLLTE ICH EINFACH NUR SCHNELL STÄRKER WERDEN, EGAL UM WELCHEN PREIS.

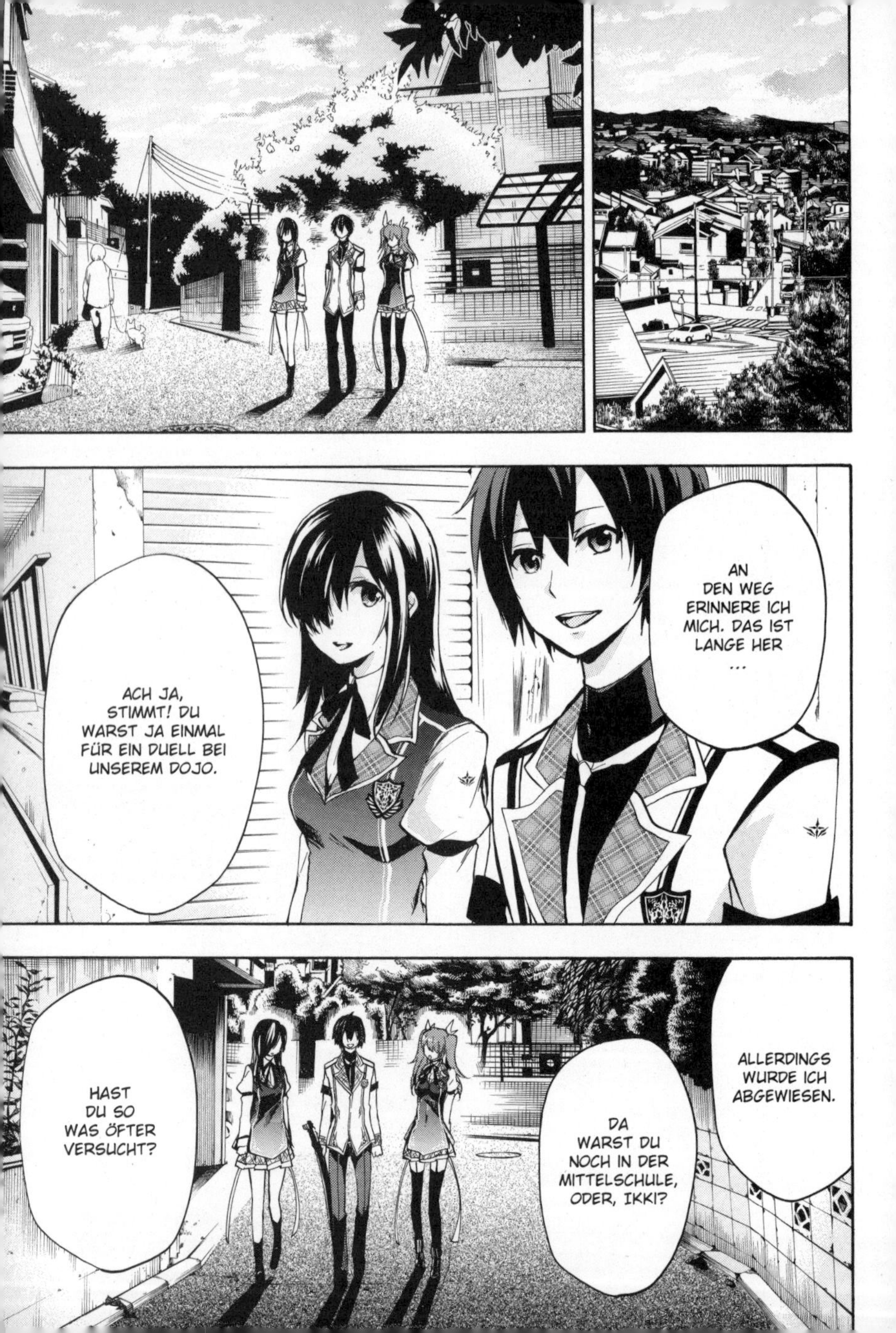
AN DEN WEG ERINNERE ICH MICH. DAS IST LANGE HER ...
ACH JA, STIMMT! DU WARST JA EINMAL FÜR EIN DUELL BEI UNSEREM DOJO.
ALLERDINGS WURDE ICH ABGEWIESEN.
DA WARST DU NOCH IN DER MITTELSCHULE, ODER, IKKI?
HAST DU SO WAS ÖFTER VERSUCHT?

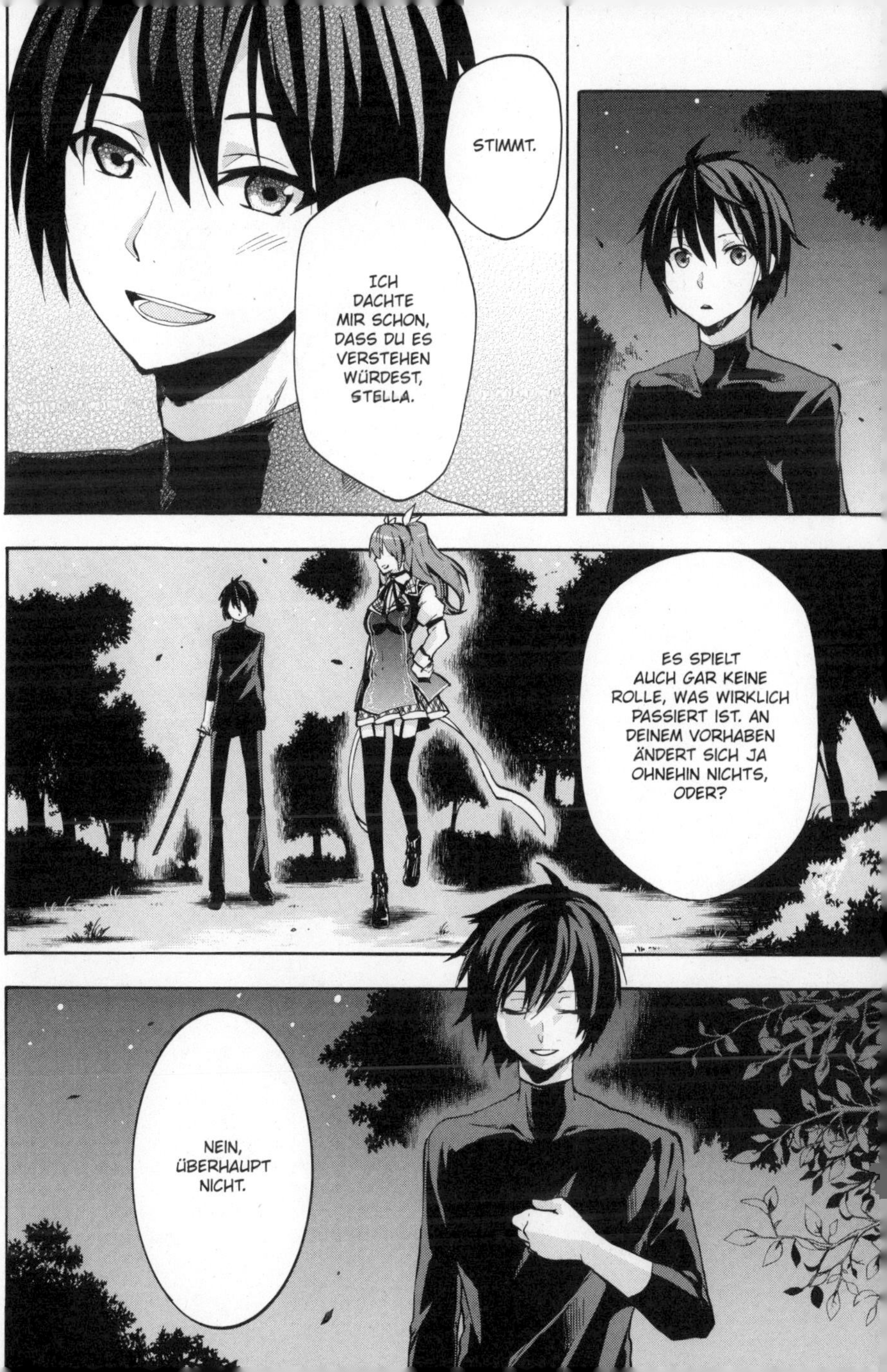
STIMMT.
ICH DACHTE MIR SCHON, DASS DU ES VERSTEHEN WÜRDEST, STELLA.
ES SPIELT AUCH GAR KEINE ROLLE, WAS WIRKLICH PASSIERT IST. AN DEINEM VORHABEN ÄNDERT SICH JA OHNEHIN NICHTS, ODER?
NEIN, ÜBERHAUPT NICHT.

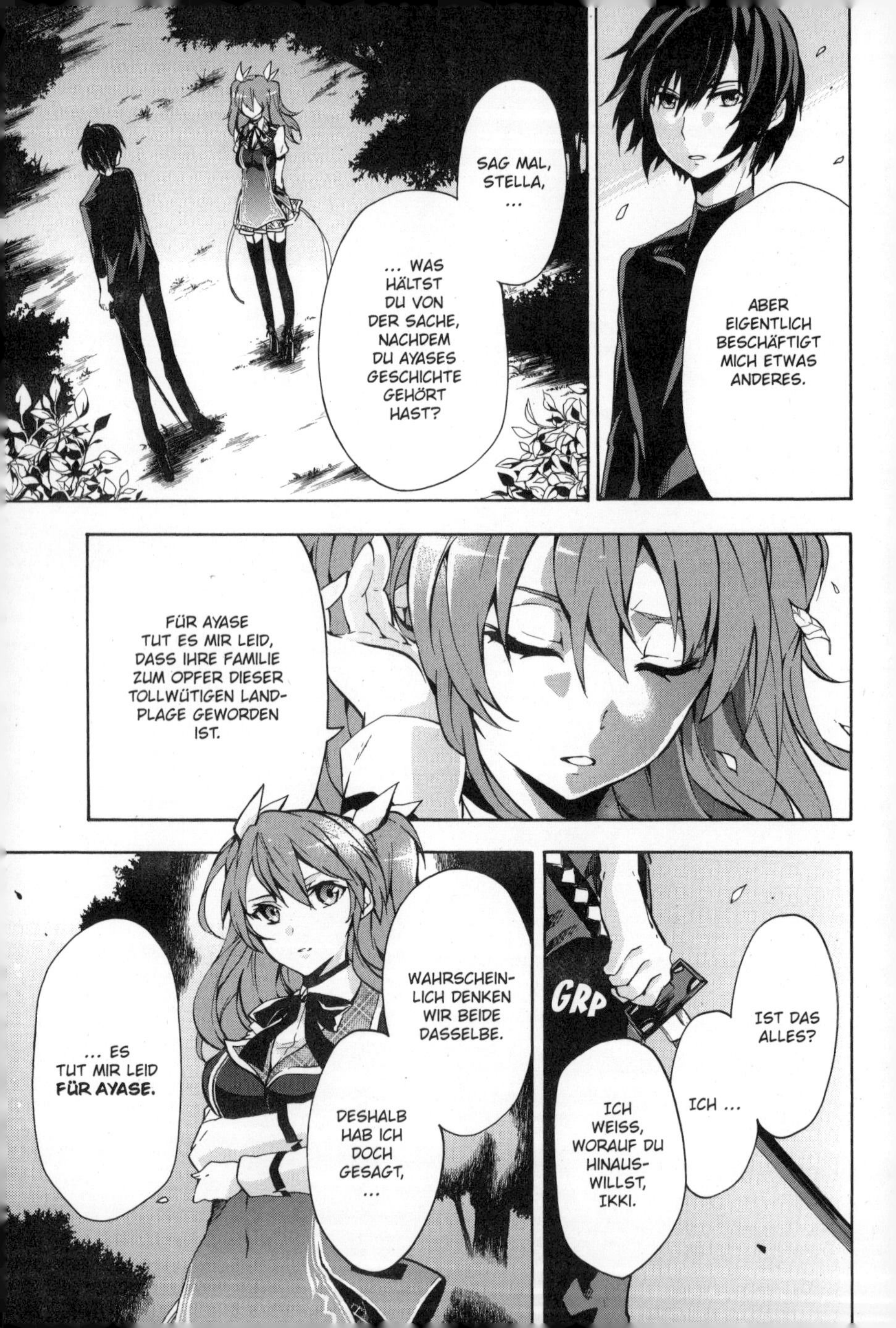

ABER EIGENTLICH BESCHÄFTIGT MICH ETWAS ANDERES.
SAG MAL, STELLA, ...
... WAS HÄLTST DU VON DER SACHE, NACHDEM DU AYASES GESCHICHTE GEHÖRT HAST?
FÜR AYASE TUT ES MIR LEID, DASS IHRE FAMILIE ZUM OPFER DIESER TOLLWÜTIGEN LAND-PLAGE GEWORDEN IST.
IST DAS ALLES?
ICH ...
ICH WEISS, WORAUF DU HINAUS-WILLST, IKKI.
GRP
WAHRSCHEIN-LICH DENKEN WIR BEIDE DASSELBE.
DESHALB HAB ICH DOCH GESAGT, ...
... ES TUT MIR LEID **FÜR AYASE.**

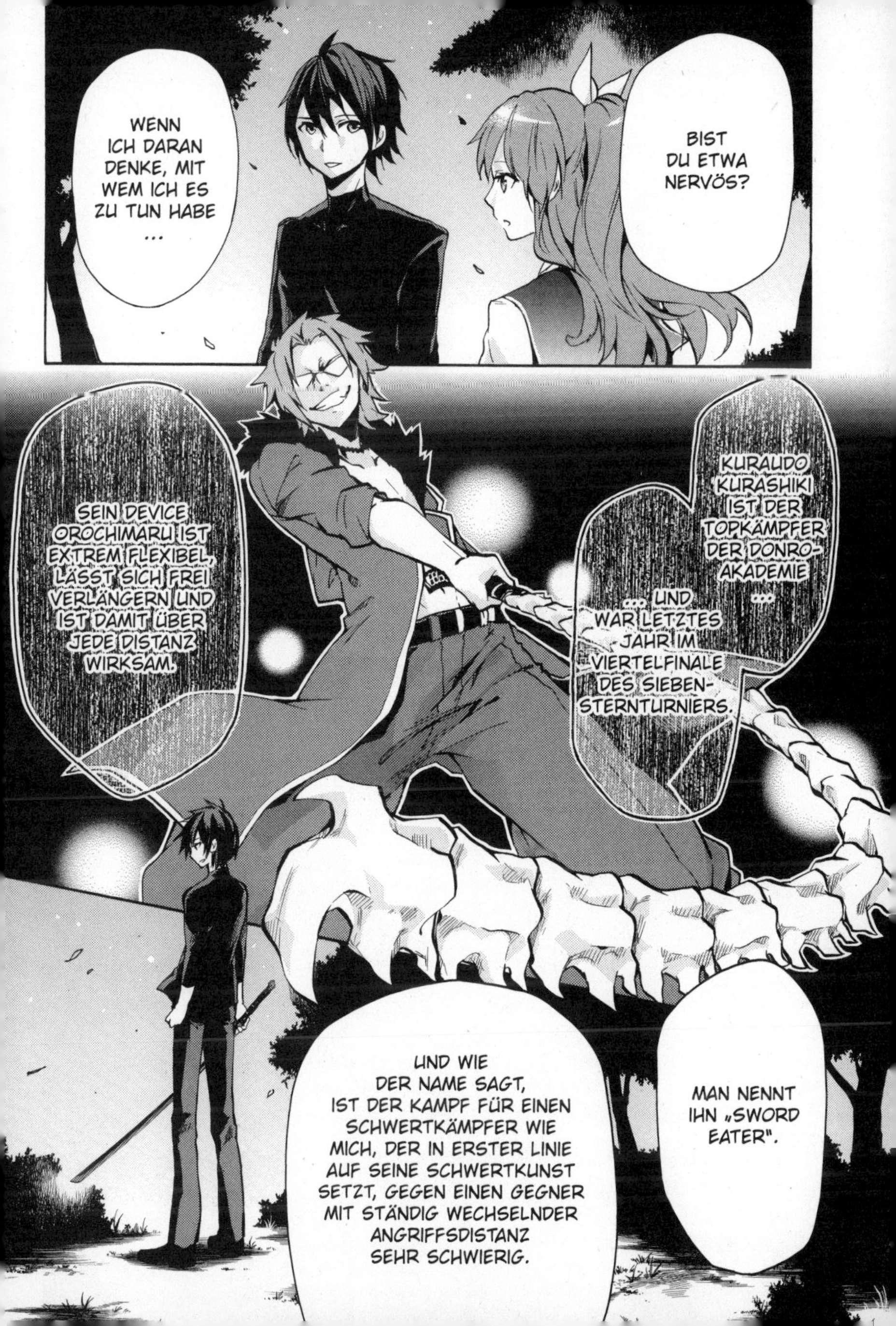

BIST DU ETWA NERVÖS?
WENN ICH DARAN DENKE, MIT WEM ICH ES ZU TUN HABE ...
KURAUDO KURASHIKI IST DER TOPKÄMPFER DER DONRO-AKADEMIE ...
... UND WAR LETZTES JAHR IM VIERTELFINALE DES SIEBENSTERNTURNIERS.
SEIN DEVICE OROCHIMARU IST EXTREM FLEXIBEL, LÄSST SICH FREI VERLÄNGERN UND IST DAMIT ÜBER JEDE DISTANZ WIRKSAM.
MAN NENNT IHN „SWORD EATER“.
UND WIE DER NAME SAGT, IST DER KAMPF FÜR EINEN SCHWERTKÄMPFER WIE MICH, DER IN ERSTER LINIE AUF SEINE SCHWERTKUNST SETZT, GEGEN EINEN GEGNER MIT STÄNDIG WECHSELNDER ANGRIFFSDISTANZ SEHR SCHWIERIG.

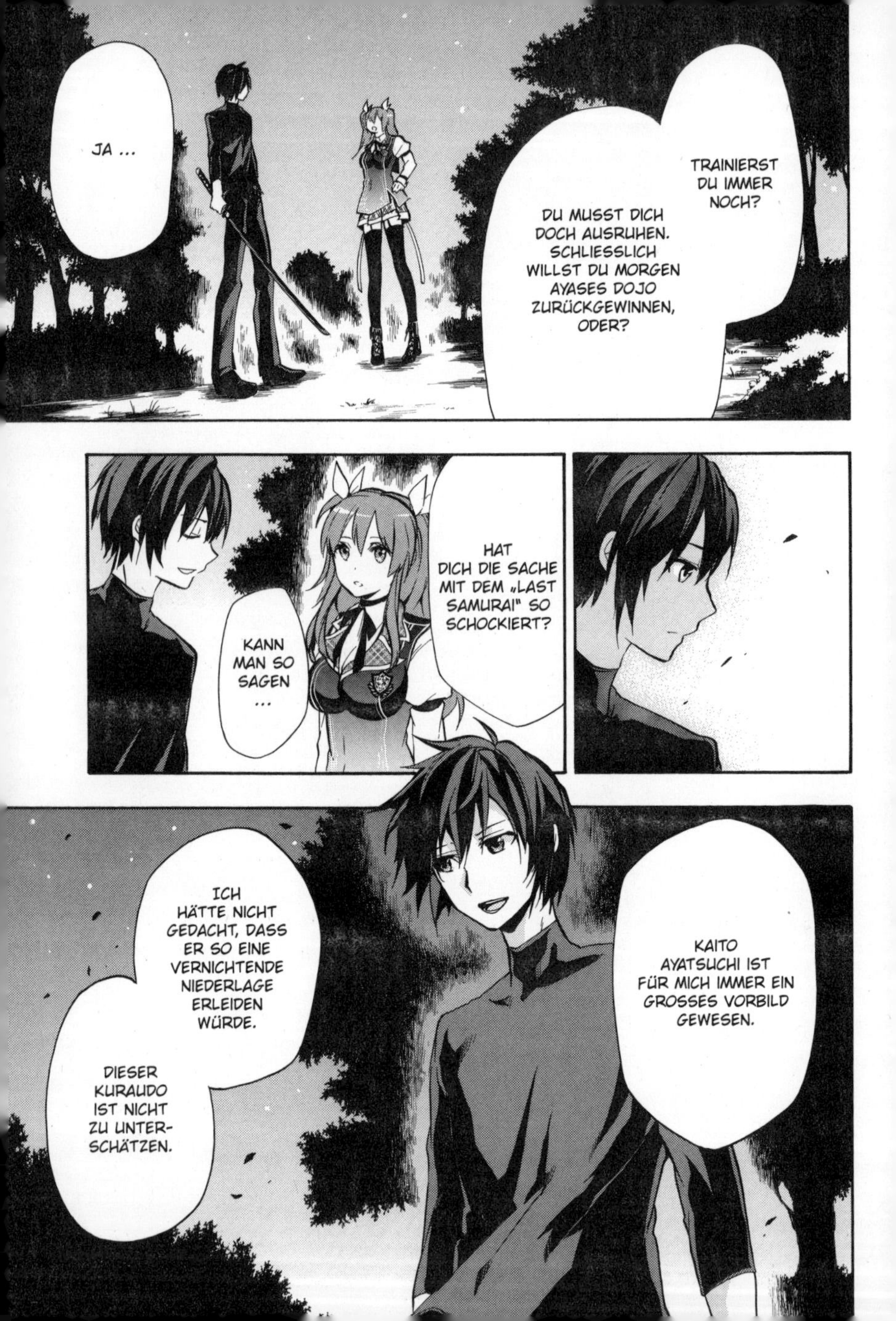
TRAINIERST DU IMMER NOCH?
DU MUSST DICH DOCH AUSRUHEN. SCHLIESSLICH WILLST DU MORGEN AYASES DOJO ZURÜCKGEWINNEN, ODER?
JA …
HAT DICH DIE SACHE MIT DEM „LAST SAMURAI" SO SCHOCKIERT?
KANN MAN SO SAGEN …
KAITO AYATSUCHI IST FÜR MICH IMMER EIN GROSSES VORBILD GEWESEN.
ICH HÄTTE NICHT GEDACHT, DASS ER SO EINE VERNICHTENDE NIEDERLAGE ERLEIDEN WÜRDE.
DIESER KURAUDO IST NICHT ZU UNTER-SCHÄTZEN.

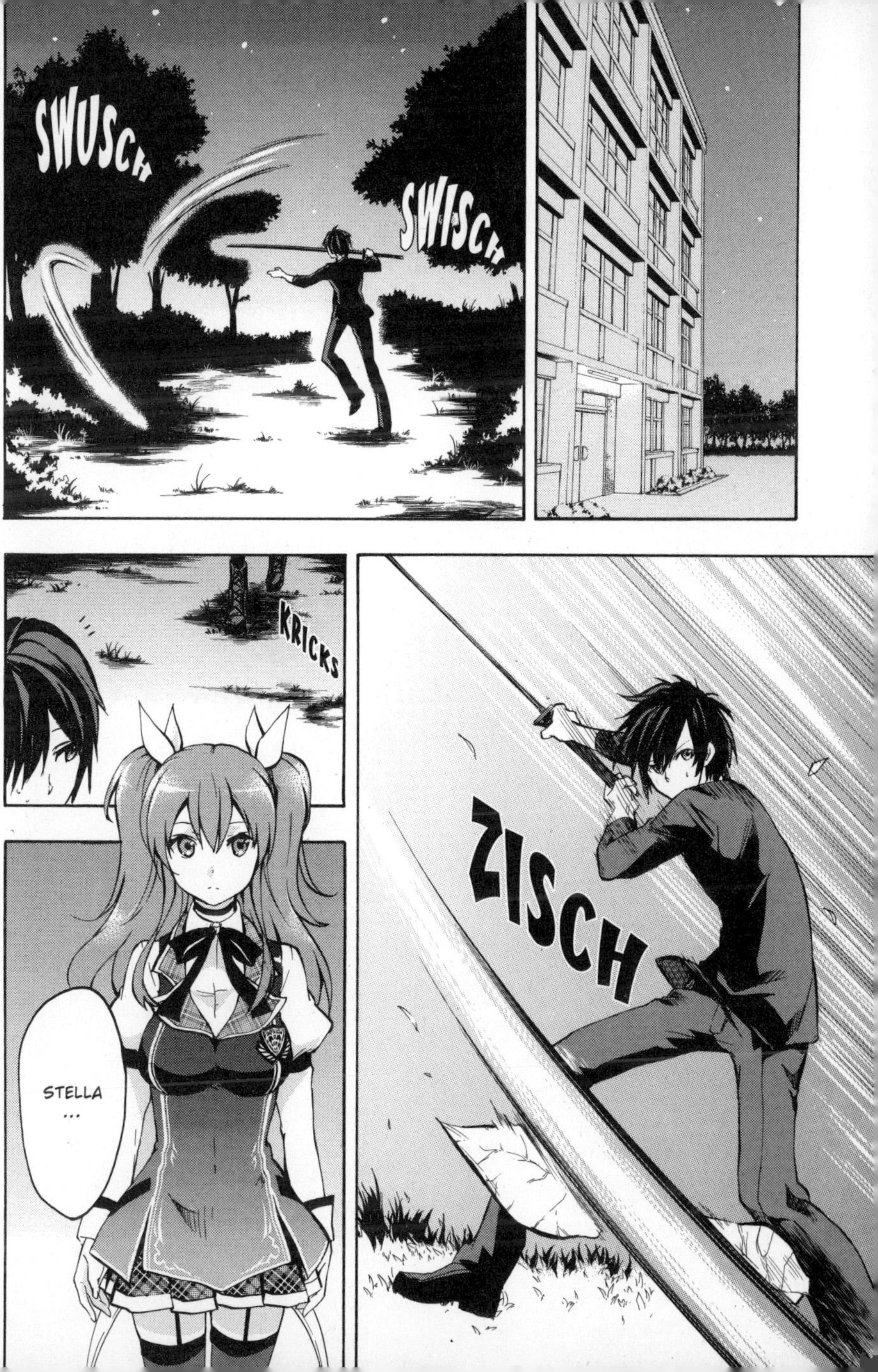
SWUSCH
SWISCH
KRICKS
...
ZISCH
STELLA
...

Kapitel 18: „Worst One“ vs. „Sword Eater“

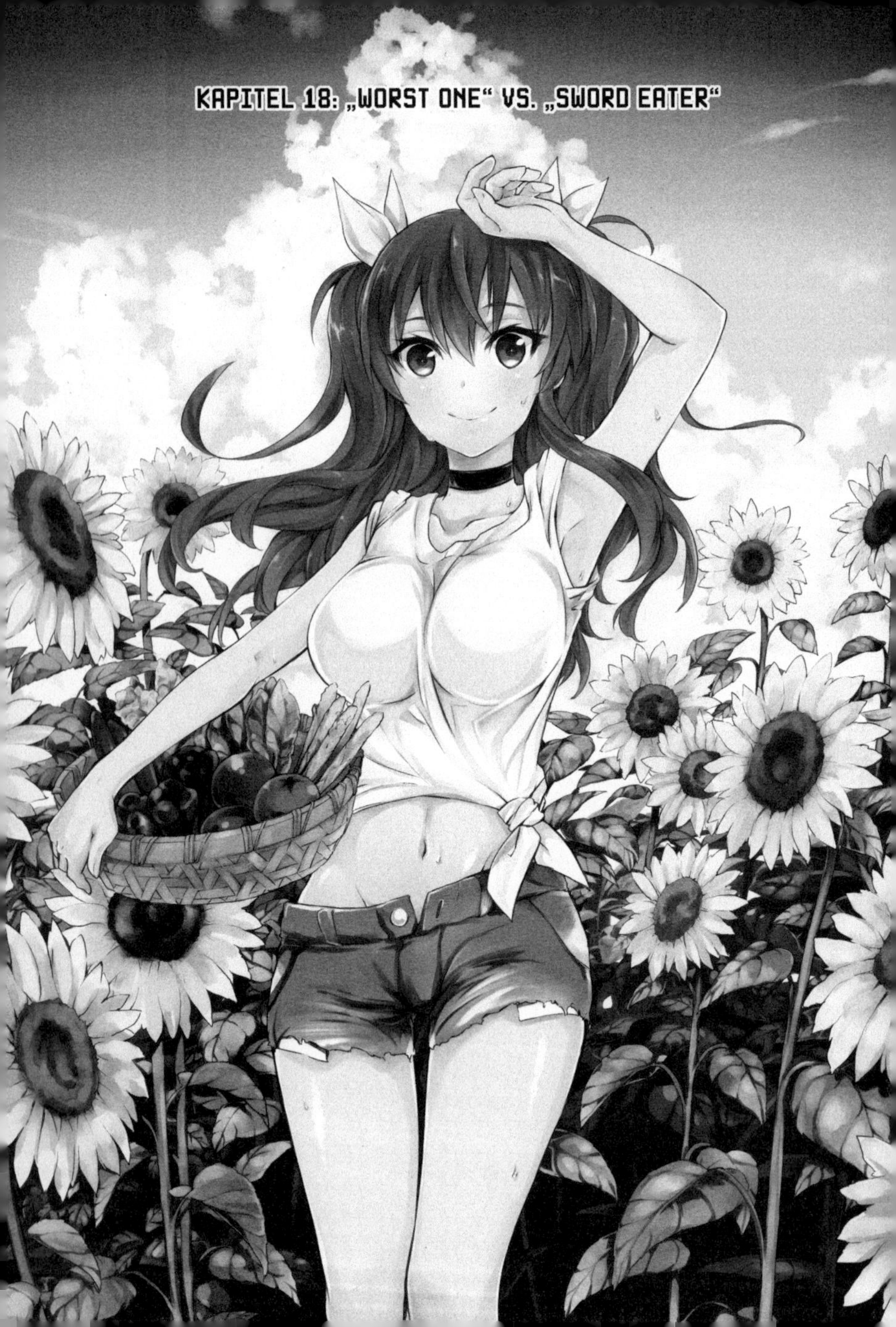

Chivalry of a Failed Knight

Chivalry of a Failed Knight

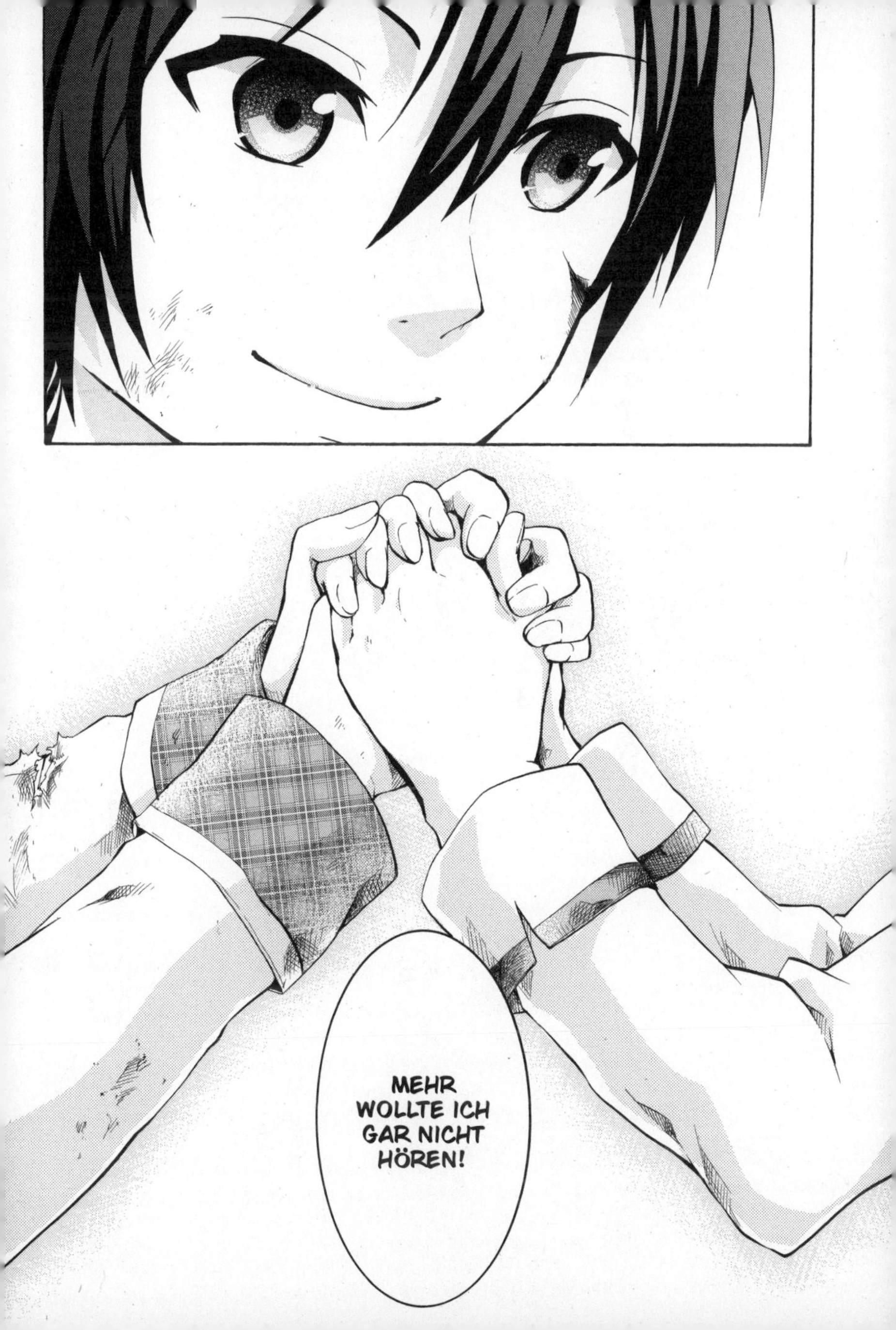
MEHR WOLLTE ICH GAR NICHT HÖREN!

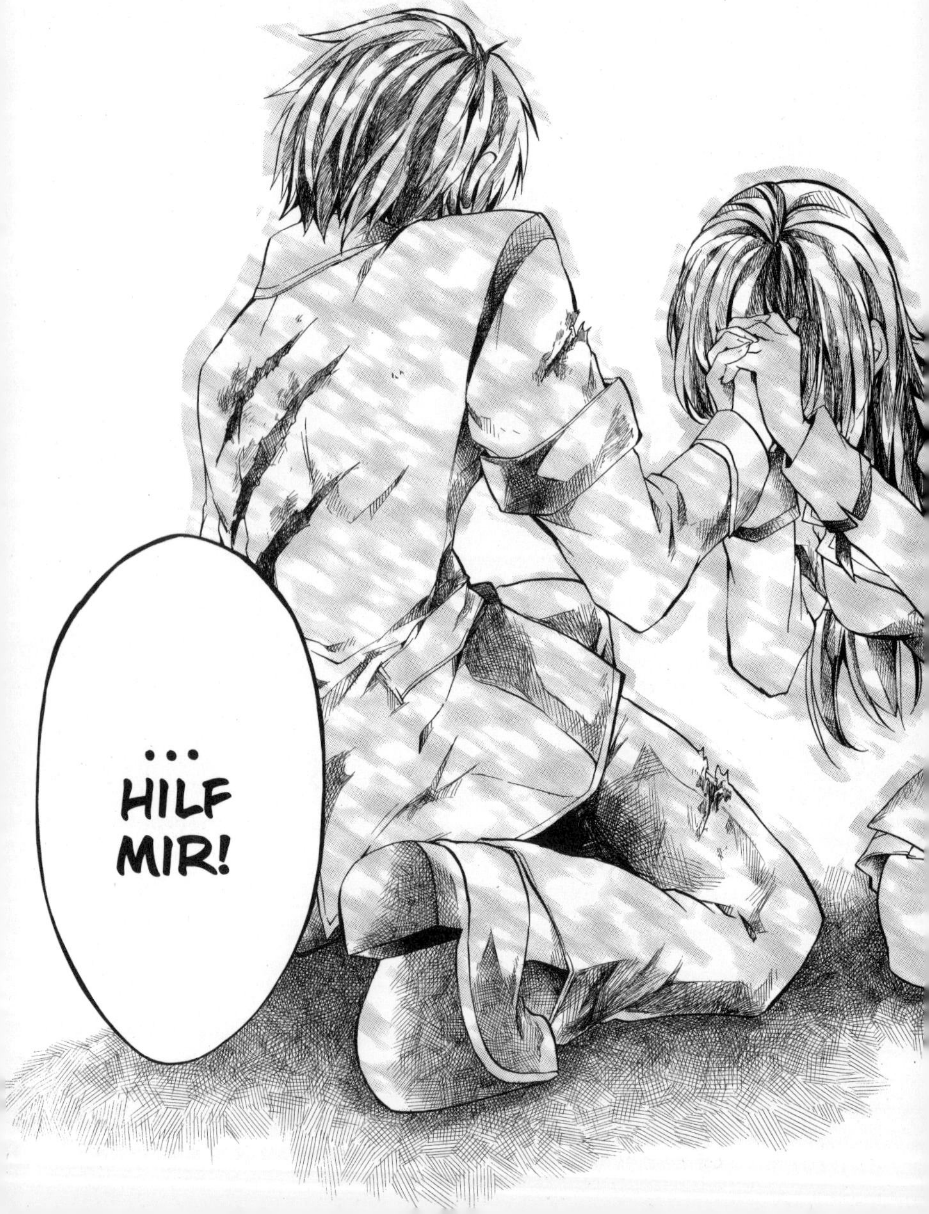
... HILF MIR!

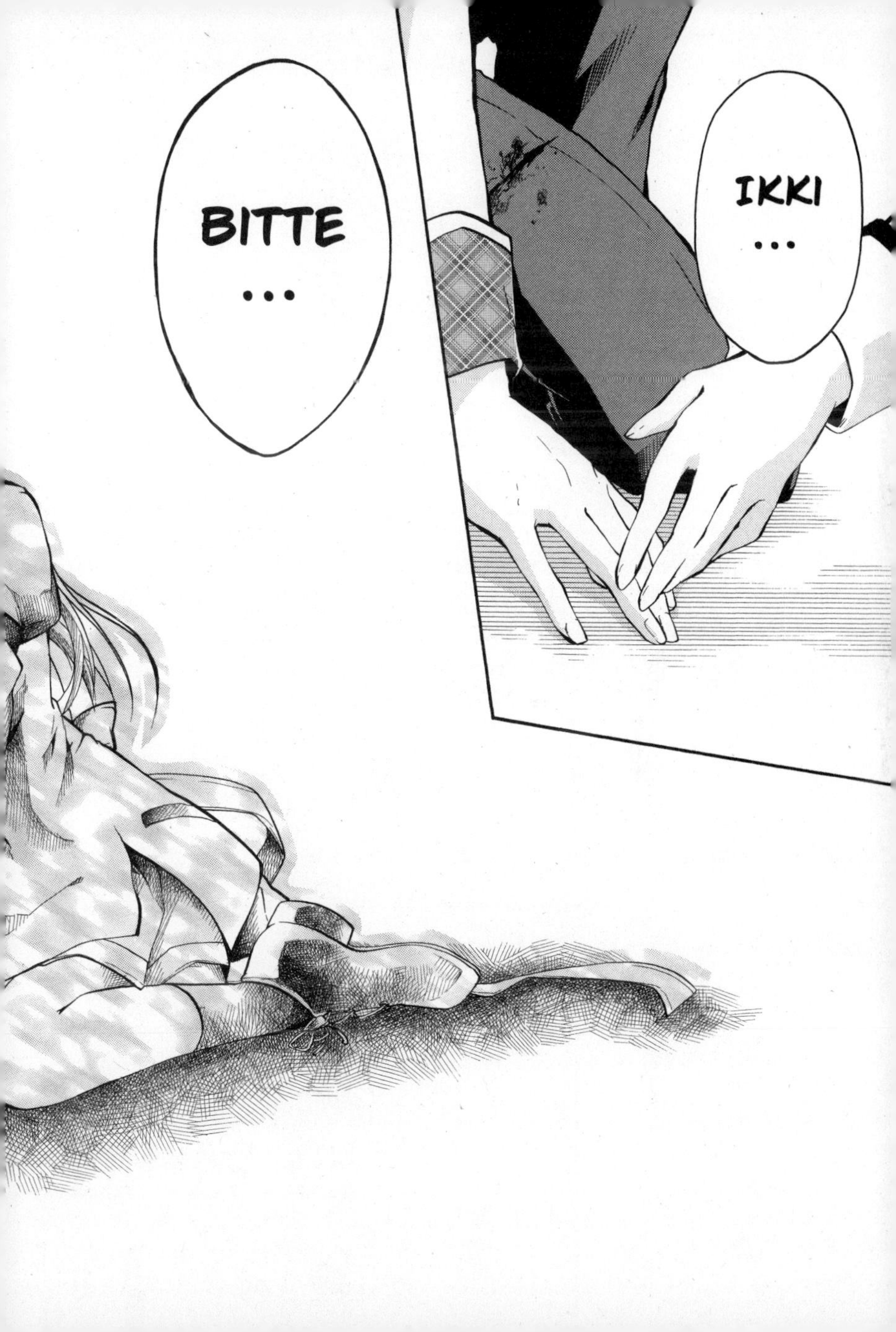
IKKI
...
BITTE
...

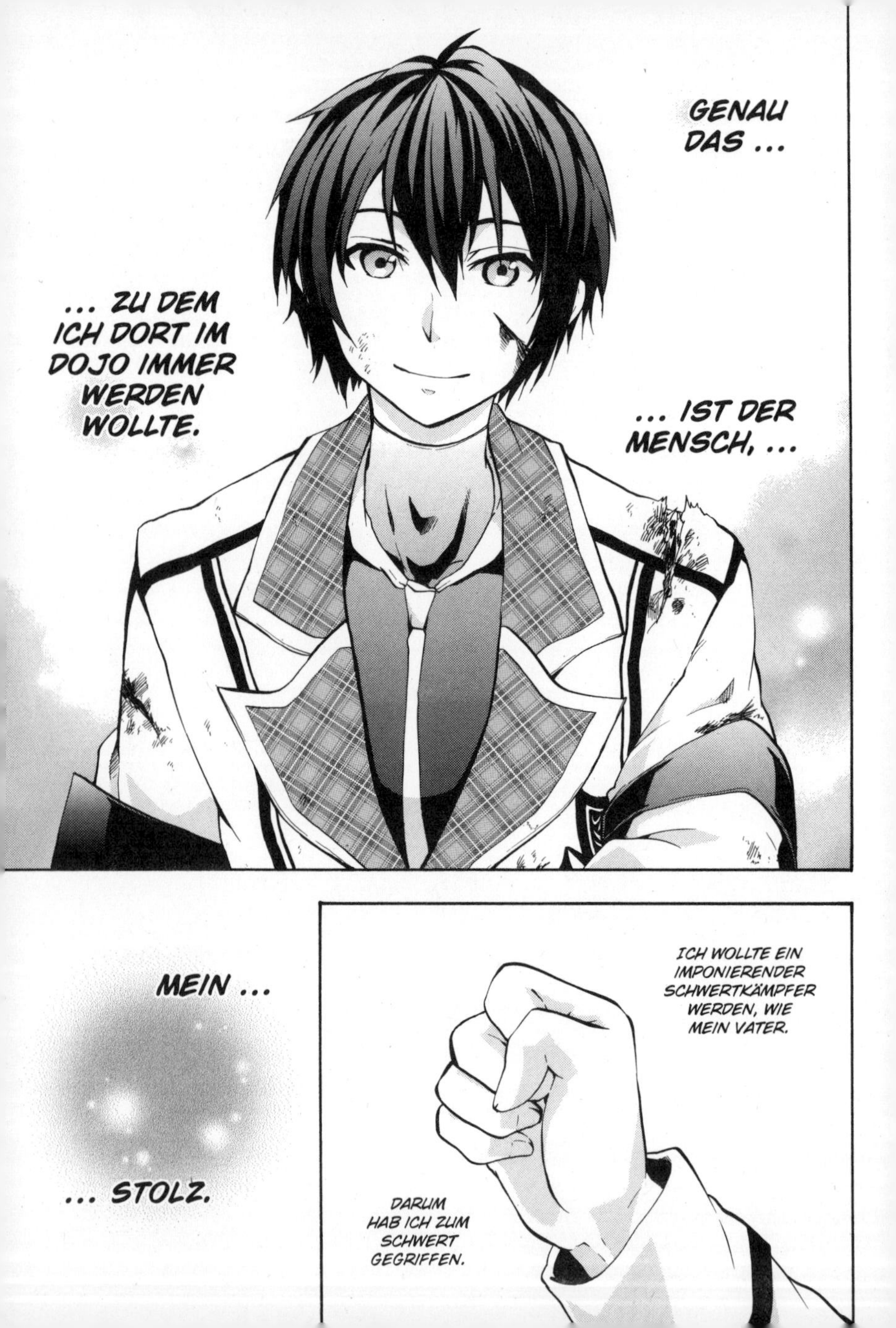
GENAU DAS ...
... IST DER MENSCH, ...
... ZU DEM ICH DORT IM DOJO IMMER WERDEN WOLLTE.
ICH WOLLTE EIN IMPONIERENDER SCHWERTKÄMPFER WERDEN, WIE MEIN VATER.
DARUM HAB ICH ZUM SCHWERT GEGRIFFEN.
MEIN ...
... STOLZ.

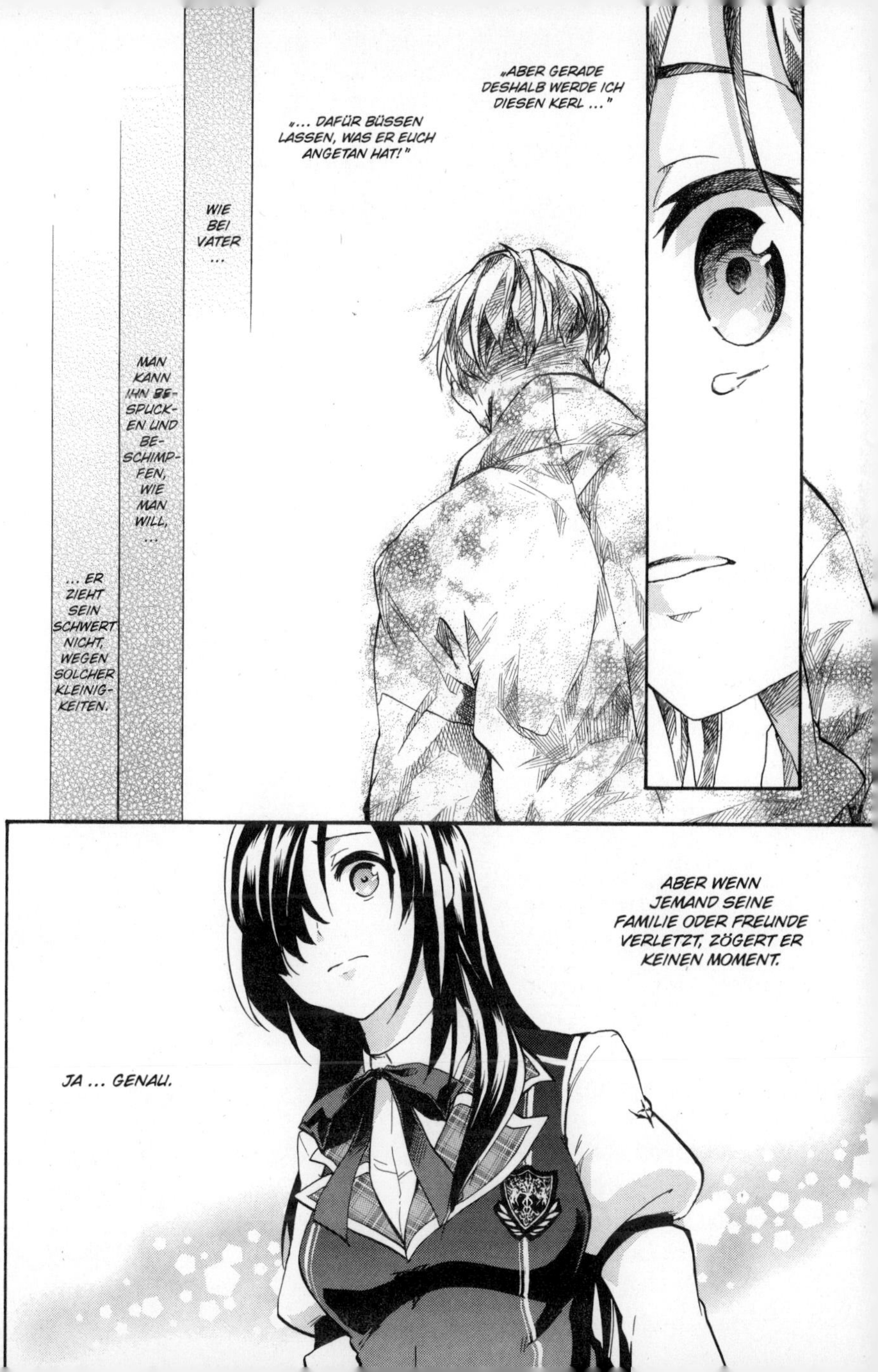
„ABER GERADE DESHALB WERDE ICH DIESEN KERL …"
„… DAFÜR BÜSSEN LASSEN, WAS ER EUCH ANGETAN HAT!"
WIE BEI VATER …
MAN KANN IHN BESPUCKEN UND BESCHIMPFEN, WIE MAN WILL, …
… ER ZIEHT SEIN SCHWERT NICHT, WEGEN SOLCHER KLEINIGKEITEN.
ABER WENN JEMAND SEINE FAMILIE ODER FREUNDE VERLETZT, ZÖGERT ER KEINEN MOMENT.
JA … GENAU.

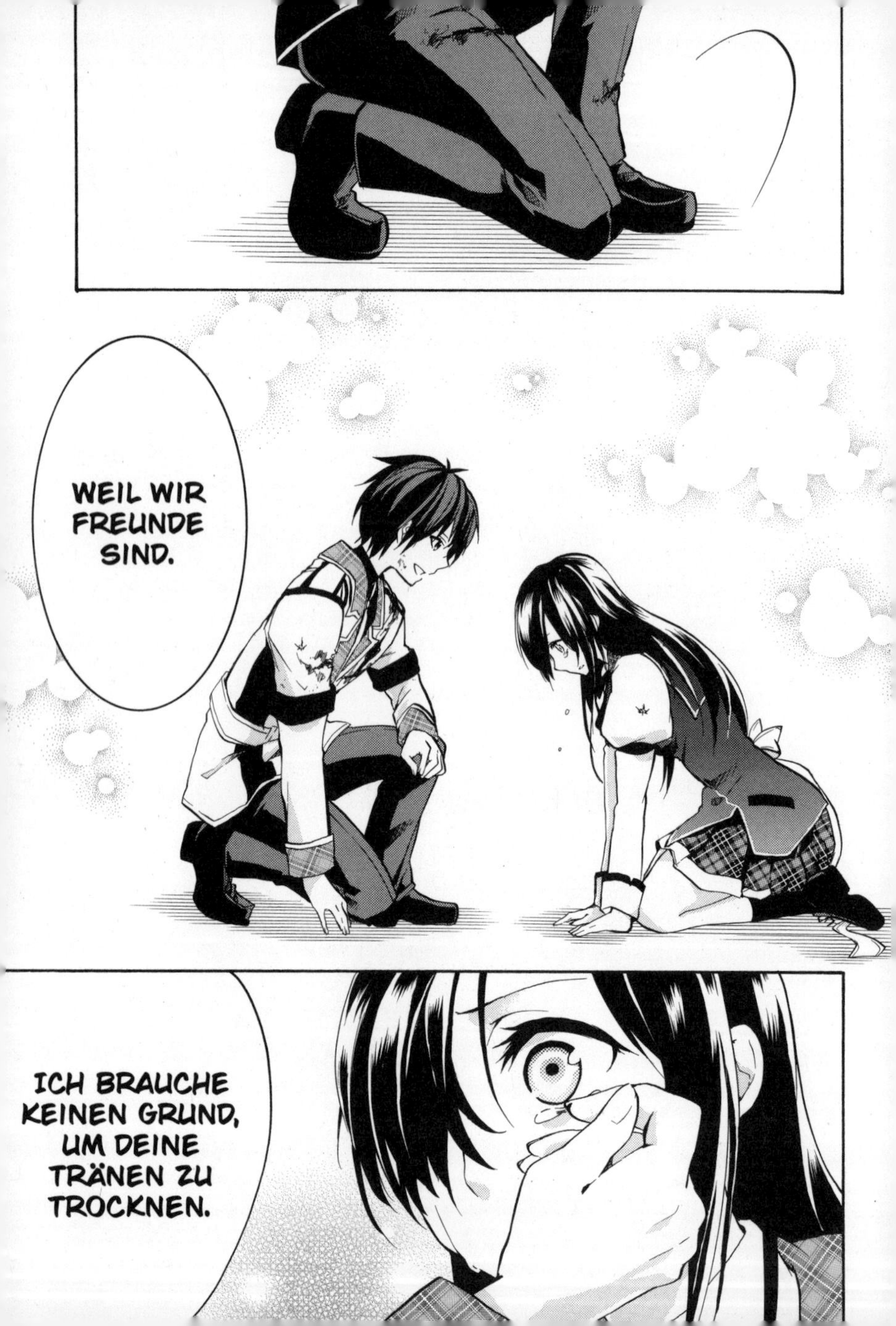
WEIL WIR FREUNDE SIND.
ICH BRAUCHE KEINEN GRUND, UM DEINE TRÄNEN ZU TROCKNEN.

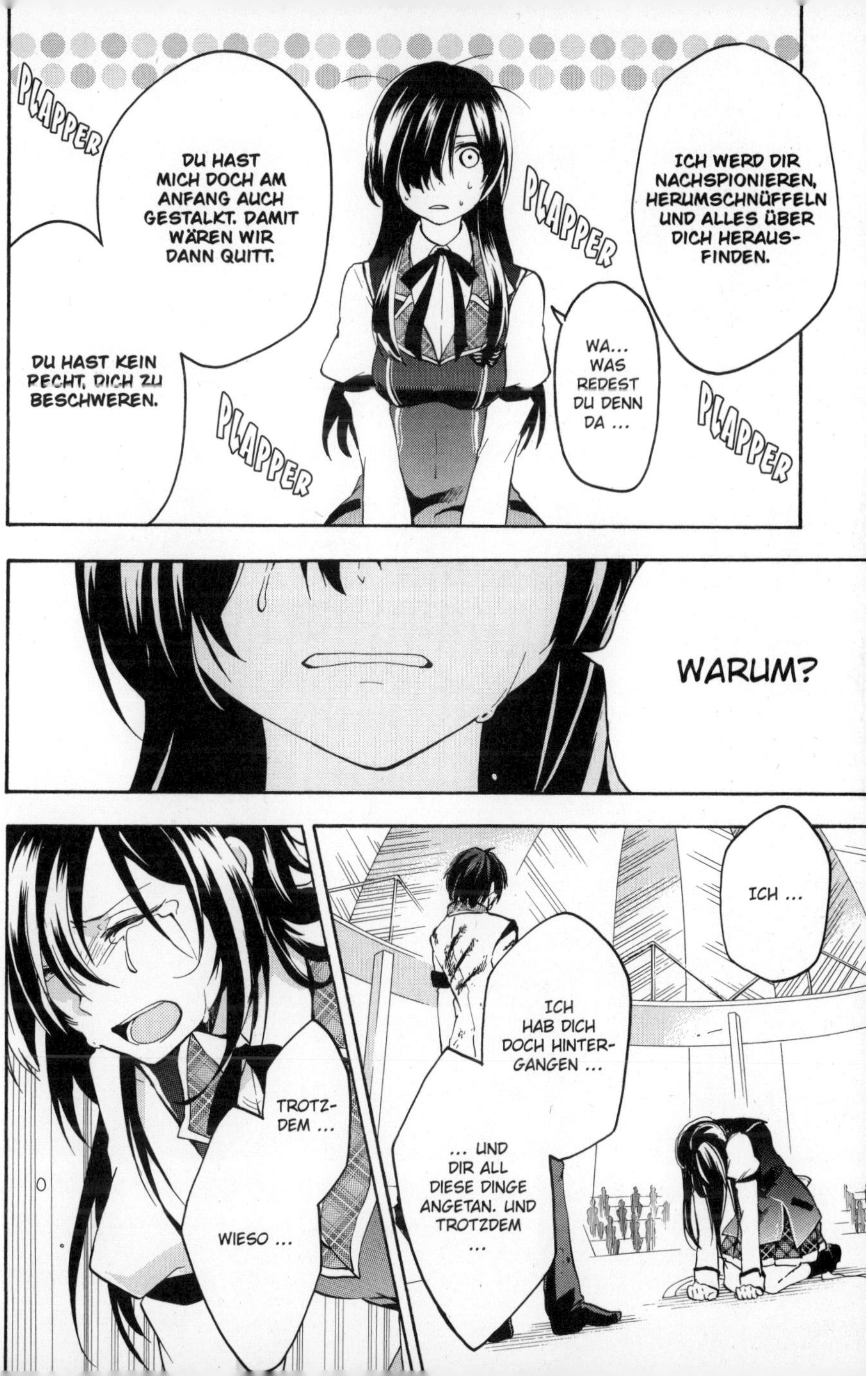
ICH WERD DIR NACHSPIONIEREN, HERUMSCHNÜFFELN UND ALLES ÜBER DICH HERAUS-FINDEN.
PLAPPER
PLAPPER
WA... WAS REDEST DU DENN DA ...
PLAPPER
DU HAST MICH DOCH AM ANFANG AUCH GESTALKT. DAMIT WÄREN WIR DANN QUITT.
PLAPPER
DU HAST KEIN RECHT, DICH ZU BESCHWEREN.
PLAPPER
WARUM?
ICH ...
ICH HAB DICH DOCH HINTER-GANGEN ...
... UND DIR ALL DIESE DINGE ANGETAN. UND TROTZDEM ...
TROTZ-DEM ...
WIESO ...

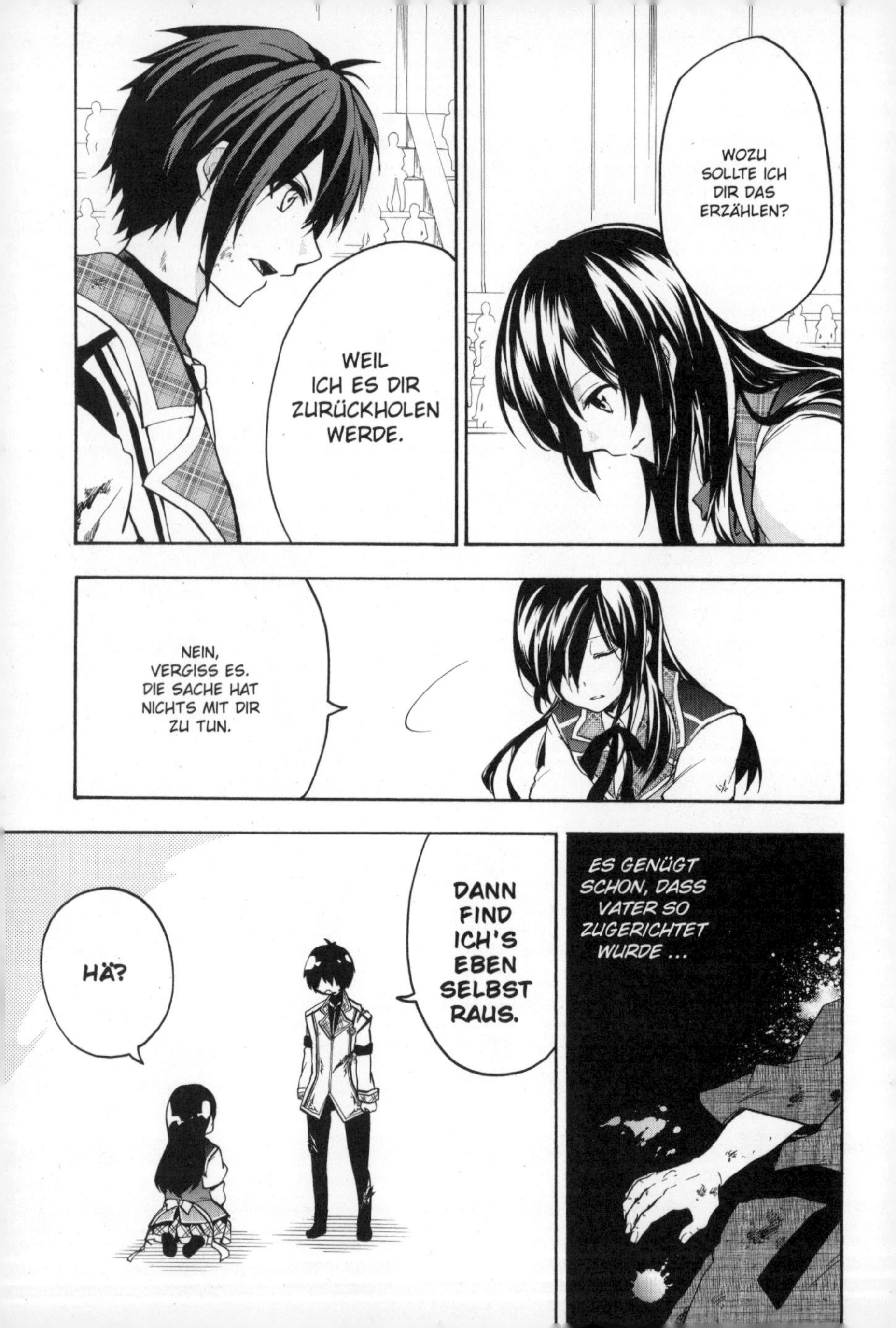
WOZU SOLLTE ICH DIR DAS ERZÄHLEN?
WEIL ICH ES DIR ZURÜCKHOLEN WERDE.
NEIN, VERGISS ES. DIE SACHE HAT NICHTS MIT DIR ZU TUN.
ES GENÜGT SCHON, DASS VATER SO ZUGERICHTET WURDE ...
DANN FIND ICH'S EBEN SELBST RAUS.
HÄ?

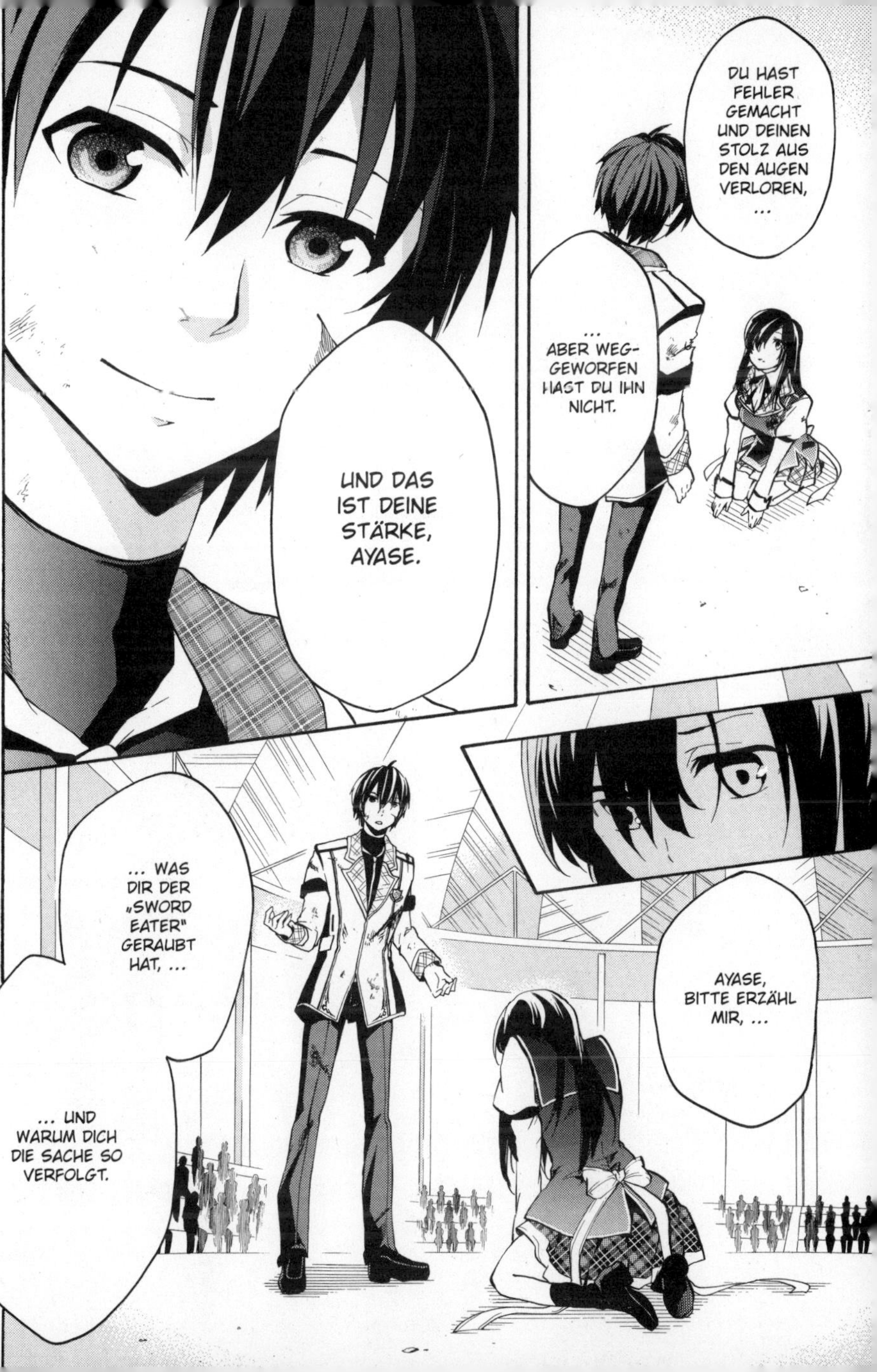
DU HAST FEHLER GEMACHT UND DEINEN STOLZ AUS DEN AUGEN VERLOREN, …
… ABER WEG-GEWORFEN HAST DU IHN NICHT.
UND DAS IST DEINE STÄRKE, AYASE.
AYASE, BITTE ERZÄHL MIR, …
… WAS DIR DER „SWORD EATER" GERAUBT HAT, …
… UND WARUM DICH DIE SACHE SO VERFOLGT.

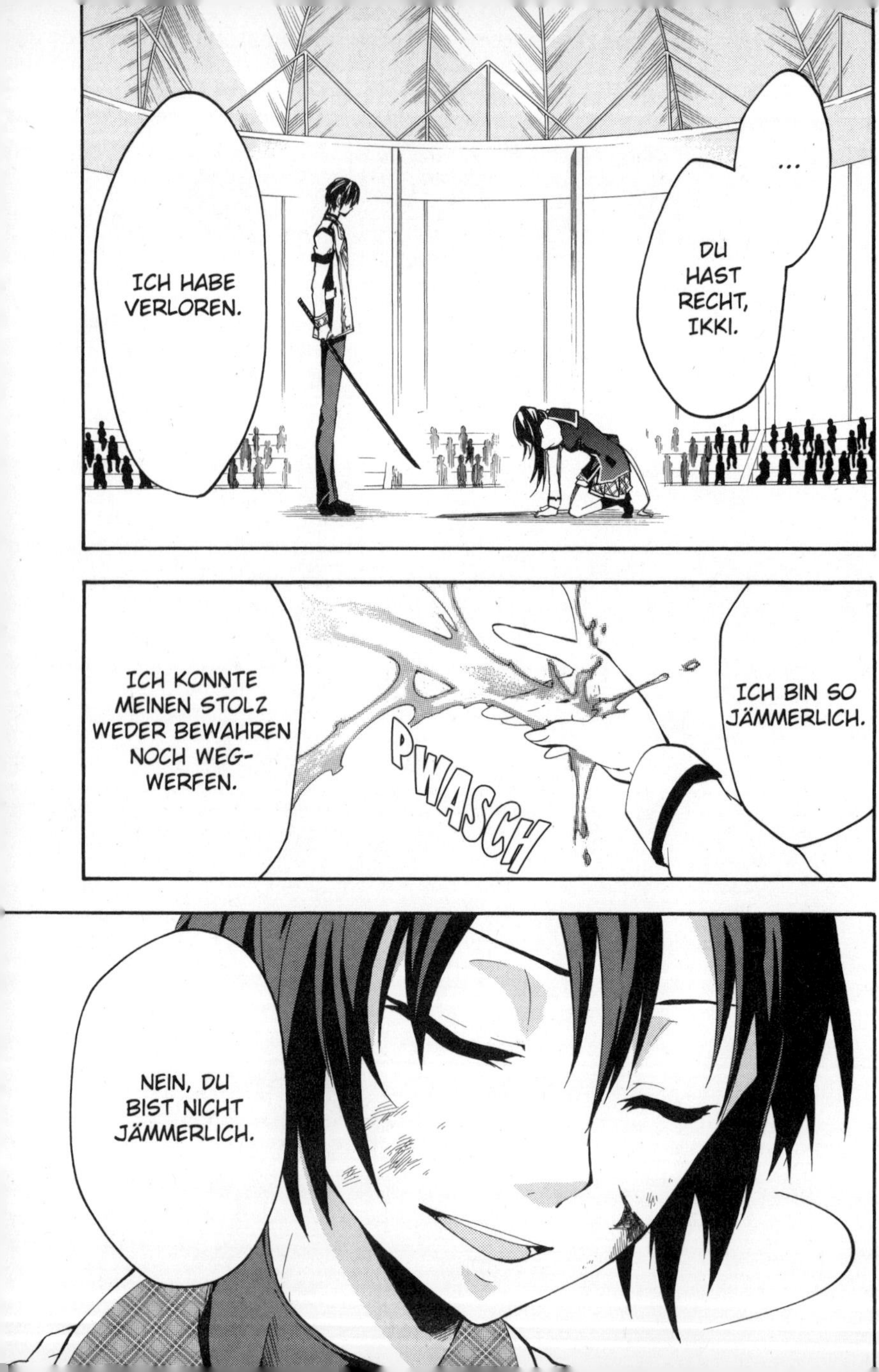
... DU HAST RECHT, IKKI.
ICH HABE VERLOREN.
ICH BIN SO JÄMMERLICH.
PWASCH
ICH KONNTE MEINEN STOLZ WEDER BEWAHREN NOCH WEG-WERFEN.
NEIN, DU BIST NICHT JÄMMERLICH.

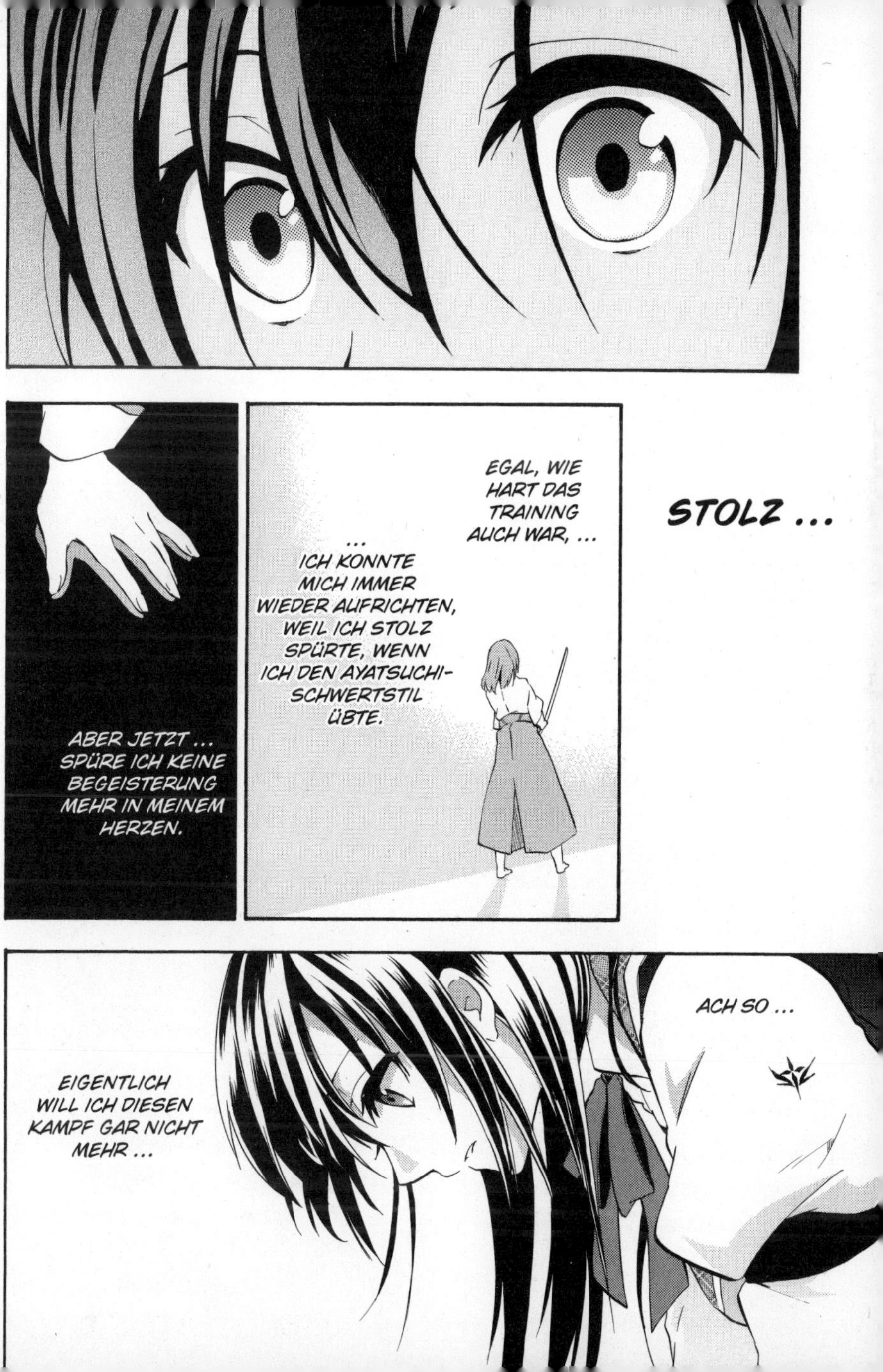
STOLZ ...
EGAL, WIE HART DAS TRAINING AUCH WAR, ...
... ICH KONNTE MICH IMMER WIEDER AUFRICHTEN, WEIL ICH STOLZ SPÜRTE, WENN ICH DEN AYATSUCHI-SCHWERTSTIL ÜBTE.
ABER JETZT ... SPÜRE ICH KEINE BEGEISTERUNG MEHR IN MEINEM HERZEN.
ACH SO ...
EIGENTLICH WILL ICH DIESEN KAMPF GAR NICHT MEHR ...

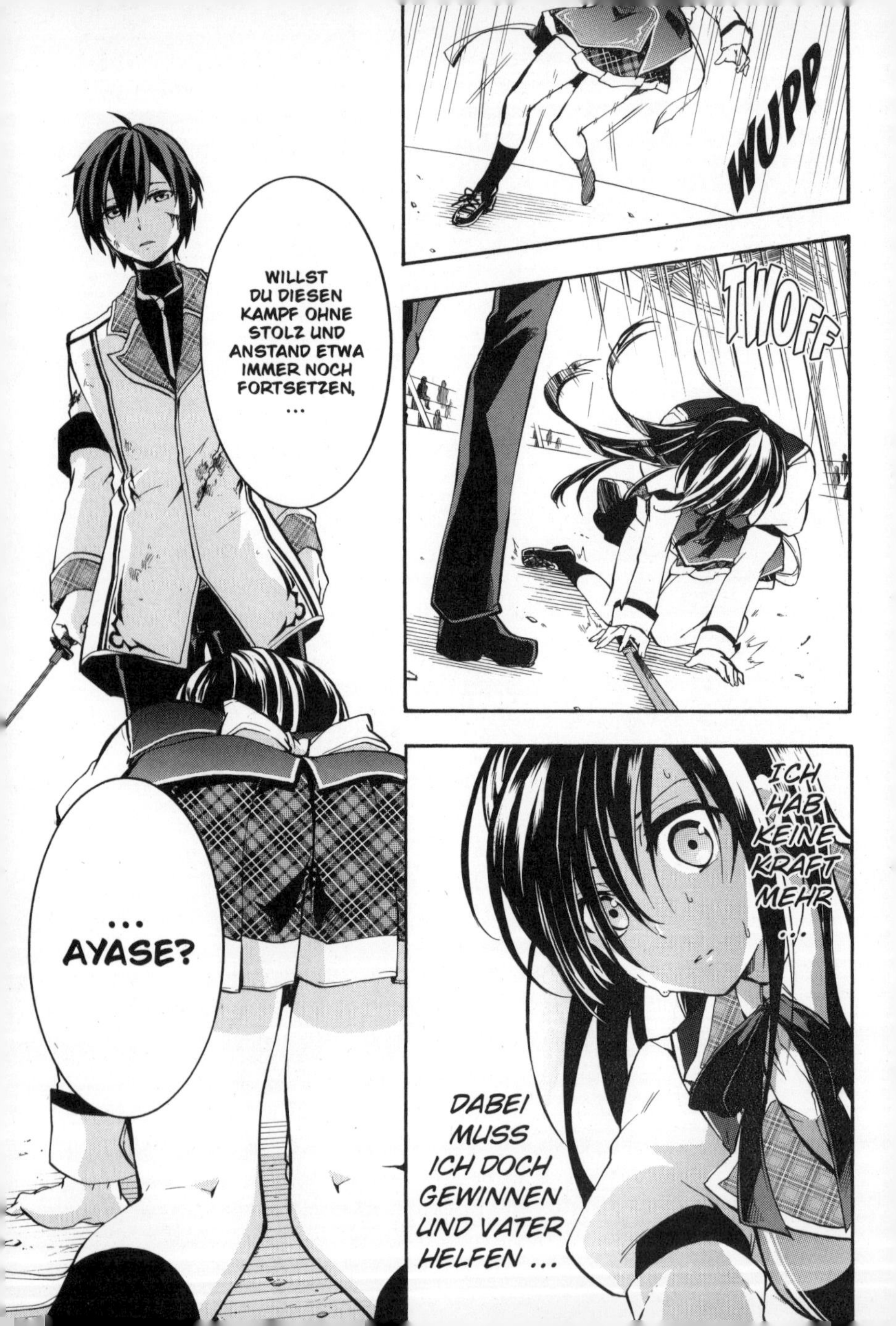
WUPP
TWOFF
WILLST DU DIESEN KAMPF OHNE STOLZ UND ANSTAND ETWA IMMER NOCH FORTSETZEN, ...
... AYASE?
ICH HAB KEINE KRAFT MEHR ...
DABEI MUSS ICH DOCH GEWINNEN UND VATER HELFEN ...

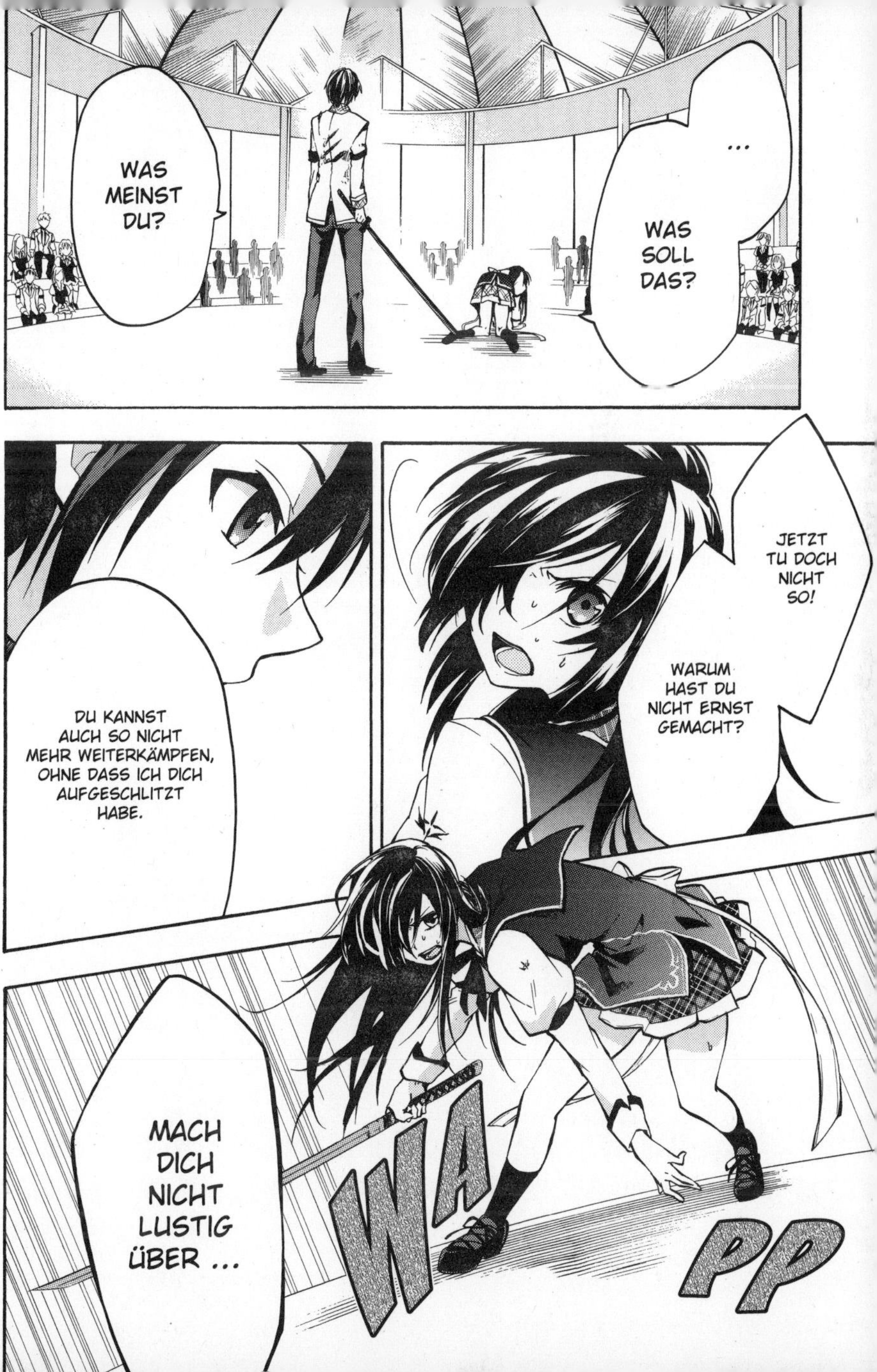
...
WAS SOLL DAS?
WAS MEINST DU?
JETZT TU DOCH NICHT SO!
WARUM HAST DU NICHT ERNST GEMACHT?
DU KANNST AUCH SO NICHT MEHR WEITERKÄMPFEN, OHNE DASS ICH DICH AUFGESCHLITZT HABE.
MACH DICH NICHT LUSTIG ÜBER ...
WAPP

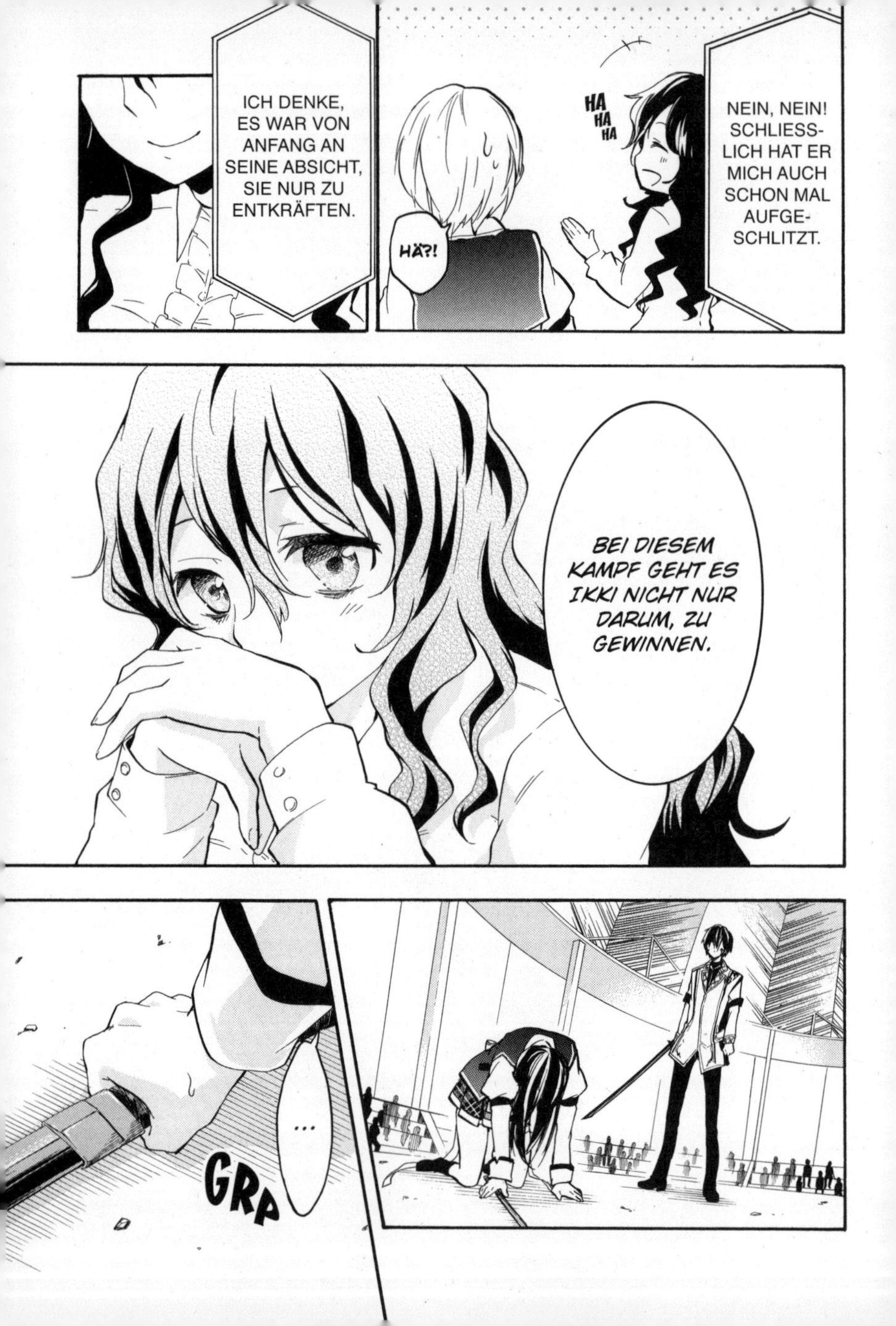
NEIN, NEIN! SCHLIESS-LICH HAT ER MICH AUCH SCHON MAL AUFGE-SCHLITZT.
HA HA HA HA
HÄ?!
ICH DENKE, ES WAR VON ANFANG AN SEINE ABSICHT, SIE NUR ZU ENTKRÄFTEN.
BEI DIESEM KAMPF GEHT ES IKKI NICHT NUR DARUM, ZU GEWINNEN.
...
GRP

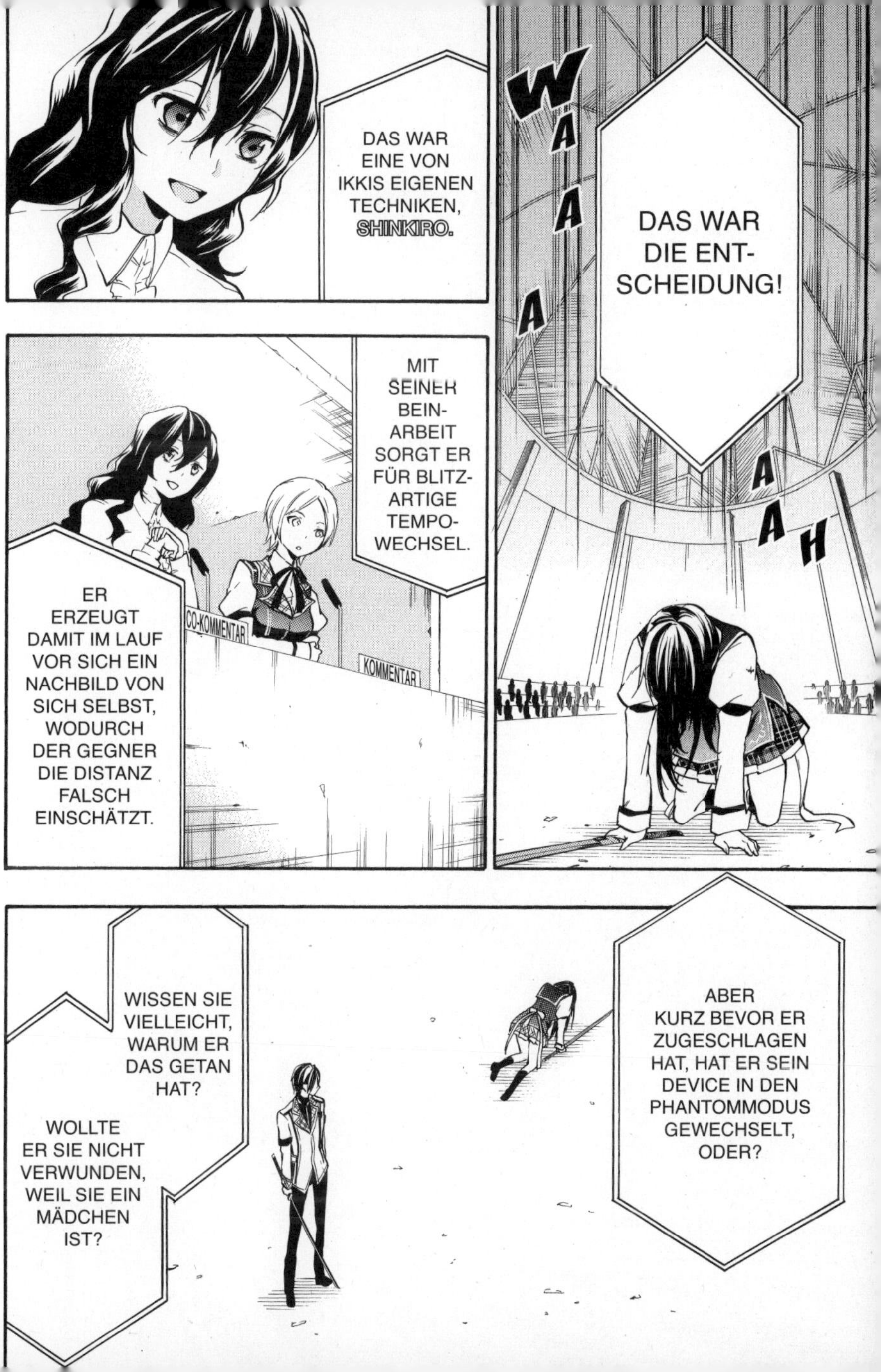
WAAAA
AAH
DAS WAR DIE ENTSCHEIDUNG!
DAS WAR EINE VON IKKIS EIGENEN TECHNIKEN, SHINKIRO.
MIT SEINER BEINARBEIT SORGT ER FÜR BLITZARTIGE TEMPOWECHSEL.
ER ERZEUGT DAMIT IM LAUF VOR SICH EIN NACHBILD VON SICH SELBST, WODURCH DER GEGNER DIE DISTANZ FALSCH EINSCHÄTZT.
CO-KOMMENTAR
KOMMENTAR
ABER KURZ BEVOR ER ZUGESCHLAGEN HAT, HAT ER SEIN DEVICE IN DEN PHANTOMMODUS GEWECHSELT, ODER?
WISSEN SIE VIELLEICHT, WARUM ER DAS GETAN HAT?
WOLLTE ER SIE NICHT VERWUNDEN, WEIL SIE EIN MÄDCHEN IST?

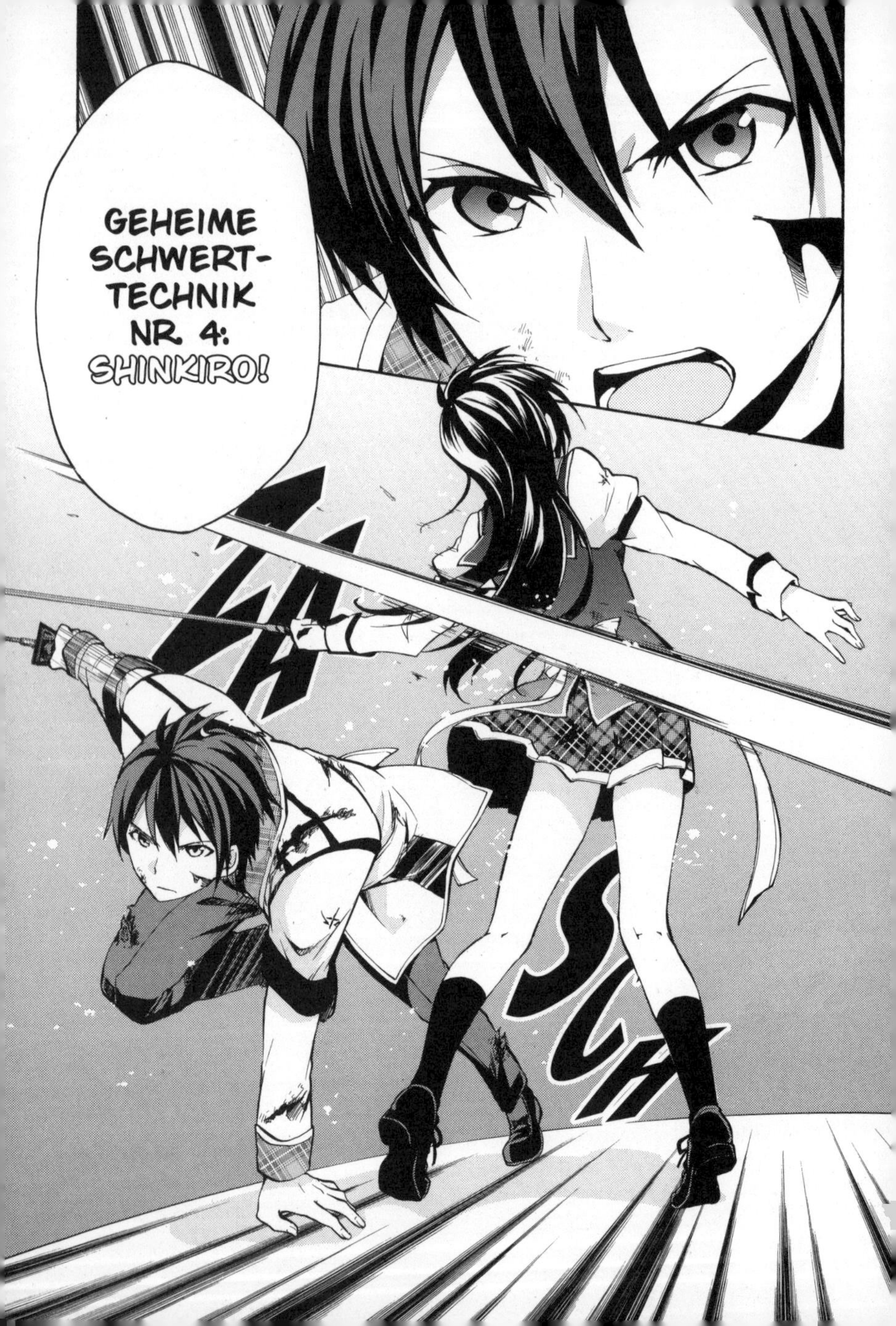
GEHEIME SCHWERT-TECHNIK NR. 4: SHINKIRO!

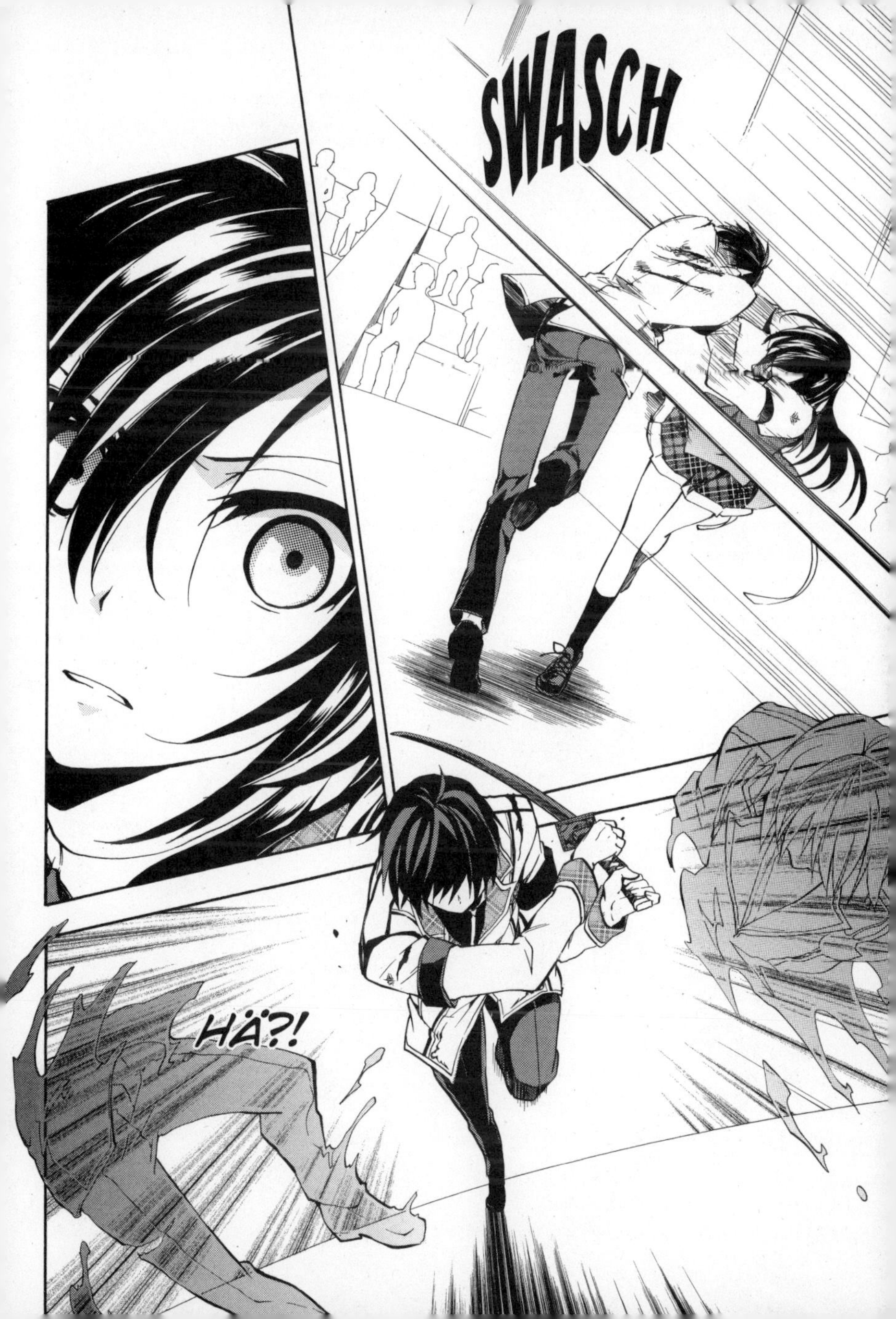
SWASCH
HÄ?!

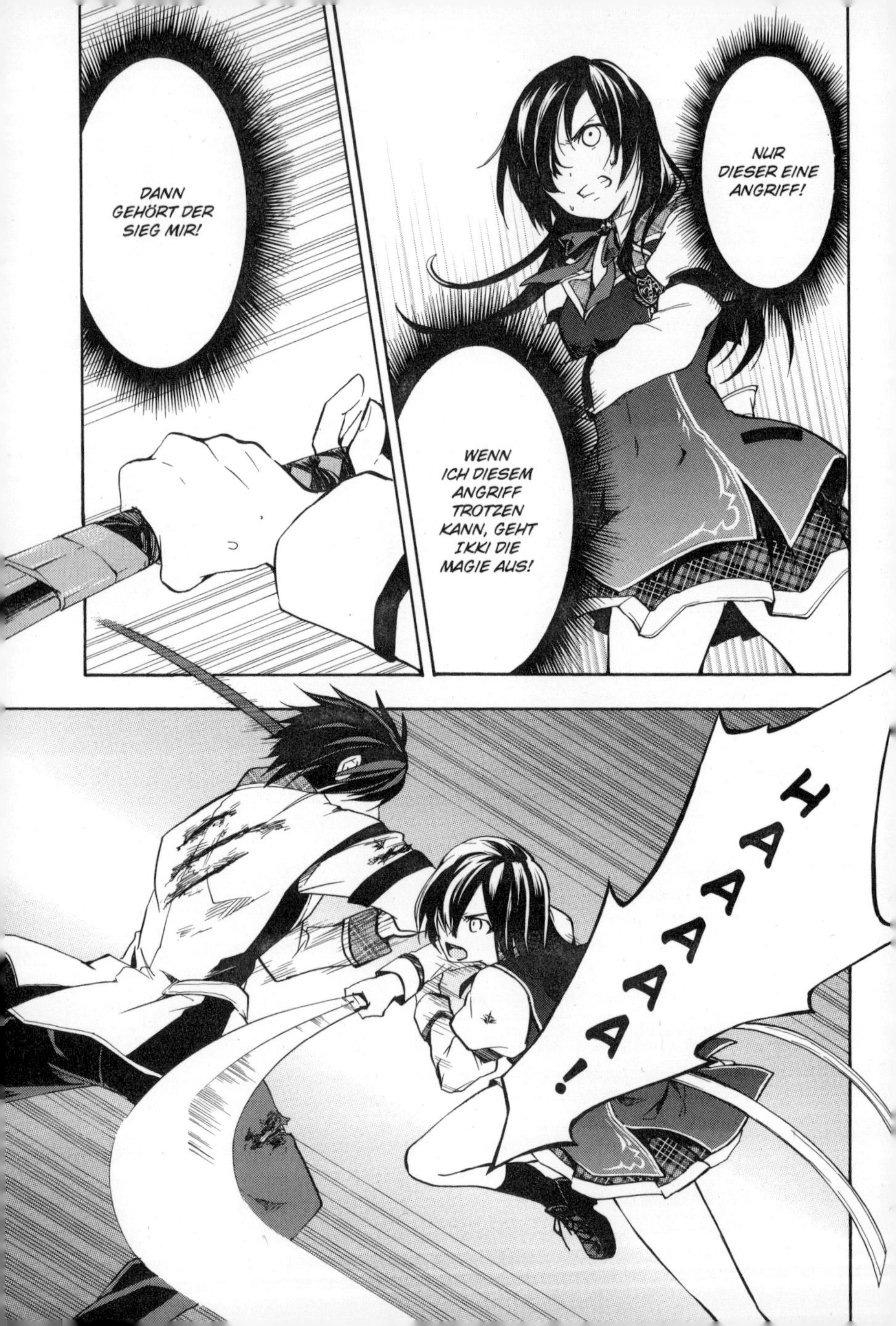
NUR DIESER EINE ANGRIFF!
WENN ICH DIESEM ANGRIFF TROTZEN KANN, GEHT IKKI DIE MAGIE AUS!
DANN GEHÖRT DER SIEG MIR!
HAAAAA!

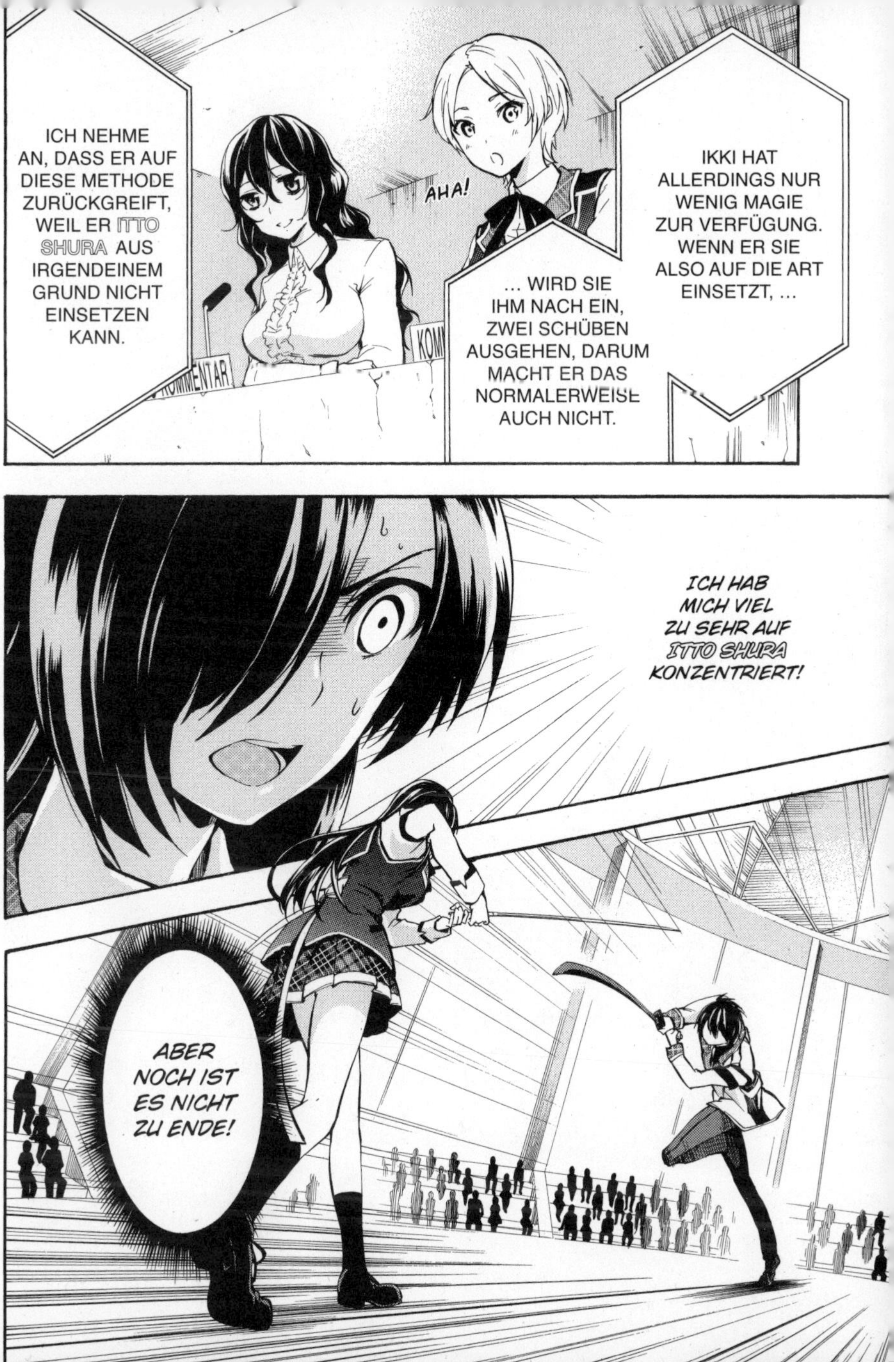
IKKI HAT ALLERDINGS NUR WENIG MAGIE ZUR VERFÜGUNG. WENN ER SIE ALSO AUF DIE ART EINSETZT, …
… WIRD SIE IHM NACH EIN, ZWEI SCHÜBEN AUSGEHEN, DARUM MACHT ER DAS NORMALERWEISE AUCH NICHT.
AHA!
ICH NEHME AN, DASS ER AUF DIESE METHODE ZURÜCKGREIFT, WEIL ER ITTO SHURA AUS IRGENDEINEM GRUND NICHT EINSETZEN KANN.
KOMMENTAR
ICH HAB MICH VIEL ZU SEHR AUF ITTO SHURA KONZENTRIERT!
ABER NOCH IST ES NICHT ZU ENDE!

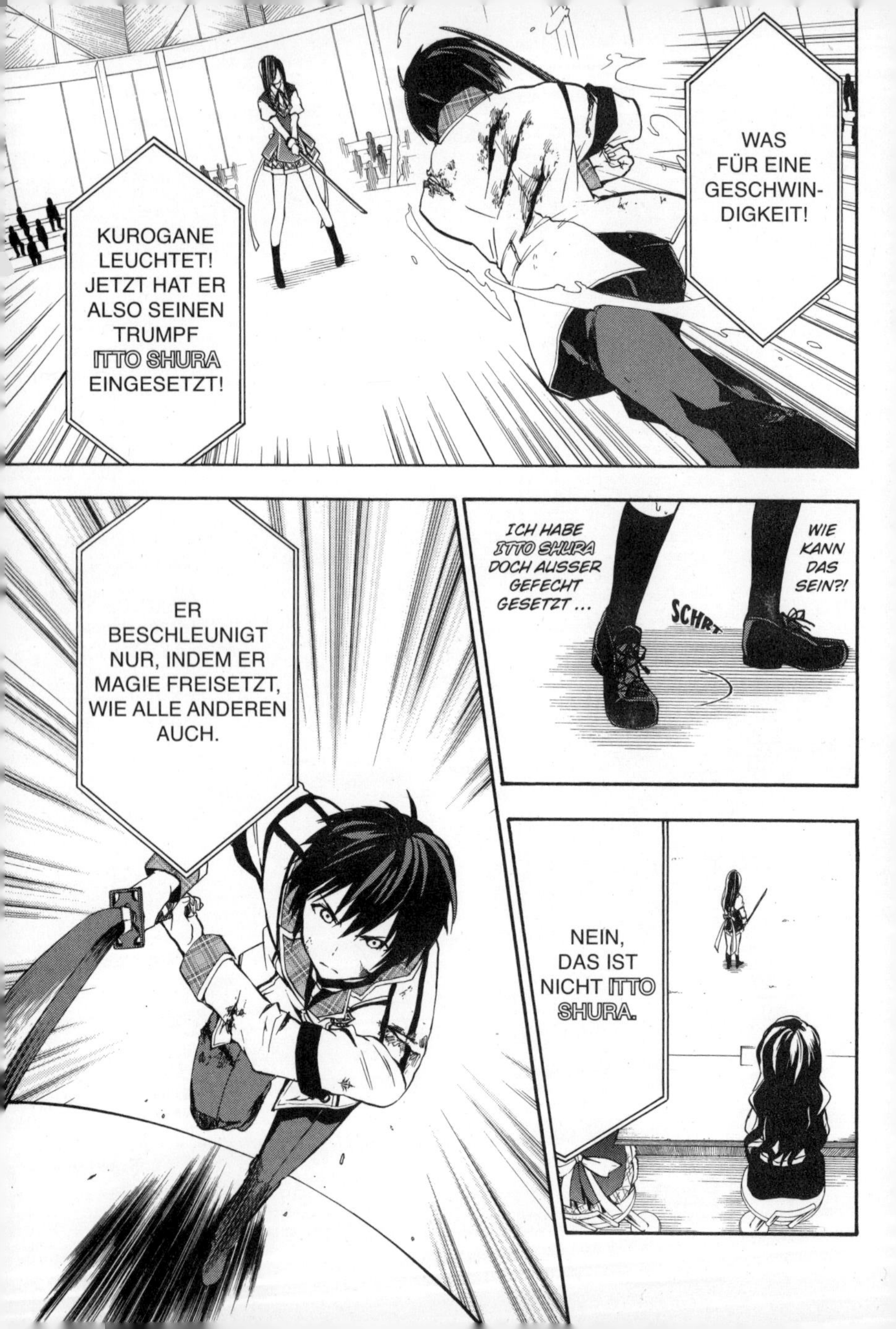
WAS FÜR EINE GESCHWIN-DIGKEIT!
KUROGANE LEUCHTET! JETZT HAT ER ALSO SEINEN TRUMPF ITTO SHURA EINGESETZT!
WIE KANN DAS SEIN?!
ICH HABE ITTO SHURA DOCH AUSSER GEFECHT GESETZT ...
SCHRT
NEIN, DAS IST NICHT ITTO SHURA.
ER BESCHLEUNIGT NUR, INDEM ER MAGIE FREISETZT, WIE ALLE ANDEREN AUCH.

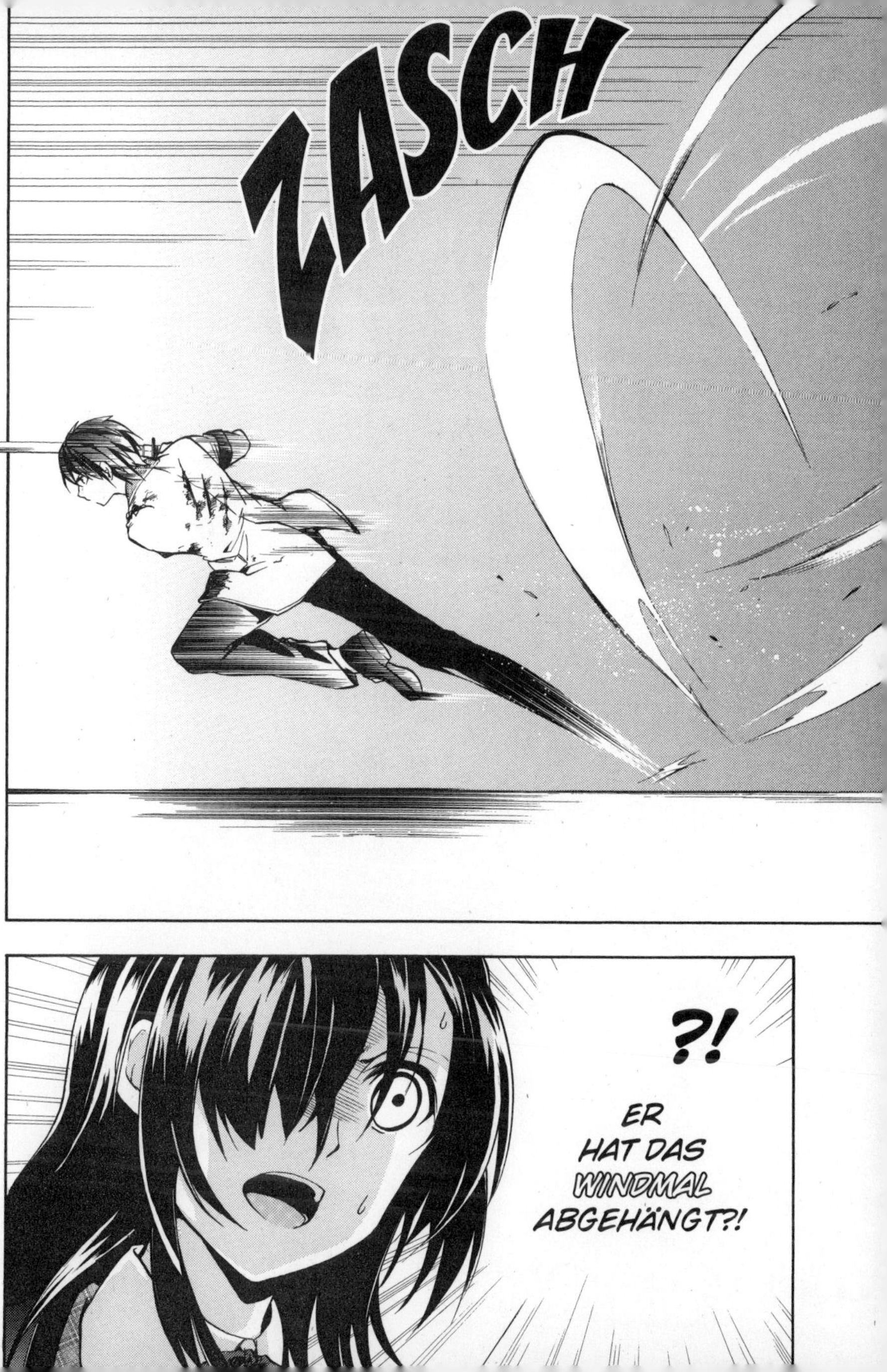
ZASCH
?!
ER HAT DAS WINDMAL ABGEHÄNGT?!

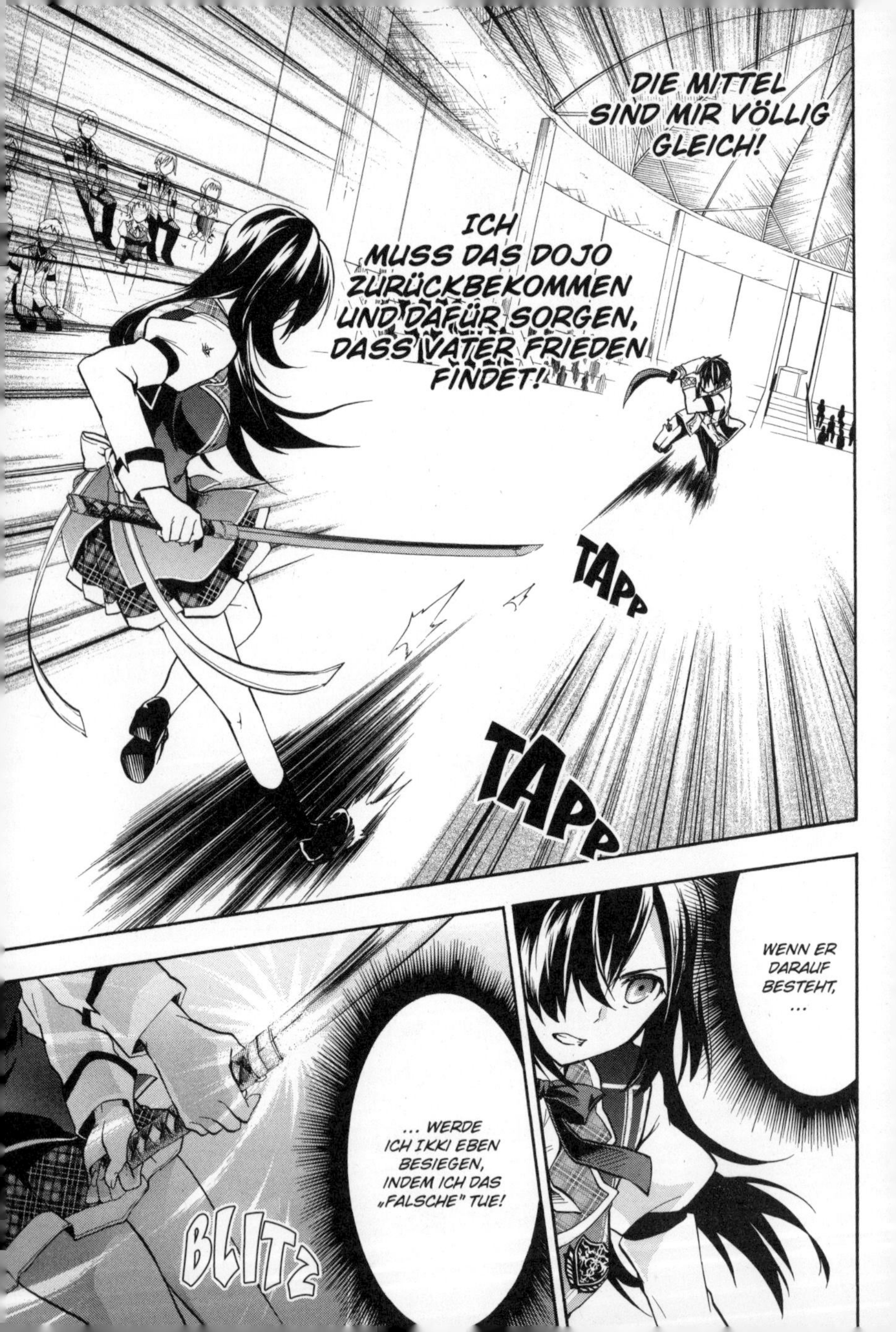

DIE MITTEL SIND MIR VÖLLIG GLEICH!
ICH MUSS DAS DOJO ZURÜCKBEKOMMEN UND DAFÜR SORGEN, DASS VATER FRIEDEN FINDET!
TAPP
TAPP
WENN ER DARAUF BESTEHT, …
… WERDE ICH IKKI EBEN BESIEGEN, INDEM ICH DAS „FALSCHE" TUE!
BLITZ

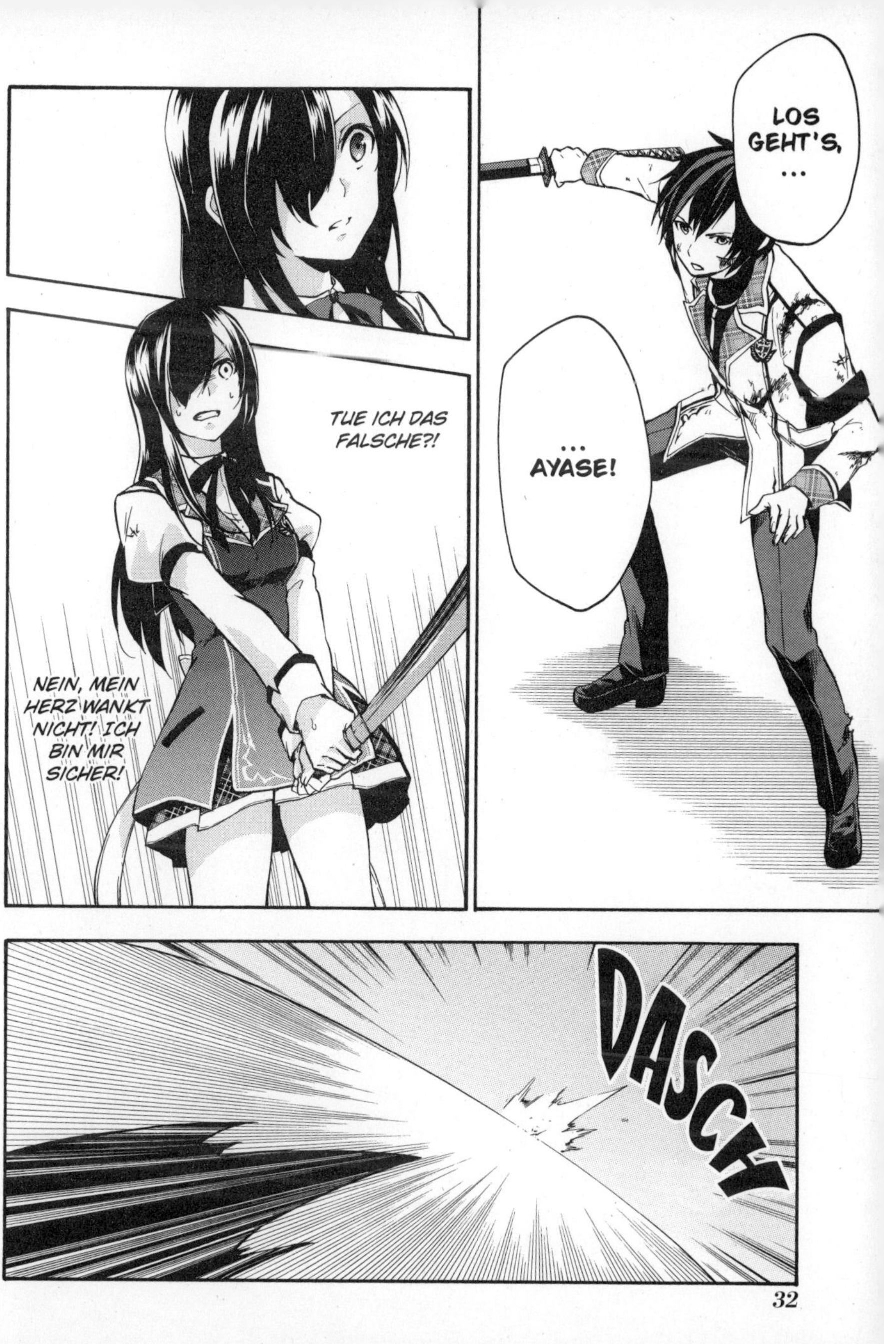

LOS GEHT'S, ...
... AYASE!
TUE ICH DAS FALSCHE?!
NEIN, MEIN HERZ WANKT NICHT! ICH BIN MIR SICHER!
DASCH

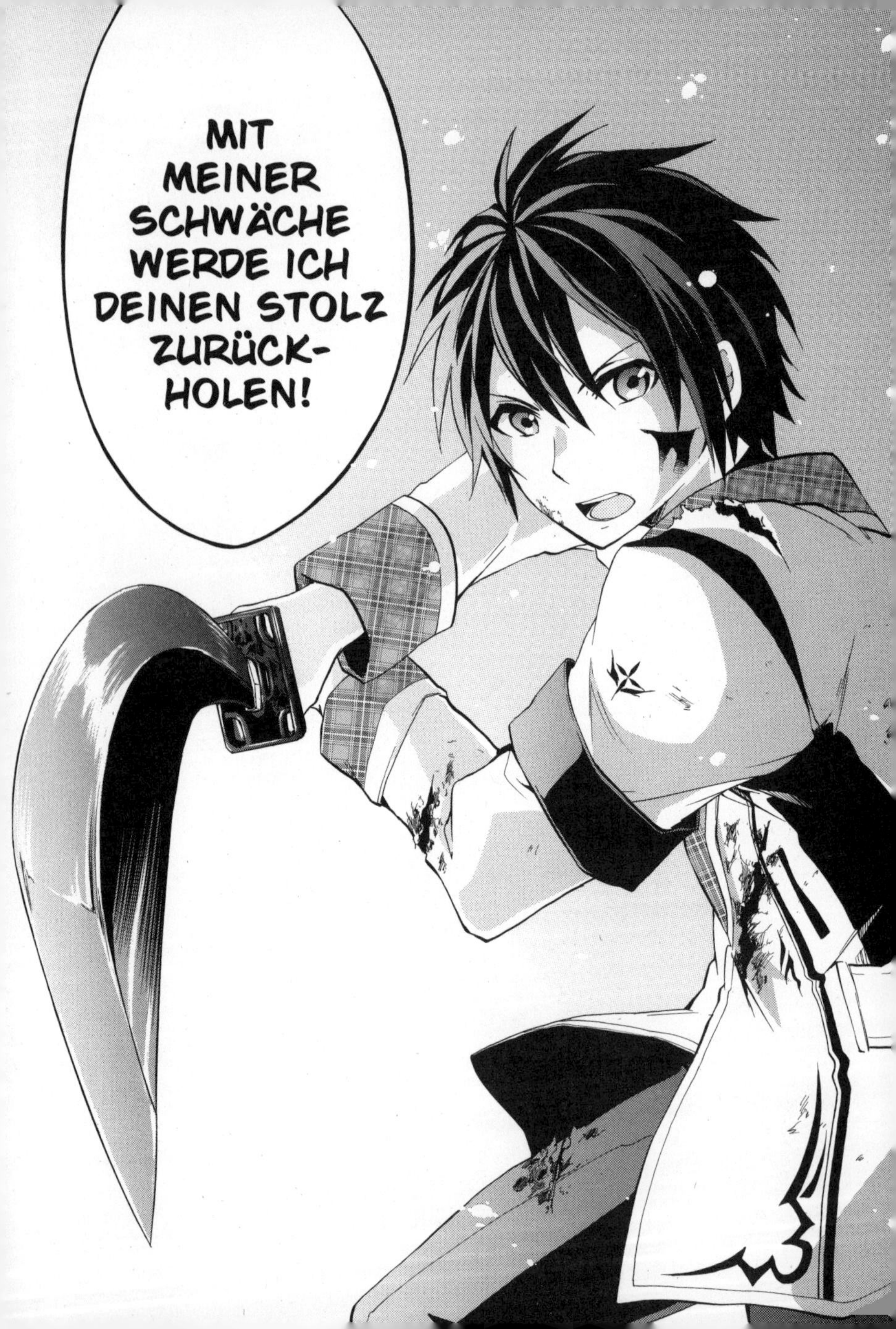
MIT MEINER SCHWÄCHE WERDE ICH DEINEN STOLZ ZURÜCK-HOLEN!

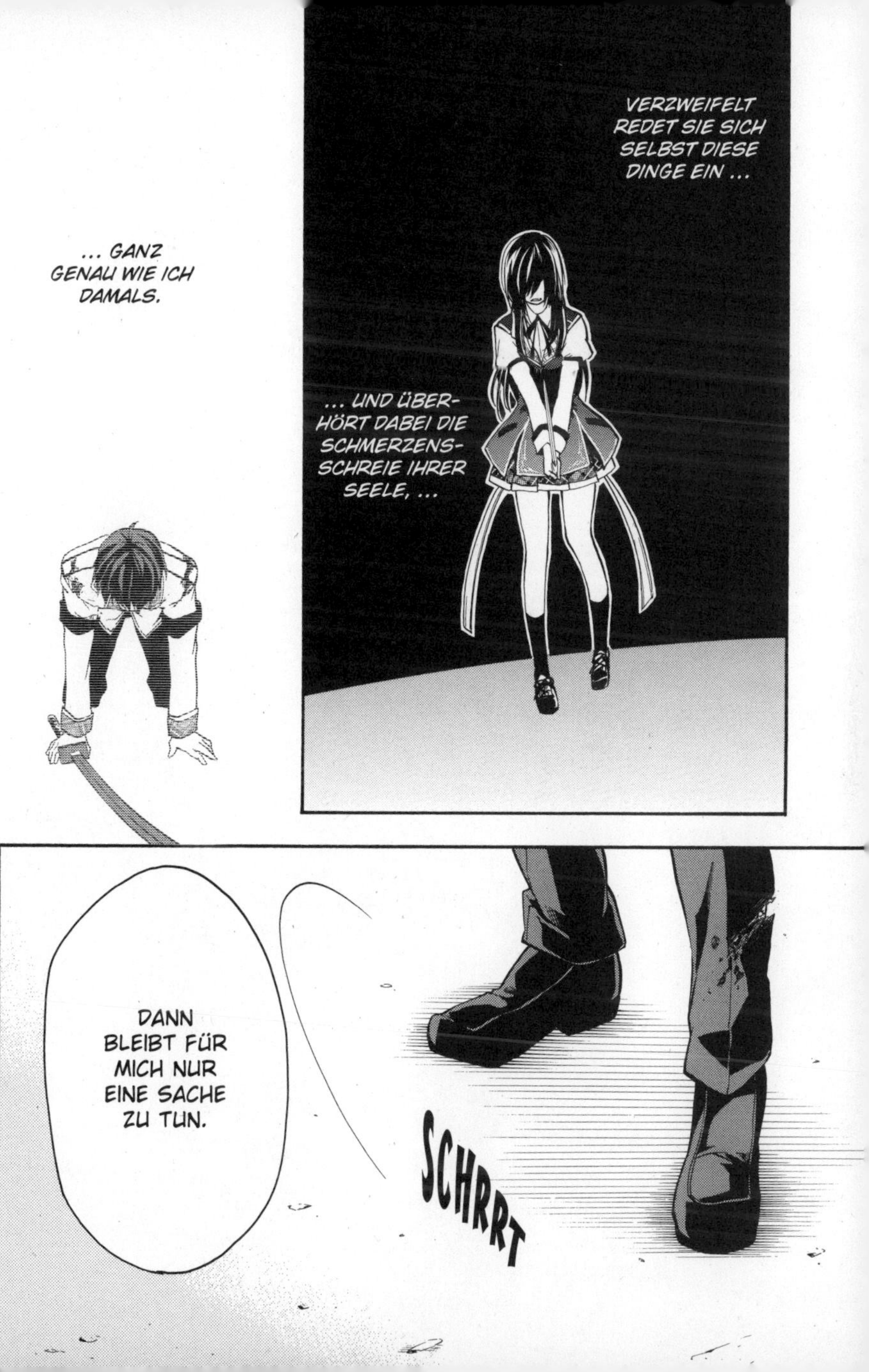
VERZWEIFELT REDET SIE SICH SELBST DIESE DINGE EIN ...
... UND ÜBERHÖRT DABEI DIE SCHMERZENSSCHREIE IHRER SEELE, ...
... GANZ GENAU WIE ICH DAMALS.
DANN BLEIBT FÜR MICH NUR EINE SACHE ZU TUN.
SCHRRT

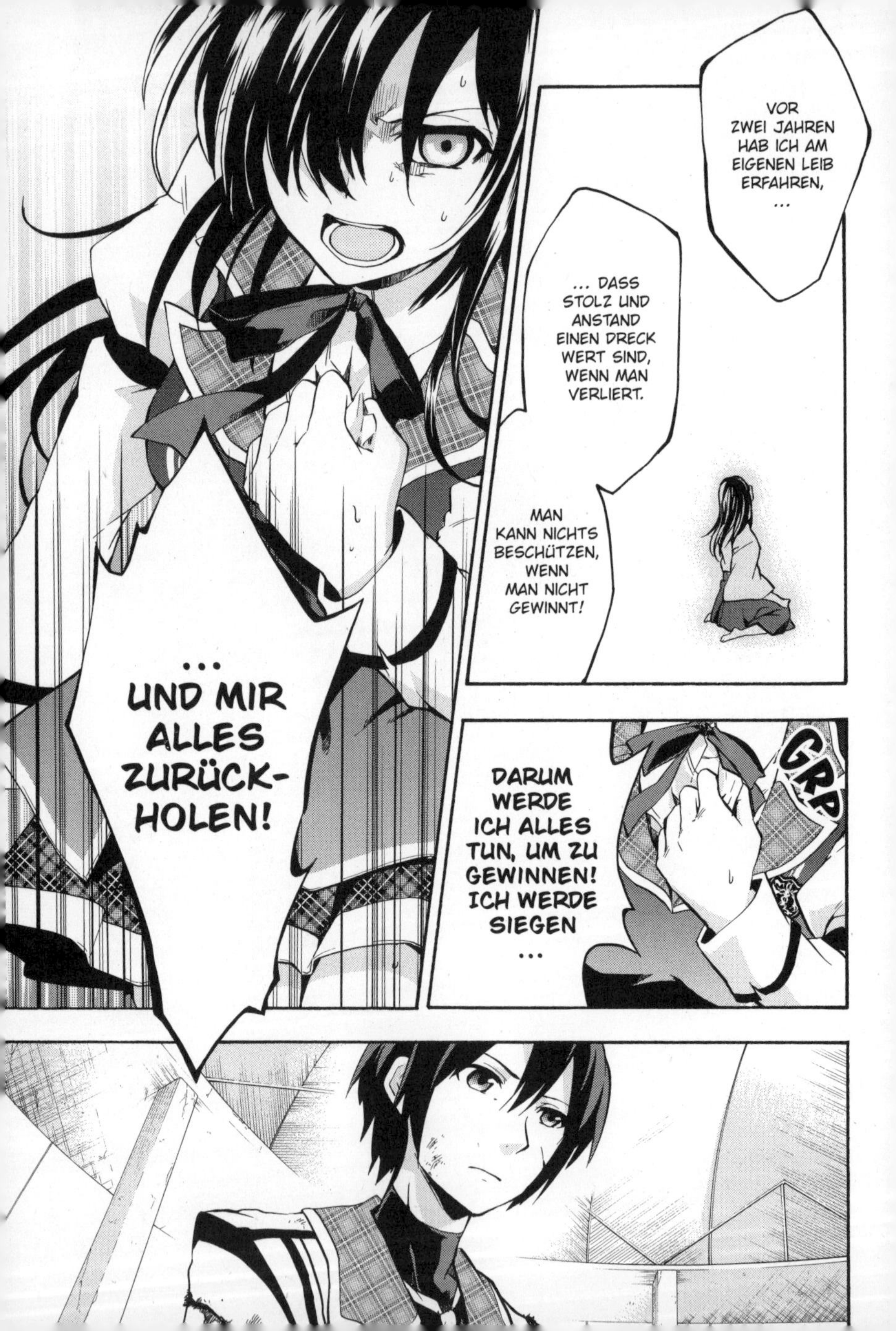
VOR ZWEI JAHREN HAB ICH AM EIGENEN LEIB ERFAHREN, ...
... DASS STOLZ UND ANSTAND EINEN DRECK WERT SIND, WENN MAN VERLIERT.
MAN KANN NICHTS BESCHÜTZEN, WENN MAN NICHT GEWINNT!
GRP
DARUM WERDE ICH ALLES TUN, UM ZU GEWINNEN! ICH WERDE SIEGEN ...
... UND MIR ALLES ZURÜCK-HOLEN!

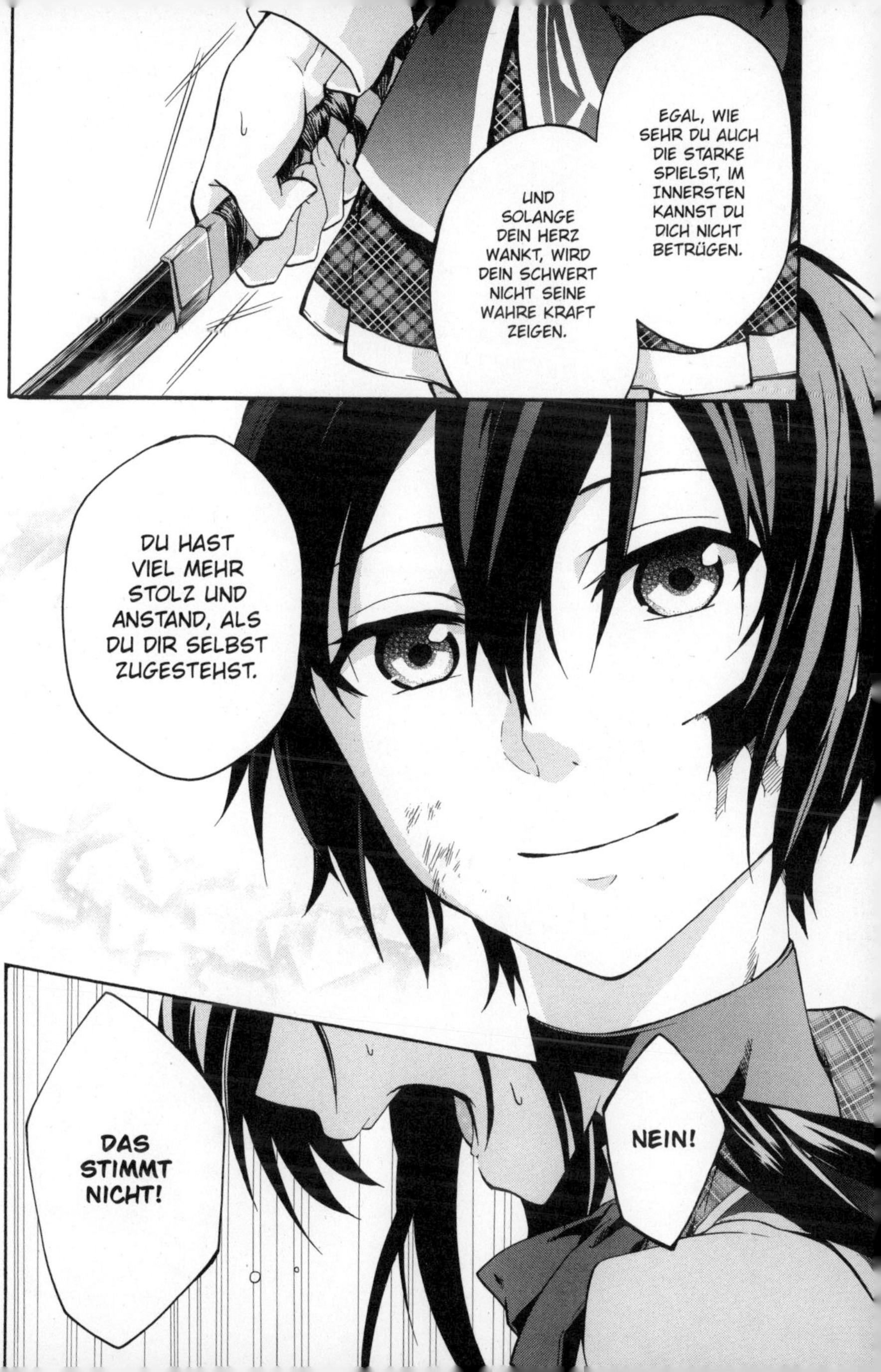
EGAL, WIE SEHR DU AUCH DIE STARKE SPIELST, IM INNERSTEN KANNST DU DICH NICHT BETRÜGEN.
UND SOLANGE DEIN HERZ WANKT, WIRD DEIN SCHWERT NICHT SEINE WAHRE KRAFT ZEIGEN.
DU HAST VIEL MEHR STOLZ UND ANSTAND, ALS DU DIR SELBST ZUGESTEHST.
NEIN!
DAS STIMMT NICHT!

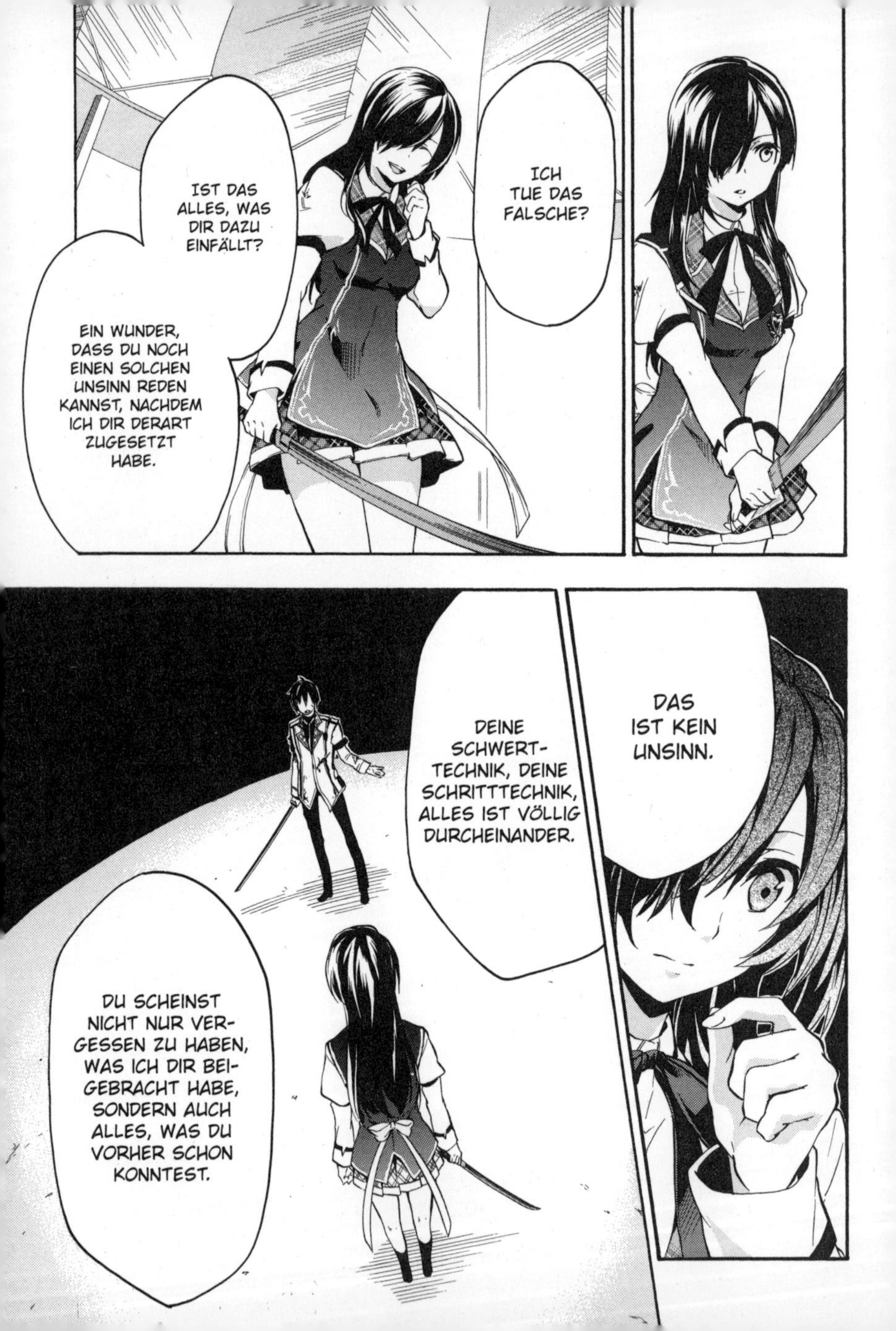
ICH TUE DAS FALSCHE?
IST DAS ALLES, WAS DIR DAZU EINFÄLLT?
EIN WUNDER, DASS DU NOCH EINEN SOLCHEN UNSINN REDEN KANNST, NACHDEM ICH DIR DERART ZUGESETZT HABE.
DAS IST KEIN UNSINN.
DEINE SCHWERT-TECHNIK, DEINE SCHRITTTECHNIK, ALLES IST VÖLLIG DURCHEINANDER.
DU SCHEINST NICHT NUR VER-GESSEN ZU HABEN, WAS ICH DIR BEI-GEBRACHT HABE, SONDERN AUCH ALLES, WAS DU VORHER SCHON KONNTEST.

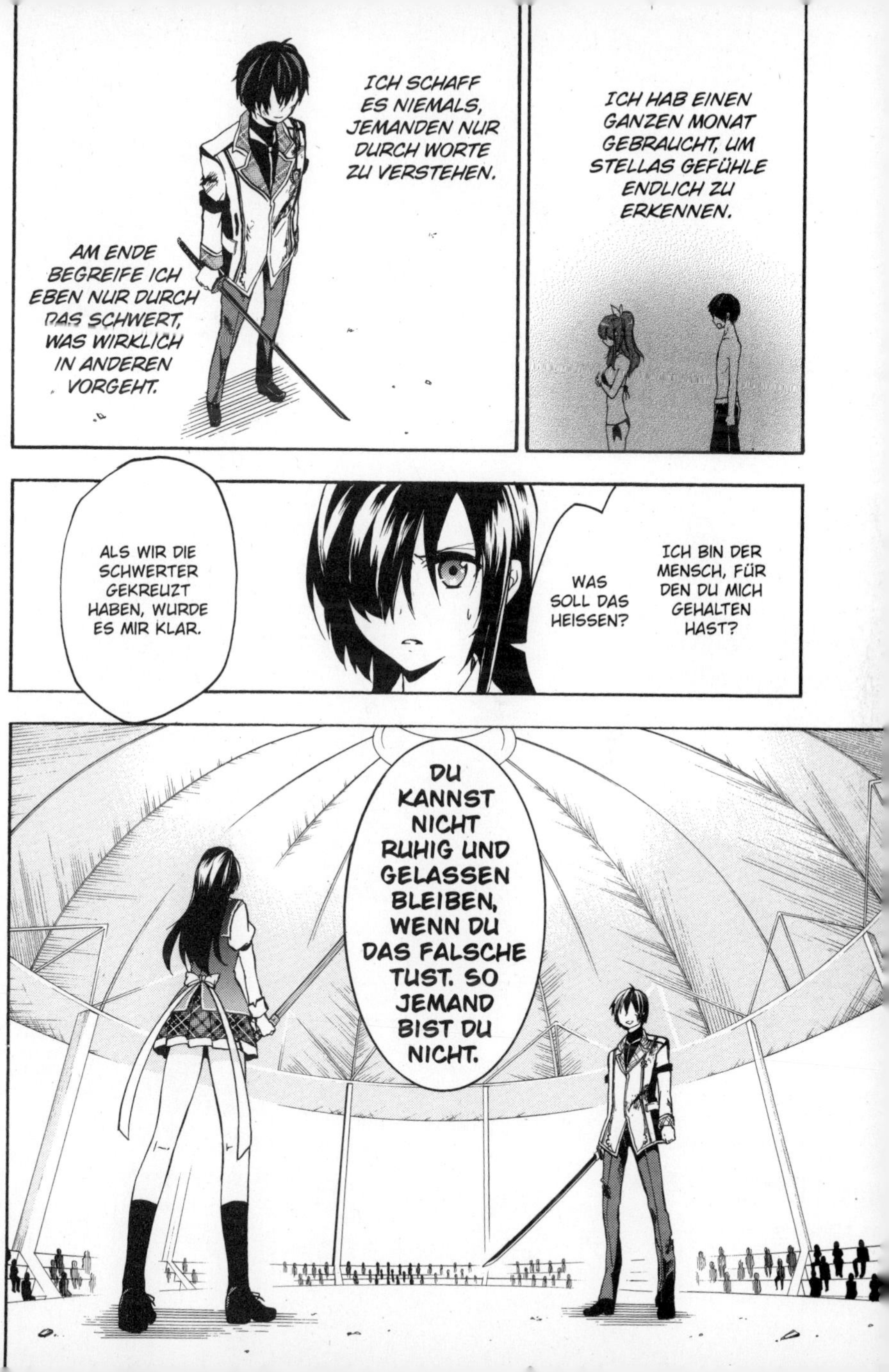

ICH HAB EINEN GANZEN MONAT GEBRAUCHT, UM STELLAS GEFÜHLE ENDLICH ZU ERKENNEN.
ICH SCHAFF ES NIEMALS, JEMANDEN NUR DURCH WORTE ZU VERSTEHEN.
AM ENDE BEGREIFE ICH EBEN NUR DURCH DAS SCHWERT, WAS WIRKLICH IN ANDEREN VORGEHT.
ICH BIN DER MENSCH, FÜR DEN DU MICH GEHALTEN HAST?
WAS SOLL DAS HEISSEN?
ALS WIR DIE SCHWERTER GEKREUZT HABEN, WURDE ES MIR KLAR.
DU KANNST NICHT RUHIG UND GELASSEN BLEIBEN, WENN DU DAS FALSCHE TUST. SO JEMAND BIST DU NICHT.

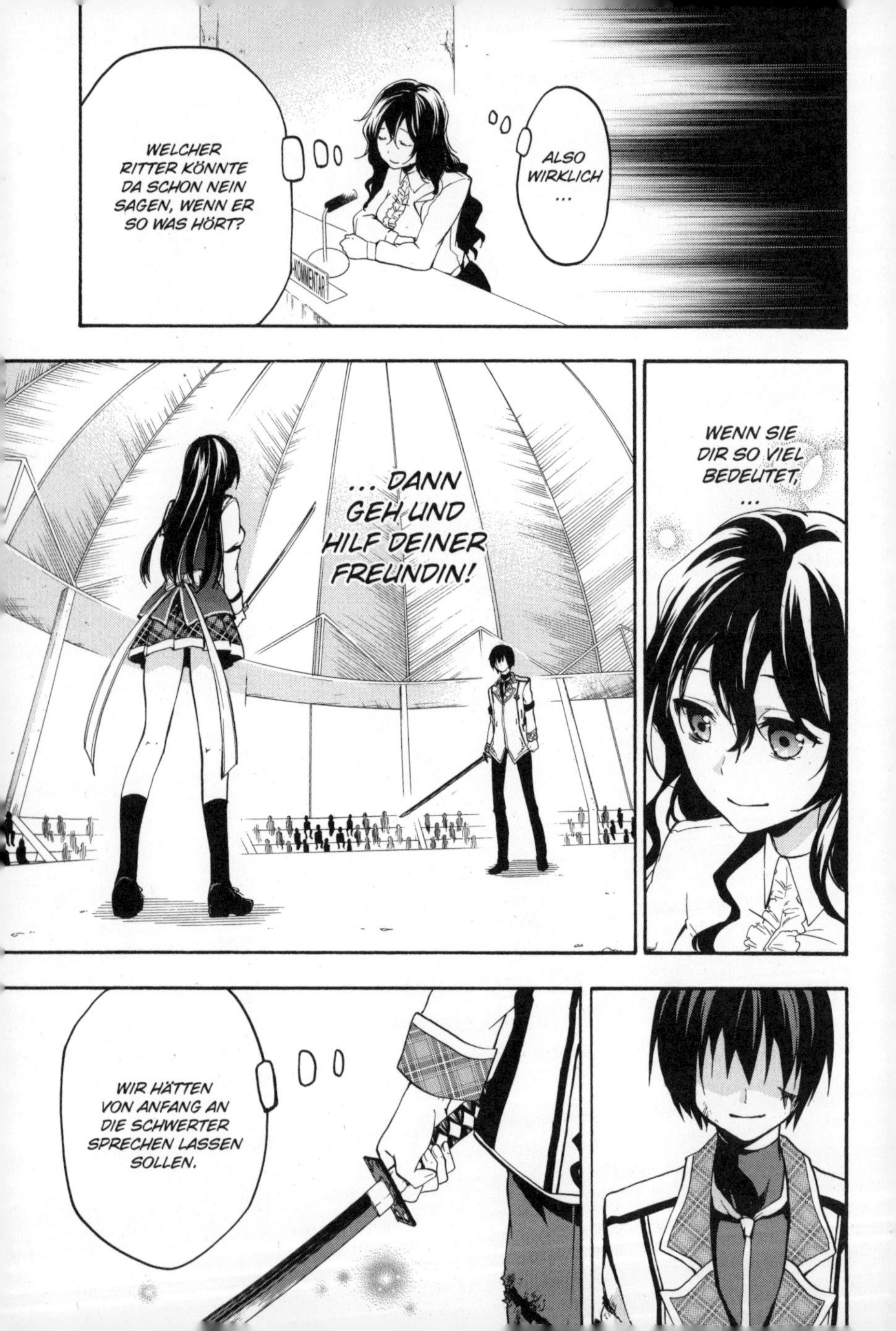

ALSO WIRKLICH ...
WELCHER RITTER KÖNNTE DA SCHON NEIN SAGEN, WENN ER SO WAS HÖRT?
KOMMENTAR
WENN SIE DIR SO VIEL BEDEUTET, ...
... DANN GEH UND HILF DEINER FREUNDIN!
WIR HÄTTEN VON ANFANG AN DIE SCHWERTER SPRECHEN LASSEN SOLLEN.

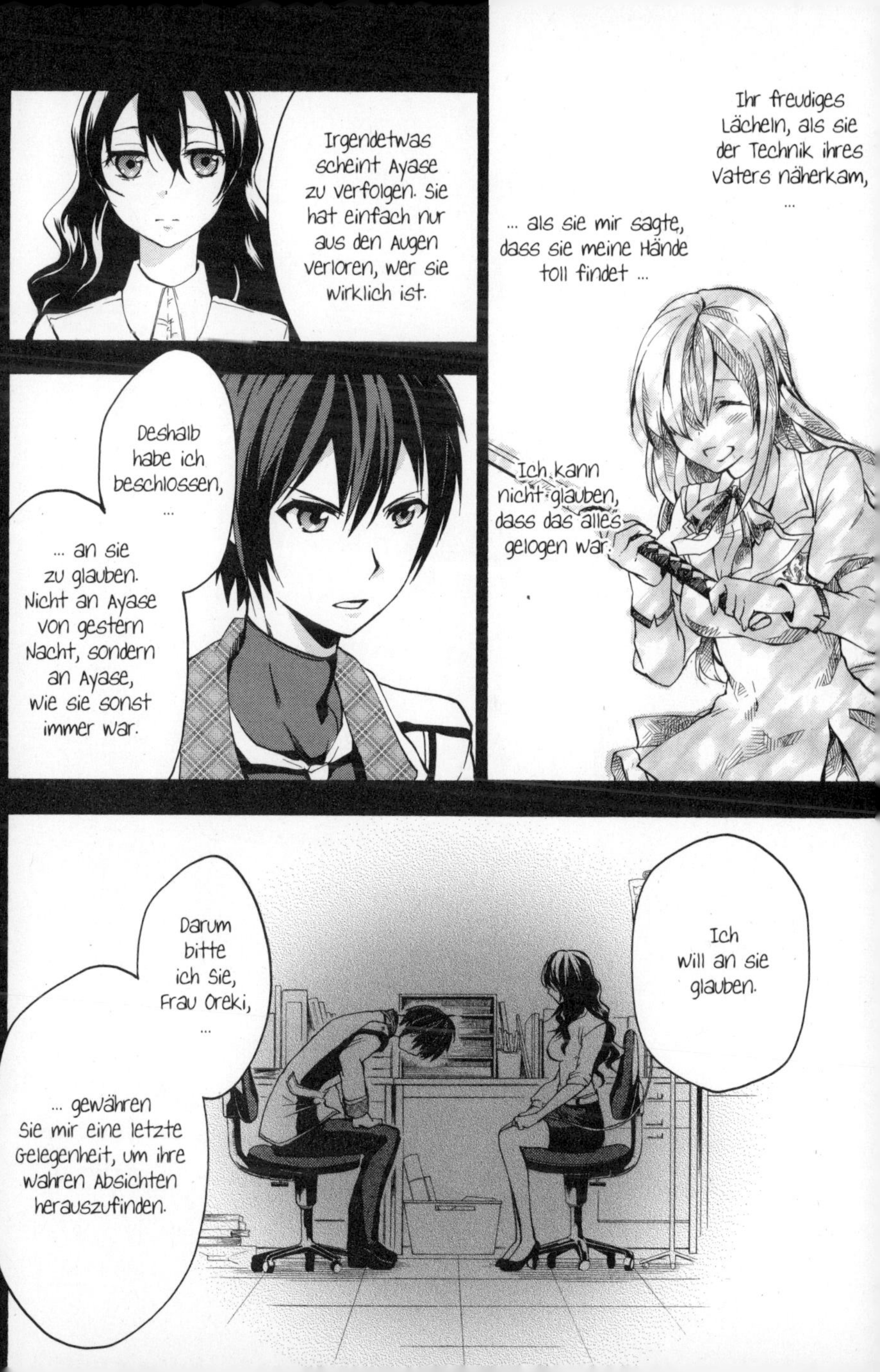

Ihr freudiges Lächeln, als sie der Technik ihres Vaters näherkam, ...
... als sie mir sagte, dass sie meine Hände toll findet ...
Ich kann nicht glauben, dass das alles gelogen war.
Irgendetwas scheint Ayase zu verfolgen. Sie hat einfach nur aus den Augen verloren, wer sie wirklich ist.
Deshalb habe ich beschlossen, ...
... an sie zu glauben. Nicht an Ayase von gestern Nacht, sondern an Ayase, wie sie sonst immer war.
Ich will an sie glauben.
Darum bitte ich Sie, Frau Oreki, ...
... gewähren Sie mir eine letzte Gelegenheit, um ihre wahren Absichten herauszufinden.

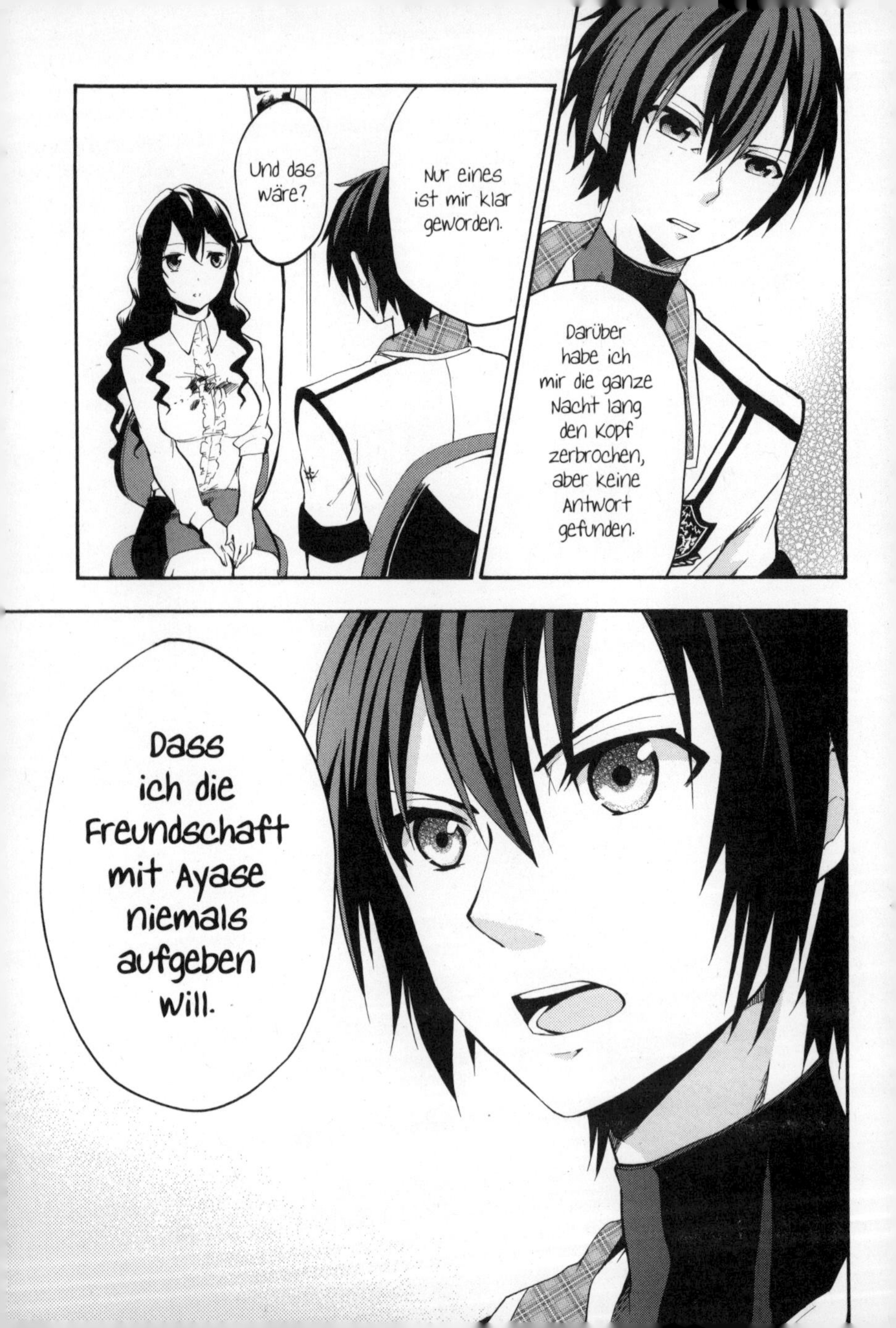
Darüber habe ich mir die ganze Nacht lang den Kopf zerbrochen, aber keine Antwort gefunden.
Nur eines ist mir klar geworden.
Und das wäre?
Dass ich die Freundschaft mit Ayase niemals aufgeben will.

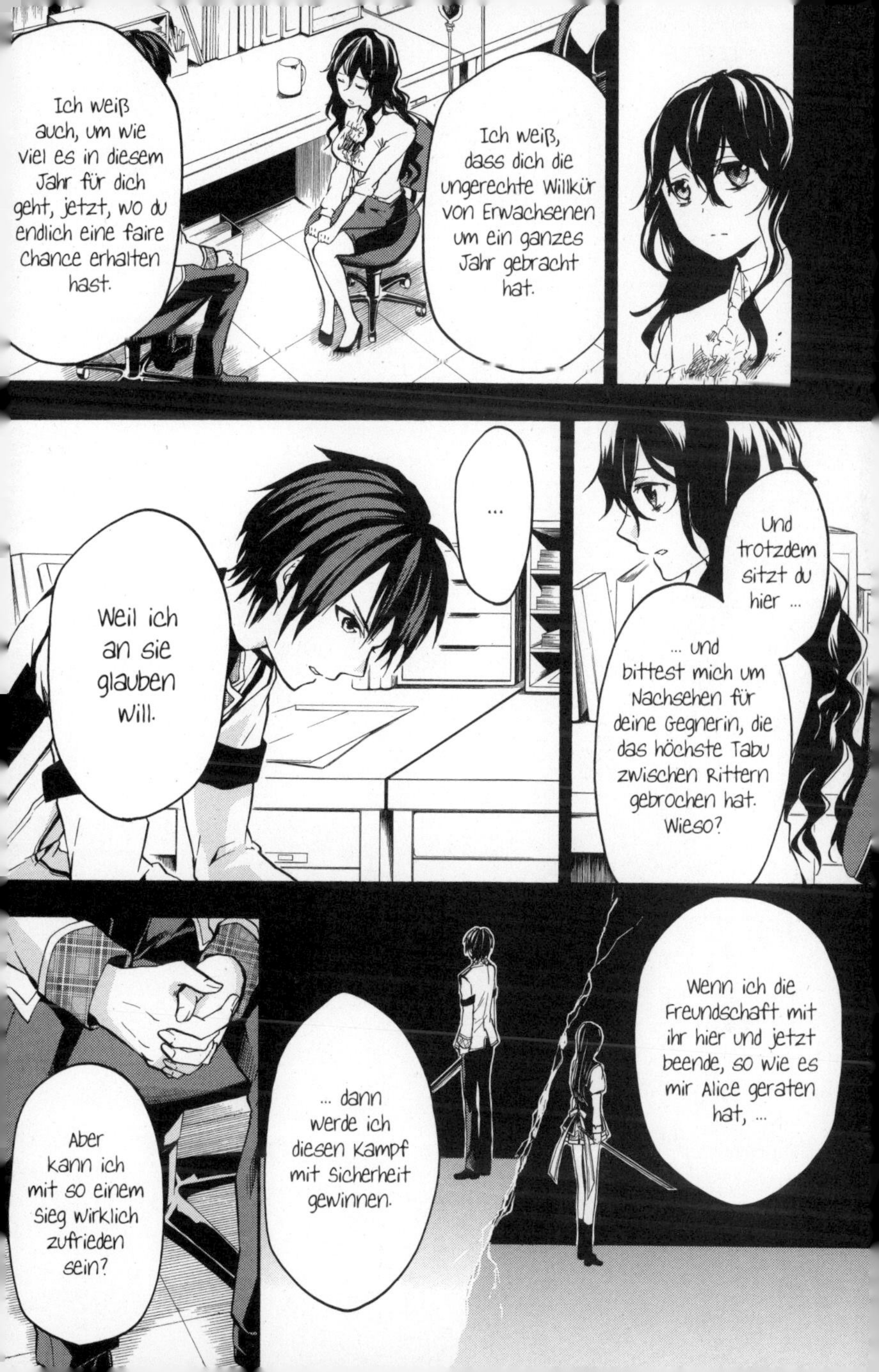
Ich weiß, dass dich die ungerechte Willkür von Erwachsenen um ein ganzes Jahr gebracht hat.
Ich weiß auch, um wie viel es in diesem Jahr für dich geht, jetzt, wo du endlich eine faire Chance erhalten hast.
Und trotzdem sitzt du hier ...
... und bittest mich um Nachsehen für deine Gegnerin, die das höchste Tabu zwischen Rittern gebrochen hat. Wieso?
...
Weil ich an sie glauben will.
Wenn ich die Freundschaft mit ihr hier und jetzt beende, so wie es mir Alice geraten hat, ...
... dann werde ich diesen Kampf mit Sicherheit gewinnen.
Aber kann ich mit so einem Sieg wirklich zufrieden sein?

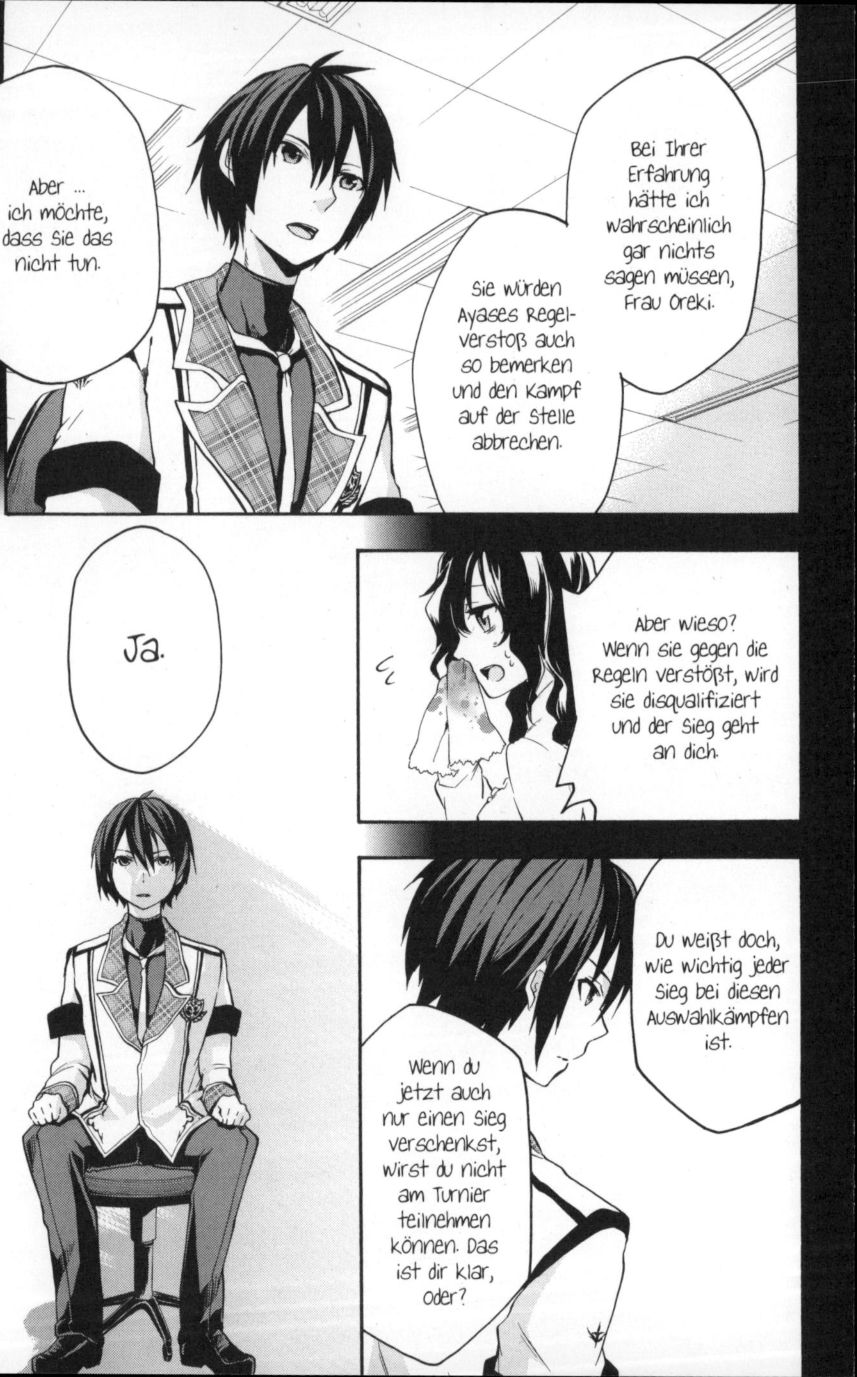
Bei Ihrer Erfahrung hätte ich wahrscheinlich gar nichts sagen müssen, Frau Oreki.
Sie würden Ayases Regelverstoß auch so bemerken und den Kampf auf der Stelle abbrechen.
Aber ... ich möchte, dass sie das nicht tun.
Aber wieso? Wenn sie gegen die Regeln verstößt, wird sie disqualifiziert und der Sieg geht an dich.
Ja.
Du weißt doch, wie wichtig jeder Sieg bei diesen Auswahlkämpfen ist.
Wenn du jetzt auch nur einen Sieg verschenkst, wirst du nicht am Turnier teilnehmen können. Das ist dir klar, oder?

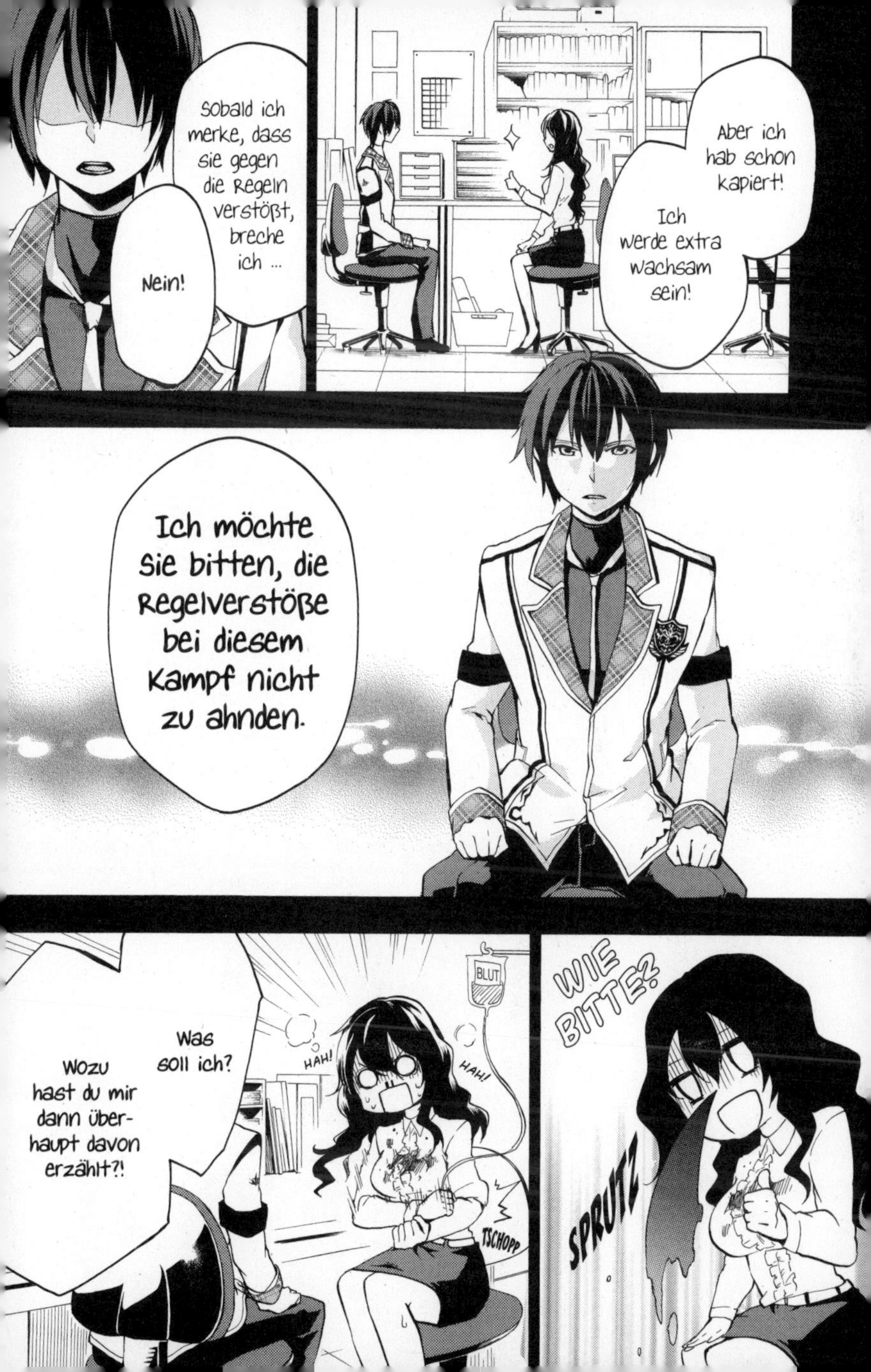
Aber ich hab schon kapiert!
Ich werde extra wachsam sein!
Sobald ich merke, dass sie gegen die Regeln verstößt, breche ich ...
Nein!
Ich möchte sie bitten, die Regelverstöße bei diesem Kampf nicht zu ahnden.
WIE BITTE?
SPRUTZ
BLUT
HAH!
HAH!
TSCHOPP
Was soll ich?
Wozu hast du mir dann überhaupt davon erzählt?!

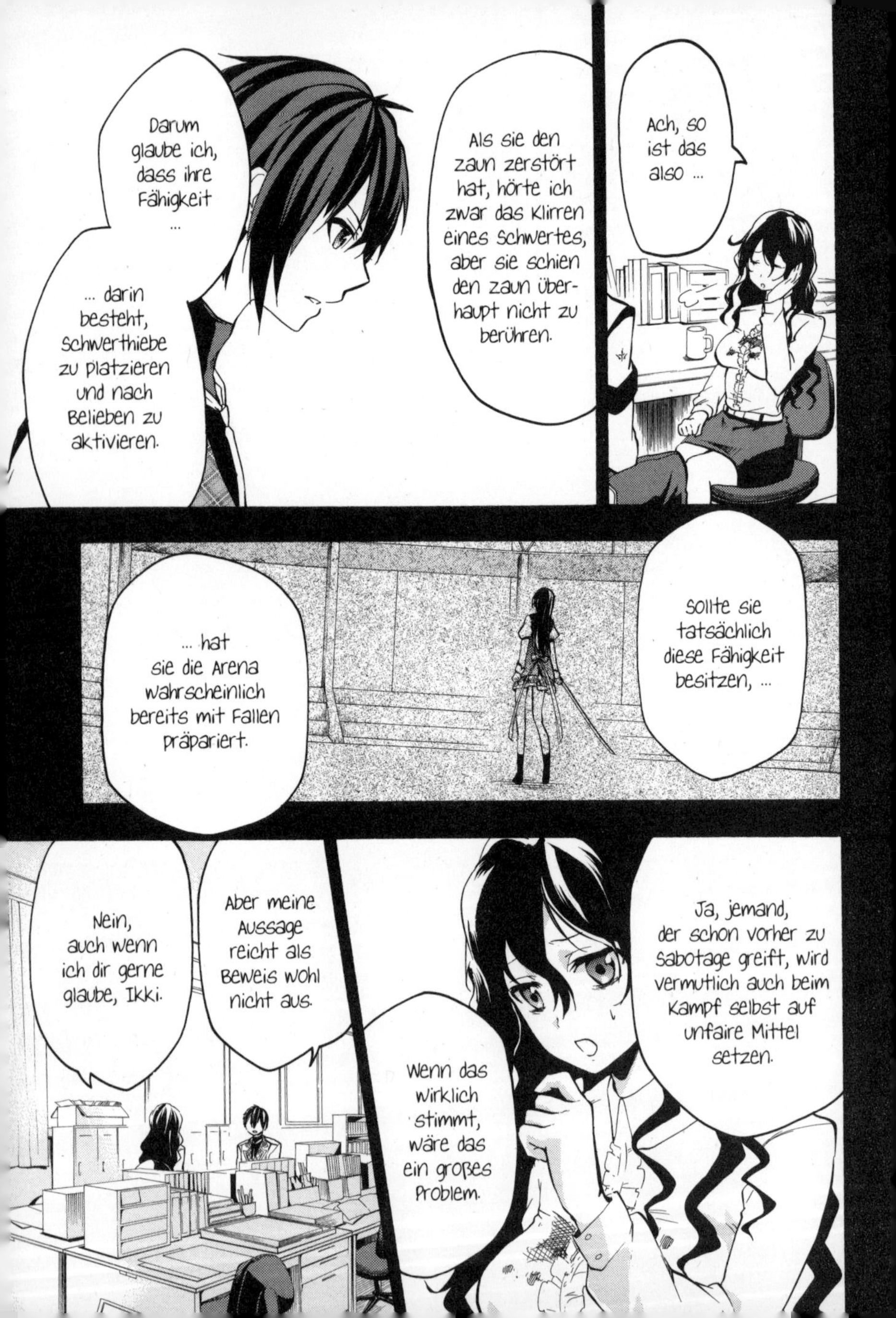

Ach, so ist das also ...
Als sie den Zaun zerstört hat, hörte ich zwar das Klirren eines Schwertes, aber sie schien den Zaun überhaupt nicht zu berühren.
Darum glaube ich, dass ihre Fähigkeit ...
... darin besteht, Schwerthiebe zu platzieren und nach Belieben zu aktivieren.
Sollte sie tatsächlich diese Fähigkeit besitzen, ...
... hat sie die Arena wahrscheinlich bereits mit Fallen präpariert.
Ja, jemand, der schon vorher zu Sabotage greift, wird vermutlich auch beim Kampf selbst auf unfaire Mittel setzen.
Wenn das wirklich stimmt, wäre das ein großes Problem.
Aber meine Aussage reicht als Beweis wohl nicht aus.
Nein, auch wenn ich dir gerne glaube, Ikki.

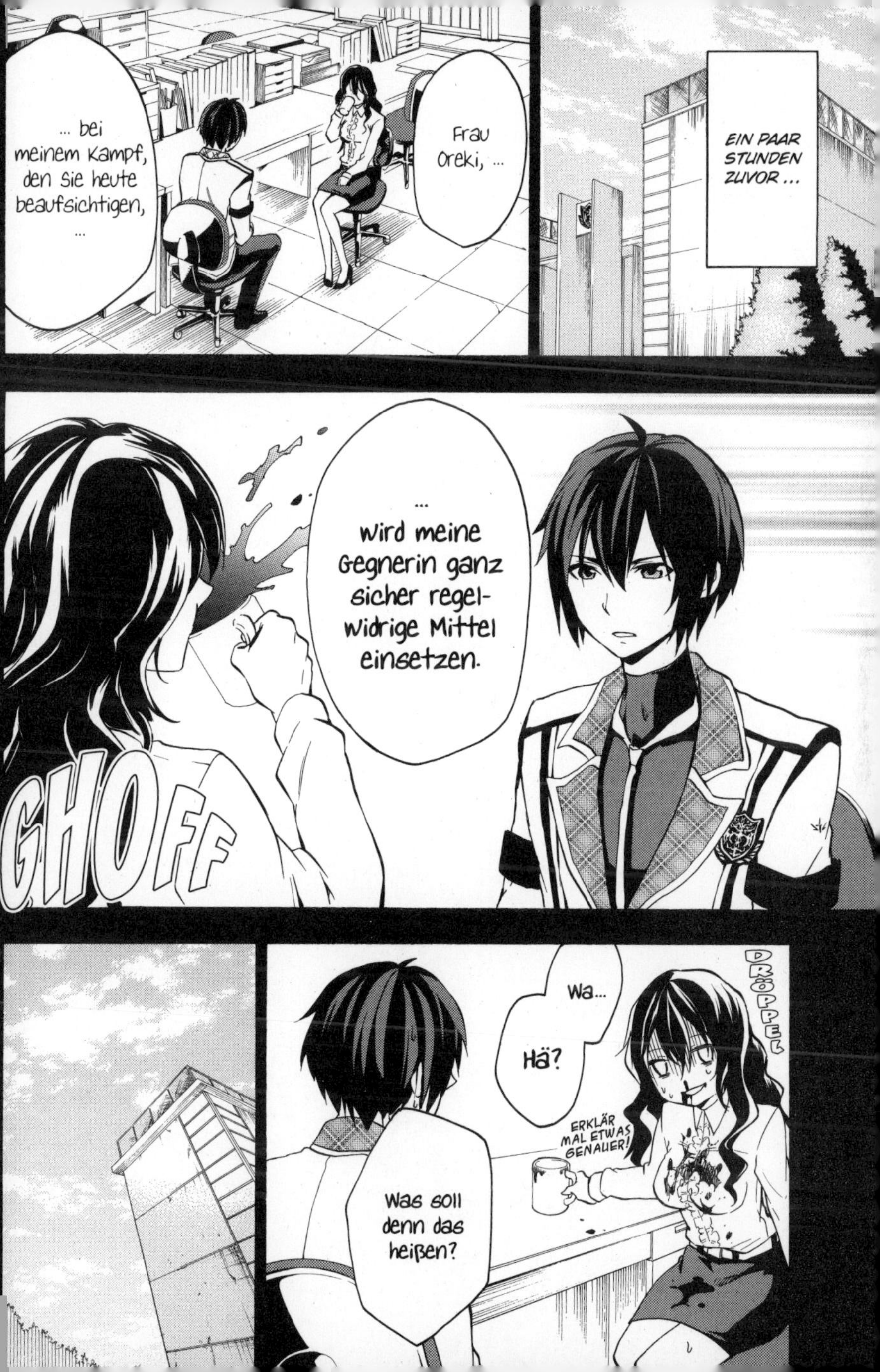
EIN PAAR STUNDEN ZUVOR ...
Frau Oreki, ...
... bei meinem Kampf, den sie heute beaufsichtigen, ...
... wird meine Gegnerin ganz sicher regel-widrige Mittel einsetzen.
GHOFF
DRÖPPEL
Wa...
Hä?
ERKLÄR MAL ETWAS GENAUER!
Was soll denn das heißen?

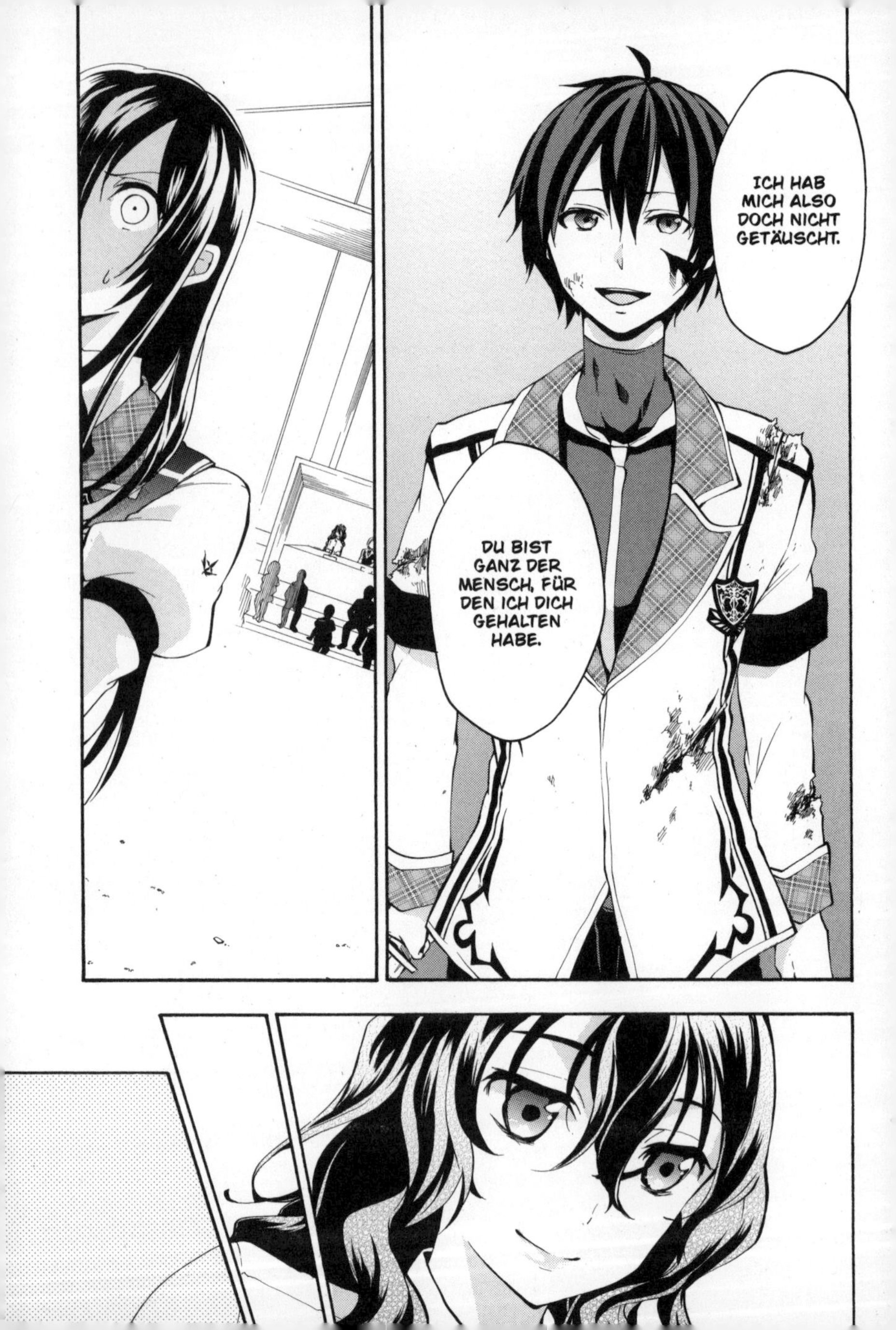
ICH HAB MICH ALSO DOCH NICHT GETÄUSCHT.
DU BIST GANZ DER MENSCH, FÜR DEN ICH DICH GEHALTEN HABE.

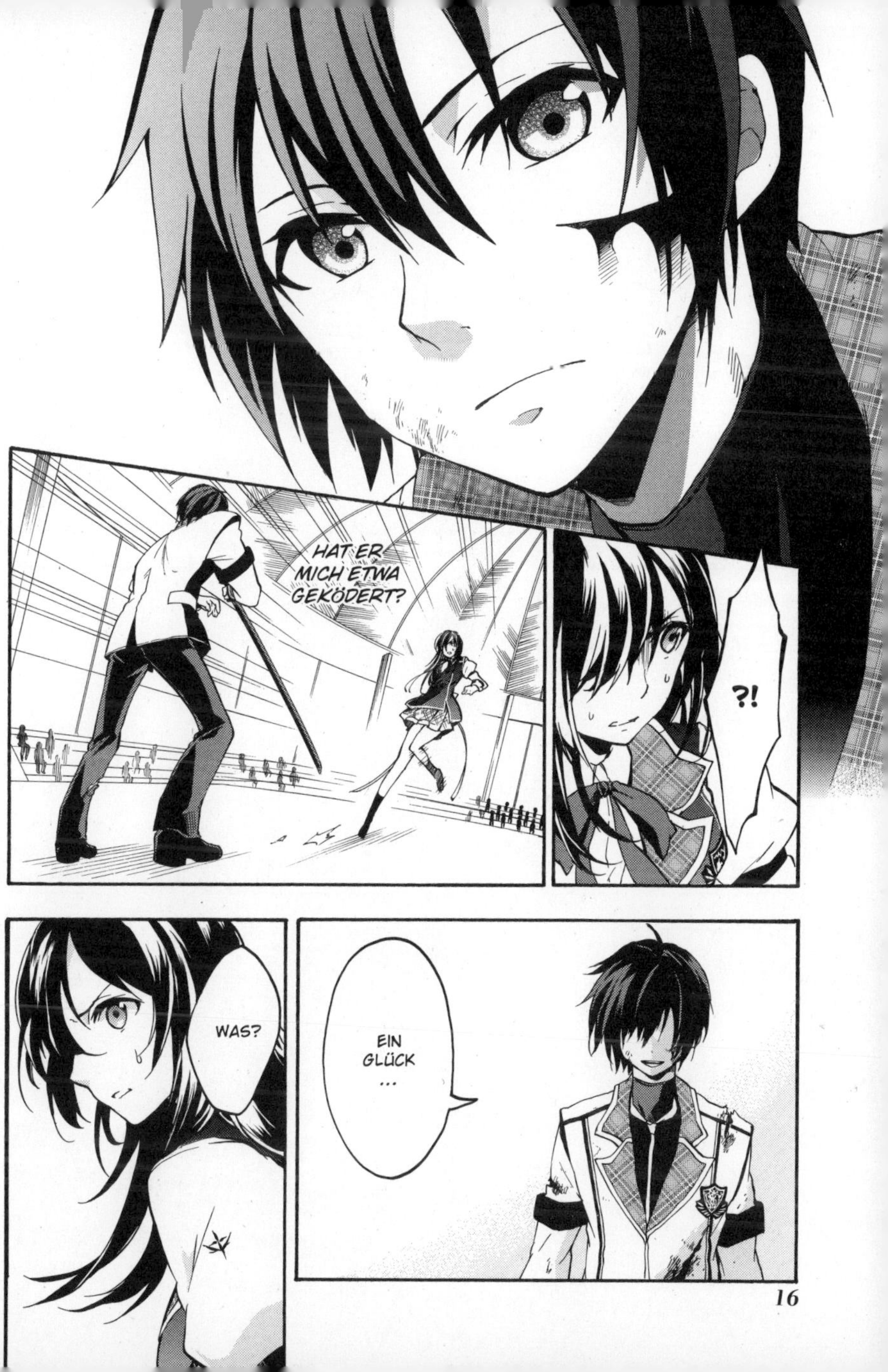
?!
HAT ER MICH ETWA GEKÖDERT?
EIN GLÜCK …
WAS?

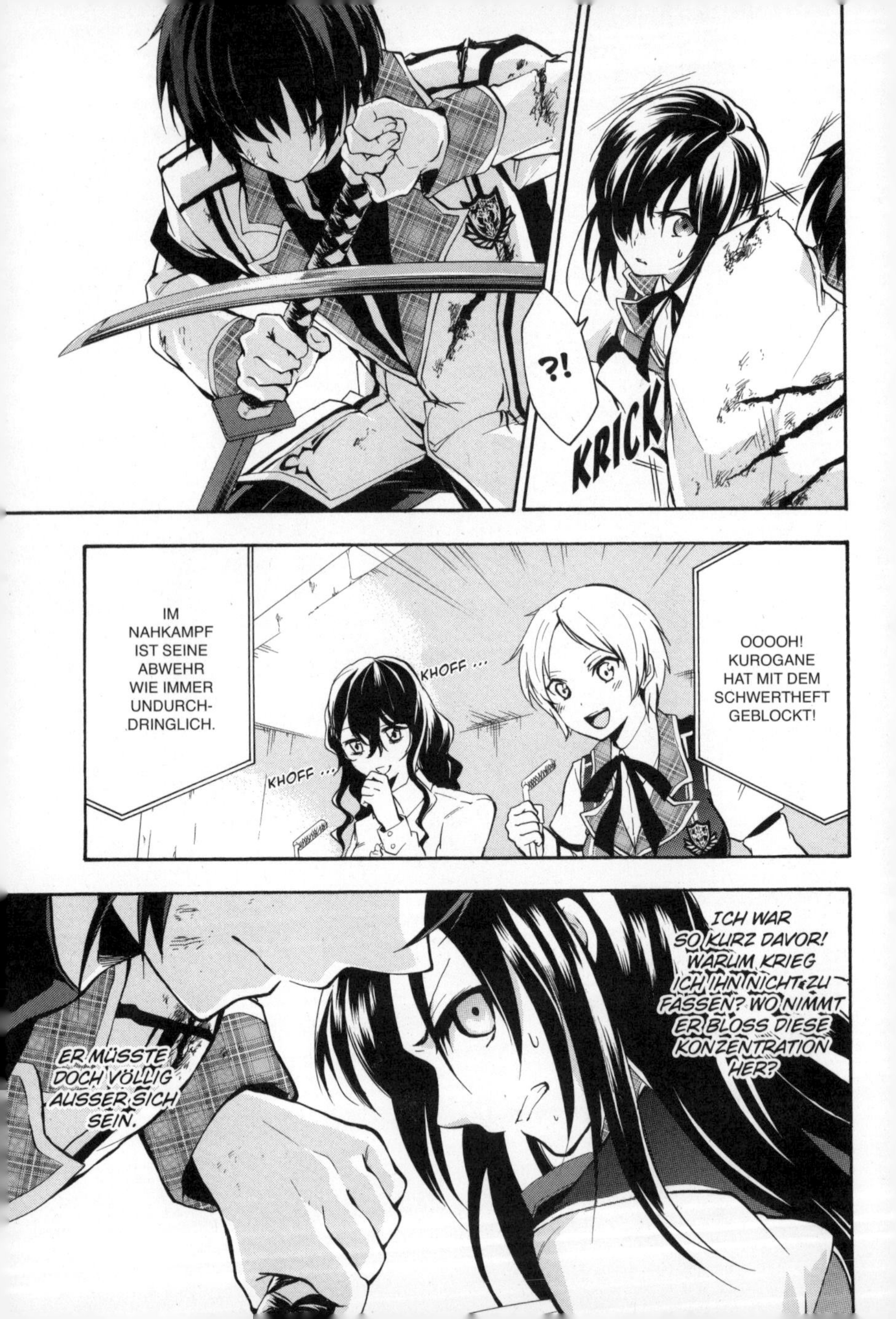
?!
KRICK
OOOOH! KUROGANE HAT MIT DEM SCHWERTHEFT GEBLOCKT!
KHOFF ...
KHOFF ...
IM NAHKAMPF IST SEINE ABWEHR WIE IMMER UNDURCH-DRINGLICH.
ICH WAR SO KURZ DAVOR! WARUM KRIEG ICH IHN NICHT ZU FASSEN? WO NIMMT ER BLOSS DIESE KONZENTRATION HER?
ER MÜSSTE DOCH VÖLLIG AUSSER SICH SEIN.

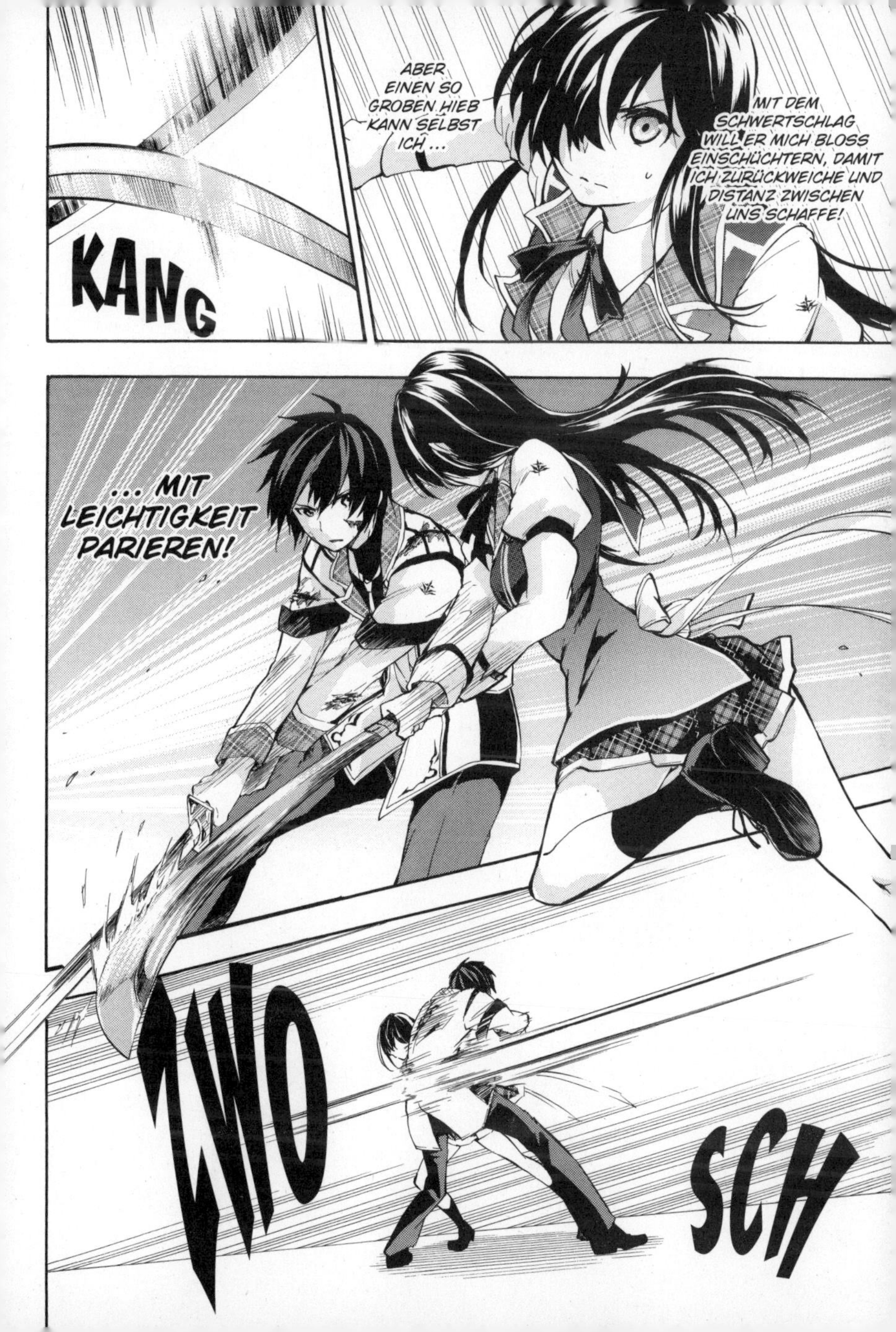
MIT DEM SCHWERTSCHLAG WILL ER MICH BLOSS EINSCHÜCHTERN, DAMIT ICH ZURÜCKWEICHE UND DISTANZ ZWISCHEN UNS SCHAFFE!
ABER EINEN SO GROBEN HIEB KANN SELBST ICH ...
KANG
... MIT LEICHTIGKEIT PARIEREN!
ZWOSCH

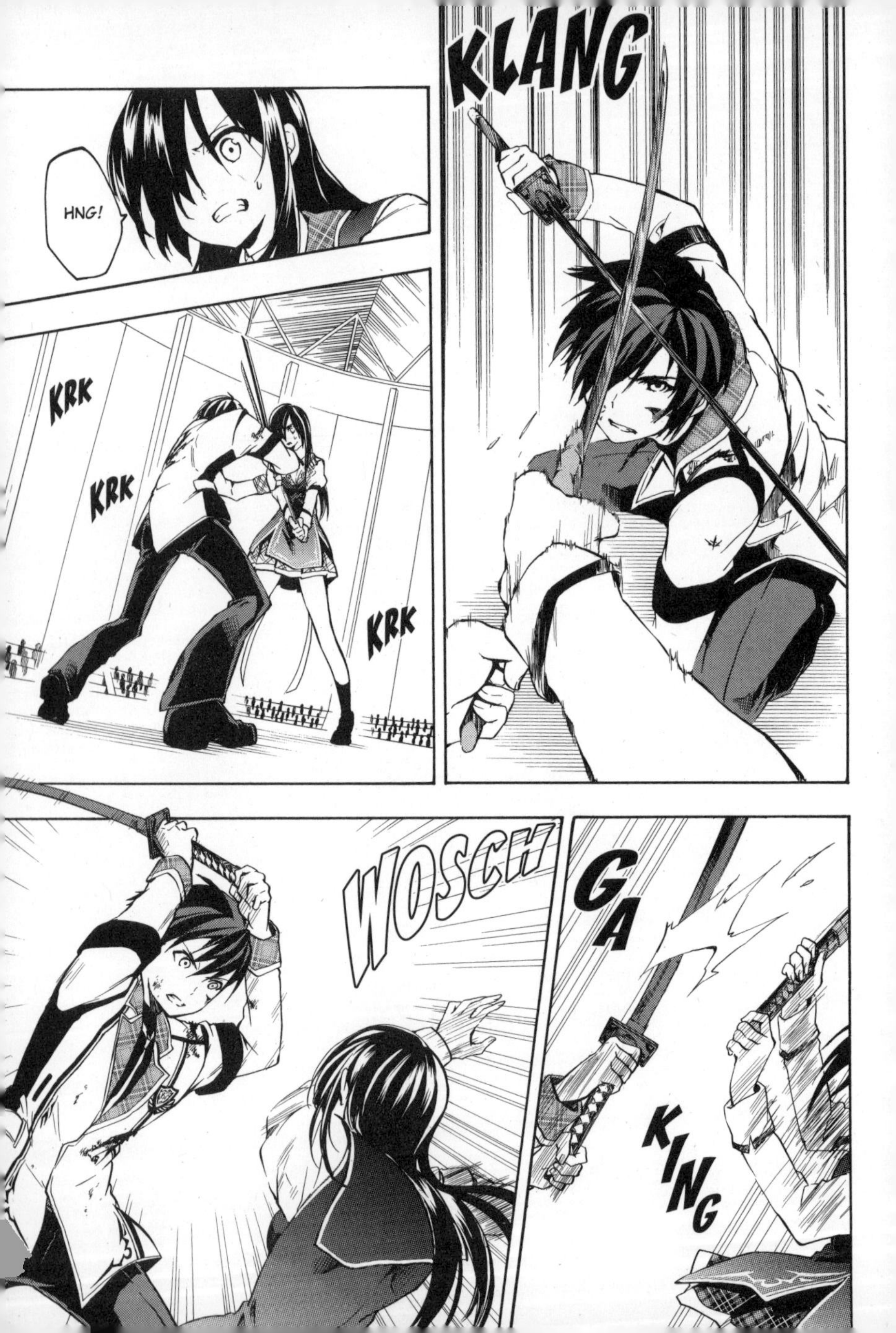
KLANG
HNG!
KRK
KRK
KRK
GA
KING
WOSCH

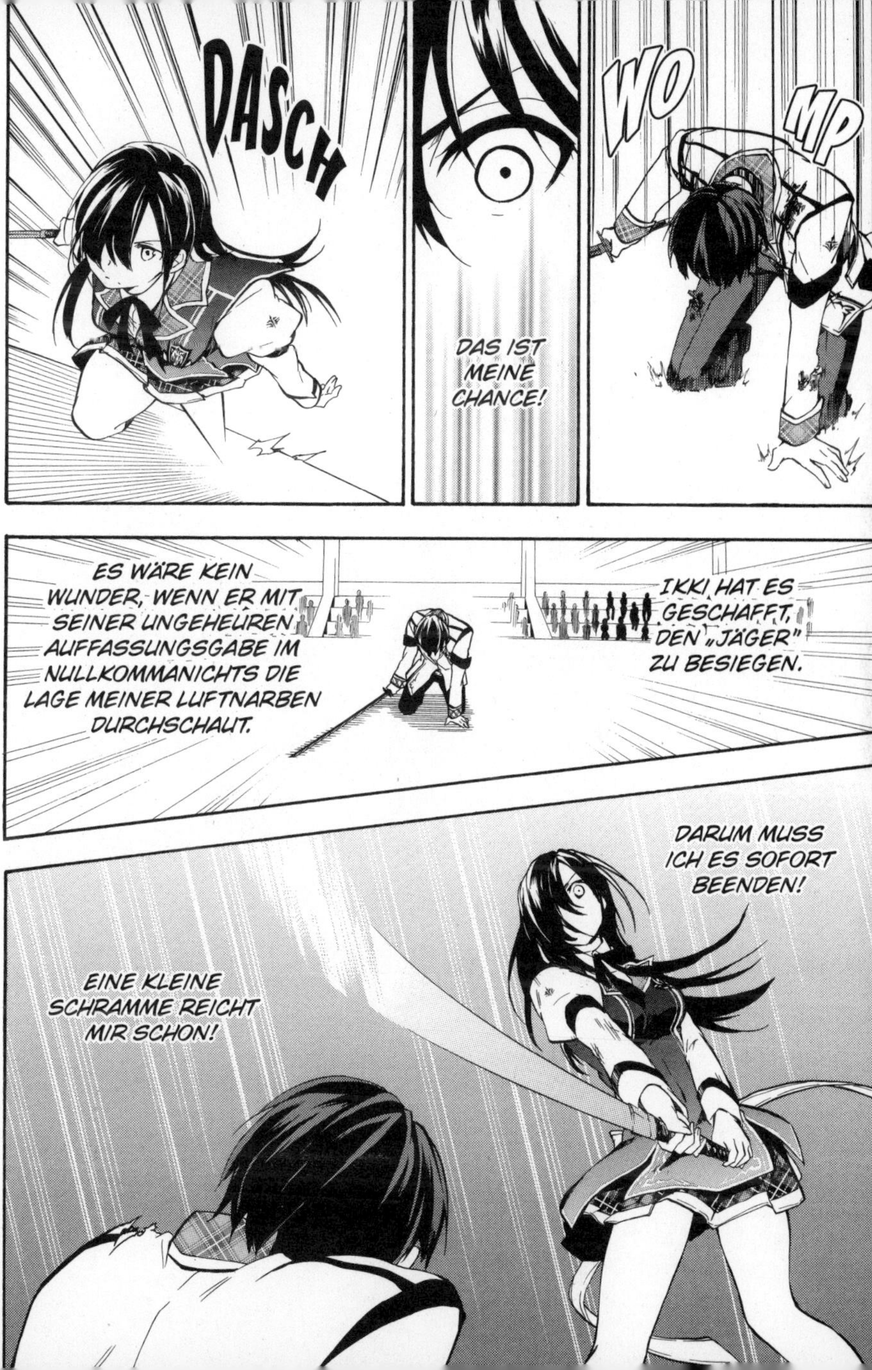
WOMP
DAS IST MEINE CHANCE!
DASCH
IKKI HAT ES GESCHAFFT, DEN „JÄGER" ZU BESIEGEN.
ES WÄRE KEIN WUNDER, WENN ER MIT SEINER UNGEHEUREN AUFFASSUNGSGABE IM NULLKOMMANICHTS DIE LAGE MEINER LUFTNARBEN DURCHSCHAUT.
DARUM MUSS ICH ES SOFORT BEENDEN!
EINE KLEINE SCHRAMME REICHT MIR SCHON!

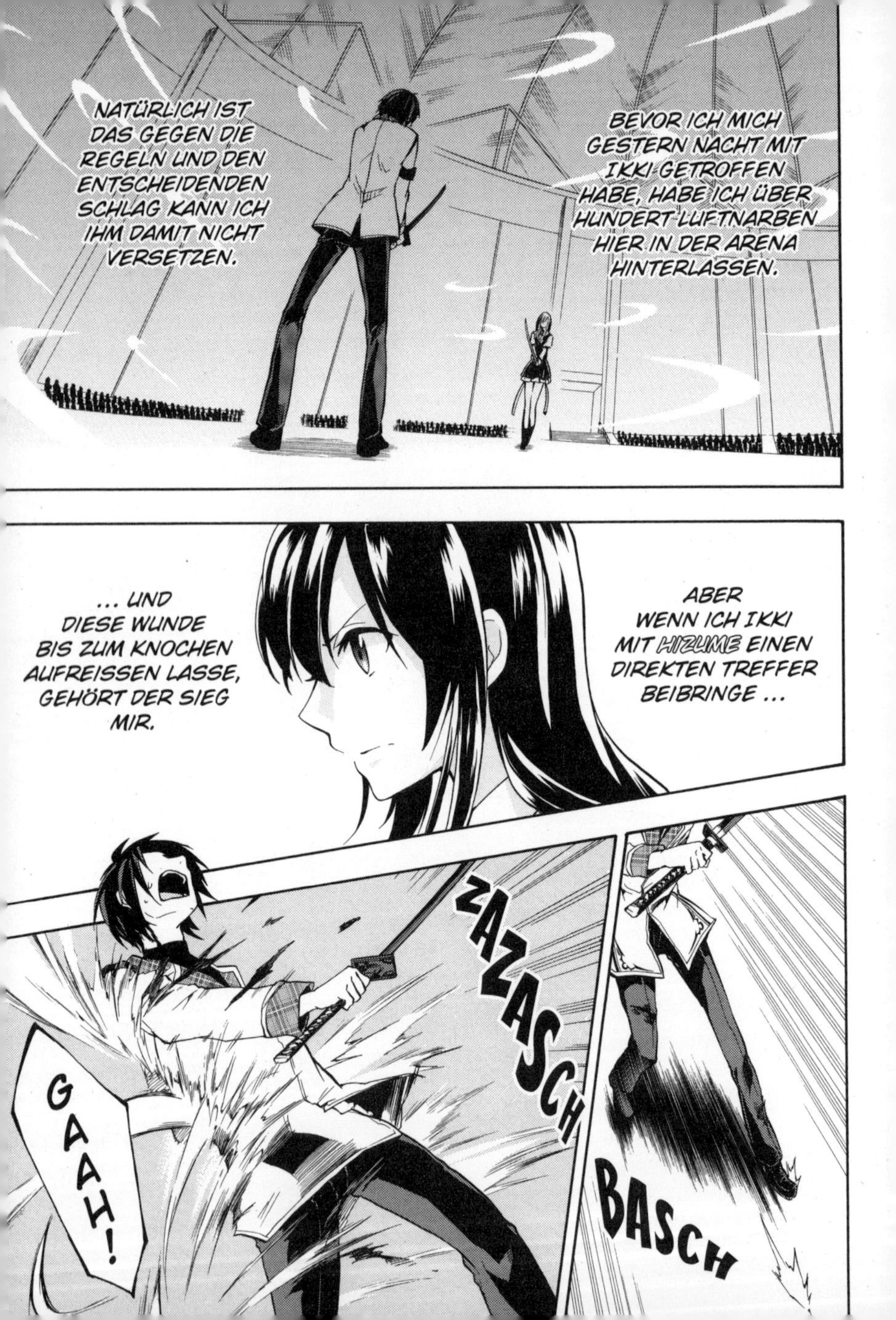
BEVOR ICH MICH GESTERN NACHT MIT IKKI GETROFFEN HABE, HABE ICH ÜBER HUNDERT LUFTNARBEN HIER IN DER ARENA HINTERLASSEN.
NATÜRLICH IST DAS GEGEN DIE REGELN UND DEN ENTSCHEIDENDEN SCHLAG KANN ICH IHM DAMIT NICHT VERSETZEN.
ABER WENN ICH IKKI MIT HIZUME EINEN DIREKTEN TREFFER BEIBRINGE …
… UND DIESE WUNDE BIS ZUM KNOCHEN AUFREISSEN LASSE, GEHÖRT DER SIEG MIR.
ZAZASCH
BASCH
GAAH!

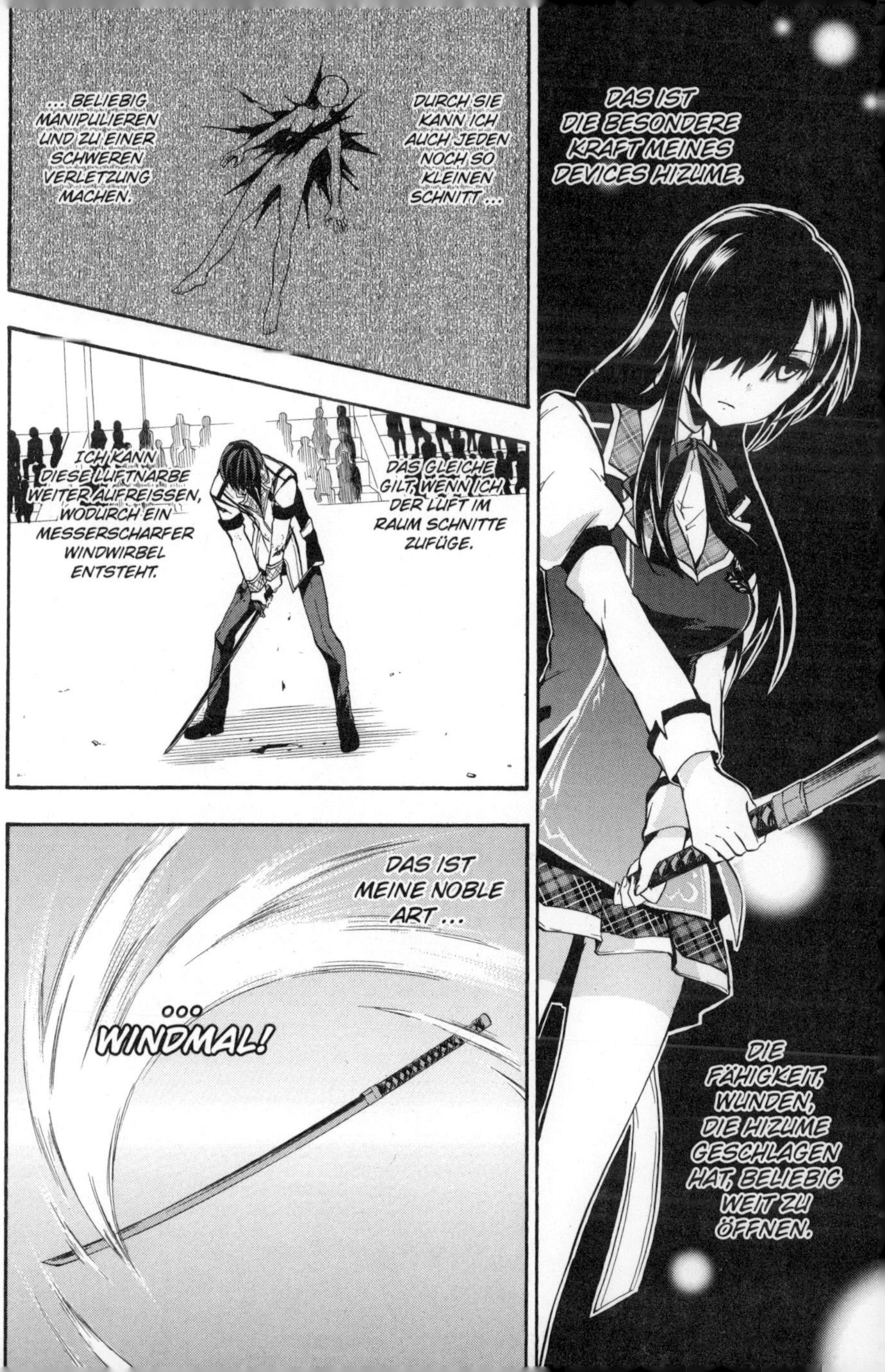
DAS IST DIE BESONDERE KRAFT MEINES DEVICES HIZUME.
DIE FÄHIGKEIT, WUNDEN, DIE HIZUME GESCHLAGEN HAT, BELIEBIG WEIT ZU ÖFFNEN.
DURCH SIE KANN ICH AUCH JEDEN NOCH SO KLEINEN SCHNITT …
… BELIEBIG MANIPULIEREN UND ZU EINER SCHWEREN VERLETZUNG MACHEN.
DAS GLEICHE GILT, WENN ICH DER LUFT IM RAUM SCHNITTE ZUFÜGE.
ICH KANN DIESE LUFTNARBE WEITER AUFREISSEN, WODURCH EIN MESSERSCHARFER WINDWIRBEL ENTSTEHT.
DAS IST MEINE NOBLE ART …
… WINDMAL!

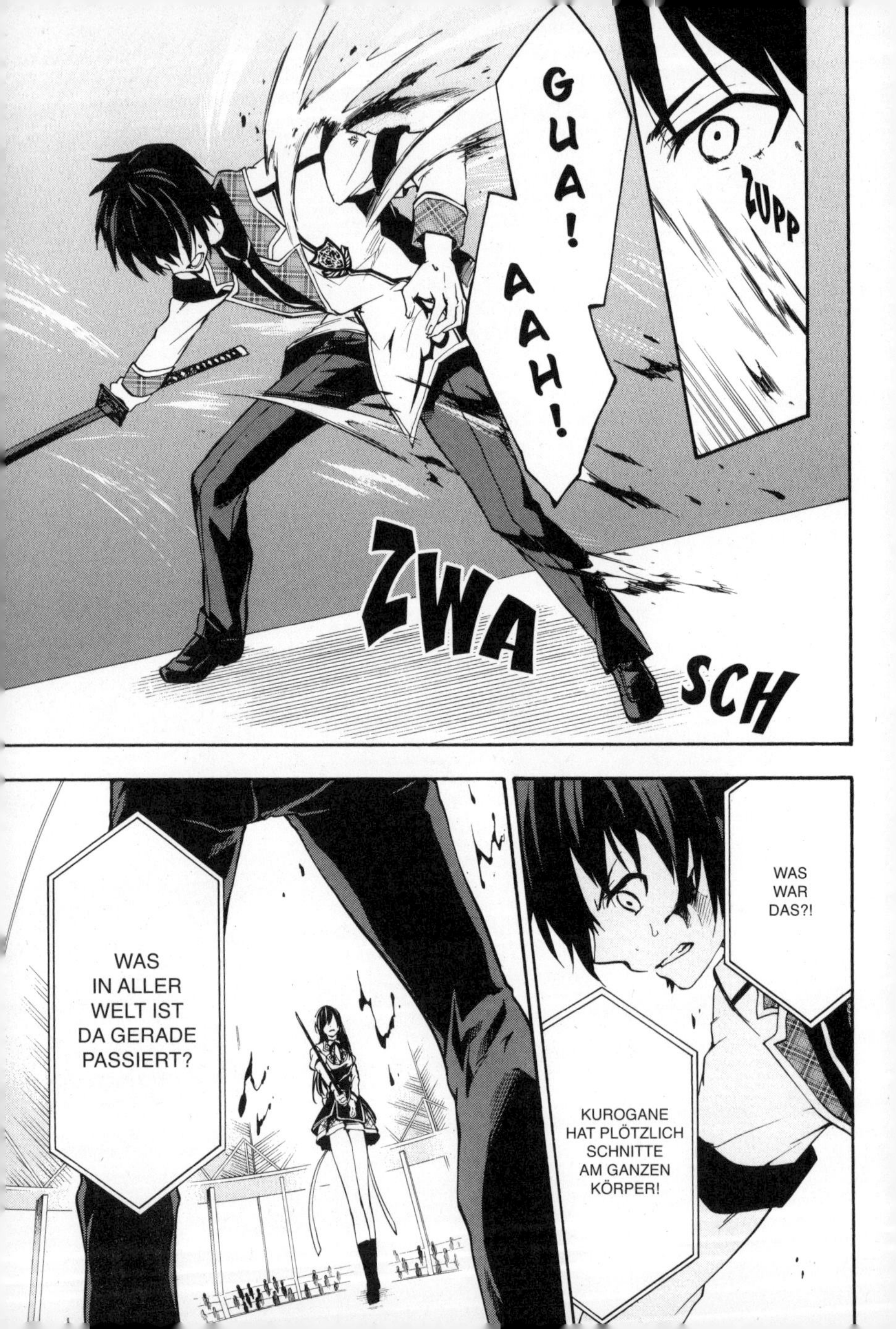
ZUPP
GUA! AAH!
ZWASCH
WAS WAR DAS?!
KUROGANE HAT PLÖTZLICH SCHNITTE AM GANZEN KÖRPER!
WAS IN ALLER WELT IST DA GERADE PASSIERT?

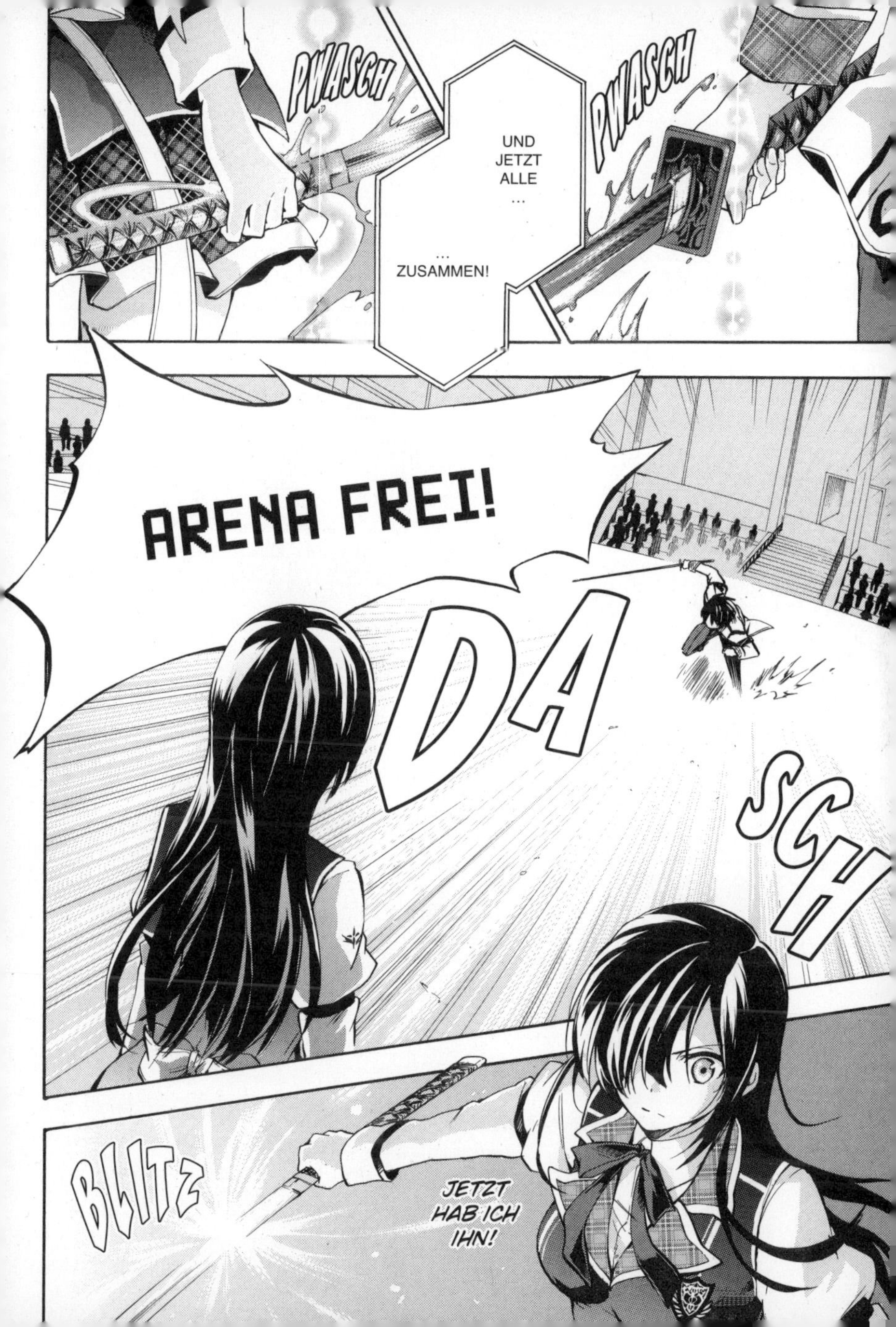
PWASCH
PWASCH
UND JETZT ALLE …
… ZUSAMMEN!
ARENA FREI!
DA
SCH
BLITZ
JETZT HAB ICH IHN!

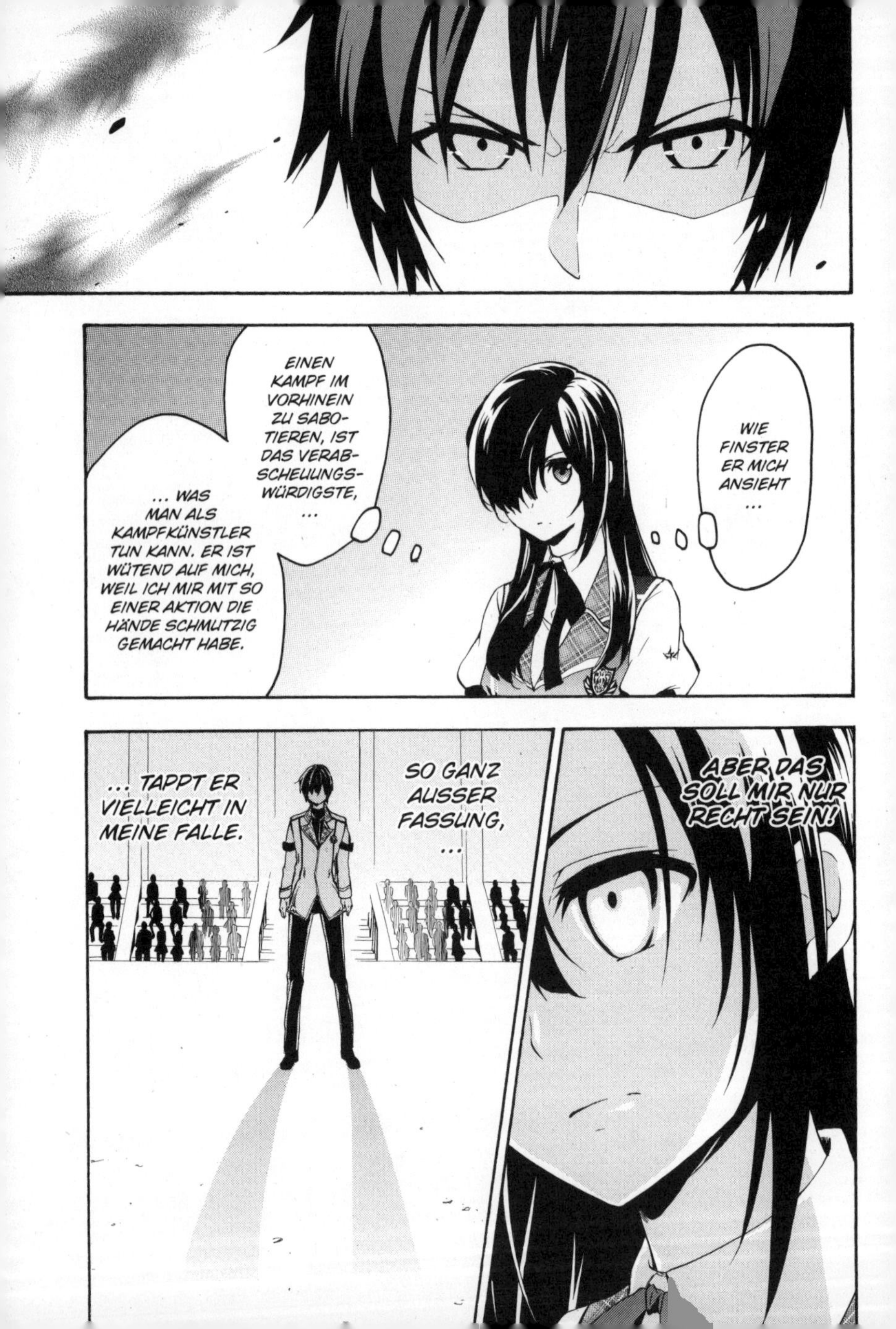
WIE FINSTER ER MICH ANSIEHT …
EINEN KAMPF IM VORHINEIN ZU SABOTIEREN, IST DAS VERABSCHEUUNGSWÜRDIGSTE, …
… WAS MAN ALS KAMPFKÜNSTLER TUN KANN. ER IST WÜTEND AUF MICH, WEIL ICH MIR MIT SO EINER AKTION DIE HÄNDE SCHMUTZIG GEMACHT HABE.
ABER DAS SOLL MIR NUR RECHT SEIN!
SO GANZ AUSSER FASSUNG, …
… TAPPT ER VIELLEICHT IN MEINE FALLE.

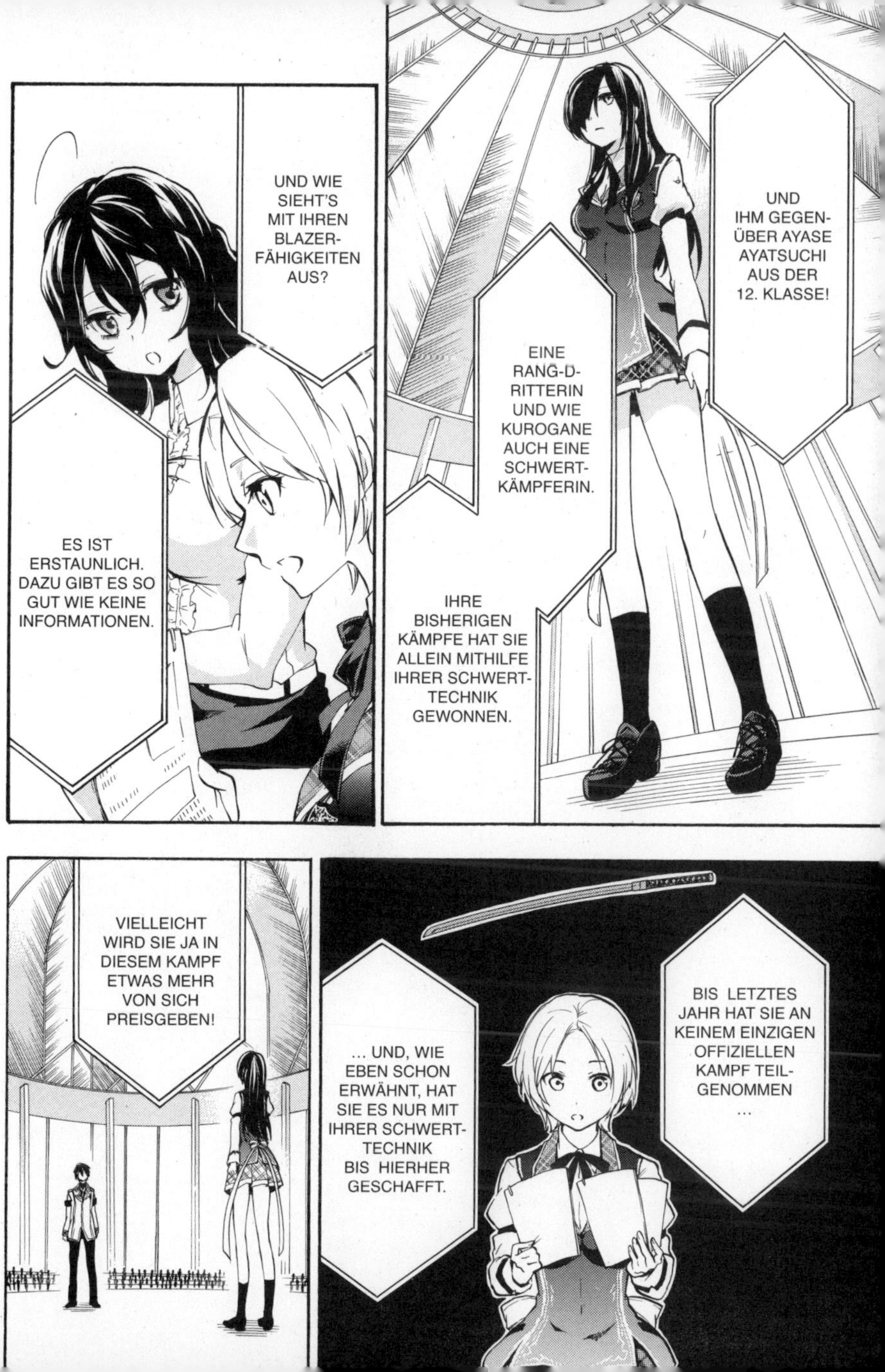
UND IHM GEGENÜBER AYASE AYATSUCHI AUS DER 12. KLASSE!
EINE RANG-D-RITTERIN UND WIE KUROGANE AUCH EINE SCHWERTKÄMPFERIN.
IHRE BISHERIGEN KÄMPFE HAT SIE ALLEIN MITHILFE IHRER SCHWERTTECHNIK GEWONNEN.
UND WIE SIEHT'S MIT IHREN BLAZER-FÄHIGKEITEN AUS?
ES IST ERSTAUNLICH. DAZU GIBT ES SO GUT WIE KEINE INFORMATIONEN.
BIS LETZTES JAHR HAT SIE AN KEINEM EINZIGEN OFFIZIELLEN KAMPF TEILGENOMMEN …
… UND, WIE EBEN SCHON ERWÄHNT, HAT SIE ES NUR MIT IHRER SCHWERTTECHNIK BIS HIERHER GESCHAFFT.
VIELLEICHT WIRD SIE JA IN DIESEM KAMPF ETWAS MEHR VON SICH PREISGEBEN!

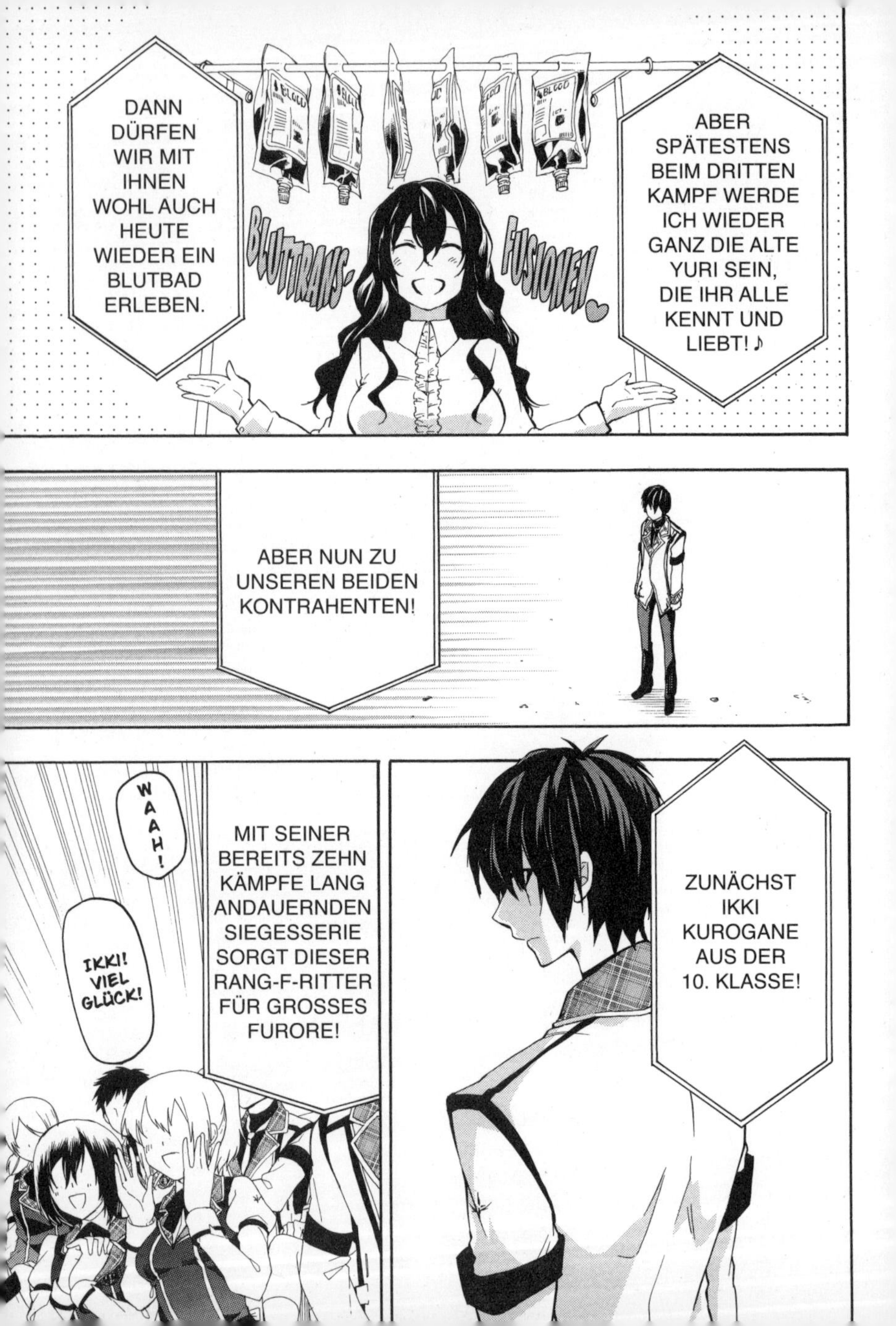
ABER SPÄTESTENS BEIM DRITTEN KAMPF WERDE ICH WIEDER GANZ DIE ALTE YURI SEIN, DIE IHR ALLE KENNT UND LIEBT! ♪
BLUTTRANS-FUSIONEN
DANN DÜRFEN WIR MIT IHNEN WOHL AUCH HEUTE WIEDER EIN BLUTBAD ERLEBEN.
ABER NUN ZU UNSEREN BEIDEN KONTRAHENTEN!
ZUNÄCHST IKKI KUROGANE AUS DER 10. KLASSE!
MIT SEINER BEREITS ZEHN KÄMPFE LANG ANDAUERNDEN SIEGESSERIE SORGT DIESER RANG-F-RITTER FÜR GROSSES FURORE!
WAAH!
IKKI! VIEL GLÜCK!

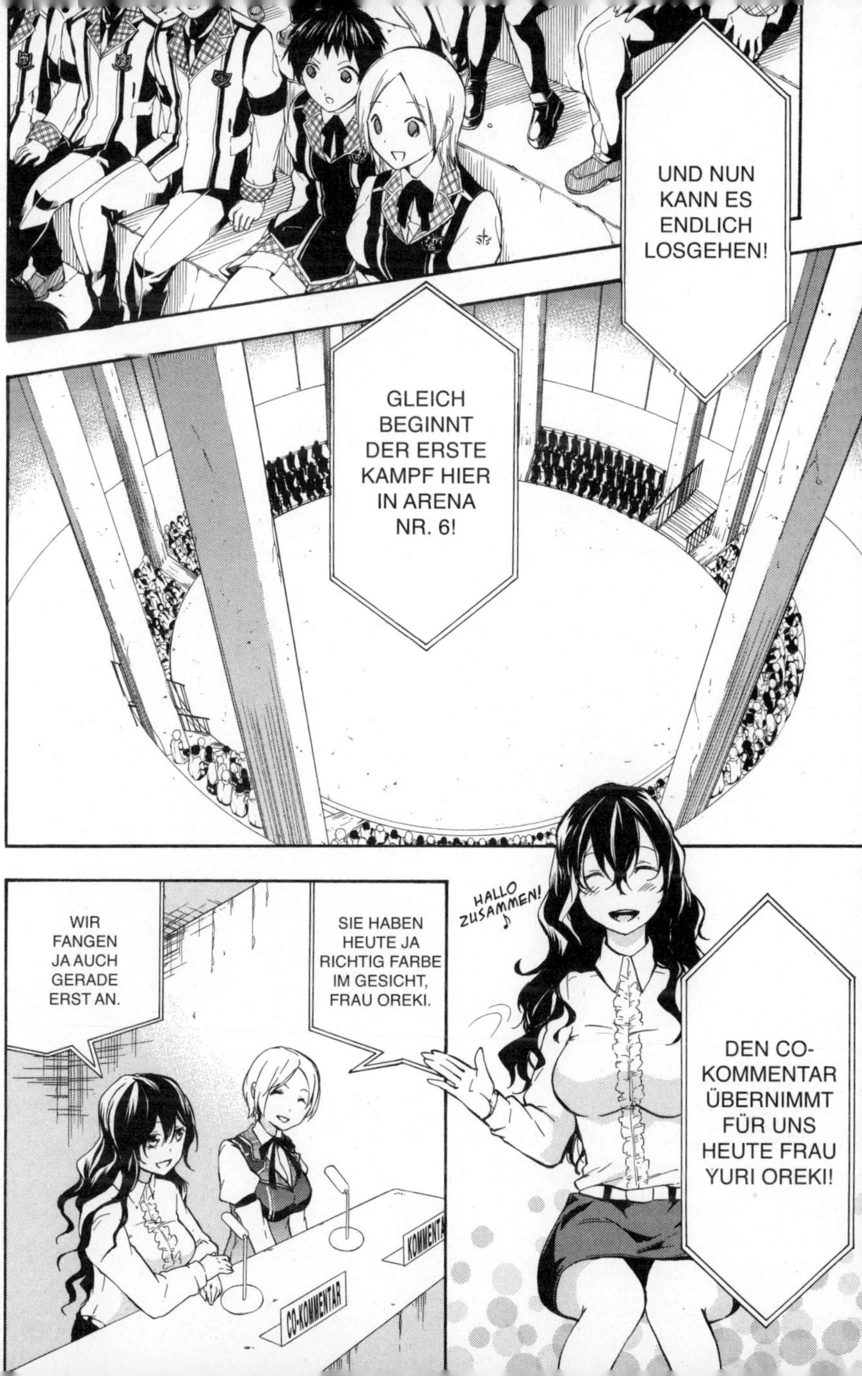
UND NUN KANN ES ENDLICH LOSGEHEN!
GLEICH BEGINNT DER ERSTE KAMPF HIER IN ARENA NR. 6!
HALLO ZUSAMMEN! ♪
DEN CO-KOMMENTAR ÜBERNIMMT FÜR UNS HEUTE FRAU YURI OREKI!
SIE HABEN HEUTE JA RICHTIG FARBE IM GESICHT, FRAU OREKI.
WIR FANGEN JA AUCH GERADE ERST AN.
CO-KOMMENTAR

KAPITEL 17: DER STOLZ EINES SCHWERTKÄMPFERS

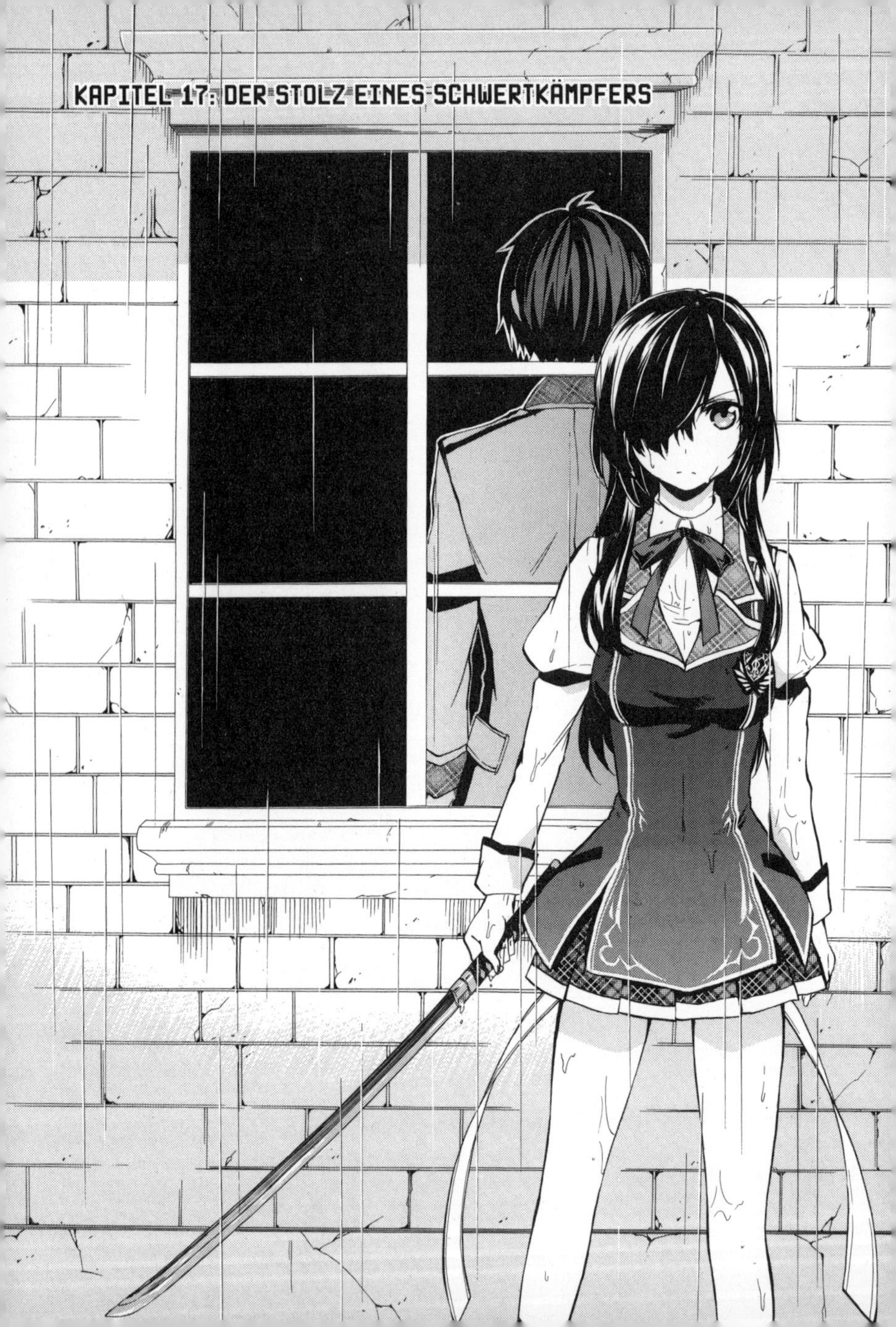

INHALT

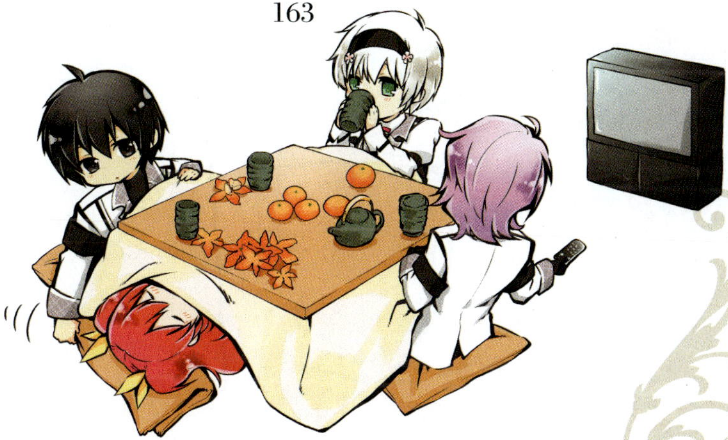

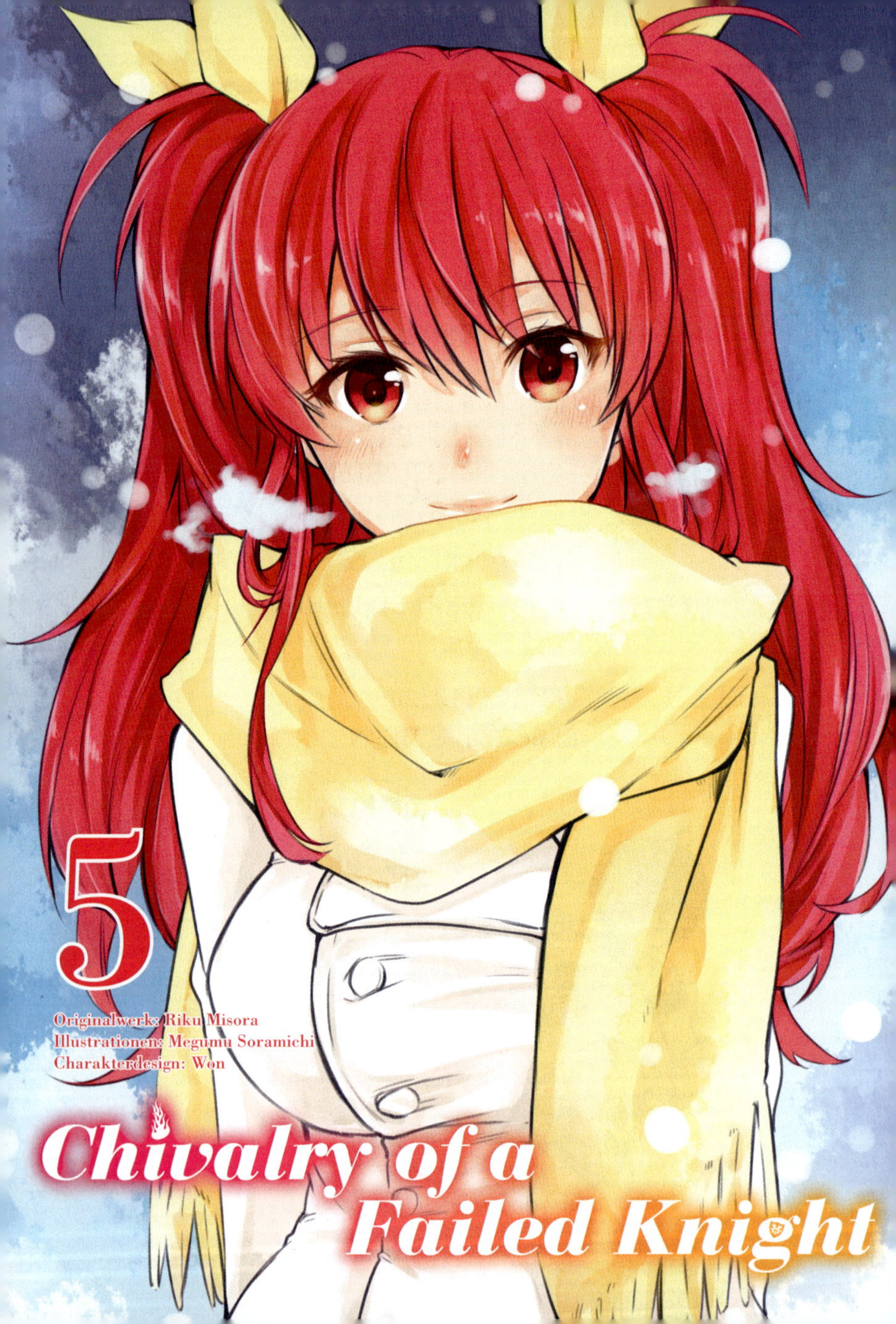
5
Originalwerk: Riku Misora
Illustrationen: Megumu Soramichi
Charakterdesign: Won
Chivalry of a Failed Knight

Geboren in Schlesien
Günter Mosler